AF607563

JILL LEOVY

MUERTE en el GUETO

Una epidemia de homicidios en EE.UU.

JILL LEOVY

MUERTE en el GUETO

Una epidemia de homicidios en EE.UU.

Traducción de

Ethel Odriozola & Marta Malo

Capitán Swing

Título original:
Ghettoside: A True Story of Murder in America (2015)

c/ Rafael Finat 58, 2°4 - 28044 Madrid
Tlf: (+34) 630 022 531
contacto@capitanswing.com
www.capitanswing.com

Corrección ortotipográfica:
Victoria Parra Ortiz

ISBN: 978-84-944445-8-6
Depósito Legal: M-40278-2015
Código BIC: FV

Impreso en España / *Printed in Spain*
Gráficas Cofás, Móstoles (Madrid)

ÍNDICE

Segunda parte: El caso de Bryant Tennelle

INTRODUCCIÓN

John Skaggs, inspector de policía de Los Ángeles, llevaba la caja de zapatos en alto como un camarero lleva una bandeja.

La caja contenía un par de zapatillas de deporte de caña alta que en su día habían pertenecido a un adolescente negro llamado Dovon Harris. Dovon, de quince años, había sido asesinado el pasado mes de junio y las zapatillas llevaban casi un año en una casilla para guardar pruebas.

Skaggs, de cuarenta y cuatro años, era el principal investigador de ese caso, a punto de ir a juicio. Un hombretón rubio de 1,93 de altura que vestía un traje claro de calidad y que llamaba la atención al pasar al trote por Watts, un barrio en el sureste de la enorme ciudad de Los Ángeles.

Salió con la brillante luz de la mañana para adentrarse en un pasaje estrecho a lo largo de un muro rematado con una espiral de alambre de cuchillas y se acercó a una «puerta de gueto» de acero resistente, una puerta de seguridad con una pantalla de metal perforada del tipo que, junto con los muros de estuco y las ventanas con barrotes, representaban una de las características arquitectónicas más distintivas de Los Ángeles. Llamó y, sin esperar respuesta, abrió la puerta.

Al otro lado del umbral se encontraba una mujer fuerte, de piel oscura. Skaggs entró y le entregó la caja abierta.

La mujer se quedó mirando las zapatillas, disgustada y estupefacta. Skaggs se percató de su cara afligida. «Hola, Barbara» —dijo con ligereza—. «¿Tienes un mal día?».

Era su forma de ser: desdeñar los preliminares, ir directo al grano.

Todos sus movimientos estaban impregnados de energía e intención. Al hablar, jugueteaba con las llaves, balanceaba los brazos o botaba sobre las plantas de los pies. No eran movimientos nerviosos, sino más bien rítmicos y relajados, como los de un corredor calentando. Cuando tenía que estarse quieto en un proceso judicial o una reunión, Skaggs se quedaba petrificado como alguien que está pasando un mal trago, con los nudillos apoyados en los labios; una pose que transmitía la represión de su fuerza vital más que ningún tic nervioso.

Ahora, tras poner las zapatillas en manos de Barbara Pritchett, y no recibir respuesta a su pregunta, se paró en medio de la moqueta del cuarto de estar. Pritchett permaneció en silencio, con la cabeza agachada, los ojos fijos en el contenido de la caja de zapatos.

Tenía cuarenta y dos años y mala salud. Le habían diagnosticado diabetes recientemente y su médico le había apremiado a que saliera y paseara más. Pero a su hijo le habían matado de un disparo en las cercanías y Pritchett estaba demasiado asustada para salir. Se pasaba los días tumbada a oscuras, incapaz de decidirse a salir o hablar. Aquella mañana, como siempre, llevaba una camiseta grande y holgada, con la foto de Dovon impresa. En la pequeña sala de estar había recuerdos de su hijo asesinado por todas partes. Trofeos deportivos, fotos, tarjetas de pésame, diplomas, animales disecados.

Con sumo cuidado, posó la caja de zapatos sobre el brazo de un sillón de vinilo que estaba junto a la puerta y levantó lentamente una zapatilla. Estaba gastada, era negra y llevaba el polvo rojo de la tierra de Watts. No era lo suficientemente grande para ser la zapatilla de un hombre, ni suficientemente pequeña para ser la de un niño. Se apoyó contra la pared, apretó la parte abierta de la zapatilla contra su boca y su nariz e inhaló su olor con una aspiración profunda. Luego, cerró los ojos y sollozó.

Skaggs se apartó. Las rodillas de Pritchett cedieron. Skaggs la observó deslizarse hacia abajo pegada a la pared, a cámara lenta, con la cara todavía apretada contra la zapatilla. Aterrizó de un golpazo en la moqueta verde. Se le salió una de sus zapatillas color naranja. En el aparato de televisión, al otro lado del cuarto, las presentadoras de las noticias de las 11 de la mañana de la Fox parloteaban por encima del sonido de sus sollozos.

Skaggs llevaba veinte años de inspector de homicidios. En todo ese tiempo, había estado en cientos de cuartos de estar como este: con su aparato de televisión grande, sus adornos de estilo afro y una pena imponderable.

Hacían una extraña pareja ellos dos: el poli blanco alto y la mujer negra llorando. Skaggs, como la mayoría de los polis del Departamento de Policía de Los Ángeles, votaba a los republicanos. Votaría ese año a John McCain para presidente. Su paga anual tenía seis cifras y vivía en una casa con piscina en las afueras. Se podría decir que no solo era blanco, sino muy blanco, un arquetipo caucásico de color rubio y rosado y rasgos escoceses o irlandeses. Watts se había levantado en rebeldía dos veces contra tales iconos, los policías dominantes blancos, así que la presencia de Skaggs en la vecindad llamaba todavía más la atención por las asociaciones históricas que evocaba.

Pritchett tenía el mismo origen que la mayoría de los residentes de Watts. Era nieta de un recolector de algodón de Luisiana. Su madre había seguido el camino de decenas de miles de negros de Luisiana que migraron al oeste en la década de los sesenta y Pritchett nació en Los Ángeles pocos meses después de los disturbios de Watts. Vivía en un apartamento alquilado con subvención federal y era una de esas votantes demócratas que cuando Barack Obama ganó las elecciones presidenciales aquel siguiente otoño, había llorado ante la CNN deseando que su madre estuviera todavía viva para verlo.

A pesar de sus diferencias, se parecían en algo: formaban parte de un pequeño círculo de estadounidenses cuyas vidas, en diferentes circunstancias, habían sido moldeadas por un fenómeno singular: una peste de asesinatos de negros.

El homicidio llevaba más de un siglo asolando a la población negra del país. Pero para la mayoría de la gente era, como mucho, una anécdota. El tremendo sufrimiento que causaba a miles de personas pasaba totalmente inadvertido. Se comentaban sus consecuencias de una manera superficial, sin detenerse a evaluar sus costes.

Los intentos de la sociedad por combatir la epidemia de asesinatos de negros contra negros han sido, en su mayoría, torpes, parciales, mal financiados y distorsionados por susceptibilidades ideológicas, políticas y raciales. Cuando un homicidio atraía la atención pública, el foco parecía ponerse en el espectáculo (tiroteos masivos, asesinatos de celebridades), alejado de las personas que estaban muriendo: los negros.

Eran las víctimas número uno del crimen en el país. Eran las personas heridas con más frecuencia y gravedad. Solo el 6 por ciento de la población del país, pero casi el 40 por ciento de los asesinados. La gente hablaba mucho sobre la delincuencia en Estados Unidos, pero solían pasar por alto que la mayoría de los asesinados no eran mujeres, niños o mayores, ni víctimas de tiroteos en el lugar de trabajo o la escuela, sino que eran legiones de hombres negros de Estados Unidos, muchos de ellos desempleados e involucrados en la delincuencia. Eran asesinados cada día, en todas las ciudades, sus cuerpos se amontonaban por miles, año tras año.

Dovon Harris fue una de estas víctimas invisibles. Su asesinato no atrajo apenas ninguna atención mediática y fue de esos que tienen menos probabilidades de resolverse. La comisaría de Watts, de John Skaggs, guardaba montones de archivos de homicidios así, que se remontaban muy atrás: estanterías y estanterías repletas de carpetas azules con los nombres de hombres y chicos negros muertos. La mayoría habían sido asesinados por otros hombres y chicos negros que seguían en libertad. Seis de cada diez asesinatos de negros quedaban impunes en Los Ángeles en la década y media anterior al asesinato de Dovon.

Según el código no escrito del Departamento de Policía de Los Ángeles, el asesinato de Dovon era un asesinato de nada. NHI: *No Human Involved* «Ningún Humano Involucrado», solía decir la poli. Era el último eufemismo para expresar que los asesinatos de negros no contaban. «La vida de los negratas está barata ahora», contestó un blanco de Tennessee, tras la guerra civil, cuando le pidieron que explicara por qué los asesinatos de negros contra negros no llamaban la atención.

Unos pocos años más tarde, un testigo del Congreso informó de que cuando los negros de Luisiana eran asesinados «se hace una simple mención del hecho, oralmente o por escrito, y no se hace nada. No se abre una investigación». El editorial de un periódico de Luisiana de finales del siglo XIX decía: «Si los negros continúan matándose entre ellos, tendremos que llegar a la conclusión de que la Providencia ha decidido exterminarlos así». En 1915, un alto cargo de Carolina del Sur explicaba el perdón a un negro que había matado a otro negro: «Es un caso de un negro que mata a otro: la vieja historia de siempre». En Misisipi, en la década de los treinta, la antropóloga Hortense Powdermaker analizó el funcionamiento de la justicia penal y llegó a la conclusión de que «la actitud de los blancos y de los tribunales es apoyar la violencia entre los negros». El estudio sobre Natchez (Misisipi), realizado en la misma época por un equipo racialmente mixto de antropólogos sociales observó que «los blancos no consideran un asunto grave que un negro muera o resulte herido». Un *sheriff* de Alabama de la época era más conciso: «Un negrata menos», decía. En 1968, un periodista de Nueva York que testificaba sobre la investigación de la Comisión Kerner de los disturbios en todo el país, declaró que «durante décadas, no se ha hecho cumplir las leyes en todo lo relacionado con los negros en Estados Unidos Si un negro mata a otro negro, el cumplimiento de la ley es generalmente mínimo».

Carter Spikes, miembro del Grupo de Empresarios negros de Sur Central de Los Ángeles en la década de los sesenta, recordaba que a la policía «no le importaba lo que los negros se hacían los unos a los otros. Un negrata que mataba a otro negrata no importaba a nadie».

John Skaggs no aceptaba esa herencia. Toda su vida laboral había estado dedicada a conseguir que las vidas de los negros salieran caras. Caras y dignas de una respuesta, con toda la fuerza y la persistencia que el Estado pudiera reunir. Skaggs había llevado el asesinato de Dovon Harris como si fuera la muerte de la persona más famosa de la ciudad. Había utilizado todos los recursos de los que disponía, estudiado todos los ángulos y lo había resuelto con rapidez y sin ningún margen de duda.

Al hacerlo, daba la vuelta a una injusticia histórica. Cuarenta años después del movimiento por los derechos civiles, la impunidad por el asesinato de negros seguía siendo el gran problema racial de Estados Unidos, a pesar de ser mayoritariamente invisible. Las instituciones de la justicia penal, tan implacables en otras parcelas en una época de endurecimiento de las condenas y las políticas «preventivas», seguían flojeando cuando se trataba de responder por las vidas de víctimas negras de asesinatos. Pocos expertos se daban cuenta de lo que era evidente en el trabajo diario de John Skaggs: que la incapacidad del Estado para atrapar y castigar a tan siquiera una simple mayoría de los asesinos de los barrios como Watts era una causa fundamental de la violencia, y que era un problema terrible; quizá el más terrible de la actualidad en Estados Unidos. El fracaso del sistema para detener a los asesinos hacía efectivamente que las vidas de los negros salieran baratas.

John Skaggs era el antídoto para ese problema invisible.

Si el caso de Dovon hubiera sido asignado a otro inspector, podría perfectamente haber quedado sin resolver, como otros cientos más: otra carpeta azul en una estantería. Pero en manos de Skaggs, se había convertido en una campaña sin tregua por la justicia.

Y la madre de Dovon lo sabía. En eso se basaba su complicidad.

Así que ahora Skaggs permaneció con una mano en el bolsillo, la otra en la cadera, observando a Pritchett en el suelo, e hizo lo que los años de experiencia en homicidios le habían enseñado a hacer: esperar, en silencio y sin prisas.

Sin ninguna vergüenza, Pritchett cerró los ojos como si estuviera sola, apretó la cara contra la zapatilla de su hijo muerto y sollozó.

Este libro desarrolla una idea muy sencilla: allí donde el sistema de justicia penal no reacciona con firmeza ante los heridos y los muertos por violencia, el homicidio se hace endémico.

Los afroamericanos han padecido precisamente esa falta de una justicia penal eficaz que es la principal causa de la duradera peste de homicidios de negros en el país. Específicamente, los negros estadounidenses no se han beneficiado de lo que Max Weber llamó el *monopolio estatal de la violencia*: el derecho exclusivo del Gobierno a usar la fuerza con legitimidad. Tal monopolio proporciona a los ciudadanos autonomía legal, el conocimiento liberador de que el Gobierno perseguirá a todo el que viole su seguridad personal. Pero la esclavitud, el sistema Jim Crow y las condiciones de los negros en casi todo el territorio de Estados Unidos durante varias generaciones han impedido la formación del monopolio. Y teniendo en cuenta que la violencia personal estalla irremisiblemente donde falta el monopolio estatal, el resultado son las muertes de miles de estadounidenses cada año.

El fracaso de la ley al no proteger a las personas negras cuando son heridas o asesinadas ha sido enmascarado por una serie de estrategias inflexibles, relativamente baratas y de «prevención» fácil. Nuestros cuerpos de policía fragmentados e infradotados se han dedicado desde siempre a reducir las molestias en lugar de apoyar a las víctimas de la violencia, lo que ha dejado amplio margen a la vigilancia parapolicial; especialmente en el sur, donde tienen sus orígenes la mayoría de los negros estadounidenses. Hortense Powdermaker, junto con un puñado de antropólogos de la época del Jim Crow, observó que el sistema legal sureño de la década de los treinta machacaba a los negros por delitos menores como el robo y el vagabundeo, pero era a menudo indulgente con los que asesinaban a otros negros. En el Misisipi de la época del Jim Crow, el porcentaje de asesinos de personas negras condenados fue solo un poco inferior al que prevalecía en Los Ángeles medio siglo después: 30 por ciento entonces frente al 36 por ciento del condado de Los Ángeles en los primeros años treinta. «La suavidad de los tribunales con los ataques de negros contra negros» —señalaba Powdermaker—, «es una parte más de la situación global que posiciona al negro fuera de la ley». Medio siglo después, lejos de los campos de algodón donde hizo sus observaciones, las personas negras de los barrios pobres de Los Ángeles seguían padeciendo su parte de la antigua miseria.

Hoy en día, no es fácil plantear esta argumentación. Muchas voces críticas se quejan de que el sistema de justicia penal es torpe e injusto para las minorías. Se protesta, entre otras cosas, por la pena de muerte, las leyes excesivamente duras contra las drogas, el supuesto abuso de los testimonios directos y los niveles preocupantemente altos de encarcelamiento de los varones negros.

Así que afirmar que los negros estadounidenses sufren una aplicación de la justicia demasiado *pequeña*, en lugar de demasiado grande, parece entrar en contradicción con la percepción general. Pero la severidad de la justicia penal estadounidense que se percibe y su debilidad fundamental son, en realidad, dos lados de una misma moneda; la primera, una especie de compensación de la segunda. Igual que el matón del patio de escuela, nuestro sistema de justicia penal acosa a las personas con nimios pretextos pero actúa cobardemente ante el asesinato. Hace pasar a masas de negros por su implacable maquinaria, pero no les protege de ser heridos o asesinados. Es a la vez opresora e inadecuada.

Estados Unidos lleva mucho tiempo siendo más violenta que otras naciones desarrolladas y los homicidios de negros contra negros son gran parte del problema. Los negros, que constituyen solo el 12 por ciento de la población, aportan casi la mitad de las víctimas de homicidios. Si se suprimiese a las personas negras, el índice de homicidios del país estaría cerca de 3 muertes por 100.000 personas al año, lo que es un poco superior que el de la mayoría de Europa occidental, pero pondría a Estados Unidos en la órbita de la mayoría de los países europeos y lo sacaría de su posición actual en una extraña especie de periferia.

Tampoco hay nada nuevo en esta extraña inclinación estadounidense hacia el homicidio. Ya en el siglo XIX los barrios negros de Chicago y Nueva York tenían índices de asesinato superiores a los blancos. Un estudio del crimen en Filadelfia en la década de los cuarenta descubrió que los índices de asesinato de negros eran doce veces superiores a los de blancos, y que casi todos los asesinatos de negros eran cometidos por otros negros. Los Centros para el Control y Prevención de las Enfermedades señalan que en 1950, 1960 y 1970 los índices de homicidio de varones negros fueron doce veces superiores a los de varones blancos. Aunque la violencia de las bandas de negros en los barrios deprimidos atrapó la imaginación del país en la década de los ochenta, en realidad los índices de mortalidad de los negros alcanzaron su punto más alto en la década de los setenta. Los índices de mortalidad por homicidio de los negros para ambos géneros y todas las edades se mantuvieron, por lo menos, seis veces superiores a los de los blancos a lo largo de las décadas de los ochenta y noventa y la primera década del siglo XXI, y la disparidad fue muy superior para los jóvenes varones negros.

Los varones negros también tuvieron índices de mortalidad por homicidio muy superiores a los de los varones hispanos. En el condado de Los Ángeles fueron asesinados de dos a cuatro veces más frecuentemente que los varones hispanos, aun cuando los negros y los hispanos vivían generalmente en los mismos barrios. Aproximadamente un tercio de las víctimas de asesinato de la ciudad de Los Ángeles fueron negros, a pesar de que representaban menos de la décima parte de la población.

La disparidad llamaba la atención porque Los Ángeles, a diferencia de los famosos centros del crimen como Detroit, no era especialmente negra. Para entonces, quedaban pocos barrios de mayoría negra; la mayoría de los residentes negros de la zona central vivían en barrios donde los hispanos eran el grupo mayoritario. Sin embargo, los varones negros morían aquí igual que en Nueva Orleans, Washington D.C. y Chicago: más a menudo que ningún otro grupo y casi siempre a manos de otros negros. Resultaba extraño comprobar cómo todas esas balas parecían encontrar sus dianas negras en un lugar con tanta mezcla étnica; tal como comentó un joven, era como si los varones negros tuvieran las dianas impresas en sus espaldas.

Los homicidios habían dejado un legado de destrucción y profundo dolor en generaciones de estadounidenses negros. Pero a otros estadounidenses también les salió caro. Los residentes blancos que no sabían nada de los homicidios más allá de las noticias en la prensa, pagaron por el problema con sus impuestos. La peste convirtió en tierra de nadie grandes franjas de ciudades del país, lo consumió moralmente y sin duda enturbió las relaciones raciales.

Sin embargo, a pesar de tantas pruebas sobre la existencia de un problema específico de homicidios de negros, hubo relativamente escasa investigación criminal específica sobre el tema racial. Hasta los primeros años del siglo XXI, muchos analistas consideraban que era un tema demasiado sensible. Al preguntarle por qué no había explorado la disparidad en mayor profundidad, un investigador contestó: «Sería como colgarme un cartel en la espalda que dijera: "Dame una patada"».

La truculenta historia del racismo sureño hacía que el tema fuera incómodo para muchas personas. Uno de los tropos recurrentes de la tradición racista había sido la «bestia negra», el negro inferior incapaz de controlar sus impulsos y proclive a la violencia. A principios del siglo XXI, el consenso popular mantenía que el énfasis sobre los altos índices de criminalidad negra corría el riesgo de invocar el estigma del racismo blanco. De modo que la gente tenía cuidado con la forma en la que se refería al tema.

Algunos analistas negros y defensores de su causa temían proporcionar más munición a los racistas blancos, darles todavía más material para estigmatizar a los negros pobres. En privado, algunos defensores de los derechos civiles de los negros apuntan sentirse avergonzados y perplejos ante la persistencia obstinada del problema. «Como el incesto», es como lo expresaba un activista de las calles de Los Ángeles, Najee Ali, comentando la vergüenza y el secretismo que provoca este tema. Ali describía un reflejo instintivo entre los líderes negros de «lavar los trapos sucios en casa». Otros activistas y analistas liberales se han involucrado en una campaña muy manida para minimizar la pasmosa magnitud de la violencia homicida entre los negros.

Cuando, por ejemplo, el jefe del Departamento de Policía de Los Ángeles, William Parker, insistió en 1963, con toda la razón, en que los barrios negros sufrían niveles altos de criminalidad, los liberales le condenaron sobre la base de que hacer sin más esas declaraciones era «incendiario». Los críticos no desafiaron la autenticidad de sus estadísticas; simplemente no querían que se hiciesen públicas.

Casi medio siglo más tarde, algunos de los críticos más mordaces del sistema jurídico seguían limitando sus comentarios sobre los homicidios de negros a desdeñosas acotaciones al margen. «Cuando la discusión entra en el terreno del crimen con violencia» —ha señalado el jurista James Foreman Jr.—, «los progresistas suelen cambiar el tema o evitarlo».

Para muchas personas negras, el tema enciende una pertinaz sensación de vulnerabilidad que acecha al borde de la conciencia: el aspecto de identidad racial más difícil de entender para los blancos. Ser negro en Estados Unidos sigue significando «una existencia precaria», en palabras de un médico negro que vive en la división Suroeste del Departamento de Policía de Los Ángeles. Hablar de la violencia de los negros contra los negros toca la fibra más sensible de esa precariedad y muchos negros que están afectados por el tema siguen prefiriendo no llamar la atención sobre los índices de mortalidad. ¿Para qué subrayar lo que seguro que será utilizado contra ellos?

Sin embargo, la verdad estadística era innegable y la mayoría de la gente así lo entendía de manera intuitiva, incluso aunque no hablaran de ello en público. Había algo en la forma en que el país consentía los tiroteos y los apuñalamientos entre los negros de los barrios deprimidos que sugería que eran personas prescindibles o, peor aún, que quizá la nación estaba mejor sin ellos.

Este libro cuenta la historia del otro lado: de la realidad de la epidemia de homicidios entre los estadounidenses negros tal como ha existido en los últimos años y de las experiencias de un pequeño círculo de personas que desde dentro, palpando el daño en directo, intentaron atajarlo lo mejor que pudieron. La primera parte, «La peste», describe el mundo de los inspectores de homicidios en la urbe de Los Ángeles, su aprendizaje a sangre y fuego y su panorama profesional, rodeado de dolor, que se desarrolla con sutiles diferencias con respecto al de sus colegas de uniforme. Muestra cómo una población con un alto índice de asesinatos (en este caso en el Sur Central de Los Ángeles) se moldea y deforma por la concentración en su seno de casos sin resolver de asalto y homicidio. La segunda parte, «El caso de Bryant Tennelle», describe la influencia de estas condiciones en el asesinato del hijo de un policía, un joven muy querido, cuya muerte, para los colegas de su padre, representó el asesinato de «uno de los nuestros». La investigación, llevada a cabo por John Skaggs, no solo es un modelo de cómo resolver tales homicidios, es un alegato por el cambio de orientación en la respuesta de la nación al asesinato de negros por negros.

Para John Skaggs, la indiferencia colectiva del país hacia los homicidios era incomprensible. Además tenía la sensación de que la indiferencia pública hacía más difícil su trabajo. Podría haber encontrado algo de apoyo en el jurista negro Randall Kennedy, que escribió: «No sirve de nada pretender que los negros y los blancos disponen de una situación parecida con respecto a los índices de perpetración y los índices de discriminación. No es así. Las funestas estadísticas conocidas por todos y las innumerables tragedias que están detrás de ellas no son producto de ninguna imaginación negrófoba».

Enfrentarse explícitamente a la realidad de los asesinatos en Estados Unidos es el primer paso para determinar que no es aceptable y que durante demasiado tiempo los negros han vivido desprotegidos por las leyes de su propio país.

PRIMERA PARTE

LA PESTE

«Cuando se ve la miseria y
el dolor que trae, hay que estar loco,
ciego o ser un cobarde para
resignarse a la peste».

ALBERT CAMUS, *La peste*

01

Un asesinato

Era una cálida tarde de viernes en Los Ángeles, un mes antes de que Dovon Harris fuera asesinado.

La brisa marina hacía sonar las hojas secas de las palmeras en esta parte de la ciudad. Eran sobre las seis y cuarto de la tarde, el momento en que los residentes encienden los aspersores, llenando el aire de silbidos acuosos. El sol de primavera no se había puesto todavía; revoloteaba a unos 30 grados sobre el horizonte en el cielo cegador, como un disco blanco del tamaño de una moneda.

Dos jóvenes negros bajaban por la calle 80 Oeste, en el extremo oeste de la zona de la comisaría de la calle 77 del Departamento de Policía de Los Ángeles, a unas pocas millas de donde Dovon Harris vivía. Uno era alto y de piel morena clara, el otro era más bajo, menudo y oscuro.

El más bajo de los dos jóvenes, Walter Lee Bridges, tenía unos dieciocho años. Era nervudo y atlético. Tenía un tatuaje en el cuello y la expresión triste y nerviosa típica de los jóvenes del Sur Central que se han enfrentado al peligro. Su forma de caminar y su complexión ligera denotaban que se movería a la velocidad del rayo si tuviera que hacerlo.

Su compañero, que llevaba una gorra de béisbol y empujaba una bicicleta, parecía más relajado, más ajeno al peligro. Bryant Tennelle tenía dieciocho años. Era alto y esbelto, con una tez suave color caramelo y lo que se denominaba «buen pelo», suave y ondulado. Sus ojos se arqueaban un poco en los extremos, dándole una expresión amable de cachorrito. Los dos jóvenes eran vecinos que pasaban el rato juntos arreglando bicicletas.

Paseaban por la parte sur de la calle 80. Bryant llevaba en la mano, sin abrir, un refresco que acababa de comprar. Las casas de estilo español de los años treinta, modernizadas con ventanas de vinilo, se alineaban a lo largo de la calle, separadas solo unos pocos metros de las aceras. Todas tenían un pequeño trozo de césped, tan cortado que parecía mezclarse con la acera. Los autobuses atronaban por la avenida Oeste. Los cuervos graznaban y los aviones silbaban por encima de las cabezas al descender hacia el Aeropuerto Internacional de Los Ángeles, tan cerca que se podían leer los logos pintados en las colas. Grupos de adolescentes perdían el tiempo en ambos extremos de la calle. Un elegante magnolio se erguía al final de la manzana y al otro lado de la calle se encorvaba un grueso fresno, demasiado grande.

El fresno se erguía en la esquina delante de una casa bien cuidada. Detrás de la casa, en el patio trasero al otro lado de la valla, un hombre estaba limpiando un cortador de azulejos. Acababa de cambiar los azulejos del cuarto de baño de su madre.

Walter y Bryant bajaban por la calle 80 sin apresurarse, sus sombras se alargaban a sus espaldas. Iban por el sol, aunque el anochecer ensombrecía el otro lado de la calle. Tres amigos salieron de una casa al final de la manzana detrás de ellos y les saludaron a gritos. Walter se paró y se volvió para contestar. Bryant siguió andando hacia el fresno. Una Chevrolet Suburban negra se paró en la cuneta a la vuelta de la esquina, en la calle St. Andrews. Se abrió la puerta y saltó un joven. Se puso los guantes, corrió unos pocos pasos y se paró bajo el árbol, con la mano enguantada que sostenía un arma de fuego. *Pum. Pum-pum.*

Walter reaccionó instantáneamente. Vio los fogonazos, vio al pistolero (camiseta blanca, piel oscura, guantes) ya cuando corría. El hombre del cortador de azulejos estaba todavía detrás de la valla. No vio al que disparaba. Pero oyó las detonaciones y se tiró al suelo instintivamente. Tenía cuarenta años, era negro, había crecido en el Sur Central y sus reflejos estaban permanentemente en guardia, como los de Walter. Permaneció tirado en el suelo mientras los disparos retumbaban en sus oídos.

Los reflejos de Bryant fueron más lentos. O quizá fue porque estaba mirando directamente hacia el sol poniente. Para él, el pistolero fue una silueta negra. Bryant se tambaleó, luego tropezó y cayó sobre el césped bajo un arbusto de ave del paraíso. Silencio. El cortador de azulejos se levantó, se acercó agachado a la valla y echó un vistazo por encima.

El pistolero estaba a unos metros, cerca del fresno al otro lado de la valla.

Todavía sostenía el arma. El cortador de azulejos le vio dar unos pasos y después echar a correr: debe de haber cerca un coche para huir. Tomó una decisión valiente: siguió al pistolero, le vio montarse de nuevo en la Suburban e intentó leer la matrícula mientras se alejaba a toda velocidad. Se volvió y vio a Bryant tendido en la hierba.

Llegaron adolescentes desde tres direcciones diferentes. Un joven se puso de rodillas junto a Bryant. Joshua Henry era muy amigo. Cogió la mano de Bryant y la apretó. Con alivio, notó que Bryant contestaba al apretón. «Estoy cansado, estoy cansado», le dijo Bryant. Quería dormir. Josh vio solo un poco de sangre en la cabeza. Solo un rasguño, pensó. Entonces Bryant giró la cabeza. Un cuarto de su cráneo había sido arrancado.

Josh se quedó mirando la herida. Solo entonces se percató de la gorra de Bryant, tirada en el suelo cerca, llena de sangre y tejidos cerebrales. Se escuchó a sí mismo animar a Bryant, diciéndole que se pondría bien.

A su lado, el hombre del cortador de azulejos suplicaba por teléfono a un operador del 911, esforzándose en dar los datos correctos mientras se percataba de la situación. «¡La calle 80 y St. Andrews!». Respiró hondo y mascculló con la voz quebrada: «Qué barbaridad...».

Guardó el teléfono. Puso a Bryant boca arriba. Le administró la reanimación cardiopulmonar. A su alrededor los adolescentes gritaban. Alguien le lanzó una toalla. Intentó pegarla a la cabeza destrozada de Bryant, preguntándose qué hacer. Bryant vomitó. Tenía la boca llena de sangre. El hombre del cortador de azulejos también se quedó con la mirada clavada en los tejidos cerebrales: motas grises y amarillas. ¿Amarillas? Una parte de su mente registró su propia sorpresa: ¿por qué eran amarillas? Otra parte luchó por mantener la calma.

Un pensamiento sobresalía por encima de los demás: «Por favor, que no muera este chaval».

«Tiroteo de ambulancia».

El agente Greg de la Rosa, policía experto de grado 3 de la división de la calle 77, del Departamento de Policía de Los Ángeles, transitaba por la calle 54, en el extremo norte de la zona de su comisaría, cuando sonó la radio del coche.

«Tiroteo de ambulancia» era el término genérico con el que la mayoría de los asesinatos e intentos de asesinato en Los Ángeles Sur llegaban a oídos de la policía por medio de sus radios. En las tres zonas que abarcaban la mayor parte de Los Ángeles Sur (la división de la calle 77, la división Suroeste y la división Sureste) ese tipo de llamadas, por lo menos este año, llegaban más de una vez al día, como media.

El tiroteo había tenido lugar a casi treinta manzanas al sur de donde estaba. De la Rosa activó el «Código 3» con las luces de emergencia encendidas que lanzaban destellos intermitentes, bajó por la avenida Oeste y llegó allí el primero. El tiempo era cálido y todavía había luz.

Se hizo cargo de la situación. Una bicicleta BMX cromada tirada en la acera. Una gorra de béisbol. Una víctima en el césped. Varón negro. Unos dieciocho años. Tez morena. De la Rosa funcionaba como con piloto automático, rellenando el informe policial mentalmente. Le habían llamado a muchos tiroteos iguales que este. Tantos «varón negro», que casi no podía distinguir uno de otro. De la Rosa observó la bicicleta, la gorra y la víctima, dispuestos en línea recta sobre la acera y la hierba. El joven debía de haber soltado la bici y haber corrido hacia la protección de un porche, pensó. Unos pocos pasos más y lo habría conseguido.

De la Rosa había crecido en una familia de habla inglesa de origen mexicano en la mayoritariamente hispana Panorama City, una zona dura del valle de San Fernando, y era de Los Ángeles hasta la médula: su bisabuelo había sido desalojado del barranco de Chávez cuando se construyó el estadio Dodger. También era un veterano de guerra. A pesar de todo eso, no estaba preparado para lo que se encontró cuando le destinaron a la 77 hacía doce años. La zona de la comisaría se encontraba entre Watts e Inglewood y abarcaba el meollo de lo que muchos locales todavía llamaban Sur Central, aunque habían empezado a llamarlo Los Ángeles Sur en 2003 para eliminar su supuesto estigma. Pero la gente de la calle no usaba mucho el nuevo nombre, ni las nuevas denominaciones más elegantes de sus varias secciones: «Vermont Knolls», por ejemplo. En su lugar la gente usaba «lado este» y «lado oeste» para referirse al antiguo límite acordado para la restricción racial a lo largo de la calle Main y seguía hablando de Sur Central para todo el conjunto. La intersección de Florence y Normandie, donde estallaron los disturbios de 1962, estaba dentro de la división de la calle 77, cerca de donde se encontraba ahora De la Rosa.

Con el tiempo, De la Rosa se había acostumbrado al tipo de vida de la zona, pero todavía le desconcertaba a veces. En la 77 todo el mundo parecía estar relacionado de alguna forma. Los rumores se propagaban a la velocidad del rayo. A veces parecía que no se podía poner las esposas a alguien sin que sus familiares salieran inmediatamente de sus casas, gritando a la policía. El antiguo hogar de De la Rosa en Panorama City también era pobre, pero no tenía el mismo problema de homicidios, el mismo resentimiento contra la policía. Se dio cuenta de que evitaba hablar a los extraños sobre su trabajo. No quería malgastar su aliento con la gente que no sabía cómo era la 77 y que por mucho que tratara de explicárselo, no lo iba a entender.

Las tareas que cumplió esa tarde le eran tan familiares que casi las repetía sin tener que pensar. Proteger el perímetro. Conseguir testigos. Salvaguardar el lugar para los inspectores. Sacar las tarjetas de entrevistas de campo. Y prepararse: los mirones les rodearían enseguida, y harían preguntas.

De la Rosa solo recordaba algún «tiroteo de ambulancia» si ocurría algo excepcional. Como la vez que le llamaron al cruce de las calles Florence y Broadway, justo delante del Louisiana Fried Chicken. La víctima, un varón negro mayor, tenía un pequeño agujero en la piel, como los que a menudo ocultan hemorragias internas importantes. «¡Déjame y vete a tomar por culo!», había gruñido el herido. De todas formas, De la Rosa intentó ayudarle. El hombre se resistió. Al final, De la Rosa y sus compañeros le tumbaron, cuatro polis encima de él, un placaje colectivo a una víctima de tiroteo con una herida posiblemente mortal. Incluso en medio del caos, De la Rosa era consciente de lo absurdo de la situación, el humor negro, tan típico de la vida en la 77.

El humor negro ayudaba. Pero, aun así, la actitud de los residentes negros de la zona le hacía mella. Se estaban disparando los unos a los otros, pero parecía que seguían pensando que el problema era la policía. «*PO-PO*»,[1] se burlaban. Una vez, De la Rosa tuvo que quedarse de guardia ante el cuerpo de un varón negro hasta que llegaran los paramédicos. Una multitud furiosa se fue cerrando a su alrededor, acusándole de no respetar el cuerpo del hombre asesinado. Algunos intentaron llevarse el cadáver. La policía utilizó un término oficial para este incidente ocasional: «linchamiento». Hay quien se sentía incómodo al pronunciarlo. Asociaban la palabra con la soga de los ahorcamientos, no con las muchedumbres que en un pasado se llevaban a las personas detenidas por la policía para matarlas o rescatarlas. De la Rosa contuvo a la multitud. «¡No te importa porque es negro!», gritó alguien. De la Rosa estaba atónito. ¿Por qué pensaban que la raza jugaba un papel en este tema? A veces, en la 77, De la Rosa tenía la sensación de que no estaba en Estados Unidos. Como si se hubiera salido de la autopista para entrar en otro mundo.

Aquella noche de mayo transcurrió en un mes particularmente violento en las vecindades tradicionalmente negras del sur del condado de Los Ángeles. A lo largo de los 26 kilómetros cuadrados entre la avenida Slauson y el extremo norte de Long Beach, cada pocos días disparaban o apuñalaban a algún negro.

Aproximadamente un mes antes de que disparasen a Bryant Tennelle el 11 de mayo de 2007, Fabian Cooper, de veintiún años,

[1] Término coloquial para referirse a un agente de policía. Su origen viene de las letras que llevaban en el torso del uniforme: PO (*Police Officer*, «agente de policía»). Al patrullar por parejas, se leía: PO-PO. (*N. de la T.*)

fue asesinado de un tiro al salir de una fiesta en Athens. Su vecino y amigo de toda la vida, Salvador Arredondo, un joven hispano de diecinueve años que iba con él, también fue asesinado. Una semana después, el 15 de abril, Mark Webster, de veintidós años, salía de un club de ciclistas en la calle 54 cerca de la Segunda Avenida cuando alguien abrió fuego desde lejos y le dio. Es poco probable que le conociera.

La misma noche, unos negros se encontraron con Marquise Alexander, también de veintidós años, en una gasolinera Shell en la cercana intersección de las avenidas Crenshaw y Slauson, y le mataron a tiros. Cuatro días después, el 19 de abril, Maurice Hill, de cuarenta y un años, pasaba el rato en su rincón habitual delante de una tienda de bebidas alcohólicas en el cruce de la 64 y la avenida Vermont hacia las diez y media de la noche y un pistolero negro le mató; Hill, que había vivido por allí toda su vida, pasaba la mayoría del tiempo sentado en una mediana de hierba de la avenida Vermont, bebiendo cerveza. El mismo día que Hill murió, Isaac Tobias, de veintitrés años, sucumbió a sus heridas en el hospital St. Francis de Lynwood, donde llevaba varios días tras haber sido tiroteado durante una discusión con otros dos negros cerca del cruce de la calle 120 con la avenida Willowbrook.

Tres días más tarde, en Long Beach norte, Eric Mandeville, de veinte años, fue asesinado a tiros mientras paseaba. Casi con toda seguridad fue escogido por los miembros de alguna banda de negros porque era joven, negro, varón y tenía el aspecto potencial de ser uno de sus rivales. Mandeville era un empleado de McDonald's, con buen aspecto y bien considerado, había sido un niño sin hogar que había superado una infancia difícil. Unas horas después de su muerte, fue asesinado cerca Alfred Henderson, de cuarenta y siete años. Al día siguiente, 23 de abril, Kenneth Frison, de dieciocho años, murió en el Hospital California tras vegetar allí durante tres semanas. El 1 de abril le habían disparado en la cabeza en la esquina de la calle 94 y Gramercy. Cuatro días después de la muerte de Frison, Wilbert Jackson, de dieciséis años, fue acribillado a balazos desde un coche que pasaba por delante de una pescadería en la avenida Figueroa, al sur de la calle 51. Temprano al día siguiente, 28 de abril, Robert Hunter, de treinta y cuatro años, asistía en la iglesia Bautista Misionera del bulevar Adams al funeral de su primo, Isaac Tobias, la joven víctima de asesinato mencionada anteriormente. En la iglesia estalló una discusión, a Hunter le mataron de un tiro y otros dos asistentes al duelo quedaron heridos. Ese mismo día, más tarde, Ralph Hope, de veintiocho años, fue asesinado a tiros en Inglewood.

Al día siguiente, 29 de abril, Aubrey Gibson, de veintitrés años, fue encontrado muerto en su apartamento de la calle 64 y Brynhurst. Tres días después, unos negros irrumpieron en un apartamento de la Tercera Avenida con la calle 42 y dispararon en el pecho a Melvin James, de cincuenta y cuatro años. El mismo día fueron asesinados otros dos negros: Donald Stevens, de cuarenta y cuatro años, murió en un tiroteo en Willowbrook; y Larry Scott, de veinticinco años, fue apuñalado en el pecho por un vecino durante una pelea en la avenida Oeste a la altura de la calle 100.

Tres días después, el 5 de mayo, Mario Jackson, de cuarenta y cinco años, y Tierney Yates, de treinta y seis años, fueron asesinados a tiros en un club motociclista en la calle 109 y Broadway, en Watts, durante una pelea que estalló mientras veían un combate de boxeo por la televisión. Jackson se había ido de Watts, donde había nacido, y le iba bien en el mundo del espectáculo, pero a alguno de sus antiguos amigos del barrio no le hacía gracia. Los agentes de policía detuvieron a unas veinte personas que habían estado presentes en la pelea, les interrogaron brevemente a todos juntos, apretados, dentro del club motociclista; absolutamente todos negaron haber visto nada. Marco Smith, de cuarenta y un años, fue asesinado en Hawthorne al día siguiente.

Carl Dixon, de treinta y cuatro años, fue asesinado a tiros en Florence tres días después, el 9 de mayo. En el tiroteo también fueron heridas de gravedad otras tres personas. Es el único de los ataques enumerados aquí en el que los sospechosos fueron hispanos, no negros. Bernard McGee, de treinta y siete años, estaba sentado al lado de Dixon cuando sonaron los disparos. Contó cómo vio morir a su amigo, cómo la tela roja de la camisa de Dixon se agitaba al recibir las balas, como si la empujara un vendaval.

Dos días más tarde, un hombre armado disparó a Bryant Tennelle en la calle 80.

Cuando De la Rosa miró más detenidamente a la víctima, se dio cuenta de que el joven que tenía delante estaba muriéndose. La respiración lo denotaba. De la Rosa también había visto esto muchas veces antes. No es que tuviera formación médica. Simplemente había adquirido una comprensión intuitiva de las etapas de la muerte por haberla visto tantas veces. Conocía esa inconsciencia profunda que caía sobre las personas que se estaban muriendo, esa quietud, la forma tan lenta en que salía el aliento. Llegó una ambulancia.

De la Rosa trabajó en la escena del crimen toda la noche, bajo las palmeras negras contra el cielo rojo, mientras las luces de los porches destellaban arriba y abajo de la calle. En algún momento, alguien transmitió un rumor: que la víctima era hijo de un inspector de homicidios del Departamento de Policía de Los Ángeles. De la Rosa se preguntó de manera inconsciente si también habría sido miembro de alguna banda.

El rumor era cierto. Bryant Tennelle era hijo de un inspector de homicidios del Departamento de Policía de Los Ángeles. Wallace Tennelle, «Wally» para sus amigos, era unos doce años mayor que John Skaggs.

No se conocían. Tennelle trabajaba en el centro, en la unidad de Robos y Homicidios. El personal del Departamento de Policía de Los Ángeles está desperdigado a lo largo de 1.200 kilómetros cuadrados y tiene muchas funciones. Su vida social está tan balcanizada que las personas que trabajan en cubículos separados de la misma brigada a veces no saben los nombres de las otras, y Skaggs y Tennelle ni siquiera habían trabajado nunca en la misma comisaría. Sin embargo, estaban unidos por un oscuro legado que compartían y un empeño en arreglar las cosas. Mucho antes de que se conocieran, una ola maligna, elevada a lo largo de varias generaciones, los había arrollado a ambos en su camino, y los llevó hacia delante hasta el instante en que el hijo de uno de ellos fuera tiroteado en la esquina de la 80 y St. Andrews y el otro fuera llamado para encontrar al asesino.

02

Ghettoside

John Skaggs había sido pelirrojo de joven.

Nació en 1964, hijo de un inspector de homicidios, y se crio en un modesto hogar de los años cincuenta en un barrio de Long Beach (California), que se parecía a aquellos por los que más tarde patrullaría como poli en Watts: casas de una planta con garajes para un solo coche, a lo largo de calles bordeadas de plátanos. Su padre era un inspector de homicidios de Long Beach, pero sus progenitores se separaron cuando él estaba en la escuela primaria. Skaggs fue criado principalmente por su madre.

Janice Skaggs era hija de un minero del carbón de Nebraska, era cariñosa pero severa. Le daba mucha importancia a la fortaleza y al autocontrol en público. Tenía otros tres niños que alimentar y no mucho dinero. Los cuatro trabajaron desde pequeños para contribuir a la economía familiar. Sin necesidad de que se lo pidieran, Skaggs pagó alquiler por su habitación desde los dieciocho años.

Era el hijo pequeño y el único varón. Había sido muy competitivo desde la infancia, deportista apasionado, especialmente en béisbol. Ganar siempre había sido importante para John Skaggs. Su madre no desaprobaba esa actitud. Pero siempre dejó claro que sus hijos tenían que mostrarse afables, deportivos y bien educados. Por muy decididos que estuvieran a imponerse, tenían que mostrarse relajados y corteses.

Fue a la Universidad del Estado de California, en Long Beach, pero lo dejó al cabo de un año. Estar sentado en clase le resultaba insoportable. Finalmente, siguió los pasos de su padre y entró en la policía. Cuando se hizo mayor, las enseñanzas de su madre perduraron: siguió mostrando una actitud serena hacia el exterior y exigente por dentro. Bajo su sonrisa amigable acechaba un gran perfeccionista. Sabía qué valía y qué no. No sometía sus convicciones a un análisis muy profundo. No discutía. No se daba mucha importancia a sí mismo, simplemente tiraba para delante.

A los cuarenta, su mata de pelo muy recortada se estaba volviendo blanca; la única señal de que alguna vez había sido pelirroja era un tinte caoba en las cejas. Los ojos azul claro y la tez rosada hacían que pareciera rubio natural; un rubio playero, como el de alguien que pasa mucho tiempo al sol de California. Sus amigos clamaban contra la injusticia. Ellos se quedaban calvos o canosos; Skaggs estaba cada día más rubio. Era una muestra más de cómo la suerte parecía acompañarle.

Tenía los pómulos prominentes, la mandíbula redonda y pequeña con una mínima hendidura, el ceño fruncido y las manos grandes. Su complexión alta y delgada no había cambiado mucho desde la época en la que llevaba el uniforme de la policía. Más suerte: los inspectores de mediana edad del Departamento de Policía de Los Ángeles solían volverse corpulentos, pero John Skaggs seguía pareciendo «alguien recién sacado de la revista *GQ*», como comentó unos de sus jefes del Departamento. De vez en cuando, Skaggs se ponía en el peso normal de un inspector del Departamento. Pero con la misma disciplina con la que se dedicaba a todo en la vida, reducía comidas, hacía más ejercicio y perdía diez kilos. Nunca entendió por qué a otras personas les resultaba tan difícil hacer dieta. ¿Por qué les resultaba tan difícil?

Nunca estaba de baja por enfermedad. Nunca iba al médico. Su perfecta condición física entonaba con todo lo demás: los hijos perfectos (una chica y un chico, naturalmente); su mujer, Theresa, que era tan rubia y guapa como él; la bonita casa en las afueras, la piscina, la autocaravana, las tablas de surf. Theresa era secretaria jurídica y llevaba un despacho de abogados. Como pareja eran ordenados, sanos, moderadamente religiosos y agradables el uno para el otro; Skaggs tenía una norma: no permitía que ningún tipo de antagonismo enturbiara sus relaciones familiares. En cuanto a Theresa, poseía la suficiente tozudez para plantar cara a la seguridad despreocupada de Skaggs. «John es John», resumía, un juicio cariñoso que venía a decir que el punto más fuerte de su marido (su incapacidad de dudar de sí mismo) era también su punto más débil.

La confianza en sí mismo de Skaggs no tenía límites. Pero, sobre el papel, su carrera profesional no parecía especialmente distinguida. Un tío suyo que era un alto cargo en el Departamento de Policía de Los Ángeles consideraba que se había quedado estancado. Llevaba años criticando las opciones profesionales que elegía Skaggs y reprendiendo a su sobrino por teléfono. ¿Por qué no aspiraba a puestos más altos? ¿Por qué se había quedado estancado como inspector en el extremo sur de la ciudad?

Los diecinueve distritos policiales de Los Ángeles se denominan divisiones. Se suponía que, para progresar, los agentes tenían que pasar de las divisiones a las unidades centralizadas de élite o a realizar funciones administrativas en la Jefatura Central del Departamento de Policía de Los Ángeles, en aquella época Parker Center, o «PAB», como decían los polis. Se suponía que los agentes que seguían en las comisarías tenían menos ambición, especialmente si se atascaban en el extremo sur.

En el nivel superior a las divisiones, el Departamento estaba dividido en cuadrantes. La Jefatura Sur era uno de ellos. Se encontraba en una línea divisoria no oficial (la Interestatal 10, la autovía este-oeste que cruzaba la ciudad) y se componía de las comisarías Suroeste, calle 77 y Sureste. Una división de la Jefatura Central, llamada Newton, limitaba con la calle 77 por el norte a lo largo de la avenida Florence. Estas cuatro comisarías cubrían la extensión del Sur Central.

Para un agente, trabajar en cualquiera de esas cuatro comisarías significaba estar un poco marginado. Eran las divisiones más pobres de Los Ángeles y solían liderar casi siempre las estadísticas de delitos violentos. Los polis sabían que en estos barrios había apartamentos minúsculos, vallas con cadenas, garajes reformados, perros agresivos sin collar y Chevrolets Caprice. También había hombres que pasaban en bici con ropa de vestir, morgues que eran propiedades familiares, folletos sobre locales para trenzar el pelo, murales que mostraban las botellas de lejía Clorox, tiendas cutres con nombres llamativos: Uñas Atrapahombres, Donuts Sexis, La Energía Positiva de Vanessa. Sabían lo que significaba trabajar en ese tipo de barrios. Muchos preferían no hacerlo.

Los agentes que elegían trabajar al sur de la 10 eran respetados por su dureza. Pero el tipo de vigilancia que hacían no se consideraba como una plataforma de lanzamiento en una carrera ambiciosa. De hecho, en el Departamento de Policía de Los Ángeles los polis del duro extremo sur eran considerados a menudo artículos deteriorados, no válidos para otro tipo de trabajo por el gran número de quejas que provocaban y el reducido espacio de vigilancia que aparentemente ocupaban. El tío de Skaggs pensaba que su sobrino se había autolimitado al quedarse en el Sur Central.

Lo peor de todo, para su tío, es que Skaggs parecía contento de seguir siendo inspector, lo que significaba languidecer durante años en un nivel profesional similar al más bajo de cualquier sargento de patrulla. Significaba cortar voluntariamente con la mejor tradición del Departamento. El Departamento de Policía de Los Ángeles hacía tiempo que medía su valía por las innovaciones en formas de patrullar, no por su destreza investigadora. La serie de televisión *Adam-12* presentaba fielmente la emblemática imagen del Departamento: profesionales muy presentables, con uniformes azules, pasando a toda mecha en coche mientras atienden los avisos de la radio, con las sirenas ululando. El uniforme del Departamento estaba cargado de significación. Era un monocromático azul marino muy oscuro, casi negro, un tono majestuoso. La tradición exigía que el uniforme se llevara como si fuera una vestidura, impoluto y apretado por el cinturón, y los zapatos brillantes como espejos. Los agentes se afanaban en tener un aspecto pulcro y estar en forma; algunos incluso se arreglaban el uniforme a medida para que se ciñera a sus esculpidos bíceps.

Los inspectores no formaban parte de esa tradición. Muchos inspectores con base en las divisiones llevaban polos anticuados y pantalones de faena. Tenían fama de no estar en forma. Por supuesto, los inspectores de homicidios, como Skaggs, llevaban trajes. Pero los avisos nocturnos les impedían dormir las horas necesarias, de forma que a menudo engordaban. Los agentes de las patrullas a veces despreciaban abiertamente a sus colegas de paisano.

La estructura y la distribución de recursos del Departamento parecían hacerse eco de ese desprecio. En las comisarías, algunos agentes uniformados (especialistas en bandas y los llamados jefes de zona que se especializaban en estrategias comunitarias) tenían una posición alta, mientras que a los inspectores se les relegaba a una situación secundaria, colocando sus mesas de trabajo junto a las de los inspectores de robos, y haciéndoles competir por los recursos con las fuerzas que se ocupaban de tareas nocturnas y las brigadas antivicio.

Unos pocos inspectores del Departamento de Policía de Los Ángeles ocupaban puestos de relieve en el centro y disfrutaban de influencia y prestigio. Una opción evidente para Skaggs habría sido la unidad de Robos y Homicidios. Se encontraba en la Jefatura Central e investigaba los asesinatos por incendio, las masacres y otros casos que se consideraban especialmente complejos o que podían atraer el interés de los medios de comunicación, por ejemplo, los casos relacionados con celebridades. Los inspectores de la Unidad de Robos y Homicidios estaban considerados los mejores del Departamento. Se ocupaban de un número menor de casos y eran inmediatamente reconocibles por su forma elegante de vestir. La unidad había sido protagonista de varios libros y series de televisión.

Pero la unidad de Robos y Homicidios solía pasar de los llamados asesinatos «comunes» en la calle, aquellos que Skaggs consideraba su especialidad. Los asesinatos en la calle constituían el grueso de las muertes de negro contra negro. Así que los criterios de la Unidad de Robos y Homicidios tenían como resultado que las víctimas negras tenían menos probabilidades de recibir un trato privilegiado del departamento. Esto resultaba sutilmente insultante para los inspectores como Skaggs, que no consideraba que a estos asesinatos les faltara complejidad. La estrategia también ofendía su sentido de la justicia porque parecía confirmar la acusación que cada agente del extremo sur escuchaba repetidamente a los vecinos: «¡No te importa porque es negro!».

Por supuesto, Skaggs no decía que por eso no había solicitado nunca que le promocionaran a la Unidad de Robos y Homicidios. Tanto en esta cuestión como en otras, sus pensamientos más profundos solo podían deducirse de sus acciones. Cuando la gente le sugería que fuera a la unidad de Robos y Homicidios, se lo tomaba a broma.

Los polis que trabajaban al sur de la 10 parecían estar, a menudo, encantados con su situación de desamparo. Miraban por encima del hombro a los polis de otras comisarías, les llamaban fofos y blandos y se tenían a sí mismos por una clase superior. Uno de los colegas de Skaggs captó una palabra de un miembro de una banda de Watts para describir la vecindad: *ghettoside.*[2] Al mezclar la geografía y el estatus, el término expresaba bien la situación, con la precisión poética de un sinvergüenza y un engreimiento malsano. Era tanto un lugar como una situación de riesgo, y daba nombre a esa reclusión como de otro mundo que todos los rincones negros violentos del condado compartían: Athens, Willowbrook, Long Beach norte, Watts. Estos lugares se parecían, así como la vigilancia que se hacía allí. John Skaggs era un incondicional del *ghettoside*. Nunca se molestó en explicar a su tío cómo se sentía. Si otros polis no eran capaces de apreciar la importancia de su trabajo, la razón de que estuviera tan seguro de sí mismo, no le servían para nada. «Es el mundo de Skaggs», decía su compañero de muchos años, Chris Barling, poniendo los ojos en blanco.

Esa frase captaba muchas de las cualidades típicas de Skaggs: la displicencia, el optimismo reservado, la seguridad absoluta que otros a veces tomaban por arrogancia. Sobre todo, captaba sus valores internos en cuanto a la vigilancia, que le permitían saber que el auténtico éxito no era el que definía el Departamento de Policía, el público o la sociedad en general. Para otros polis *ghettoside* era el lugar donde los coches patrulla estaban abollados, el teclado del ordenador pegajoso, las jornadas de trabajo eran largas y las infecciones de estafilococos eran inmunes a los antibióticos. Trabajar allí era tener un sentimiento de futilidad, renunciar a la

[2] *Ghettoside* hace alusión a la parte de la ciudad que es gueto, un juego de palabras con los términos «ghetto» y *side*, una forma frecuente de nombrar las zonas de una ciudad: *Eastside, Westside*: los lados este y oeste de una ciudad. *Ghettoside* sería la zona de gueto que atraviesa varios barrios de la ciudad de Los Ángeles. (*N. de la T.*)

promoción y lidiar con todos los problemas estresantes, siniestros y deprimentes que sufrían las personas negras pobres. Pero para Skaggs, *ghettoside* era el lugar donde había que estar, el lugar donde estaba el trabajo que de verdad había que hacer. Irradiaba satisfacción al patrullar por sus calles. Rodaba por los sucios callejones con la camisa recién planchada y una corbata cara, siempre descansado, con su coche siempre limpio y reluciente.

Skaggs no aceptó trabajar en *ghettoside* porque le entusiasmara la dificultad. Ni era un Marlowe solitario ni tenía ningún antecedente negro. Era un entusiasta del deporte, surfista, alegre y optimista, un hombre familiar felizmente casado. Los fines de semana dedicaba su tiempo a la autocaravana de la familia y a su bicicleta de carreras. Skaggs prefería trabajar en Watts por otras razones: le gustaba estar ocupado y pensaba que su trabajo allí era importante y debía hacerse bien. Descendía a la sima más horripilante de la violencia estadounidense como un carpintero yendo al trabajo, el martillo en una mano, la tartera del almuerzo en la otra, mientras silbaba por el camino. Había amoldado su vida en torno a un problema urgente y rara vez reconocido como tal y permanecía imperturbable, quizá incluso espoleado por el hecho de que tantos otros no se dieran cuenta. Estaba totalmente seguro de que las cosas podían mejorar si se intentaban hacer bien.

Esa convicción no le abandonó nunca, incluso cuando su trabajo se hizo inesperadamente personal.

03

La escuela de la catástrofe

Wally Tennelle nació en la región minera de Jasper (Alabama), en 1954. La tradición familiar sostenía que una antepasada suya había sido la hija ilegítima de una esclava doméstica y el propietario blanco de una plantación; de ahí venía la piel y el pelo cobrizo de la familia.

La familia de su madre, Dera, era de Misisipi, pero ella pasó su niñez en esa zona del carbón de Alabama, siempre en una situación de segregación total de los blancos. El padre de Wally, Baron Tennelle, aspiraba a algo mejor. Dera y él eran novios desde el colegio. Se casaron, tuvieron dos hijos y se trasladaron al oeste, formando parte de la segunda gran migración negra del sur en 1963, dos años antes de que naciera John Skaggs. El padre de Tennelle tenía mucha energía, era muy trabajador y tenía dotes naturales de vendedor. En California ascendió desde un empleo de bajo nivel en la industria aeronáutica a un puesto en el departamento de ventas. La familia prosperó. En Los Ángeles nació una tercera criatura, una niña.

Desde muy pequeño, Wally, el hermano mediano, fue decidido y organizado, un obseso del orden. Para sorpresa de su madre, doblaba su ropa y ordenaba su habitación sin que se lo tuvieran que decir. Dera se sentía privada de la posibilidad de reñirle como se supone que hace una madre. La limpieza de Wally brotaba de un sentido del orden interno que le acompañaría toda la vida.

Al terminar la enseñanza secundaria, Wally decidió no ir a la universidad. En su lugar, se alistó en la Marina y trató de conseguir un puesto de combate en Vietnam. Eran los últimos días de la guerra. Perdió el tren del despliegue de combate porque su madre (más tarde se daría cuenta que no por accidente) tardó demasiado en enviarle el imprescindible certificado de bautismo. Consiguió otro puesto con los marines: guardia en la Embajada de Estados Unidos en Costa Rica.

Tres semanas después de llegar a San José (Costa Rica), entró en una cafetería frente a la embajada y tomó una de sus típicas decisiones rápidas.

La chica costarricense que servía en la barra tenía dieciséis años. Yadira Alvarado provenía de una familia del campo. Tennelle, que tenía entonces dieciocho años, no hablaba español, ella no hablaba inglés. Uno de sus compañeros de trabajo tuvo que pedirle que saliera con él. Aquella primera noche en el cine los pensamientos de Yadira daban vueltas. ¿Cómo rellenar el silencio? Pero Tennelle no parecía preocupado. Al final de la velada, la dejó en la parada del autobús tal como ella pidió. Al día siguiente, dos docenas de rosas rojas la esperaban en la cafetería. En su siguiente cita, Tennelle la sorprendió con unas pocas palabras en español. Salieron durante tres años, y para el final de su noviazgo hablaba español de corrido. Cuando se casaron, ella tenía diecinueve años, él veintidós.

Su primer hogar fue una base militar en Cherry Point (Carolina del Sur). Costa Rica gozaba de un contexto racial diferente del de Estados Unidos. Yadira no tenía la sensación de que ella y Wally fueran lo que en Estados Unidos se llamaba una «pareja biracial» hasta que se dio cuenta de las miradas raras cuando salían juntos. Fue su primera lección en lo que más tarde resumiría como «esta cosa» racial en Estados Unidos.

Cuando su servicio militar terminó, Wally y Yadira volvieron a la patria chica de él, Los Ángeles, donde encontró trabajo de guardia de seguridad en un K-Mart. Después, encontró un empleo mejor en la empresa donde estaba su padre, United Airlines, lo perdió durante una huelga y se le ocurrió una forma nueva de capear el temporal. Se matriculó en la Universidad Comunitaria de El Camino para obtener el cheque de ayuda económica (no tenía mucho interés en convertirse en estudiante) y utilizó el cheque para pagar el alquiler y comprar una cortadora de césped. Empezó a trabajar de jardinero.

Wally Tennelle diría más tarde que su decisión de hacerse agente de policía en 1980 fue solo para ganarse la vida. Pero Yadira no lo recuerda así. Cuando todavía estaba en Costa Rica, Wally le avisó de que quería ser policía. Le estaba dando la posibilidad de oponerse. Yadira no sabía nada de asesinatos, nada de la zona de guerra del asfalto negro del Sur Central de Los Ángeles. Pero probablemente no se habría opuesto en cualquier caso. Años más tarde, su hija mayor comentó que el respeto mutuo y la independencia de Wally y Yadira eran el sello característico de su feliz matrimonio. En casa pasaban muchos ratos agradables juntos, él a menudo fuera, ella dentro, cada uno inmerso en sus tareas.

La primera casa de Wally y Yadira en Los Ángeles Sur fue como su matrimonio: ordenada e idílica. En Costa Rica, Yadira había visto jóvenes cortejadas por hombres encantadores que se volvían dominantes tras el matrimonio. Wally no era así. Los que le conocían destacaban su personalidad equilibrada: era el mismo siempre, independientemente de la situación. Su casa era agradable y no recargada. Nunca se peleaban. Su hija, a la que llamaron Dera por la madre de Wally pero apodaron Didi, sabía lo raro que sonaba eso. Pero era la verdad: nunca les había visto pelearse.

Tuvieron tres hijos. Después de Didi llegó un niño, Wallace hijo, y luego Bryant, que nació en septiembre de 1988. Yadira consiguió un empleo en la cocina de un hospital Kaiser Permanente, donde trabajaba desde las cinco de la mañana hasta la una y media del mediodía. Trabajó allí año tras año, levantándose de noche para ponerse su blusón de ayudante de cocina. A sus amigos les parecía un trabajo temporal. Le insistían en que obtuviera un diploma de enfermera. Pero a Yadira le encantaba el trabajo, le gustaba cocinar y estar ocupada.

Los niños se burlaban de su madre y de su padre; les llamaban aburridos. Pero en privado Didi tenía otra palabra para ellos: *sanos*. La palabrita le daba un poco de vergüenza. Pero pegaba. Eran como la tribu de los Brady. No, no, Didi se corregía a sí misma con una sonrisa: como «los Cosby». Después de todo, eran negros. Más o menos.

La identidad racial rara vez se discutía en casa. Wally Tennelle se las había apañado para criarse en el Sur Central sin haber tenido el menor roce con la violencia o algún episodio negativo con la policía. Su madre no le había dejado ni siquiera llevar un peinado afro; y casi nunca hablaba de razas. Sus ideas conservadoras sobre la responsabilidad personal y la autosuperación eran las típicas de los agentes del Departamento de Policía de Los Ángeles. Oír a Wally Tennelle hablar del afroamericano del partido republicano Maxine Waters, frecuente crítico del Departamento, era oír las mismas quejas que aireaban prácticamente todos los polis de la ciudad. En esto, Wally Tennelle era azul antes que negro.

En apariencia, los tres niños tenían un potente parecido con su madre y con su padre. Pero eran diferentes entre ellos. Didi tenía una piel de porcelana, con unas cuantas pecas morenas en la nariz, enormes ojos castaños, labios carnosos y pelo oscuro y ondulado. Parecía tan blanca que era la única de los integrantes de la familia que pronunciaba mal a propósito su apellido: «Ti-NEL» en lugar de «Ti-NE-li». Así evitaba que la gente supusiera que tenía ascendencia italiana.

Wally hijo tenía la piel más oscura, «cobriza» como su padre, ojos oscuros y pelo castaño oscuro. Hablaba bien español y se consideraba medio latino. «Pero, si voy con prisas, digo que soy negro, sin más», decía.

Bryant tenía la piel más clara que su hermano, pero no tan clara como Didi. Era alto y esbelto, y su cutis suave era la envidia de su hermano, que tenía problemas de acné. Pero, igual que Wally hijo, Bryant se describía espontáneamente como negro. En definitiva,, por el sitio donde habían crecido, por una comprensión no verbalizada de una historia racial compleja, y porque la mayoría de los jóvenes que conocían hacían lo mismo, los tres se consideraban negros.

Después de pasar por un aprendizaje breve en la comisaría Sureste, Wally Tennelle «rodó» a la división carcelaria, luego a narcóticos, por lo que pasó menos tiempo de patrulla de lo que es normal en los agentes nuevos. Terminó en la unidad CRASH de la Jefatura

Central a principios de los ochenta. CRASH, por sus siglas en inglés, quería decir «Recursos Comunitarios Contra Matones Callejeros», un nombre que pertenecía a una época pasada del Departamento de Policía de Los Ángeles antes de que las reformas intentaran borrar cualquier matiz salvaje o chulesco. El cambio en los nombres de las brigadas mostraba la evolución: se habían llamado PATRIOT, luego CRASH y después, tras un decreto federal de aprobación de derechos públicos, habían sido etiquetados con el anodino GIT, siglas en inglés de «Equipos de Impacto contra las Bandas».

El periodo de Tennelle como agente contra las bandas transcurrió en medio de la gran ola de homicidios en Estados Unidos de principios de la década de los ochenta. Era la época del *crack*, los fumaderos clandestinos y los mercados de droga al aire libre. El joven veterano de la Marina se sentía en la gloria. No podía existir nada mejor que llevar aquel uniforme azul oscuro y conducir coches a toda velocidad que perseguían a los gánsteres durante toda la noche. No quería hacer otra cosa: desde luego no quería trabajar de inspector. Todo el mundo sabía que los inspectores eran «un puñado de babosas», recordaba Tennelle. Sus compañeros y él tenían un eslogan: «P-2 para siempre» (de agente de Patrulla de nivel 2); es decir, los duros polis callejeros.

Entonces, en 1984, Tennelle formó parte de un grupo de agentes que fueron prestados a la unidad de homicidios para gestionar el gran número de casos de asesinato pendientes y allí le dieron su primer homicidio.

Las cualidades que necesita un buen inspector de homicidios son diferentes de las de un buen poli que patrulla la calle. Pero están relacionadas. Wally Tennelle tenía los atributos básicos que llevan a muchos jóvenes al trabajo de policía. Aunque no tenía educación universitaria, era inteligente y tenía mucha energía. El trabajo de policía puede ser un asidero para personas listas y de acción que, por alguna razón, no se sienten atraídas por la educación formal: el tipo de personas afectadas por lo que Didi Tennelle diagnosticaba para toda su familia como «un toque de TDAH».

Les hacía perfectos para un trabajo que se realizaba casi enteramente en el exterior e implicaba noches sin dormir, rachas sin tregua de actividad y la capacidad de pasar de una situación a otra con rapidez y sin dejar demasiado detrás. Un gran poli (o un gran inspector) necesitaba ser listo y rápido pero no necesariamente erudito o muy analítico. Buena memoria, talento para improvisar, mucho interés por las personas y optimismo (tenía que gustarle «andar a salto de mata») eran los rasgos que garantizaban que las personas hiperactivas triunfaran en un trabajo que hacía que otras se marchitaran por el estrés.

Wally Tennelle poseía todos esos rasgos y algunos más que le daban ventaja ante, incluso, los mejores polis al sur de la 10. Eran las mismas cualidades que ya había observado su madre. Una pulcritud prodigiosa, capacidad de control de sí mismo y de su entorno inmediato y la seguridad que transmitía su actitud. Tennelle poseía un pensamiento ordenado, se fijaba en los pequeños detalles y era casi patológicamente trabajador. También era feliz y tenía pocos demonios propios, si es que tenía alguno. Este último rasgo era especialmente importante. Le daba firmeza de carácter y resistencia. No resultó sorprendente que cuando se encargó de aquel primer caso de homicidio se emocionara con el sentimiento de seguridad que la gente experimenta cuando descubre su destino en la vida. «Sí» —pensó—, «esto es lo que quiero hacer». Tennelle trabajó como inspector de homicidios para la CRASH de la Jefatura Central hasta finales de la década de los ochenta y después fue trasladado a un puesto de inspector en una división en Newton. Trabajó igual que todos en aquella época: abrumado por los casos nuevos, intentando cerrar coherentemente las investigaciones para que se sostuvieran ante los tribunales antes de que la siguiente les absorbiera, esperando que no se fueran a pique a causa de los acuerdos con los fiscales, que eran mucho más frecuentes entonces. Un fin de semana, a finales de los años ochenta, Tennelle tuvo que encargarse de cuatro asesinatos distintos. Solo al producirse un quinto asesinato, los jefes accedieron a enviar un equipo nuevo.

Por el camino, aprendió la norma del inspector de homicidios de boca de un compañero ante el cadáver de una prostituta asesinada. «Ahora ya no es una puta, es la hija de alguien», dijo. Wally Tennelle profesaba esa filosofía. Fuera cual fuese la reacción del mundo alrededor, la tarea del inspector de homicidios era tratar a cada víctima como si fuera el ángel más puro, al margen de su grado de implicación delictiva. Los asesinados eran inviolables. Todos merecían la misma justicia. Todos eran *la hija de alguien.*

La ciudad estaba entrando en lo que los inspectores veteranos llamarían más tarde «los Grandes Años». Los homicidios alcanzaron su cifra máxima en 1980, después disminuyeron y luego aumentaron de nuevo a principios de la década de los noventa. En cifras totales nunca se había visto nada igual (aunque los índices de homicidios per cápita fueron, de hecho, mayores durante la década anterior). En 1992, en el condado de Los Ángeles, los varones negros de entre veinte a veintinueve años, por ejemplo, sufrieron un índice de asesinatos treinta veces superior a la media nacional: 304 muertes de cada 100.000 personas. El año siguiente fue todavía peor: en 1993, fueron asesinados 368 por cada 100.000 varones negros de entre veinte a veinticuatro años, cuarenta veces la media nacional y casi exactamente el índice per cápita de soldados estadounidenses desplegados en Irak tras la invasión de 2003.

Wally Tennelle se ganó el rango de inspector en 1990, durante la gran ola de crímenes. Trabajar en la unidad de Homicidios en el Sur Central de Los Ángeles en aquella época era habitar en un mundo aparte que el mundo exterior no era capaz de comprender.

Una cosa es observar lo que el académico Randall Kennedy llama las «sombrías estadísticas» relacionadas con el homicidio de negros: índices de mortalidad propios de zona de guerra a diez minutos de zonas residenciales pacíficas. Otra muy distinta es ver de primera mano cómo se desenvuelve la catástrofe, tal como lo haría Tennelle durante la década siguiente.

El Sur Central parecía otra ciudad entonces, rodeada por muros invisibles. Hasta el aire tenía un tinte de dolor. «Indescriptible», solía decir la gente. «Tan difícil de describir que, incluso si lo haces, no puedes hacerte una idea», dijo un inspector de Watts.

Un silencio asfixiante, acompañado de esa mirada sin expresión que un capellán de la policía llamaba «ojos de homicidio», era quizá la respuesta típica que la gente mostraba cuando les pedían que describieran sus vivencias con la violencia. La mirada se extraviaba a la mitad de la explicación de la desaparición repentina de un padre, o el fallecimiento lento y atroz de un marido. Un movimiento de la cabeza como pidiendo disculpas interrumpía el relato de la mutilación de un hijo por disparos. Los supervivientes de los tiroteos se quedaban callados, en un silencio de derrota, al hablar de los amigos que no habían escapado vivos. «No hay palabras», decía la gente a menudo.

Karen Hamilton, una contable de Jefferson Park, todavía no había hablado del asesinato de su hijo siete años después de su muerte. Lo intentaba, respirando profundamente, con manos temblorosas, pero no le salía la voz. La pena por un homicidio puede ser como una muerte en vida. Los supervivientes se arrastraban, disminuidos, desfigurados por la pérdida y la incomprensión.

Para muchos miembros de la familia, la pesadilla comienza con vivencias que la mayoría de los estadounidenses solo asocian con la guerra: la muerte repentina de un ser querido delante de tu casa, en la calle. Los padres, madres y hermanos son a menudo los primeros en llegar a la escena del crimen.

Jamaal Nelson fue tiroteado a los dieciocho años, su madre corrió afuera, se arrodilló, le levantó la camisa y vio su torso acribillado a balazos. Él soltó un grito y murió en sus brazos.

Bobby Hamilton encontró a su hijo adolescente inconsciente, tirado en un parque cercano. El chico respiraba con dificultad, con una bala en la cabeza. Hamilton lo levantó como si fuera un bebé y lo llevó a un puesto de bomberos, donde murió.

Otros seres queridos se enteraron de las muertes por llamadas telefónicas o visitas de la policía. Una amiga llamó a Wanda Bickham para decirle que a su hijo de diecinueve años, Tyronn, le habían pegado un tiro y estaba muerto. Bickham colgó violentamente el teléfono, incapaz de oírlo. Lewis Wright se enteró del asesinato de su hijo cuando un agente en el juzgado de instrucción deslizó hacia él una foto boca abajo. Con el corazón latiendo con fuerza, le dio la vuelta para descubrir la cara de su hijo. Sharon Brown pasó los últimos instantes de la vida de su hijo, de trece años, sentada muy quieta en un banco del parque, delante del centro recreativo donde le habían disparado, para no interferir con los paramédicos, y más tarde se arrepintió.

Inmediatamente después de los asesinatos, los que han perdido al ser querido dicen sentirse como atontados, la cabeza les da vueltas, intentan apartar la agonía de manera refleja. En un funeral, una madre se desplazó de su banco al ataúd abierto de su hijo como un robot, levantando cada pie como si llevara un peso de cincuenta kilos.

La conciencia de lo sucedido llega lentamente. Algunas personas describen sus peores momentos de dolor dos, o cinco o veinte años después del asesinato. «Es después. Es después. Es después», decía Barbara Pritchett, apretando los puños con angustia dos años después del asesinato de Dovon. Muchas personas admiten estar consumidas por la ira. Los «porqués», lo llamaba un padre desconsolado.

Algunos ceden a la desesperación. En los meses después de que Charles Yarbrough, de cuarenta y dos años, fuera asesinado, su madre, Anita McKiry, pasó noches enteras yaciendo boca abajo, con los brazos y piernas extendidos sobre su tumba. Una mujer de Compton que había perdido no uno, sino dos hijos por homicidio, se presentaba a sí misma como simplemente «esperando la muerte». Carlton Mitchell, cuyo hermano Paul fue asesinado, se dedicó a pasear por calles peligrosas, en espera de que lo mataran como a su hermano.

Los homicidios podían convertir a los deudos en parias. Algunos miembros de la familia se sentían rehuidos, como si su desgracia fuera contagiosa. A veces parecía que cuanto más cerca del problema estuviera alguien, más fuertes resultaban los mecanismos de distanciamiento. Esta distancia se sentía en el lenguaje lleno de evasivas y a menudo, incluso, cruel que se usaba en el Sur Central negro para describir el fenómeno. En la calle, casi nunca se oía la palabra «asesinato». En su lugar se utilizaban eufemismos: «hacer un trabajito», «servir» a alguien, «fumárselo», «tumbarle», «prenderlo», «hacerse cargo» la lista seguía. Las bandas Bloods, Crips y Hoovers[3]

---

[3] Los Crips son una alianza de bandas, principalmente compuesta por afroamericanos, aunque no en exclusiva, y fundada en Los Ángeles (California), en 1969,

tenían su propia marca de verbos para atacar y hacer daño a otros seres humanos: «bajar», «mover», «marcar», «bailar». El omnipresente «sin más» y sus muchas variaciones eran expresiones que se podían aplicar tanto a una rencilla menor como a una masacre, según el contexto.

Eran bastante corrientes las caóticas escenas de dolor en público en las calles y aceras. Las madres y las abuelas intentaban sobrepasar la cinta de la policía. Se arrojaban sobre los cuerpos de las víctimas, y golpeaban a los policías que las trataban de mantener a raya. A veces se producían pequeñas escaramuzas en la escena del crimen o casos de abuso de la fuerza cuando los agentes forcejeaban con familiares histéricos. En un caso en Watts, el hijo y los parientes de una mujer rodearon el coche donde estaba agonizando por una herida de bala; los agentes hicieron retroceder a los dolientes a la fuerza, pegando a varios de ellos con las porras.

Fuera de la ciudad amurallada prevalecía una forma de insensibilidad más anodina pero, sin embargo, más virulenta. Calaba en los agentes y en los medios de comunicación la retórica pública sobre los homicidios. Muy pocos de los afectados se libraban de la sensación de que el mundo exterior observaba su pérdida con indiferencia. «A nadie le importa» era un lamento universal al sur de la Diez durante los Grandes Años y muchos años después. Una sensación de rutina burocrática, sombría y gastada, se cernía sobre la gestión de los homicidios y los delitos relacionados con los

---

por Raymond Washington y Stanley Williams. Su nombre original era Cribs, pero cambió cuando miembros de la banda comenzaron a llevar bastones y la gente del barrio les empezó a llamar «los tullidos» *(cripples)*, o *Crips*, para abreviar. Su distintivo es un pañuelo azul o, en general, el color azul. Los Bloods es la banda considerada como la mayor rival de los Crips, aunque a lo largo de la historia ha habido épocas de tregua entre distintas ramificaciones de ambas y uniones en casos puntuales contra bandas rivales. Son también una alianza de bandas, principalmente afroamericana y fundada en Los Ángeles en 1972, aunque extendida por distintos lugares de Estados Unidos y Canadá. Su color distintivo es el rojo. Los Hoovers también nacieron en Los Ángeles, concretamente alrededor de la calle Hoover, en la zona oeste. Han estado ligados a los Crips en distintos momentos desde la década de los setenta y, por eso, aparte de su color identificativo, el naranja, también algunos llevan el color azul. Muchos son seguidores del equipo de béisbol los Houston Astros, por la letra «H» y el color naranja de su equipación deportiva. (*N. de la T.*)

mismos. Los agentes estaban agobiados y sobrecargados de trabajo. Una madre contó que se enteró de la muerte de su hijo por medio de un empleado del hospital que le entregó sus zapatos sin pronunciar palabra.

Los medios de comunicación se hacían eco de muy pocos asesinatos. Las cadenas de televisión hacían algo más de seguimiento que los periódicos, pero sin ninguna consistencia, y muchísimas muertes no tuvieron la más mínima mención en ningún medio, especialmente si las víctimas eran negras. Producía mucho resentimiento. La falta de seguimiento mediático parecía indicar que los homicidios de negros contra negros eran «de poca monta» a ojos del mundo, tal como dijo un padre que había perdido a su hija. «¡Nada en las noticias!» —gritaba una madre, llorando, al ver a un periodista el día siguiente a que su hijo fuera asesinado—. «¡*Por favor*, escriba algo! ¡*Por favor!*».

Incluso cuando los casos recibían algo de atención pública, el enfoque a menudo era erróneo. Las bandas eran un tema llamativo, pero la atrocidad, el trauma y la pena para toda la vida no formaban parte del vocabulario de la gente para referirse a la violencia de negros contra negros. De alguna manera, la prensa predominante había conseguido convertir en fetiche los asesinatos del Sur Central y a la vez ignorarlos. El aspecto principal de la peste, la agonía, siempre se subestimaba.

El lenguaje era de nuevo el caballo de batalla. A más de un padre desconsolado le parecían mal, por eufemísticos, expresiones como «la violencia de las bandas», cuyo propósito era encasillar a sus seres queridos como personas desechables o, al menos, rebajar su estatus de «víctimas inocentes». La activista contra homicidios LaWanda Hawkins, cuyo hijo fue asesinado, resumía así la objeción: «"Miembro de una banda" es el nuevo concepto que sustituye a la palabra "negrata"». Expresiones como «en peligro» eran peores, pues mezclaban a las víctimas y a los autores en una masa indiscriminada. Vicky Lindsay se hartó tanto de los términos paliativos que se hizo una pegatina para la luna trasera de su coche que decía: «Mi hijo fue *asesinado*».

El inspector Brent Josephson, que trabajó en la comisaría de la calle 77 durante los Grandes Años de finales de la década de los ochenta y principios de la década de los noventa, puso nombre al síndrome que hizo estragos en las vidas de muchos habitantes del distrito Sur: lo llamó «el Monstruo». El nombre proporcionaba un compendio de todo el desastre: no solo la pila de homicidios entre un grupo pequeño de gente, la mayoría negros, y la brutalidad nunca vista de los mismos, sino también la indiferencia con la que el mundo parecía observarlos.

Los inspectores del Departamento de Policía de Los Ángeles probablemente nunca han dispuesto de personal suficiente para manejar los altos niveles de violencia al sur de la 10. Pero durante los Grandes Años, el número de casos para repartir aumentó hasta el absurdo, con tan pocos inspectores que llevaban tantos casos que el trabajo llegó a parecerse a la enfermería de un campo de batalla. Durante muchos de esos años, la carga de casos por inspector fue, por lo menos, el doble de lo recomendado por los expertos, y diez veces más de lo que se asignaría a los inspectores del Departamento quince años después. Lo que los inspectores como Tennelle hicieron durante esos años nunca se repetirá; su generación de inspectores de homicidios sigue siendo, hasta ahora, inigualable en su contacto con el Monstruo.

Trabajaban sin descanso, acumulando horas extras y divorcios. Las apoplejías y los infartos proliferaban. Un inspector de la Jefatura Sur sufrió un colapso allí mismo. Pero el montón de casos atrasados seguía creciendo. «Se apilaban nuevos casos y más nuevos casos», recordaba un inspector llamado Jerry Pirro una década después del punto álgido de los Grandes Años. «Se llegó a un punto en que estábamos prácticamente viviendo en la comisaría. Cuando sonaba el teléfono, te encogías».

Era difícil no tomárselo personalmente. Los inspectores tenían la sensación de estar luchando en una guerra invisible. Para entonces la noción de que un montón de traficantes de droga y miembros de bandas de negros y latinos se tiroteaban a muerte por el barrio se había convertido en algo normal. A menudo no era noticia. «Recuerdo un titular en el *Los Angeles Times* un fin de semana» —decía un inspector llamado Paul Mize—. «Una bomba en Beirut había matado a seis personas. Tuvimos nueve asesinatos aquel fin de semana y ni uno de ellos salió en el periódico.

Ni uno». Era para volverse loco. «Te enfrentabas a problemas y personas en los que la mayoría de la sociedad no quiere pensar, no quiere enterarse de su tragedia y su dolor» —recordaba a principios de la primera década de este siglo XXI un inspector llamado John García, al hablar de sus años en la división Newton y la Jefatura Sur—. «A ellos no les toca tener que llamar a la puerta a las dos de la mañana para decir: "Tu ser querido ha sido asesinado". Recuerdo sollozos que despertaban a todo el vecindario... Son muy especiales esos sollozos. Te hielan el alma».

A nadie parecía importarle. Mize recordaba haber escrito «informes de actividad envenenados» a sus superiores, pidiendo más recursos. «Solía perder la paciencia y tirar cosas por el despacho —decía—. No me podía creer las decisiones que tomaban en Parker Center» los altos mandos de la policía.

Pero para los mandamases, el trabajo de los inspectores era «estrictamente reactivo», tal como un alto cargo definió su función entera. La prevención de los delitos, en cambio, se catalogaba como progresiva, así que en la competencia de prioridades siempre ganaba al trabajo de investigación: proyectos de patrullas preventivas, limpieza de bandas. «Justo al revés», declaró un inspector de homicidios de Newton llamado Johnny Villa.

Por supuesto, la ley no es como la limpieza, y la «prevención» de los delitos lleva inevitablemente a catalogar a las personas como amenazas en potencia. Pero el trabajo de patrullas «proactivas» sonaba mejor. La prevención contaba con un bono añadido, tal como la analista Carol Steiker ha observado: le otorgó a la policía un margen grande de libertad, ya que la constitución limita enormemente el proceso legal *después* de un delito, pero mucho menos antes de que suceda.

A pesar de los obstáculos, muchos inspectores se dedicaron en cuerpo y alma a su tarea en aquellos años. Pero era inevitable que el trabajo se resintiera. Los casos fueron masacrados; las investigaciones apresuradas, superficiales, abandonadas a la mitad. «Podías tener unas pistas viables en algunos casos, pero no tenías tiempo de seguirlas porque seguían entrando casos nuevos», decía un inspector llamado Rick Marks, que se encargó de más de 160 casos en su carrera.

Lo único positivo de la aglomeración fue que produjo unos pocos expertos inigualables. Solo un número muy selecto de inspectores de homicidios del país alcanzaron el grado de conocimiento delictivo de los «expertos en homicidios» de la Jefatura Sur y la Jefatura Central del Departamento de Policía de Los Ángeles. Quizá existieran tales inspectores en Nueva York, Detroit, Washington D.C.: personas que habían aprendido el oficio después de años y montones de asesinatos. Eran expertos no tanto por la variedad de los casos investigados como por su parecido.

Los entornos de los homicidios son similares. El escenario es normalmente un enclave minoritario o un territorio en disputa donde la gente no se fía de las autoridades oficiales, como en Los Ángeles Sur, donde la ley se había venido abajo en los Grandes Años y el asesinato imperaba. Las muertes solían iniciarse por una discusión. Muchas se pueden describir con tres palabras: *peleas entre hombres*. Las peleas podían ser espontáneas, parte de alguna rencilla antigua o la culminación de «algún drama», como lo llamaría Skaggs. Estos «dramas» masculinos, señalaba, no eran tan diferentes de los de las mujeres que se enzarzaban entre sí. De hecho, a menudo eran extensiones de los mismos. «Las mujeres actúan por medio de los hombres, incitándoles al homicidio», observó un antropólogo al estudiar pueblos mayas en México. La observación encaja con montones de asesinatos en Los Ángeles que los polis anotaban como «problemas femeninos».

La más pequeña rencilla del *ghettoside* terminaba violentamente, como si al estar ausente la ley, la gente no tuviera otros medios de acabar una disputa. Las deudas y la competencia por bienes o mujeres (especialmente mujeres) eran la causa de muchos asesinatos. Pero los insultos, los chivatazos, las tonterías de la embriaguez y el motivo clásico, invitados no bienvenidos, también eran causas típicas de homicidios. Las pequeñas disputas dividían a las personas en campos hostiles y provocaban enemistades duraderas. Los rencores arrastraban un potencial explosivo. Estallaba cuando los antagonistas se encontraban por casualidad, y hacía que las armas de fuego hablasen en las calles o en las tiendas de bebidas alcohólicas. La venganza era el motivo principal. En algunos círculos, la represalia tras un asesinato se consideraba casi obligatoria. Llamaba la atención lo abiertamente que se comentaba, incluso se discutía su validez desde el púlpito en los funerales.

Desde la antigüedad, el problema de las «peleas entre hombres» (los hombres que se matan entre sí para resolver disputas o ejercer la venganza en ausencia de una autoridad legal en la que confiar) ha desconcertado a los pensadores.

Sería demasiado sencillo afirmar que las gentes sin ley son todas iguales. Pero es imposible ignorar que, a lo largo de diferentes situaciones históricas y culturales, parece haber una gama común de adaptación a la ausencia de la ley.

La indiscreción y los rumores son agravantes especiales. Los esquimales canadienses lucharon por la «mentira crónica», los sudaneses por la «conversación volátil» y los negros bajo el Jim Crow por el «cotilleo y la murmuración». La venganza y los asesinatos por celos son normales. También las represalias contra los chivatos que ayudan a un Estado contra el que se recela: «soplones» a los que se dispara en las rodillas en Irlanda del Norte, informantes estrangulados en Sudáfrica. Las bandas que asumen un papel de mantenimiento del orden (como los vigilantes asesinos de las barriadas de Ghana) son otra señal evidente de que un vacío de autoridad legítima ha sido ocupado por la violencia fuera de la ley. Como la costumbre de arrebatar a los amigos de las manos de la policía, tal como se hace en los distritos segregados de Sudáfrica.

En tales contextos los testigos están atemorizados. Los hombres se vuelven susceptibles. Se obsesionan con el honor y el respeto: un resultado del desorden, no una causa. Disputas insignificantes se vuelven letales y pueden enmascarar antagonismos más graves. Los incendios, por alguna razón, cobran protagonismo: véase la Rusia zarista, los campamentos de la fiebre del oro en Alaska y las aparcerías de las regiones del sur.

Muchos académicos creen que en los borrosos comienzos de la civilización, la ley se desarrolló como respuesta a una «legalidad de ayuda mutua»: el deseo de las personas de zanjar sus propios asuntos. La justicia bruta dejó paso lentamente a los monopolios de la violencia organizados por los Estados. Los bajos índices de homicidio de algunas democracias modernas son, quizá, una anomalía en la historia de la humanidad. Como explicó el analista Eric Monkkonen, no se alcanzaron gracias a ningún decreto oficial, sino «por medio de un proceso de desarrollo mucho más largo por el que los individuos renuncian voluntariamente a su poder implícito y lo ceden al Estado».

Esta teoría tiene muchos opositores, y también muchas variantes. Pero la historia nos muestra que el desorden tiene *su propia forma de orden*. Los brotes de asesinatos, vistos así, son algo más que simplemente la proliferación de delitos aislados. Son parte de todo un sistema de interacciones determinado por la ausencia de la ley. La historia europea ofrece una colección de sistemas de justicia en bruto basada en la venganza personal, las enemistades de estirpes, rituales bochornosos y diversas formas de violencia punitiva y de clan. Las altas tasas de homicidios formaban parte de este escenario. Los altos índices de homicidios se han registrado también entre los pueblos cazadores-recolectores y en otras sociedades sin estructuras legales detalladas.

Es revelador que el síndrome también surja entre las minorías aisladas y alienadas del Estado, hombres de la frontera y pueblos ocupados: cualquier lugar, en realidad, donde la autoridad oficial está fragmentada o no es de fiar. Por ello, algunas tribus indias de Canadá y Estados Unidos tienen índices de homicidios desproporcionados, y lo mismo se da en enclaves étnicos y de inmigrantes en Suiza, Inglaterra, Gales e Italia. En los tranquilos Países Bajos, las etnias no neerlandesas sufren unos índices de homicidio muy superiores a los de sus compatriotas neerlandeses. Los índices que se daban en el siglo XVIII entre los colonos de la salvaje frontera de las colonias estadounidenses eran casi idénticos a los de los negros del Sur Central en el siglo XXI. Hoy en día, en la ciudad de Tira (Israel), los ciudadanos árabes de Israel también padecen un índice de homicidios similar al del Sur Central negro. Echan la culpa a la policía israelí en términos que le sonarían familiares a John Skaggs: «Mientras sean árabes que matan a otros árabes, no les importa nada», declaró un residente.

Allí donde los seres humanos se ven forzados a relacionarse entre ellos en condiciones de debilidad de la autoridad legal, el Monstruo acecha. Los antiguos griegos escribieron sobre las

Furias, gorgonas negras horrorosas que guardaban rencor y bramaban: «Cógele, cógele, cógele». Solo la ley las contenía.

Para resolver casos en ese contexto, los inspectores de homicidios tenían que conocer bien la cultura popular. Tenían que entender el argot secreto y las afrentas simbólicas y maniobrar entre los innumerables apodos y alias. Tenían que entender el temor de la gente a ser clasificados como «chivatos». Tenían que ser capaces de desenredar la maraña de relaciones que rodeaba cada caso: una trama compacta de amigos íntimos, novios, padres de bebés no reconocidos y amigos de juergas.

Los inspectores de homicidios tenían que aprender a tirar de palancas burocráticas que llevaban años oxidadas por la falta de uso y la indiferencia, tenían que trabajar rápida y eficazmente, haciendo juegos malabares con varios casos a la vez. Gestionar un caso de asesinato del *ghettoside* no era una tarea lineal: una pista que llevara a otra, luego otra, como en todas las series de televisión. Obligaba a los investigadores a moverse de un lado al otro y volver atrás, como las arañas que tejen una red. Los testigos mentían, se retractaban o desaparecían. Normalmente sus relatos no eran consistentes. Los casos resueltos se tejían desde puntos de intersección que se corroboraban entre sí, no por medio de narrativas directas.

Al final, los inspectores que aprendieron su oficio durante aquellos años llegaban a conocer el profundo dolor del homicidio, el conocimiento más especializado de todos. Constataron cómo quienes perdían a sus seres queridos luchaban por seguir adelante día a día. Los días buenos y los días malos. Los buenos inspectores decían a los familiares: «No puedo saber cómo te sientes». Los mejores no necesitaban decirlo. Los años de práctica les dotaban de una comprensión casi espiritual de su oficio. Un inspector llamado Rick Gordon, por ejemplo, que todavía trabaja en la Jefatura Sur a día de hoy, había llegado a considerar la dimensión moral de sus casos tan profundamente que se refería a ellos casi en términos religiosos, como si sus destinos estuvieran prefijados. Algo *puso* testigos allí, decía Gordon: algo más fuerte que ellos mismos. La humildad era su doctrina: la capacidad de permanecer con la mente abierta, de dejar que las pruebas hablasen. De distinguir a los mentirosos, pero también de confiar en los que parece que mienten pero no lo hacen.

Wally Tennelle se convertiría en un miembro de ese cuerpo de élite, el pequeño y no reconocido cuadro de superinspectores formados por la catástrofe.

En Newton, Wally Tennelle fue emparejado con Kelle Baitx, un brusco irlandés de pelo negro, de Orange County, con cierta experiencia a cuestas.

Baitx y Tennelle se repartían la tarea. Baitx estudiaba la escena del crimen. Tennelle, con su español fluido, se mezclaba con la gente y se desplazaba hasta el borde de la escena del crimen o las calles adyacentes. Indefectiblemente, hablaba con alguien con quien los agentes de la patrulla no habían contactado, descubría algún chisme que los demás habían pasado por alto. Baitx pensaba que la capacidad de Tennelle para sondear era asombrosa. No se daba ni cuenta de las pesquisas de su colega, pero de alguna manera, al final de la jornada, los testigos salían de sus escondites.

Tennelle emanaba competencia sin ser intimidatorio. Era compacto, no alto, pero ancho de hombros, ojos castaños sin malicia, frente arrugada. Las arrugas describían una serie de arcos hasta el nacimiento del pelo y le daban a su expresión un aspecto amable. En conjunto, en un trabajo que consistía en ganarse a la gente «encontrar testigos, convencerles para que declararan» Tennelle se lucía.

El desquiciante pico de homicidios de 1992 les cayó encima. Baitx y Tennelle llevaron una cifra asombrosa de veintiocho casos ese año, casi tres veces la carga recomendada. Tennelle lo llevó muy bien, empujado por la adrenalina, sintiéndose cómodo con la carga de trabajo. Baitx también advirtió otra cosa sobre Tennelle: cuando los otros polis se iban a tomar un trago, al acabar la jornada, Tennelle se iba a casa con su familia. Baitx y Tennelle se llevaban bien, pero Baitx solo había visto en contadas ocasiones a la mujer y los tres hijos pequeños de Tennelle. Baitx comprendía que, cuando Tennelle no estaba trabajando, prefería su vida hogareña, quería estar con Yadira y los niños, y entretenerse en pequeñas tareas caseras. Rara vez hablaba del trabajo. Didi Tennelle casi no fue consciente de que su padre era inspector de homicidios hasta que una vez, de niña, encontró unas fotos de autopsias entre sus efectos personales.

04

Casos resueltos

John Skaggs tenía veintidós años cuando entró en la academia de policía en 1987, mientras que Tennelle entraba en sus años de oficial.

Tras la academia, Skaggs fue destinado a la división de la calle 77 para pasar un obligado periodo de prueba como agente de patrulla. Se pasaría la mayor parte del resto de su carrera en la Jefatura Sur o jugando con el sistema para volver a un puesto en la Jefatura Sur. Estaba en su elemento durante aquellos años violentos, un agente atlético, pelirrojo, alto, con confianza en sí mismo y un carácter sereno. Se dedicó de pleno a aprender las estrategias de la vida en la calle.

Wally Tennelle había sido reclutado como agente para limpiar la calle de bandas tras la gran ola de asesinatos una década antes. Ahora, John Skaggs había sido reclutado para limpiarla tras la segunda. En los tres primeros años de la década de los noventa, ese periodo salvaje que abarcó las revueltas, más de 6.000 personas murieron asesinadas en el condado de Los Ángeles.

En 1994, Skaggs fue reclutado «en préstamo» como agente en formación en la unidad de Homicidios de la Jefatura Sur. Skaggs no era inspector. Entonces era todavía un P-3 (agente de patrulla en formación, de nivel 3). Esto se hace todavía en el Departamento de Policía de Los Ángeles: se recluta a agentes de patrulla y de la unidad antibandas para rellenar huecos como inspectores de homicidios sin el rango correspondiente. Los exámenes escritos y orales que se utilizan para promocionar a los agentes a la función de inspector ponen de relieve los procedimientos generales y las políticas departamentales, no la capacidad singular que distingue a los buenos investigadores de homicidios. La capacidad no puede ser medida por medio de exámenes formales, y algunos polis que obtuvieron buenas notas a menudo no tenían talento para trabajar en asesinatos. Así que los supervisores de homicidios, cansados de tener que aguantar a empleados poco eficaces, preferían saltarse el sistema de promoción oficial y buscar el talento a su manera.

No fue sorprendente que eligieran a John Skaggs. Era ese tipo de agente joven y con energía que siempre funcionaba bien en las unidades de homicidios. Pero cuando le propusieron trabajar en la Jefatura de Homicidios Sur, la brigada combinada que agrupaba entonces Suroeste, Sureste y la 77, se resistió al principio. No quería trabajar de inspector de homicidios, ni siquiera temporalmente. Le gustaba su duro trabajo de agente en la unidad antibandas. Los inspectores eran un desastre. Pero habría quedado mal si lo rechazaba.

Años más tarde, cuando le preguntaron por qué supo desde sus primeros días como inspector de homicidios que no quería hacer otra cosa, Skaggs ofreció una curiosa respuesta. No dijo que le encantara investigar homicidios. Dijo simplemente que cuando uno descubre que es capaz de hacer una tarea en la que muy pocos destacan, no hay alternativa.

«Lo hacía bien» —dijo ante la insistencia—. «*Yo lo hacía bien.* ¿Acaso hay tantos que lo hagan bien?».

El padre de Skaggs siempre había sido discreto sobre las decisiones de su hijo. Entonces hizo un solo comentario para el hijo que se disponía a seguir sus pasos en el trabajo de homicidios: «Ten cuidado» —le dijo a Skaggs—. «Después de trabajar en homicidios, nada más te importará». Solo más tarde comprendería Skaggs todo el peso de aquel comentario.

Skaggs fue emparejado con un agente formador. Pero la alta carga de trabajo deshizo los protocolos habituales y se vio abocado a trabajar por su cuenta. Resolvió su primer caso. Luego, el siguiente. Cada uno le enseñó algo más.

Cuando aún estaba empezando, le dieron un «caso archivado» de hacía seis meses y le pidieron que intentara reavivarlo. (En aquella época, a veces se «archivaban» casos de solo semanas). La víctima era Leo Massey, un trabajador que había parado en una tienda de bebidas alcohólicas al volver a casa del trabajo. Un tipo le pidió dinero para cerveza. Massey se negó y el mendigo le atacó cuando salía. Le disparó en la pierna y Massey se desangró y murió.

Massey tenía mujer e hijos. Para cuando le dieron el caso a Skaggs, Glory, la mujer de Massey, estaba furiosa. A los pocos días había oído rumores sobre el asesino. Todo el mundo parecía saber quién lo había hecho. Es decir, todo el mundo, excepto la policía. Glory Massey no tenía la menor duda de que si Leo hubiera sido blanco en lugar de negro, la policía ya habría resuelto el asesinato.

Skaggs se reunió con ella en la comisaría de Crenshaw Mall. Massey tenía un tremendo dolor de espalda como consecuencia de la tristeza. Estaba enfadada. Pensaba que a las autoridades no les importaba nada y tenía miedo de que uno de sus hijos adolescentes (o algún otro chico del barrio) se sintiera tentado a tomar represalias. Aquí tenía a otro inspector del Departamento de Policía de Los Ángeles que pretendía interesarse por el caso. Massey estaba llegando al límite de su paciencia: esta gente se consideraban profesionales pero dejaban que los chicos les hicieran el trabajo, que se tomaran la justicia por su mano, ya que el Estado no lo hacía.

Juzgó a Skaggs con la mirada. ¡Estupendo, otro poli blanco de «tres metros de altura»! Massey no estaba dispuesta a sentirse intimidada. Acercó su cara todo lo que pudo a la de él, a pesar de su corta estatura. Se puso de puntillas para acercarse a la altura de su cara. Y le soltó toda su frustración acumulada. «¿No es más que otro jodido negro, verdad?». Massey le gritó: «*¡Otro jodido negro muerto!*».

Skaggs no se inmutó. Simplemente escuchó.

Cuando ella se quedó sin aliento, comenzó a hacerle preguntas. Más tarde, fue a verla otra vez. Llamó y volvió a verla, y se interesó por ella y por sus hijos.

Glory no era la única que tenía la sensación de que mucha gente conocía al asesino. «Todo el mundo lo sabe» era una de las frases más comunes que se decían sobre los homicidios en el Sur Central. Mucha gente había oído hablar del tiroteo y algunos reconocían al sospechoso, que era del barrio. Pero incluso cuando

Skaggs ejercía presión, daban nombres diferentes. «Jamal», decían algunos. «Jabar», decían otros. Nadie parecía saber quién era realmente el mendigo violento o dónde vivía.

Skaggs recorría casas y llamaba, preguntaba una y otra vez. Acabó dando con un garaje donde se «alojaba» un hombre que se ajustaba a la descripción del mendigo. Encontró una huella dactilar en un espejo y tuvo suerte. Su colega Chris Barling comentaría más tarde la frecuencia inusitada con la que Skaggs parecía fabricarse su propia suerte. Skaggs tiró del espejo y de detrás cayó un carné de conducir con la foto, la fecha de nacimiento y el nombre completo: Jabbar Stroud. Solo quedaba hacer que los testigos lo confirmaran.

Skaggs llevó en persona a Glory Massey al juicio y le aconsejó que saliera de la sala antes de que se presentaran las truculentas fotos. Ella había acabado por tomarle cariño y él a ella también. Se quedó tan impasible ante su rabieta inicial que no la recordaba después. Para entonces ya estaba muy acostumbrado a ser tratado como un insensible y racista poli blanco. Ya había escuchado muchas versiones de «otro negro muerto». Era parte del trabajo, un tema siempre presente en el trabajo en el *ghettoside*, y no hacía ni caso. Siempre pensaban que no le importaba.

El sentimiento de que a la policía (y a toda la ciudad) no le importaba, no era solo un tópico. Era la experiencia vivida por los residentes negros de Los Ángeles Sur, cuantificada con datos reales. La sociedad había cambiado mucho durante el movimiento por los derechos civiles y las décadas que siguieron. La justicia penal también había cambiado. Pero la velocidad y la certeza de un castigo adecuado a los asesinos de negros seguían siendo un punto débil.

Desde un punto de vista histórico, la nación nunca había sido muy eficaz en el castigo a los asesinos, fuera cual fuese la víctima. En el Nueva York del siglo XIX solo una décima parte de todos los asesinatos terminaban en una condena. Menos de la mitad en Filadelfia y Chicago a final de dicho siglo. Probablemente, estas pautas se mantuvieron hasta bien entrado el siglo XX. En Los Ángeles, por ejemplo, un porcentaje sospechosamente alto de homicidios (más de la cuarta parte) ni siquiera eran contabilizados con objeto de incluirlos en la investigación penal en las décadas de los veinte y treinta. Probablemente, algunos eran asesinatos de la policía. Otros casos parecen haberse archivado debido a sospechosos muertos o absueltos. Los principios eran claramente diferentes: un artículo del *Los Angeles Times* de 1925 aplaudía a dos asesinos que habían cazado a un atracador tras el atraco, y señalaban con aprobación que la policía no había considerado que la acción mereciera el arresto. Los homicidas «solo se habían tomado la justicia por su mano», opinaba el periódico.

En las décadas siguientes, los agentes presumían de resolver un alto porcentaje de los casos de homicidio. Pero las listas de las cárceles de California lo desmienten. Durante la década de los sesenta, el número de personas enviadas a la cárcel por homicidio criminal fue menos de la mitad del número de homicidios. La disparidad aumentó en la década de los setenta, cuando hubo tres veces más personas asesinadas que asesinos condenados y encarcelados. Parece no haber otra conclusión posible sino que miles de asesinatos quedaron impunes.

Los índices de casos resueltos según los informes federales (el índice de casos resueltos por crímenes cometidos) están inflados, en parte porque combinan las detenciones con los casos que los polis del Departamento de Policía de Los Ángeles llamaban «otros casos resueltos», que eran investigaciones declaradas como cerradas aunque nadie hubiera sido acusado. Los casos podían estar «resueltos» porque los sospechosos habían muerto, a veces víctimas de asesinatos por venganza. Incluso con esta inflación, en la década de los noventa, el índice teórico de las zonas urbanas había caído al 50 por ciento aproximadamente. No sorprendió a nadie que una investigación del *Los Angeles Times* descubriera que el índice real era todavía menor. El estudio, que se basó en el análisis pormenorizado de 9.400 casos del condado de Los Ángeles a comienzos de los años noventa, llegó a la conclusión de que los sospechosos fueron condenados por homicidio o asesinato solo en uno de cada tres asesinatos. Los índices de casos resueltos eran diferentes según la raza: los casos con víctimas negras o hispanas tenían menos posibilidades de resolverse que cuando se trataba de víctimas blancas. Los asesinos de personas blancas recibían las penas más severas. Estas conclusiones concuerdan con las de otra investigación sobre «rebaja según la víctima». Los estudios sobre la pena de muerte, por ejemplo, han demostrado que la raza de los acusados importa menos que la raza de las víctimas. El que mata a un blanco tiene más posibilidades de ser condenado a muerte; el que mata a un negro recibe una pena más leve.

Esta pauta se mantuvo hasta el descenso de los delitos. De 1994 a 2006, se arrestó a un sospechoso en el 41 por ciento de los 3.300 asesinatos con víctimas negras en la ciudad de Los Ángeles, según los datos del Departamento de Policía. Incluso con los «otros casos resueltos» incluidos en la cuenta, los índices de casos resueltos siguen estando por debajo de la mitad. En el condado de Los Ángeles, un área mucho mayor, predominan índices similares. La consecuencia es que hay miles de homicidios no resueltos en Los Ángeles Sur: una media de más de 20 por kilómetro cuadrado entre 1988 y 2002.

La mutilación ofrecía todavía mejores perspectivas. En Los Ángeles Sur se daban unos cuatro o cinco tiroteos con heridos por cada tiroteo con muertos. Un colega de Skaggs algo bromista llamaba a estos tiroteos (que herían pero no mataban a las víctimas) *casicidios* por casi homicidios. Los distritos violentos los sufrían terriblemente. Unos treinta casicidios ocurrían cada mes en los 23 kilómetros cuadrados de la división Sureste a principios de la primera década del siglo XXI, por ejemplo. Las víctimas, mayoritariamente personas negras, se quedaban paralíticas, comatosas, con daños cerebrales u obligadas a pasar el resto de su vida utilizando bolsitas de colostomía. Oficialmente, el 40 por ciento de estos graves ataques se «resolvían». Pero en la mitad de ellos no se arrestaba a nadie. Eran «otros casos resueltos», normalmente porque las víctimas se negaban a prestar testimonio. Por ejemplo, entre los ataques «de primera categoría» en Watts en 2004 (casos con heridos graves) solo el 17 por ciento terminaba con un agresor condenado.

El ambiente generado por esta situación se mascaba en el aire que Glory Massey respiraba. Por debajo de los ataques más graves no resueltos ni investigados, repiqueteaba un mar de delitos menores, a menudo ni siquiera denunciados. Se golpeaba y pateaba a la gente. Se disparaba a los coches. Se saqueaban pisos. Se lanzaban cócteles molotov a las casas: una acción que no era perseguida, ya que los sobrecargados inspectores del Departamento de Bomberos archivaban cientos de incendios al año en Los Ángeles a finales de la primera década del siglo XXI y no resolvían prácticamente ninguno.

Las amenazas verbales proliferaban. Las afrentas simbólicas y las humillaciones de tinte sexual las reforzaban. Pequeños robos, «tanteos de bolsillos», roturas de cadenas de oro, bajadas de pantalones: tales acciones llevaban implícita una amenaza tácita de violencia mortal para los que no hacían caso a los mensajes. Ser asaltado y recibir una paliza formaban parte de la rutina diaria de las calles. «Resbalar» significaba bajar la guardia, un resbalón momentáneo podía matarte. «Pillar un fundido» significaba una pelea. El término «DP» usado por las bandas era un acrónimo de «disciplina». Significaba dar una paliza a alguien para castigarle por algo.

Estos delitos preparaban el terreno para los posteriores asesinatos. «¡Has tocado a una Grape! ¡Volveré!», gritó una chica mientras huía de una paliza que no denunció. Tres semanas más tarde, uno de los hombres que le había golpeado fue asesinado, y las sospechas recayeron sobre la banda de los Grape Street Crips. Un balón que salió fuera en una cancha de baloncesto provocó una pelea; después, los amigos del perdedor le presionaron: «Tienes que tumbar a ese idiota», «¡cumple con tu obligación!». Obedeció y unos días más tarde mató al que le había vencido.

Los residentes negros del área llevaban mucho tiempo quejándose no solo del maltrato de la policía, sino también de que los polis no hacían mucho por coger a los asesinos y a los asaltantes violentos que pululaban por todas partes. Era un agravio histórico. Cuando el sociólogo sueco Gunnar Myrdal estudió el sur negro en la década de los cuarenta, descubrió que, a pesar de las abundantes quejas sobre la actuación de las fuerzas de seguridad, los negros sureños, en todas partes, también declaraban que querían más patrullas policiales: para protegerles de otras personas negras.

Los agentes de la Jefatura Sur escuchaban diferentes versiones del lamento varias veces al día: «No estoy aquí haciendo "algo". ¡Solo me estoy paseando!» —farfullaba indignada una joven llamada Tamala Brown ante un par de agentes de la 77 que la pillaron conduciendo sin el cinturón de seguridad en 2005—. «¿Qué pasa con toda esa otra gente que está ahí de verdad "haciendo" algo?». Nadie parecía escuchar esta última parte de la pregunta por mucho énfasis que pusieran las personas negras al plantearla. El jurista Randall Kennedy se quedó solo entre sus colegas cuando afirmó que «el principal daño que sufren los afroamericanos con respecto a la cuestión criminal no es que se haga cumplir las leyes en exceso, sino lo contrario». A Glory Massey no le hacía falta que se lo dijeran.

Años más tarde, al describir cómo fue la experiencia de tener a Skaggs de investigador del asesinato de su marido, dijo que cuando Skaggs se hizo cargo del caso «fue como si tus propios hermanos buscaran al tipo, ¿sabes?». Para ella, Skaggs había reemplazado la intervención estatal por la justicia comunitaria, y Massey estaba profundamente agradecida. Pensaba que el agresivo trabajo de Skaggs en el caso de su marido había evitado probablemente otro homicidio.

Siete años más tarde, el hijo mayor de Glory Massey, Damon, fue asesinado también.

Desde lo más profundo de su dolor, Glory Massey pensó en Skaggs. Skaggs estaba destinado en otro sitio para entonces. No se detuvo a ningún sospechoso en el caso de Damon. Pasaron los años; nadie se puso en contacto con Glory. El asesinato de su hijo sigue estando sin resolver a día de hoy. Respondiendo a las preguntas, un hombre de su calle contestó sencillamente: «Alguien se ocupó de ello». Es el argot del *ghettoside* para referirse a un homicidio por venganza.

05

Prueba indirecta

Mientras el joven John Skaggs era puesto a prueba como aprendiz en la Jefatura Sur, Wally Tennelle siguió trabajando al otro lado de la invisible línea divisoria administrativa de la avenida Florence. Iba camino de convertirse en uno de los grandes maestros de la Jefatura Central. Para entonces ya había resuelto multitud de casos.

Tennelle y Baitx trabajaron juntos durante cinco años en la división Newton. En la unidad de Robos y Homicidios (la división prestigiosa del centro), los supervisores en busca de talento dieron con Tennelle. Intentaron reclutarlo. Pero Tennelle rechazó un destino en la unidad de Robos y Homicidios por una cuestión de principios. De corazón seguía sintiéndose un duro poli de la zona sur, siempre ocupado. Por alguna razón, sabía que había nacido para perseguir los modestos y frustrantes casos de las bandas, que desdeñaban en la central.

Había algo más: una cuestión de justicia. Wally Tennelle no era de izquierdas, pero la expresión «la hija de alguien» se convertía en una cuestión de justicia social que él no podía evitar tomarse muy a pecho. Creía que la gente de pelas disfrutaba de una policía superior. «Las personas pobres de estos barrios nunca tienen nada, necesitan buenos inspectores», decía.

Sin embargo, el Departamento de Policía de Los Ángeles no tenía las mismas prioridades. La institución no estaba diseñada para canalizar a sus mejores talentos para que cubrieran los puestos de inspectores en la división Newton. Se supone que los empleados municipales con talento progresan. Además, a Tennelle le correspondía un aumento de sueldo y tenía tres hijos en la enseñanza privada. Sin llegar a comprender todas las implicaciones, se dejó llevar por el proceso de exámenes y «orales» (exámenes orales) y fue ascendido al rango de D-3, inspector III o supervisor.

En el Departamento, la promoción lleva implícita el traslado. Tennelle fue enviado a un puesto de supervisión en Newton, a cargo de un «cuadro» de inspectores que investigaban la violencia doméstica y los casos de violación. En teoría, se supone que estos cuadros de inspectores realizan entrevistas y localizan a los sospechosos. Pero en las divisiones del *ghettoside* del Departamento de Policía de Los Ángeles, a las investigaciones penales de bajo nivel se les concede tan poco personal que, en la práctica, el trabajo se convierte en rellenar papeles. Los inspectores no tienen tiempo de entrevistar a la gente, y en el campo de la violencia doméstica y la violación (esta última, como la primera, cometida mayoritariamente en el seno familiar o entre conocidos) un gran número de víctimas se negaban a testificar ante el tribunal. Los inspectores a cargo de Tennelle se limitaban básicamente a rellenar impresos y cumplir plazos administrativos. Tennelle se vio atrapado sin quererlo en la tarea más odiosa imaginable, un trabajo de despacho. Su naturaleza entera se rebeló.

«Se le notaba que no estaba bien», recordaba Baitx. Nunca le había oído quejarse antes. Tennelle le dijo a su jefe que estaba pensando en dejarlo. El jefe insistió en que se quedara: se acabaría acostumbrando. Pero Tennelle se conocía demasiado bien.

Aguantó seis meses para guardar las apariencias. Después se enteró de un puesto vacante de D-2 en Homicidios. Significaba una degradación, perdería su rango de D-3, y era en la unidad de Robos y Homicidios, donde nunca había querido estar. Pero, por lo menos, era un trabajo de investigación real, no simplemente seguir un protocolo.

A pesar del enfado de su capitán, Tennelle optó por la degradación, y en 1999 (huyendo horrorizado de las pilas de papel de los expedientes de delitos sexuales) aterrizó en la unidad de Robos y Homicidios.

Había aceptado un recorte de sueldo del 7 por ciento para hacer el cambio. Le costó siete años recuperarlo. Pero mereció la pena: volvió a un trabajo de investigación centrado en la acción y que perseguía a asesinos; de nuevo, era feliz. Baitx estaba muy sorprendido. Nunca había conocido a nadie entre aquellos agentes obsesionados por el dinero que eligiera voluntariamente una degradación y un recorte.

Excepto por lo que respecta a la degradación voluntaria, el ascenso de Tennelle en el Departamento durante aquellos años fue semejante a la experiencia de muchos polis del extremo sur. Sin embargo, Wally Tennelle era especial, incluso un poco radical, en una cuestión: vivía en la división 77.

Entre los agentes del Departamento de Policía de Los Ángeles, la proscripción de vivir en la ciudad de Los Ángeles era evidente. Era algo que hacía mucho tiempo que disgustaba a varios críticos liberales del Departamento. Durante años, la mayoría de los agentes del Departamento se habían negado a vivir en la ciudad por la que patrullaban y se trasladaban a la ciudad desde suburbios alejados. Formaban pequeños bastiones republicanos diseminados en la zona de los cinco condados del sur de California: Santa Clarita y Simi Valley al norte, Chino y hasta Temecula al este, Orange County al sur. Pero con algunas excepciones, como San Pedro, un enclave histórico de etnias blancas, Los Ángeles estaba considerada como más allá del límite: la ciudad más bonita del mundo desdeñada, a lo largo y a lo ancho, por su policía.

Por supuesto, para muchos sectores de empleados públicos, como los profesores o los bomberos, vivir en Los Ángeles era difícil porque la ciudad había desarrollado una división absoluta entre ricos y pobres, y los hogares de precios moderados en vecindades con bajo índice de delitos eran difíciles de encontrar. Los polis del Departamento de Policía de Los Ángeles tenían un horario irregular, de modo que los largos desplazamientos al trabajo, que habrían resultado prohibitivos en las horas punta, les resultaban factibles.

Cuánta parte de prejuicio racial pesaba en esta elección dependía de lo que se entendiera por ese término, ya que una mayoría de los agentes pertenecía a una minoría racial. En cualquier caso, sus actitudes eran demasiado paradójicas para un resumen tan burdo: los polis del Departamento de Policía de Los Ángeles solían airear sus críticas sobre las vecindades del centro de Los Ángeles para pasar a defenderlas al momento siguiente.

Sin embargo, en su mayoría, los agentes entendían lo que los foráneos no: que casi todo su trabajo llevaba implícito un conflicto, un conflicto muy personal. Patrullar por el barrio suponía encontrar un aluvión diario de ira. La idea de que les siguieran a casa o de ser acosados en su propio barrio era aterradora. Así que durante años los críticos del Departamento se quejaron de que los polis no vivían en la ciudad, y durante años los polis se negaron a hacerlo.

Pero Wally Tennelle no. No solo vivía en la ciudad, sino en la división 77. Aunque era cierto que la 77 (al contrario que la Sureste) tenía muchos sectores de agradables hogares de clase media, seguía siendo la primera o segunda división más violenta de la ciudad. Año tras año, dentro de sus 30 kilómetros cuadrados se encontraban los territorios de varias de las bandas callejeras de negros más violentas de la ciudad. El hecho de que Wally Tennelle eligiera vivir allí causaba asombro a sus colegas y alimentaba comentarios en voz baja a sus espaldas: «Todo el mundo sabía» que Tennelle vivía en la 77, dijo su teniente de la unidad de Robos y Homicidios, Lyle Prideaux, «y mucha gente pensaba que no era una buena idea». Sin embargo, a Kelle Baitx no le hacía gracia escuchar ese tipo de comentarios. Había estado en casa de Tennelle, sabía lo bien cuidada que estaba y lo cómoda que era y había observado que el vecindario también era «agradable». Él mismo había comprado una casa en El Sereno (otro vecindario «agradable» pero claramente urbano y mayoritariamente hispano, cerca del centro de la ciudad) y enviaba a sus hijos a un colegio privado, igual que Tennelle. Baitx había viajado una vez a Alabama con Tennelle para perseguir a un sospechoso. Tennelle aprovechó la ocasión y pasó por la antigua casa de su familia, una caja de madera de 55 metros cuadrados, utilizada, en la época de su visita, para traficar con droga. Baitx sabía lo pobres que habían sido la madre y el padre de Tennelle, lo humilde de sus orígenes, y lo lejos que había llegado la familia. Para Baitx, Tennelle debería poder vivir donde quisiera.

Para Tennelle la elección fue fácil. Se sentía como en casa en esa vecindad; estaba cerca de donde se había criado, de donde todavía vivía su madre. Había comprado una casa que podía pagar siendo todavía un poli joven y alimentaba lo que él llamaba un «sueño absurdo»: «Que mis hijos solo tengan un hogar».

No es que no hubiera dificultades. Cuando los Tennelle se mudaron, un edificio de apartamentos en la misma calle era un centro de tráfico de drogas. Una vez, un traficante se paró en la entrada del garaje de la casa de Tennelle y llevó a cabo una transacción mientras Tennelle, que había trabajado por un breve periodo de tiempo en la sección de Narcóticos, cortaba la hierba a unos metros de distancia. Quizá el traficante tuviera estropeada la antena de detección de polis; aunque es más probable que metiera la pata porque nunca se le ocurrió que en esa calle viviera un policía. Tennelle llamó al 911 e hizo que lo detuvieran.

Más tarde, Tennelle escribió un informe 318 para Narcóticos sobre el edificio y ofreció su casa como «PO», puesto de observación, y el problema disminuyó rápidamente. Después de aquello, los Tennelle disfrutaron de la zona. Se llevaban bien con sus vecinos. El tiempo de desplazamiento de Tennelle al trabajo era mínimo, pocos angelinos lo tienen tan fácil. Tennelle podía responder a las llamadas de homicidios en la división Newton en cuestión de minutos, al contrario que la mayoría de los inspectores, que perdían gran parte de la primera hora crítica por el largo tiempo que les costaba llegar. Su vecindad tenía aceras amplias, árboles crecidos, jardines cuidados y casas encantadoras de los años treinta, algunas de estilo *gingerbread*. La brisa fresca del mar flotaba a través de esta parte de Los Ángeles, las palmeras se cimbreaban, y aunque el sector queda en las rutas de vuelo del LAX [Aeropuerto Internacional de Los Ángeles], está suficientemente lejos de la pista para que el sonido de los aviones que aterrizan no sea muy molesto. No tenías que ser de la parte de Frisco en Jasper (Alabama), para valorar este vecindario; sin duda alguna era objetivamente «agradable», como decía Baitx.

Los vecinos de Tennelle sabían que trabajaba en el Departamento de Policía de Los Ángeles. No pedía disculpas por ser policía, siempre había tratado a la gente con respeto deliberado, en el trabajo y fuera, y no tenía miedo de que le hicieran avergonzarse de nada. «Me he topado con muchas personas a las que he detenido y puedo mirarles cara a cara». Escabullirse a vivir en las afueras le parecía, en cierto modo, deshonesto. «Aquí estoy en casa. No voy a dejar que nadie me eche».

Y había más gente a la que le gustaba que estuviera allí que lo contrario: esto quedó claro enseguida. Cuando se corrió la voz de que había un poli en la vecindad, los vecinos llegaron a su puerta con todo tipo de cuestiones. Era el único policía que residía en el barrio, y quedó claro que la necesidad de un individuo así era muy alta. Los polis no vivían en los barrios donde patrullaban porque tenían miedo de todos aquellos sospechosos. Pero quizás debieran haber tenido más miedo de sus *víctimas*. Wally Tennelle descubrió enseguida que sus vecinos le daban la bienvenida, quizás más de lo que habría deseado, pero aceptó su papel con buena actitud e hizo lo que pudo por ayudar a sus vecinos en sus problemas.

En la misma época en que Wally Tennelle pasó a la unidad de Robos y Homicidios, John Skaggs consiguió su promoción al rango más bajo de inspectores: D-1.

Skaggs estaba sujeto a las mismas reglas de promoción que Tennelle. Así que conseguir la promoción para hacer lo que ya estaba haciendo significaba que ya no le dejarían seguir haciéndolo. Al igual que la recompensa para Tennelle por su progreso fue una sentencia al «cuadro» dedicado a los delitos sexuales en Newton, Skaggs fue trasladado de homicidios y sentenciado a un «cuadro» de Narcóticos en la división Pacífico del Departamento de Policía de Los Ángeles en Venice, una división con bajos índices de criminalidad cerca de la playa.

Era insoportable.

Finalmente, quedó vacante un puesto de inspector de bandas en un equipo de la Jefatura Sur, en la división de la calle 77. No era exactamente lo que Skaggs quería. Pero, por lo menos, estaba al sur de la 10, para investigar delitos que afectaban a víctimas humanas, y, al contrario que Tennelle, no tuvo que autodegradarse para conseguir el traslado.

Su nuevo jefe supuso la redención total: el inspector Sal La Barbera, el supervisor que primero se había fijado en él cuando Skaggs era todavía un joven agente de bandas pelirrojo. La Barbera solo era siete años mayor que Skaggs, pero llevaba mucho más tiempo de inspector. Había permanecido en las unidades del *ghettoside* más tiempo que nadie que conociera, mientras veía pasar promociones y avanzar a sus compañeros. De pelo oscuro, huesudo y guapo a la italiana, algunas cicatrices de acné en las mejillas, La Barbera tenía un aspecto romántico, una imagen que él mismo cultivaba. No era el solitario despreocupado que aparentaba. No le iba bien en solitario, ni era indiferente a las opiniones de los demás. La Barbera era temperamental, susceptible, siempre confiaba en la gente y acababa sintiéndose traicionado. Varias de sus amistades habían terminado mal.

A lo largo de los años, el trabajo había provocado en La Barbera un sentimiento de acoso, ligeramente paranoico. Había participado en tantas tareas de homicidios hasta altas horas de la noche, que había perdido la capacidad de dormir de noche. Sus relaciones familiares eran tensas, quizá de manera crónica. Sufría depresiones. No caía bien a algunos de sus colegas, le tachaban de falso. Sus modales no ayudaban. Parecía estar más relajado cuando estaba ofendido, y parecía estar de broma cuando no lo estaba. Pero no era un mentiroso. Decía lo que realmente pensaba casi siempre, con una voz muy suave. Si le escuchabas con atención, no te llamabas a engaño.

La vida personal rota de La Barbera y sus contradicciones internas iban acompañadas curiosamente de una consistencia profesional insuperable. Tenía un sueño. Creía en su oficio, creía sin reservas que la investigación de homicidios era una gran causa. Creía que el Estado articulaba su respuesta a la violencia deteniendo a quienes la ejercían y que dejar de hacerlo transmitía un mensaje inconfundible en el sentido contrario: que se toleraba la violencia, especialmente cuando las víctimas eran hombres negros y pobres.

Su teoría era, lo admitía, «una prueba indirecta». Pero la experiencia a lo largo de muchos años en Los Ángeles le había convencido de que atrapar a los asesinos *construía ley*: que las investigaciones de homicidios exitosas eran el medio más directo de que disponían los polis para contrarrestar la vigilancia no oficial y la justicia callejera que eran el azote de la población negra urbana. A La Barbera le fallaba la personalidad. Pero sus puntos de vista sobre los homicidios estaban en un plano muy elevado de razonamiento ético.

Lo convirtieron en un tipo raro. En realidad, muchos policías tenían una idea muy difusa de cuál era su tarea, al margen de la función más elemental y tradicional de contestar llamadas, gestionarlas y anunciar por radio: «Código 4, situación controlada, no se necesita más ayuda». Sorprendentemente no se discutía sobre la labor de la policía, y no había consenso sobre lo que diferenciaba el buen y el mal trabajo policial.

A los polis les decían que debían «ser proactivos», centrarse en «la erradicación», o conseguir el «control del crimen». Bombardeados con esas órdenes absurdas y un lenguaje técnico no se les podía criticar en su esfuerzo por captar el sentido de su labor. Los agentes conducían sus coches, llevaban a cabo registros aprobados, buscaban matrículas y volvían a patrullar. No ayudaba que, incluso aunque se suponía que los polis estaban bien considerados, muchas de las llamadas estrategias de vigilancia «innovadoras» les redujeran a una función de meros peones.

Se ponía mucho énfasis en que la policía fuera «visible» y en desplegarlas estratégicamente por los vecindarios escogidos según las estadísticas del crimen. Pero no quedaba claramente definido qué se suponía que los agentes tenían que hacer una vez que llegaban a esos vecindarios escogidos. Esta omisión tenía una implicación preocupante: que un grupo de uniformes azules rellenos de paja podrían llevar a cabo la misma función bastante bien y por mucho menos dinero.

Las nuevas directivas del Departamento de Policía de Los Ángeles en la primera década del siglo XXI ratificaron esta idea. Una de las directivas consistía en colocar coches patrulla de «señuelo» en calles con altos índices de criminalidad. Se suponía que los coches oficiales aparcados allí vacíos espantarían a los delincuentes, pues supondrían que los agentes estarían cerca. Fue todavía peor para la dignidad de los agentes de policía que los jefazos introdujeran la práctica de encomendar a un par de agentes que dieran vueltas sin más en un coche patrulla con las sirenas y las luces rojas encendidas. Los altos cargos lo consideraron inteligente y progresista. La idea era que los delincuentes tuvieran la sensación de que los polis estaban en alerta máxima. Pero cuando los agentes se enteraron de que sus deberes no incluían ningún trabajo real (que, en vez de eso, tenían que dar vueltas de manera ridícula bajo una luz centellean), se sintieron insultados.

Si preguntas a la mayoría de los agentes del Departamento de Policía de Los Ángeles por qué eligieron ser polis, se encogen de hombros y contestan sin mayor precisión: «Para ayudar a la gente». Es un tanto patético. Los polis disfrutan de un buen salario y magníficas pensiones, pero muchos de ellos parece que realmente quieren hacerlo bien sin saber realmente cómo.

Sal La Barbera no tenía este problema, tenía unos objetivos muy claros que guiaban todas sus acciones. Gracias a lo que creía, sabía perfectamente cuál era su misión y por qué cada día de su vida laboral era importante. Gestionaba una gran variedad de prioridades, todas ellas armonizadas dentro de su cerebro con objetivos claros a largo plazo y una comprensión profunda del problema que quería resolver. En conjunto, representaba una consistencia y una integridad de las que carecía el sistema de justicia penal dentro del cual trabajaba. El hecho de que no pareciera ser el tipo de hombre que pudiera llevar a cabo esa misión, confirmaba la idea de Rick Gordon de que a veces las personas que parecen menos honestas son las que dicen las verdades más crudas.

La década de los noventa había terminado. Los delitos descendían. La Jefatura Sur de Homicidios fue disuelta y reemplazada por brigadas de Homicidios en cada una de las tres comisarías de la Jefatura Sur. La Barbera fue designado jefe de una de ellas: la patrulla de Homicidios del Sureste en Watts.

A lo largo de los años, había observado cómo Skaggs crecía como investigador.

No habían trabajado juntos en la Jefatura de Homicidios Sur, pero La Barbera conocía el estilo de Skaggs, sabía que Skaggs no perdía el tiempo, ni se entretenía en el despacho, ni pasaba demasiado tiempo frente al ordenador. Casi siempre estaba fuera, moviéndose, hablando, contactando cara a cara con la gente, enfrentándose a ellos una y otra vez, volviendo a lugares de donde le habían echado con brusquedad. Al poco tiempo de comenzar en su nuevo destino, La Barbera reclutó a Skaggs. Skaggs, por su parte, se dio cuenta de que La Barbera era una persona que creía en el trabajo y en el alto valor del mismo. Aprovechó la oportunidad. Así empezó la siguiente fase de su carrera; por fin, un inspector de homicidios con todas las de la ley.

06

Buena gente y cabezas huecas

En los 23 kilómetros cuadrados de Watts habitaban aproximadamente 130.000 personas, el 39 por ciento de ellas, negros. Casi todo el resto eran hispanos, incluyendo muchos inmigrantes llegados de México, El Salvador y Guatemala.

Los negros habían habitado las zonas bajas y húmedas de Watts desde el principio. En los últimos años de la década de los veinte se convirtieron en mayoría en la ciudad y podrían haber elegido a su primer alcalde negro. Pero los blancos en minoría, «excusándose en cuestiones de suministro de agua», lo evitaron: hicieron que la ciudad de Los Ángeles se anexionara a Watts. Durante la segunda gran migración de negros tras la Segunda Guerra Mundial, los negros llegaron en gran número a Watts desde el sur y pronto la hicieron famosa entre los vecindarios negros «urbanos» del país. «Un pozo infectado de miseria, desempleo y desesperanza donde se acumulan los recién llegados del Sur», la llamó el escritor político Theodore H. White en 1965 tras los disturbios.

Todos los factores que predicen la violencia se concentraban en la Sureste. La división era la más pobre de la Jefatura Sur. Allí se concentraban una serie de programas de vivienda pública, incluyendo Jordan Downs e Imperial Courts, lugares que hicieron famosos los músicos de rap. Los viejos ganduleaban ante las tiendas de bebidas alcohólicas o cruzaban la calle con un aire de desprecio lánguido. La policía tenía fichadas a unas cuantas bandas de negros en la zona, algunas con nombres imaginativos y poéticos: Fudge Down Mafia, Hard Time Hustlers, Bounty Hunters. Drogadictos esqueléticos con dentaduras echadas a perder empujaban carritos de supermercado por sus bulevares.

Sin embargo, a pesar de toda su notoriedad, el paisaje urbano de Watts no era tan apabullante como su reputación. No era una tierra de nadie de torres suburbiales. Los árboles y el césped embellecían diminutas casas unifamiliares de una sola planta, separadas por vallas de tela metálica. Las aceras estaban abarrotadas de niños que volvían a casa con sus uniformes del colegio y madres que empujaban carritos de bebé. Los adolescentes ensayaban pasos de baile en las paradas de autobús. Los bloques de vivienda social tenían detalles de calidad. Nickerson Gardens, donde las calles en curva zigzagueaban por una línea de casas negras y blancas, había sido diseñada por el famoso arquitecto negro Paul Williams y reflejaba sus valores más profundos (la vida en California y «su pasión por hogares pequeños para gente común») de acuerdo con su archivera de Memphis, Deborah Brackstone. La luz del sol se colaba por las ventanas de las acogedoras unidades familiares de Nickerson. Las puertas delanteras se abrían al jardín y los geranios.

Además, Watts reivindicaba, como cualquier otro barrio, los mejores atributos de la ciudad. Era mediterránea y dorada, con un clima suave en verano y frío y despejado en invierno. Los jardines estallaban con flores de ave del paraíso y jacarandas color violeta. Filas de palmeras se alineaban en las calles, con sus palmas que brillaban al sol. Todavía quedaban prados en Compton y una cuadra en Athens, y se montaba a caballo por la mediana de hierba de Broadway. La gente se sentaba en sofás en los porches delanteros, hacía barbacoas en sus jardines en las noches de verano mientras los niños jugaban alrededor. El escenario convertía gran parte de la literatura sobre la «clase baja» urbana basada en la descripción de lugares como Filadelfia, Baltimore y el Bronx en una fantasía oscura. Un visitante extranjero en 2008 se mostró sorprendido por el agradable entorno; mientras se refería al famoso ensayo de George Kelling y James Q. Wilson, observó que no había ni una sola ventana rota.

La mayoría de los negros de Los Ángeles provenían del sur. Pero la leyenda mantenía que Watts había atraído a los más pobres y también a los últimos de los migrantes negros: refugiados de la Luisiana rural y del este de Texas, muchos de ellos de entornos rurales donde trabajan como temporeros agrícolas. La mitología de Watts incluso mantenía que los negros de Watts eran de piel más oscura que los negros de las otras partes de Los Ángeles. Esta leyenda era dudosa y, en cualquier caso, imposible de probar, pero encajaba con la reputación de Watts de tener las peores condiciones de vida dentro de la comunidad negra.

Esa situación era todavía evidente en 2001 cuando Skaggs llegó a trabajar a Watts. Todavía llegaba gente desde el sur, trasplantados que iban y venían de las ciudades de origen. En la sala de espera de la estación colgaba un gran rótulo pintado a mano con el logo del hotel Luisiana, un establecimiento local que había estado considerado como un famoso nido de vicio. Cuando demolieron el motel, la policía se llevó el rótulo y estaba claro por qué lo hicieron: «Hotel Luisiana» era el símbolo del barrio, muchos de los hijos y las hijas de Luisiana todavía interactuaban como si vivieran en una aldea del sur. Durante los fines de semana se organizaban comilonas entre familias y divertidos desayunos tras la función religiosa. Parecía que todos se conocían entre ellos.

Los agentes uniformados que se ocupaban de las bandas en la comisaría de Skaggs repetían un chiste sobre Slidell (Luisiana), una ciudad que parecía que podía haber sido levantada de raíz y replantada en las calles de Watts. A veces parecía que la mitad de los pandilleros negros de la división eran de allí. Pero Shreveport, Lake Charles, Natchitoches y Nueva Orleans estaban también bien representados.

Solo las personas que no estaban familiarizadas con este tipo de entorno urbano atribuían sus problemas a la alienación o a la falta de solidaridad de la comunidad. La verdad es que «el espíritu de la comunidad» en el sentido tanto de orgullo local como de relación entre los vecinos era mucho más evidente en Watts que en otros sitios. Era uno de los aspectos característicos del entorno del *ghettoside*: un porcentaje sustancial de los residentes de la zona estaban unidos entre ellos por medio de lazos familiares, matrimoniales u otras relaciones íntimas. Los parientes, que tenían relaciones de sangre solo nominalmente, se veían a diario, comían juntos, se divertían juntos, se peleaban y se consolaban entre ellos. Compartían la comida, el dinero y la vivienda. Criaban a los niños en común. Compartían transporte y labores domésticas.

Incluso las personas que no estaban relacionadas entre ellas aparecían en este mosaico complejo. Las relaciones sentimentales de hecho (la miríada de «padres de su hijo» y «madres de su hijo») no solo constituían su propia categoría singular de lazos familiares, sino que también acogían a una gran cantidad de otras relaciones de sangre. Y cuando la gente no podía demostrar lazos familiares, se los inventaba. Términos como «hermanita», y «primo» eran comunes en todo el Sur Central y jugaban un papel importante en la organización de la vida social. Incluso las amistades en Watts parecían a menudo más íntimas que en otros sitios. Al contrario que en los barrios más ricos, donde la mayoría de la gente trabajaba durante el día y los vecinos se conocían de pasada o no se conocían en absoluto, la gente desempleada de Watts estaba por allí todo el día y se juntaba, ya que estaba confinada en unas pocas manzanas. Este hecho proporcionaba a los llamamientos constantes a que la «comunidad se uniera» un toque absurdo. Watts ya tenía mucha más unión de lo que la mayoría de los estadounidenses podían soportar.

Entre los agentes de la división, la versión oficial era que la mayoría de la población de la Jefatura Sur era «buena gente». Pero una minoría (algunos polis la cifraban en el 1 por ciento, otros la elevaban al 15 por ciento) eran «cabezas huecas». Este término se refería a los desempleados, los hombres involucrados en delitos y los miembros de las bandas de negros.

Los negros «pueden mejorar su vidas, pero no lo hacen» —decía un agente de origen hispano—. «Les gusta vender droga. Les gusta echar a los viejos de sus hogares para poder vender drogas allí». Un agente blanco decía: «Las víctimas de verdad son los hispanos. Los sospechosos negros se aprovechan de las víctimas hispanas». También había mucha delincuencia hispana y «actividad de bandas». Pero el meollo de la marginación de Watts era negro, y era imposible que la poli no se diera cuenta. Durante todo el día, sus radios zumbaban con las repetidas descripciones de sospechosos. «Varón negro, entre 1,70 y 1,90 de altura, entre 18 y 35 años, camiseta blanca y pantalones negros», entonó un agente de bandas fríamente al leer en voz alta un informe en la comisaría de Watts un día. Todos los polis presentes se rieron, porque todos buscaban al mismo sospechoso. Pero mientras reían, algunos se preguntaban cómo acomodar su experiencia en el trabajo con el antirracismo que compartían con la mayoría de sus compatriotas.

A veces se enfrentaban al tema del racismo de diversas maneras. En el mundo exterior, nadie parecía querer hablar del tema, pero para muchos agentes, los residentes negros parecían más violentos que los hispanos. Se lo decía su propia experiencia. Las estadísticas lo confirmaban. Pocos agentes querían creer que los negros estaban intrínsecamente enganchados a la violencia.

«Puede que el estereotipo sea verdad» —decía Francis Coughlin, un inspector de bandas blanco que jugaría un papel importante en la historia de Skaggs—. «¡No lo sé! Quiero pensar que es una elección. ¡Incluso en este entorno puedes elegir!». Su voz delataba un toque de angustia: el tema es muy delicado y doloroso.

La retórica de la «elección» ayudaba a que los agentes achacaran la violencia de Watts a individuos aislados, y evitaban así explicaciones que sonaban a generalizaciones sobre los negros. Pero hablar de «elecciones» traía consigo de manera inevitable la cuestión de la culpa. Y puesto que la culpa servía también como un mecanismo de distanciamiento obligatorio, los agentes terminaban por culpar no solo a los sospechosos, sino a las víctimas por las elecciones que habían hecho.

Una especie de sentimiento similar a «de la que nos libramos» resumía en gran parte la respuesta personal de los polis ante la violencia. «Aquí no hay víctimas» era un manido cliché que repetían los agentes de la Sureste. «Cuando estás aquí, coges tus principios y los pones en el asiento de atrás» —decía el sargento de bandas Sean Colomey, que trabajaba en la Sureste en la primera década del siglo XXI—. «Luego vuelves al sitio de dónde eres y recuperas tus principios de nuevo». Un agente blanco de la Sureste llamaba a un homicidio de bandas que terminó con éxito «dos por el precio de uno», porque un miembro de la banda había muerto y otro estaba en la cárcel. Otra agente blanca, con rango de supervisora, comentó cáusticamente al escanear un informe sobre un miembro de una banda negra que había sobrevivido por los pelos a una bala en la cabeza: «¿No podía la bala haberse ocupado del problema que estamos tratando?».

Una expresión significativa que utilizaban los polis y expresaba esta filosofía era la palabra *verdadero.* Los agentes usaban *verdadero* para distinguir a las víctimas en un estricto sentido legal de las personas a las que consideraban víctimas auténticas; es decir, víctimas inocentes que merecían nuestra simpatía. Una víctima *verdadera* podría ser el vecino trabajador víctima de una bala perdida. No hace falta decir que había pocas víctimas *verdaderas* entre los negros de Watts.

Pero no se puede condenar a los agentes en conjunto por su fuerte respuesta emocional ante la violencia. La ira de muchos polis de la Sureste era complicada: se mezclaba con la indignación y el horror. A la vez que escupían retórica manida, algunos agentes de la Sureste se involucraban profundamente en los problemas a los que se enfrentaban en Watts, problemas que a menudo parecía ignorar el mundo entero.

Un caso típico era el inspector de bandas de Watts, Patrick Flagherty. Llevaba doce casos graves de tiroteos al mes: demasiados para poder resolverlos. Hay que decir, en su favor, que Flagherty odiaba los «otros casos resueltos», y trabajaba mucho. Pero pocas víctimas podían testificar. Una vez, un miembro de una banda herido le dijo: «¡Que te jodan!» antes de morir.

En otra ocasión, Flagherty estaba investigando el caso de un chico de catorce años que había quedado paralítico por un armas de fuego. La madre del chico, contra todas las pruebas, insistía en que el culpable no podía haber sido un negro. Flagherty contaba esta historia como ejemplo de la obstinada negativa de los negros. Sus puntos de vista parecían duros y condenatorios: «¡Toda la cultura de la comunidad negra es delictiva!». Sin embargo, en la misma entrevista, Flagherty volvía una y otra vez a este chico de catorce años, cuya historia nunca llegó a ser noticia. Flagherty se ocupó del caso con diligencia, empujado por una reacción sincera de solidaridad hacia el sufrimiento del chico, y lo convenció para que testificara. Conoció a su familia y se mantuvo en contacto. Cada vez que iban al juzgado, él mismo bajaba las escaleras del apartamento de la familia con el chico en brazos.

Cuando Skaggs llegó a trabajar en homicidios en la Sureste, la tasa de muertes por homicidio de negros veinteañeros en el condado era cuarenta y ocho veces mayor que la media para todos los estadounidenses. La Sureste siempre había estado entre las cinco divisiones del Departamento de Policía de Los Ángeles más violentos y 65 personas fueron asesinadas allí durante el primer año desde que llegó Skaggs, tres cuartas partes de ellas, negras. El siguiente año, 2003, la Sureste lideró las estadísticas de la ciudad en asesinatos, con 77 personas negras muertas.

Skaggs ocupó una esquina al fondo de la oficina de la brigada de inspectores, junto con sus colegas, en lo que se llamaba la «mesa de homicidios», porque eso es lo que era: unos cuantos escritorios juntos que reforzaban la adversidad de su función con este arreglo de mobiliario de oficina, porque la «mesa de homicidios» no era diferente de la «mesa de robos» o la «mesa de automóviles».

Tras asignar en un principio a Skaggs a diferentes compañeros, La Barbera le destinó finalmente a trabajar con Chris Barling, otro nativo de Long Beach que provenía de la comisaría de Homicidios Sur. Barling tenía dos años más que Skaggs, era blanco e igual de alto: ambos gastaban la misma talla de traje. Barling tenía aspecto de estar en forma, pero sorprendía a sus colegas obsesionados con la salud, con su dieta de burritos industriales y Mountain Dew. Ambos tenían un gran talento. Cuando empezaron a trabajar juntos tenían el mismo índice de casos resueltos: 75 por ciento.

Congeniaron desde el principio. Barling tenía capacidad de análisis y era hablador, tenía un don para las pruebas circunstanciales. Skaggs se dio cuenta de que se le daba bien dar sentido a complicadas redes de pruebas. Para Barling, una negativa equivalía a una confesión.

Por su parte, Barling admiraba el estilo de Skaggs: cómo estudiaba todo *in situ*. Rastreaba cualquier información, acudía a su fuente, se negaba a aceptar un no por respuesta. La Barbera les asignaba a veces casos extras para revitalizar la tasa de casos resueltos de la unidad a final de año.

Normalmente, la pequeña brigada de Watts de La Barbera no disponía de más de cuatro o cinco parejas de inspectores de homicidios. Estos inspectores soportaban las cargas más altas de homicidios de la ciudad, el doble o el triple de las de sus colegas en las divisiones más ricas de Valley y Westside. De doce a quince casos por pareja era la norma en aquellos años.

Los índices de homicidios estaban menguando, pero el personal de homicidios también había caído y la resolución de los casos no estaba todavía considerada como el objetivo principal de la estrategia de lucha contra el crimen del Departamento. De esta forma, La Barbera se enfrentaba a las mismas frustraciones de siempre. Era una repetición de los Grandes Años: recursos insuficientes y prioridades equivocadas. A Barling le gustaba decir que eran «don quijotes arremetiendo contra los molinos de viento». La unidad siempre estaba falta de coches y ordenadores. La Barbera «fue denunciado» una vez por robar un ordenador extra de los agentes de patrulla, que no estaba siendo utilizado, porque uno de sus investigadores estaba sin ordenador y tuvo que aguantar la inevitable investigación de Asuntos Internos. A sus inspectores no se les permitía llevar sus coches de policía a casa, al contrario que a los inspectores de otras unidades, como los de «delitos mayores» de la Jefatura Central. No tenían un lugar donde reunirse, al contrario que las unidades de policía de la comunidad y de análisis de datos.

A los inspectores de homicidios también les faltaba espacio suficiente para poder interrogar a la gente, puesto que compartían la única sala de entrevistas disponible con el resto de agentes de la comisaría. La sala no tenía equipo para grabaciones ni ventana y siempre había pocas sillas y hacía un frío muy desagradable.

A los inspectores no se les proporcionaban grabadoras, aunque para entonces los fiscales habían comenzado a exigir grabaciones para presentar cargos. Así que se las compraban ellos mismos y, a falta de una sala de interrogatorios se las ingeniaban para ocultarlas. Un inspector llevaba una pesada carpeta llena de papel. Vació el centro de la misma para hacer un agujero secreto y esconder allí su grabadora. Esto se consideró como alta tecnología en la brigada de homicidios del *ghettoside*.

La Barbera dedicaba gran parte de su tiempo a intentar garantizar suministros y equipo adecuado. A sus inspectores no les proporcionaban teléfonos móviles del Departamento; se los compraban ellos mismos. No disponían de la capacidad para tomar o mejorar fotogramas de los vídeos de vigilancia, o para grabar interrogatorios en vídeo, de modo que persuadieron a un comerciante local para que les ayudase. Tenían que pelearse para conseguir furgonetas y coches de vigilancia. Tenían que esperar semanas para que les contestasen de los laboratorios con los informes de las pruebas materiales. La Barbera compró su propio fax con impresora para la oficina y varios muebles, incluyendo su propia silla. Los inspectores se desplazaban regularmente a Office Depot para comprar cuadernos, lápices, grapadoras, teclados, calendarios e, incluso, las carpetas azules para los archivos de asesinatos.

La Barbera se pasaba el día marcando objetivos y diseñando planes para mejorar la situación. Sus solicitudes parecían muy razonables en el marco de una administración que disponía de su propia flotilla de helicópteros: quería ventanillas tintadas en un coche para llevar a los testigos de incógnito, un armario cerrado para los archivos de asesinatos, quizá unas pocas cámaras digitales. Una y otra vez se lo denegaban.

Los mandamases tenían otras preocupaciones: tiempos de respuesta y supresión de los delitos menores, como los robos. Eran más numerosos y abultaban más en las estadísticas de delitos. Los periodistas, además, casi nunca cubrían los homicidios de la Sureste. Así que no había mucha presión política para enfrentarse a ellos. Incluso dentro de su propia comisaría, los inspectores de homicidio de la Sureste se sentían a veces como leprosos. Tenían que camelar a sus colegas para que les ayudaran en las operaciones de vigilancia y las redadas. La Barbera también intentó mejorar esta situación. Habló con los diferentes turnos para instar pacientemente a los agentes de uniforme a que dejaran de echar a la gente de manera grosera de las escenas del crimen y que trataran a las familias afectadas con compasión. Los agentes ponían cara de circunstancia y seguían ladrando a los familiares desconsolados o sonreían con complicidad a los testigos: esa sonrisita que algunos agentes del Departamento de Policía de Los Ángeles parecían haber aprendido en la academia. Seguían presentando informes de investigación que parecían haikus. Ninguno de los mandos parecía estar interesado en convencer a los agentes de uniforme de que era lógico que hicieran de personal de apoyo para los inspectores. Era como si actuaran en un plano completamente diferente. A veces los agentes de patrulla pasaban a toda velocidad por los escenarios aún frescos del crimen sin percatarse de los asesinatos que acababan de ocurrir allí.

Igual que Baitx y Tennelle unos pocos años antes, Skaggs y Barling siguieron la senda del *ghettoside*. Muchísimos casos y ni un momento que perder.

Skaggs se levantaba a las tres y media de la mañana. Al contrario que muchos de los agentes del Departamento de Policía de Los Ángeles, que se agotaban a consecuencia de llevar un horario absurdo, Skaggs tenía la suficiente disciplina para irse a la cama a las ocho cada noche, sin excusas.

Cada día empezaba con una lista de tareas, sin un momento libre, incluso a pesar de los retrasos por el tráfico y los ascensores lentos de los juzgados. Barling y él desdeñaban a sus compañeros, que se tomaban largas pausas a la hora del almuerzo y conducían hasta Southbay para comer en un restaurante. Skaggs y Barling tomaban su almuerzo de pie, con las bolsas marrones puestas sobre el morro del coche. La mayoría de los días trabajaban doce horas o más, con tareas que les llevaban hasta altas horas de la noche. Skaggs era adicto al café; lo bebía muy negro y directamente de la cafetera, la última taza después de anochecer; no le afectaba al sueño en absoluto. Las horas extras eran su rutina diaria. Una de las secretarias de la comisaría apodó a la cuadrilla de homicidios «la milla verde» por todas las solicitudes de horas extras de color verde que presentaban. Era lo único de lo que disponían ampliamente las cuadrillas de homicidios de la unidad; normalmente no tenían suficientes inspectores. Pero los que tenían podían explotar las cláusulas de los contratos que los trataban como personal de fábrica y recompensaban el trabajo incesante. Un año,

Skaggs llegó a ganar 190.000 dólares. Si le preguntaran por su salario base de aquel año, Skaggs no sabría decirlo. Nunca se había preocupado de enterarse de su salario real.

A la brigada le faltaba experiencia, con demasiados aprendices y muy pocos veteranos para formarles. El trabajo en el *ghettoside* te consumía de tal forma que precisaba atributos incompatibles: energía juvenil y destreza adulta. Todas las unidades de Homicidios de Los Ángeles Sur padecían una rotación muy alta, los reclutas jóvenes se trasladaban a menudo a puestos más fáciles y con mejores recompensas tan pronto como podían; lo mismo se podía aplicar a los fiscales de los juzgados de Compton. Las unidades de Homicidios de la Jefatura Sur necesitadas de personal aceptaban con frecuencia candidatos mediocres para compensar. Dos de los inspectores de La Barbera fueron expulsados por acusaciones de mala conducta. Otros no resolvían ningún caso. La Barbera hacía lo que podía para combatir la rotación. Era un incansable detector y reclutador de talentos. Pero los mejores agentes se mofaban de sus ofertas. «Oye, ¿quieres trabajar en Homicidios?», decía La Barbera alegremente al que pasaba por delante de su despacho. La gente soltaba una carcajada y se largaba, meneando la cabeza.

La Barbera, obsesionado con cada detalle de su trabajo de gerencia, llevaba sus propios archivos detallados y estudiaba los datos en su tiempo libre a la búsqueda de las mejores prácticas. Se dio cuenta de que formar constantemente a jóvenes reclutas que no triunfaban era una pérdida de tiempo y obstaculizaba el progreso de sus mejores inspectores. La Barbera analizó los datos de las resoluciones de casos y llegó a la conclusión de que era mejor mantener a los buenos inspectores juntos que ponerlos con aprendices. Las parejas fuertes resolvían más casos que las parejas débiles que habían sido sacrificadas. Así que mantuvo a Barling y a Skaggs juntos.

Para Skaggs y Barling fue un periodo dorado de formación.

La Barbera exigía orgullo por la apariencia propia y Skaggs siempre tenía un aspecto impoluto con sus elegantes trajes. Se permitía a sí mismo la única indulgencia de quitarse la chaqueta del traje cuando trabajaba en las abrasadoras calles de asfalto de la Sureste. Pero no se quitaba la corbata ni se remangaba. Barling y él lavaban su coche con frecuencia para que la gente percibiera inmediatamente que no eran unos simples polis de paisano: eran inspectores de homicidios. A Skaggs le encantaba que los residentes de la Sureste, que analizaban atentamente a la poli, le identificaran como un hombre de homicidios.

En la oficina, Skaggs y sus colegas eran obsesivamente limpios. Tenían botes de *spray* de Formula 409 en los escritorios. Una vez, un becario derramó café sobre el escritorio de Skaggs. Silencio consternado; La Barbera le amenazó con despedirle. Estaba claro que no estaba de broma.

La limpieza tenía un objetivo. Una pila de papeles sobre el escritorio significaba que un inspector se estaba retrasando y, al tener tantos casos, eso conducía al desastre. La organización era la forma de sobrevivir. Los inspectores estaban siempre en peligro de ser enterrados. Skaggs tenía fotos de sus hijos en el escritorio, pero nada más. Utilizaba tijeras para recortar trozos de texto de los informes de seguimiento de sus casos, los pegaba con celo en hojas tamaño A4. Cuando resolvía un caso, lo marcaba en amarillo.

Nada era fácil en la Sureste para Skaggs, los impedimentos (la falta de personal y equipo suficiente, la falta de interés por parte de los medios de comunicación, la escasa influencia en el Departamento) se convertían en factores de motivación. Mucho antes, había comenzado a desarrollar una posición subversiva hacia el *estatus quo*. Ahora, el orgullo del perdedor impregnaba su trabajo. Los inspectores de la Sureste se consideraban a sí mismos como el equivalente a una unidad militar MASH: expertos mejores y más listos porque estaban obligados a hacer las cosas con rapidez.

Entre las legiones de polis de segunda generación con educación secundaria del Departamento de Policía de Los Ángeles de aquellos años, Skaggs no era muy diferente a primera vista. Era listo pero no un empollón. Como solo necesitaba el lenguaje suficiente para transmitir opiniones favorables y en contra, utilizaba la lengua vernácula del típico surfero californiano, que es lo que era en realidad. El acento era típico de los obreros californianos del sur cuyo lenguaje mezclaba toques del chicano del este de Los Ángeles con el argot juvenil de los suburbios. Skaggs empezaba las frases con: «Mira» o «Quiero decir». Cuando alababa algo, decía: «¡Lindo!». Cuando lo condenaba, utilizaba palabrotas retocadas: «¡Jopé!» o «¡puñetas!».

Su término favorito para menospreciar algo era «tarado». Skaggs encontraba útil esta palabra para referirse a una lista larga y variada de cosas que le irritaban en la vida. Papeleo. Tatuajes cutres. La bebida en exceso. Todos eran tarados. Incluso a veces se refería al grave delito de asesinato como cosa de tarados. Funcionaba también como nombre: los burócratas molestos podían ser tarados, los asesinos podían ser unos tarados.

Entre los polis, encajaba perfectamente (un deportista más en el vestuario) hablando de fútbol americano, autocaravanas, programas para estar en forma y la carrera de relevos de la policía de Baker a Las Vegas, como todos ellos. Su aparente normalidad también le venía bien para su trabajo en las calles de Watts, donde mezclaba el argot de los surfistas y el del gueto de forma que este último parecía formar parte de su vocabulario natural de clichés adoptados. Skaggs podía referirse a «chotas» o «soplones» sin sonar afectado. No era como algunos agentes de la Jefatura Sur, que alardeaban de su conocimiento de la jerga de los pandilleros. Skaggs pensaba que podía hablar con la gente que se encontraba en Watts igual que con todo el mundo.

La habilidad para hablar con cualquiera en cualquier lugar, usando siempre las mismas palabras y gramática, sin hablar presuntuosamente nunca, sin intentar nunca impresionar a los demás, era una cuestión de principios para él. Formaba parte de un catálogo secreto de principios personales que había reunido a lo largo de su trabajo: una lista de códigos rara vez explicitados, excepto en ocasionales explosiones de enfado, cuando eran transgredidos.

Su estilo de hablar aparentemente no sofisticado cumplió otro objetivo a lo largo de su carrera: ayudaba en los interrogatorios. Skaggs jugaba a menudo el papel del aficionado poco espabilado. Los sospechosos no captaban su fina estrategia hasta que era demasiado tarde. Pero, en realidad, no se trataba de una actuación. Skaggs no se perdía en los análisis profundos. Rara vez sentía la necesidad de ser más preciso o evocativo de lo que palabras como «lindo» o «tarado» permitían. No le interesaban demasiado las explicaciones. Su estilo de razonamiento era puramente intuitivo. Tenía el cerebro lleno de datos. La fuerza de su mente radicaba en su habilidad para acceder a todo de manera instantánea, con gran precisión, y convertirlo en decisiones rápidas y eficaces. Chris Barling solía decir: «O se hace como le gusta a Skaggs o es una cagada».

Su carácter práctico parecía estar en pugna con su espiritualidad, que también poseía. Le encantaba *Los arrabales de Cannery*, de Steinbeck. Le gustaban los paisajes poco apreciados de California, sus desiertos de creosota y sus llanuras de pinos ponderosa. Por supuesto, a la mayoría de los californianos también les gusta el lugar. Pero la pasión de Skaggs era de un orden superior. Había crecido entre el esplendor del sol y las brumas del arcoíris de California del Sur. No podía ni imaginar vivir en otro lugar. Cuando se enteraba de que otros polis se jubilaban en otros lugares (Idaho o Gig Harbor, Washington), meneaba la cabeza cariñosamente, compadeciéndoles. Pobrecitos, vivir en ese clima, nunca tendrán la posibilidad de volver a comprarse una casa en California.

07

Testigos y el sistema en la sombra

Lo que un fiscal denominó el problema colosal de los casos de homicidio en el *ghettoside* era la dificultad de conseguir que los testigos hablaran. Tenían pavor a ser asesinados.

En Watts, si los testigos llegaban a cooperar con la policía, prácticamente siempre solicitaban que sus declaraciones fueran anónimas. Muchos tenían que ser cazados a lazo. Después de las entrevistas iniciales, tenían que ser citados a testificar y después impugnados en el estrado porque mentían acerca de asuntos sobre los que anteriormente habían informado con conocimiento de causa.

La decisión de un testigo de testificar era uno de los aspectos más desgarradores y emocionales de las persecuciones por homicidio. Los testigos lloraban al ser interrogados por los inspectores y volvían a llorar en el estrado. Y eso cuando las cosas salían bien. En muchos otros casos, negaban lo que habían visto o desaparecían misteriosamente en el intervalo de tiempo que transcurría hasta la celebración de los juicios.

La aversión de los testigos a testificar era la principal razón por la que muchos casos de asesinato quedaban sin resolver. En 2008, la falta de cooperación de los testigos fue el impedimento número uno para encontrar sospechosos en 108 casos de homicidio en la ciudad de Los Ángeles: el 40 por ciento de todos los casos en los que los testigos jugaron algún papel. En muchos otros asesinatos, los testigos reticentes no fueron el impedimento principal pero sí una de las razones por las que los casos no se resolvieron. A Barling le gustaba decir que todos los casos sin resolver de la Sureste se quedaban «a un testigo de distancia».

Los homicidios callejeros ofrecían pocas pistas físicas. La mayor parte eran casos de «recoger y transportar» en los que la víctima herida había sido llevada en ambulancia a un hospital antes de ser declarada muerta. Las pruebas consistían en unos pocos casquillos de bala, zapatos y muestras de ropa recortadas por las tijeras de los paramédicos.

Los laboratorios jugaban un papel mínimo en la mayoría de los casos de asesinato en la calle. No es necesario un laboratorio científico de última generación para determinar que un hombre murió porque recibió un balazo.

En su lugar, los casos se basaban en los testigos y a veces solo en ellos. Desde la década de los sesenta, California había proporcionado financiación para ayudar a realojar a los testigos en apartamentos nuevos para protegerles. El dinero era mínimo, normalmente unos pocos miles de dólares. El programa estatal normalmente solo financiaba el traslado y el alquiler de un par de meses. No había una ayuda a largo plazo que ayudara a las personas a comenzar una nueva vida en un sitio nuevo.

Además, la financiación solo se aprobaba después de que las personas implicadas hubieran aceptado cooperar con los fiscales; los inspectores no podían utilizarla para llevar a un testigo reticente a un lugar seguro antes de entrevistarlo. Y trasladar a los familiares de los testigos era difícil. Los testigos a menudo se preocupaban por la seguridad de los abuelos, de avanzada edad, que normalmente eran propietarios de sus hogares y no podían ser realojados.

Finalmente, el programa no apreciaba las circunstancias de las personas marginadas que podían ser testigos de homicidios. Personas sin hogar, drogadictos, prostitutas, miembros de bandas y timadores que dependían de un mercado negro con una especificidad geográfica: una esquina para vender drogas, un callejón donde prostituirse. No eran especialmente conocidos por su capacidad para tomar decisiones de manera responsable.

Para estas personas en situación difícil, los programas de realojamiento de testigos no eran especialmente útiles. «¿Dónde se realoja a una persona sin hogar? ¿En la manzana de al lado?», decía Dan Myers, un exinspector de la Sureste. Uno de los testigos de Myers en un caso de homicidio era una yonqui que vivía en la calle. Durante años intentó seguirle la pista para mantenerla a salvo. Una vez, tras una búsqueda, la encontró en un callejón. Estaba medio desnuda, con el pelo enmarañado y moratones en los brazos. Le dijo a Myers que miembros de una banda la habían agarrado, sacudido y amenazado en relación a su testimonio.

La extensión de las represalias contra los testigos era difícil de medir. Los inspectores insistían en que las represalias eran raras, especialmente cuando los juicios terminaban. Pero una media aproximada de siete asesinatos reconocidos de testigos ocurrieron en el condado cada año durante los primeros cinco años de Skaggs en la Sureste, y la cifra real era probablemente de, como mínimo, una docena. Era una fracción minúscula del total de asesinatos en el condado. Pero un pequeño asesinato produce un efecto importante. La mayoría de las personas racionales dudarían de hacer algo por lo que una docena de personas al año habían perdido la vida en su condado. Había tanto miedo que la recompensa de 25.000 dólares ofrecida por ayudar en los casos prácticamente nunca se entregaba.

Los testigos recibían amenazas cercanas a la amenaza de muerte. Les tiraban bombas por la ventana; les tiroteaban desde un coche cuando intentaban realojarse, rebotaban las balas desde furgonetas aparcadas en la calle. Algunos testigos describieron cómo fueron señalados y acosados después de testificar. Ser un «chota» (tener una reputación de cooperar con la policía) significaba estar marcado. La policía solía tener poca simpatía por las personas marcadas con esta etiqueta, en especial los miembros de bandas de negros. Parecían poco inclinados a ofrecer realojo a los jóvenes negros con antecedentes delictivos. Algunos incluso discutían que la seguridad de los testigos era un asunto inexistente porque las únicas personas que realmente tenían que preocuparse por las represalias eran los miembros de las bandas, como si esto resultara menos problemático. Las amenazas y los asaltos contra miembros de las bandas, eran, por supuesto, el auténtico centro estadístico del problema, y por lo tanto, en este asunto, como en tantos otros, todo funcionaba al revés: el punto más débil del sistema era exactamente su cima estadística.

La policía podía mostrarse sorprendentemente parsimoniosa e impertinente incluso con testigos íntegros y totalmente colaboradores. Se asumía que la gente pobre podía trasladarse sin previo aviso, que sus lazos con cualquier sitio al que llamaran hogar no eran equiparables a los de los residentes más ricos. Y algunos polis, inmersos en una retórica derechista sobre el «Estado paternalista», albergaban profundas objeciones filosóficas contra la ayuda económica a los testigos. Un supervisor de inspectores en la Sureste durante la época de Skaggs dijo que consideraba su deber garantizar que recibieran la menor cantidad de dinero estatal posible. Consideraba que los pobres del área eran falsos beneficiarios del Estado de bienestar y no quería secundar su gorroneo.

Los inspectores de homicidios experimentados no compartían este punto de vista. Conocían mejor las vidas de los residentes, forjaban lazos con ellos y experimentaban su dolor de una forma más profunda que una simple mirada forzada al pasar. El sufrimiento era un maestro. Había una diferencia palpable entre la posición exasperante de ciertos agentes de atención inmediata (paramédicos, agentes de patrulla, algunas enfermeras, que trataban a la gente de manera breve y desviaban su agonía para mantener la cordura) y el ultraje mudo de los inspectores de homicidios, médicos y otros trabajadores que eran testigos de las secuelas posteriores. Estos últimos, como Roosevelt Joseph, un supervisor de homicidios de la división de la calle 77, se quejaban a menudo de lo que consideraban juicios insensibles por parte de los primeros. «Dicen que estas personas deberían dar la cara. Solo porque trabajan ocho horas al día aquí, tienen una pistola y una placa y se van a dormir a Orange County». Si trabajabas en el *ghettoside* suficiente tiempo aprendías con dolor lo que podía ocurrir a los testigos. Brent Josephson, inspector de la división de la calle 77, realojó una vez a una testigo de dieciocho años llamada Yvette Rene Blue y mantuvo su amistad. Ella le solía enviar breves notas y tarjetas. Pero la joven muchacha negra volvió a su antiguo barrio después de testificar y fue asesinada. Josephson nunca fue el mismo. Mantuvo la fotografía tamaño carné de Blue pegada a su ordenador durante años.

Los inspectores realizaban llamamientos morales para intentar persuadir a la gente de que cooperase a pesar de su miedo. Pero para muchos testigos, testificar representaba un dilema: tenían que considerar su propia seguridad y la de sus amigos y familiares. La policía y los fiscales, si eran perspicaces, también se daban cuenta del dilema. Un inspector de la unidad de Robos y Homicidios describió su desasosiego sobre la cuestión de utilizar a una mujer mayor como testigo en un caso de bandas. Ella despejó la preocupación por su seguridad al explicarle que su hijo había sido asesinado unos años antes y ya no le importaba morir. En un caso de Watts, la principal testigo, una prostituta sin hogar, cooperó porque amaba a la víctima, pero rechazó el realojo, probablemente en parte porque su existencia desesperada, sin recursos, le obligaba a permanecer donde estaba: vivir en su coche y ofrecer mamadas a los hombres del barrio. «No tiene miedo, pero debería tenerlo. Yo temo por ella», dijo el inspector.

A veces, la gente más tirada mostraba una valentía épica. En otro caso en Watts, una yonqui de *crack* le dijo a la policía que había visto justo lo suficiente para situar al sospechoso en la escena del crimen, pero cuando llegó el día de testificar, sorprendió a toda la sala al mirar al acusado directamente y exclamar: «¡Tú le mataste!... ¡Lo siento, pero fuiste tú!».

Otra testigo, Debra Johnson, testificó contras sus agresores en un ataque salvaje en Nickerson Gardens que dejó dos muertos. Johnson (asmática, en libertad condicional y adicta a las drogas) quedó mutilada por los balazos en la boca y pecho y apenas podía hablar. Pero en el estrado irradiaba fuerza: «Así fue como sucedió», declaró, y señaló acusadoramente a los asesinos.

Estas dos mujeres eran del mismo barrio que los asesinos; ambas eran pobres y manejaban los códigos de la calle. Y las dos eran muy valientes.

A pesar de que el miedo y la seguridad de los testigos eran tratados de vez en cuando por la prensa y las autoridades, su influencia en el síndrome de los asesinatos de negros estaba totalmente subestimada. De hecho, los estudios periodísticos y académicos relacionados con los testigos solían enfocarse hacia su falta de fiabilidad. El público no tenía la culpa de estar convencido de que constituían el problema principal del sistema judicial, ya que había muchos expertos especializados en la materia y se concedían muchas becas para investigar sobre ellos. En la época de Skaggs, hubo intentos de restringir aún más el uso de las pruebas con testigos presenciales en los juicios: muchas menos, para proteger mejor a las personas pobres atemorizadas y altamente vulnerables sobre cuyos hombros recaía el peso de testificar.

El problema de la intimidación de los testigos era solo un aspecto del gran problema del *ghettoside*: un sistema legal en la sombra que competía con las leyes formales.

Cada vez que lidiaba con un caso de Sureste, Skaggs tenía la sensación de que entraba en un submundo. A pesar del caos, este mundo estaba organizado y se regía por normas. Las personas negras de Watts se regían generalmente por un sistema complejo de protocolos, basados en la amenaza de la violencia. Esta era la sombra que llenaba el vacío de la autoridad legítima. Una de las razones de su existencia era la enorme economía sumergida del barrio. Cuando los tratos comerciales son ilegales, no tienes recursos legales. Muchos hombres pobres y «desclasados» de Watts no tenían más que doscientos dólares al mes para vivir de los servicios sociales del condado. Se aliaban para todo tipo de iniciativas ilegales, no solo vender drogas y la prostitución sino también estafas con cheques falsos, fraudes fiscales, empresas de reparación de coches sin licencia o peluquerías. Algunos saltaban de un trapicheo a otro, hacían trueques, cerraban tratos y compartían procedimientos, al margen de la ley. La violencia sustituía a la negociación. Los jóvenes de Watts comparaban con frecuencia su participación en la llamada cultura de bandas con la forma en la que los hombres de negocios demandan a sus clientes, competidores o proveedores en los tribunales. Hablaban de ajustar cuentas entre ellos solucionando sus propias disputas. «Otras personas llaman a la policía cuando necesitan ayuda» —explicaba un miembro de una banda Crip de la costa este—. «Nosotros cogemos el teléfono y llamamos a los nuestros».

Las bandas emitían «pases informales» que básicamente eximían a la gente de las reglas que gobernaban al resto. Por ejemplo, un deportista famoso en un barrio de bandas podía recibir un «pase» que le eximía de participar en la vida de la banda. También se entregaban «pases» para permitir que algunas personas llevaran a cabo negocios ilegales en territorio rival. «Vender sin un pase» podía ser causa de homicidio. Por supuesto que esos acuerdos eran delicados y estaban sujetos a modificaciones repentinas. Dos bandas de la división Harbor acordaron una vez compartir el terreno en la venta de drogas. Pero el acuerdo se rompió sobre quién se llevaba el turno de día y los asesinatos en represalia se prolongaron varios meses.

Las bandas podían parecer absurdamente autodestructivas, pero la razón de su existencia no era ningún misterio. Los muchachos y los hombres siempre suelen agruparse para protegerse. Buscan la fuerza de la masa, sin la contención del monopolio estatal sobre la violencia, estas agrupaciones luchan y cometen delitos y ascienden al dominio efectivo que las condiciones les permiten. Las bandas, además, son la consecuencia de la falta del imperio de la ley, no su causa.

Diferentes versiones de bandas han caracterizado situaciones sin ley a lo largo de la historia. En el siglo XIX, las bandas recorrían todo el espectro: grupos de campesinos rusos con nombres pegadizos como los Demonios de la Estepa; los bomberos voluntarios de Filadelfia que guerreaban entre ellos y provocaban incendios; las «bandas de votantes» de la ciudad de Nueva York que se enfrentaban violentamente entre ellas y peleaban por lo que Monkkonen llamó el «equivalente de la cocaína del siglo XIX: el acceso a los empleos y la oferta de poder político corrupto». En Georgia y Virginia a principios del siglo XX, el manto de las bandas recayó sobre grupos de destiladores ilegales, blancos y negros, que atemorizaban a la gente y asesinaban a los delatores.

La tendencia de la gente a agruparse en bandas cuando la fuerza estatal es débil es tan inevitable que puede incluso parecer innata. El padre fundador James Madison escribió: «Las causas latentes de la formación de bandas provienen de la naturaleza humana». Sin ley, la gente utiliza la violencia de forma colectiva para ajustar cuentas y enderezar entuertos. Y se refieren a menudo a la violencia como si fuera su propia ley. Allí donde la ley está ausente o subdesarrollada (donde esté desgastada, sea ineficaz o esté en disputa) emerge alguna forma u otra de autorregulación o justicia comunitaria, que se mueve a lo largo de un espectro hacia la violencia sectaria o incluso la guerra civil.

La policía, los fiscales y los políticos de Los Ángeles culpaban a las bandas del problema de los homicidios. Describían a las bandas como naciones formidables del crimen organizado o como una nueva enfermedad social exótica. Pero entre los agentes de calle de la Jefatura Sur surgían a veces las dudas. Los agentes no podían evitar observar ciertas inconsistencias, como la forma en que muchos de los delitos de las bandas parecían involucrar solo a cuatro o cinco tipos «aliados», como si fuera una alianza de patio de escuela, o el hecho de que muy pocos homicidios de bandas fueran la consecuencia de trapicheos con drogas y en cambio tantos otros fueran el resultado de luchas internas. Algunos miembros de bandas parecían haber sido reclutados contra su voluntad y muchos apodos sonaban menos como nombres de guerra que como insultos de patio de colegio: «Hamburguesa de queso», «Capullo», «Rapao», «Lata de cerveza». Las discusiones sin importancia, los insultos y las mujeres estaban en el origen de gran parte de la violencia de las bandas. Una guerra de bandas en la Sureste provino de la venta de un coche usado. Los miembros de bandas de Watts alardeaban de manejar grandes sumas de dinero. Pero en el tanatorio, los fajos de billetes de dólar que se encontraban dentro de los zapatos les contradecían: eran personas pobres. La economía sumergida es el manejo de la miseria.

Sin embargo, la dimensión de lo que estaba en juego no limitaba el alcance del sistema en la sombra. Transgresiones aparentemente menores podían traer consigo severas represalias. Skaggs se asombraba de que una de las peores ofensas en los bajos fondos era el simple hecho de «difamar» a alguien, en el sentido de divulgar cotilleos maliciosos. Pero la prohibición que le afectaba más era la de la delación; es decir, la cooperación con la policía. No era simplemente una filosofía delictiva, se consideraba que la delación rozaba la traición racial, era una concesión a un sistema de orden público que no había servido especialmente bien a los negros. La gente de Watts argumentaba que la justicia de la calle era éticamente superior. Presionaban a los testigos de homicidios para que se quedaran al margen y para que la familia de la víctima pudiera tener la oportunidad de devolver la agresión.

El tabú sobre la delación tenía unos matices sorprendentes. Se parecía más a un estándar de cooperación selectiva. A veces, los miembros de bandas entregaban a sus propios miembros por el asesinato de niños, por ejemplo. Esto se debía a asumir correctamente que los casos con «víctimas tan inocentes» desatarían un estallido de violencia, provocarían una respuesta violenta de la policía. Pero la repugnancia moral también jugaba un papel. Los miembros de bandas que delataban casos así, lo hacían porque catalogaban el error como «más allá de los límites» o totalmente inaceptable. «Tienen su propia idea de lo que es justificable», afirmaba Skaggs.

Otros asesinos estaban protegidos por un consenso amplio que se extendía más allá de los miembros de la banda. Los asesinatos de los asaltantes de bandas dentro de territorio enemigo eran muy difíciles de resolver por esta razón. Se consideraba que el invasor se lo había buscado. Los inspectores tenían menos posibilidades de conseguir cooperación en los casos en los que las víctimas eran personas detestables o forasteros. Skaggs describía el caso de una víctima que había sido un fastidio para sus vecinos: «En Nickerson, todo el mundo dice: "¡No pasa nada porque lo mataran! ¿Por qué os preocupáis?"».

Casi todos los agentes que trataban de cerca la delincuencia en Watts lo sentían de la misma manera. «¡Tienen sus propios tratos, su propia ley!» —decía el fiscal Joe Porras de los participantes en los casos de bandas que juzgaba en el tribunal de Compton—. «Es un mundo paralelo e intentamos introducir en él nuestra ley». Los polis y los fiscales se sentían como vendedores puerta a puerta; intentaban colocar un sistema legal del que nadie quería saber nada. La fiscal Grace Rai se sorprendía del gran esfuerzo que se necesitaba para conseguir que la gente participase en los procesos del juzgado de Compton. A los testigos, los jurados y las víctimas «no les puedes decir simplemente: "Esto es una violación de la ley"» —decía Rai. Primero— «tienes que conseguir que *acepten* la ley».

El miedo convertía en cómplices incluso a personas que no habían cometido ningún delito. Muchos testigos de homicidios rompían a llorar ante la policía. Pedían disculpas en privado por retractarse, o rogaban en un tono borreguil que la policía no viniera a sus casas durante el día. Con mucha frecuencia, la policía no tenía ni idea de lo que los testigos tenían que afrontar.

En un caso en Watts en 2009, un testigo importante que vivía enfrente del callejón donde habían asesinado a un hombre, pasó las siguientes tres noches durmiendo en el suelo de la cocina con su familia mientras una banda aparcaba sus coches fuera y mostraba sus armas o lanzaba piedras contra la casa. Nunca informó de los ataques: estaba en libertad condicional por fraude a los servicios sociales y no se lo había contado a su jefe. Tenía miedo de tratar con la policía por temor a ser descubierto o enviado a la cárcel.

En su declaración en el juzgado de Compton a finales de 2009, un joven negro explicó por qué no había informado de un asesinato que había presenciado. «El lugar donde vivo: hay *normas y reglas* para vivir allí». Vivía en el territorio de la banda Bounty Hunter. Cuando le presionaron para que diera detalles, no dijo quién imponía las normas o cómo las había aprendido él. Para él existían de forma incuestionable, impuestas por una amenaza implícita que le rodeaba cotidianamente. Tan presente como el ruido del tráfico de las autopistas. Un abogado le preguntó qué sucedería si violaba estas misteriosas «normas y reglas». El joven contestó encogiéndose de hombros: «Muerto, asesinado... cualquier cosa».

En la década de los treinta, la antropóloga Hortense Powdermaker escribió en los mismos términos sobre las prohibiciones del Jim Crow. Powdermaker anotó una conversación con una mujer negra sobre su miedo a relacionarse con un hombre blanco: «Cuando se le pregunta de qué tiene miedo, se echa a reír y dice: ¿No sabes que va contra la ley?". Las siguientes preguntas dejan claro que no conoce una ley específica que prohíba la cohabitación;

pero para ella la ley es una fuerza vaga y siniestra que trasciende cualquier cuerpo de normas escritas».

La «ley» del *ghettoside* alternativa en Watts era exactamente igual: una fuerza vaga y siniestra que trascendía cualquier cuerpo de normas escritas. El sistema en la sombra había evolucionado hacía mucho tiempo hasta el punto de que una mera mirada atravesada o un chasquido de la lengua incorporaba su fuerza letal sin más elaboración. La gente sabía «las normas y reglas» y las obedecía.

Al mismo tiempo, algunos habitantes de Watts parecían anhelar liberarse de la amenaza opresiva de la ley informal. Muchos miembros de bandas más mayores tenían un aspecto miserable y hablaban constantemente de «salir». En la privacidad de la sala de interrogatorios muchos estaban dispuestos a delatar a compañeros de banda y contar a los inspectores que los aborrecían en secreto. Los vecinos todavía gritaban a los polis: «¡Una vez!». El término venía del recuerdo de la policía al recorrer los barrios de negros una vez al día sin realizar un esfuerzo auténtico por enfrentarse al crimen. «Una vez» era un insulto acuñado contra la policía. Igual que «PO-PO» y «Demonio de ojos azules».

Sin embargo, tenía una connotación quejumbrosa: una sugerencia paradójica de que «más veces» podría ser mejor.

Y de vez en cuando, los delincuentes callejeros dejaban claro que preferían la justicia formal si les dejaban elegir: llamaban al 911. Cuando los agentes, perplejos, llegaban, les pedían que mediaran en su conflicto: «¡Me han levantado la droga! ¡Quiero que le detengas por robo!».

Skaggs aprendió a plantearse su trabajo en clave de persuasión: vender la ley formal a la gente que no se fiaba de ella y que estaba respondiendo a otra autoridad, la ley en la sombra. El discurso tenía que ser convincente y constante. El trabajo de inspector en el *ghettoside* era según Skaggs «90 por ciento hablar con la gente. Quizá el 100 por ciento».

El desafío no dejaba espacio para la duda, no podías titubear. Skaggs estaba hecho para eso. Volvía una y otra vez a las mismas calles, las mismas casas. Llamaba a la puerta de nuevo, sacaba de la cama a los testigos al amanecer o al anochecer. Aprendió ciertos patrones de vida de Watts: dónde merodeaban los yonquis, a qué sofá llamaba hogar un trapichero.

La forma de llamar a la puerta de Skaggs simbolizaba su estilo de investigador. Era ruidosa, persistente y parecía no admitir ninguna oposición. Skaggs golpeaba las ventanas usando su linterna, ya que la mayoría de los hogares de la Sureste tenían puertas de seguridad de acero y era difícil golpear sus pantallas de metal. Si no salía nadie, seguía golpeando. Pasaba a la siguiente ventana y luego a la siguiente, golpeando y golpeando, como si tuviera todo el tiempo del mundo. Podía volver varias veces en el mismo día. A veces, la gente hablaba con él solo para que se fuera.

En la «sala» (que, en la comisaría de la Sureste significaba realmente una habitación cualquiera, puesto que no había sala de interrogatorios), Skaggs envolvía a la gente por medio de su convicción. Todo sería mejor cuando saliera la verdad: era su axioma. Su enfoque no era ni burdo ni hostil. Simplemente aplastaba sin pausa y con profesionalidad. Hablaba de arreglar las cosas, de liberarse de la carga. Presentaba la justicia como un alivio psicológico, incluso para los sospechosos. Y se lo creía.

Era lo que funcionaba, porque había pocos misterios en los casos de la Sureste. Los homicidios eran básicamente acontecimientos públicos: demostraciones fanfarronas de poder para controlar e intimidar a la gente. Ocurrían en las calles, a plena luz del día, a menudo delante de mucha gente.

Los asesinos a menudo alardeaban. Algunos eran tan descarados que colocaban carteles en los que proclamaban su autoría. Las pintadas con regodeo eran pistas de homicidios muy frecuentes. «¡¡¡DLB Estrella fugaz jajaja!!!», rezaba uno de estos anuncios públicos en Watts. Había sido pintado con *spray* en una callejuela horas después de que un joven apodado Estrella recibiera un disparo mortal. (DLB significaba «Denver Lane Bloods», los sospechosos).

Las familias de los muertos a menudo oían rumores sobre quién lo había hecho. De vez en cuando, el miembro de una familia informaba a la policía de que los asesinos habían asistido al funeral o les habían hecho una visita amenazadora. En la división Sureste, un tío informó de haber conocido por unos amigos el nombre del asesino de su sobrino. Pero esperaba que la policía descubriera la identidad del asesino sin involucrarle a él. Una madre de la división Sureste informó de que los asesinos de su hijo llamaron a su puerta y se burlaron de ella. Le dijeron que si se lo contaba a la policía, la matarían.

«Todo el mundo lo sabe» era una frase que se repetía constantemente. Los nombres zumbaban en lo que los inspectores llamaban la Red de Información del Gueto: GIN, por sus siglas en inglés. Pero incluso cuando los asesinatos tenían lugar en medio de una muchedumbre, los inspectores se quedaban sin testigos. Un montón de gente veía un asesinato; ninguno de ellos quería testificar.

Para contrarrestar esto, La Barbera enseñaba a sus inspectores a tomarse a sí mismos por empresarios de la avenida Madison. Su tarea no era sacar conclusiones, era vender. Tenían que «¡vender cubitos de hielo a un esquimal!», solía decir. El atuendo profesional elegante era parte de esta actuación. «La gente dice: "Ah, te crees perfecto" —decía La Barbera—. ¡Pues sí! ¡Más nos vale!». Tenía una pizarra blanca junto a su escritorio para seguir los casos y dejar mensajes. En la parte superior estaba escrito el credo del vendedor: «ABC: *Always Be Closing*» [Siempre cerrando tratos].

Pero no era una mera tarea de ventas lo que los inspectores como Skaggs sacaban adelante. Los buenos investigadores de *ghettoside* proyectaban algo más profundo a sus dubitativos testigos: algo cercano a la pura convicción. No era casualidad que los que más éxito tenían fueran personas seguras de sí mismas y que irradiaban confianza. Hacían que la gente sintiera que podían manejar sus problemas.

El historiador jurídico James Whitman afirmó que cuando se empezó a legislar en Europa, los agentes estatales se enfrentaron a problemas similares. En la época en la que «las culturas de la venganza» permeaban la sociedad medieval, los asesinatos provenían a menudo de los litigios. Los pueblos eran pequeños y a menudo todo el mundo sabía quién había cometido el asesinato, pero no querían hablar ante el tribunal. Whitman señala que muchos de los procesos legales modernos, como los veredictos del jurado por unanimidad, comenzaron en realidad como un intento de lograr la cooperación: proporcionar seguridad y «comodidad moral» a la gente que no quería testificar y que temía represalias.

La tesis de Whitman tiene un sesgo teológico medieval. Pero, por lo demás, Skaggs y sus colegas personificaban la comodidad moral que describe. Consiguieron el éxito porque el Sur Central de Los Ángeles era una versión de una cultura de venganza medieval: un escenario premoderno, en el sentido legal. En el pueblo del siglo XII, la *fama* («rumores» en latín) ya había designado un sospechoso. En Watts, la GIN, la Red de Información del Gueto, lo hacía generalmente. En ambos casos, solo quedaba que el estado de California confirmase lo que todo el mundo sabía ya. No era un trabajo para Sherlock Holmes, era un trabajo para un abogado; o un príncipe.

08

La notificación

Una mañana de invierno de 2004, John Skaggs se puso al volante de su coche y se dirigió a las soleadas calles de Watts. Su misión era decirle al padre de un hombre que su hijo había muerto.

Le acompañaba el último de una serie aparentemente interminable de inspectores en formación, Mark Arenas, un agente de treinta y cuatro años que había estado trabajando contra las bandas y que se había criado en Downey. Arenas estaba intentando aprender el oficio y no quería dar imagen de principiante. Tenía una comprensión borrosa de la dinámica social de Watts. «¡Qué falta de responsabilidad! —exclamó enfadado—. Aquí *aceptan* la violencia».

Skaggs y Arenas habían estado en la escena de un homicidio esa mañana, un varón negro asesinado en el asiento del conductor de su deportivo. Skaggs se había ofrecido a informar a la familia. Se llevó a Arenas. «¿Has hecho alguna vez una notificación?», le preguntó mientras conducía. Durante una notificación podía pasar de todo. Los familiares de las víctimas gritaban, se derrumbaban o se desmayaban. En los hospitales del condado a las enfermeras se les formaba para prevenir posibles ataques. Un colega de Skaggs se acordará siempre de la notificación que hizo en el caso de Ronald Tyson, de veinticinco años, asesinado de un disparo en una callejuela cerca de la avenida Central en 2003. Cuando le dijo a la madre de Tyson que este había sido asesinado, vomitó.

Las notificaciones de homicidio implicaban cierto riesgo psicológico para las personas que las entregaban. Una jueza de instrucción se quejaba de que la gente tuviera curiosidad por los cadáveres, como si eso fuera la parte dura. «No es la sangre, es la pena», decía. Incluso si una notificación iba bien, «me voy temblando y conteniendo la necesidad de llorar», decía Bryan Hubbard, un cirujano del hospital California. A Hubbard se le quedó grabada una imagen durante años: llevó a una madre a ver el cuerpo de su niño pequeño, muerto por disparos. Ella pasó varios minutos moviendo su pequeño cuerpo sin vida, intentando despertarle.

Para Skaggs, las notificaciones eran otra tarea que requería destrezas que no se enseñaban en la academia. Lo consideraba una parte importante de la formación de un joven inspector. Arenas se sentía inseguro y quería impresionar a Skaggs. Así que hizo una broma, pretendiendo que daría la noticia con soltura de veterano: «Siento decirle: ¡recibió una en la cabeza!». Arenas seguía teniendo la mentalidad de un agente de bandas. En ese ambiente, una frase como «recibió una en la cabeza» te hacía parecer un tipo duro. Skaggs mantuvo la mirada fija en la carretera. Arenas le miró, intentó disculparse y se quedó callado. Tras un silencio insoportable, Skaggs cambió de tema.

Habían pasado tres años desde que Skaggs llegó a la Sureste. Skaggs y Barling habían resuelto decenas de casos trabajando en colaboración con La Barbera. Para entonces, ayudaban a gestionar la brigada y funcionaban casi como los ayudantes de La Barbera. La falta de personal, material y apoyo de las patrullas y del laboratorio seguían obstaculizando las investigaciones. Los relevos seguían siendo constantes: Arenas estaba entre los muchos reclutas que no se quedarían durante mucho tiempo en la unidad. Pero Skaggs, en cualquier caso, estaba más entregado a su labor que nunca. Tenía una vaga impresión de que el trabajo le había cambiado, había reorientado sutilmente sus puntos de vista sobre el cumplimiento de la ley y la delincuencia. Seguía hablando como siempre a sus colegas de la policía. Pero sus puntos de vista personales habían cambiado.

Es algo que se siente, aunque no se exprese con palabras: la culminación de cientos de observaciones aleatorias que iluminaban una dimensión moral del trabajo de homicidios y que no se daba en muchas otras funciones de la policía. Skaggs sentía ahora que sus investigaciones se ocupaban de una necesidad más profunda de la vecindad negra de lo que antes había entendido. Esto, a su vez, influenciaba otras impresiones. Arenas, por ejemplo, acusaba a los residentes negros de la zona de tener valores inferiores. Pero Skaggs había llegado a la conclusión de que muchos sospechosos en los casos de asesinato de Watts eran gente común, atrapada por la condición de abandono del Estado de derecho. Pensaba que la coacción y la intimidación estaban en la raíz de su aparente «aceptación» de la violencia. A veces, al arrestar a un joven por asesinato, sentía que las cosas podrían haber sido distintas si el sospechoso «hubiera crecido a cuatro manzanas de distancia».

Skaggs también sabía que muchas víctimas no jugaban ningún papel en la provocación de los ataques que acababan con ellos. Sus colegas insistían en que Watts no tenía víctimas reales. Pero años más tarde, una traza de angustia tintaba la voz de Skaggs cuando relataba los muchos casos que había gestionado en la Sureste. Las palabras que utilizaba eran significativas: «¡Toda esa gente inocente!».

Años antes, la misma acumulación de comprensión había provocado la reticencia de Wally Tennelle a trabajar en la unidad de Robos y Homicidios. La expresión «la hija de alguien» resonaba en su cabeza. Todavía antes, la misma idea había llevado al padre de Skaggs a concluir que nada importa después de trabajar en homicidios. Y en este día de invierno, provocó la respuesta helada de Skaggs a Arenas. Se olvidó de la formación por un momento. Cuando aparcaron junto a la casa, Skaggs caminó delante y se detuvo en el porche ante un hombre que llevaba zapatos de vestir.

Le preguntó cómo se llamaba. Era el padre que buscaban. Skaggs le dijo que su hijo había sido asesinado: allí mismo, en el porche de la casa. Sin preámbulos. Sin eufemismos. La verdad pura y dura. El padre se apoyó en el marco de la puerta: «Dios mío».

Skaggs le siguió dentro de la casa. Una mesa de cristal impoluta, una alfombra roja, tapicería blanca como la nieve. El padre, con la cara descompuesta por el desconcierto se dobló como si le hubieran golpeado en la tripa. Y preguntó tres o cuatro veces: «¿Está muerto?». «¿Muerto?». Y Skaggs contestó con calma cada vez: «Sí, señor». «Sí, señor».

El índice de asesinatos de la ciudad caía con rapidez. Pero en la Sureste seguía habiendo muchos homicidios. En 2004, setenta y dos personas fueron asesinadas en esa pequeña área. Otras sesenta y cinco morirían en 2005 y sesenta y nueve en 2006, lo que representaba un índice de asesinato per cápita ocho a diez veces superior a la media nacional. Como siempre, la mayoría de los asesinatos eran de negro contra negro.

Skaggs y Barling siguieron patrullando juntos, y en sus dos primeros años resolvieron veintiséis de treinta y dos casos: un índice del 81 por ciento. Después de eso, la resolución de casos archivados en años anteriores empujó su índice por encima del 100 por ciento. Mantuvieron ese índice durante tres años.

Habían desarrollado una relación extraña. Aunque eran íntimos amigos, discutían constantemente. Discutían sobre fútbol, planes para cenar, política y cada detalle de sus casos de homicidio: siempre sin rencor. A sus colegas les ponían de los nervios. Barling era un pedante. Skaggs hacía el papel de pícaro. Barling agitaba los brazos y escupía palabras equivocadas. «Contriñido» combinaba las palabras «contingente» y «constreñido»; «ciclos concéntricos» se refería a la persistencia de problemas en el centro de la ciudad. Skaggs meneaba la cabeza con asombro. Y así seguían una y otra vez.

En parte, era el resultado de una estrategia consciente que ambos habían establecido: habían decidido que solo uno de ellos lideraría cada caso. Les libraba de discutir sus investigaciones, pues sabían que no había un peligro real de conflicto. Pero para Skaggs, rebatir los interminables aspavientos de Barling puede que le sirviera como una necesidad subconsciente. Garantizaba que Barling jugaba el papel de depositario de la atrocidad y dejaba a Skaggs las manos libres para trabajar.

Compasivo por naturaleza, Barling no tenía miedo a airear su desesperación por la carnicería de Watts. Estaba horrorizado por el Monstruo, atormentado por lo que percibía como la indiferencia del público y la desidia política, perplejo por la inclinación negra de las estadísticas. «O es el racismo de la sociedad o les pasa algo: algo que funciona mal con las personas negras. ¡Y yo no creo eso! —decía Barling, elevando la voz con angustia—. ¡Yo creo que todos hemos sido creados iguales, hombres, mujeres, todas las razas! Por eso no me lo creo».

Skaggs obligaba a Barling a continuar, sus puntos de vista personales sobre el homicidio seguían enraizados en el nivel de la intuición, y salían a relucir de vez en cuando en pequeñas dosis: silencios incómodos como el que había seguido al de la broma de Arenas. El resto del tiempo parecía despreocupado. Era clave para su resistencia.

Incluso la miseria sórdida de las calles le pasaba de lado. Para esa época, Skaggs había pasado años entre drogadictos, prostitutas y matones. Pero, sin embargo, guardaba un decoro impoluto. No tenía una moral inflexible. Pero tenía claro lo que él consideraba una vida sensata y se sorprendía con los fallos, por pequeños que fueran. Descuidar el hogar le escandalizaba, acostarse tarde era todavía peor. En cuanto a los homicidios, después de cientos de casos, Skaggs todavía meneaba la cabeza sorprendido de que alguien pudiera estar tan *tarado* como para matar. De esta forma, conservaba, no exactamente la inocencia, pero sí un espíritu sin contaminar que le permitía volver a casa con su familia cada noche psicológicamente intacto.

Sal La Barbera nunca abandonó sus grandes planes para la brigada. No solo buscaba una actuación adecuada en su modesto puesto de supervisión D-3, sino hacer de su trabajo un gran proyecto de vida.

Su actitud tenía un toque de grandeza. Pero La Barbera poseía una rara combinación de habilidades. Como sabe todo el que ha trabajado en un ambiente profesional, las personas más prácticas no siempre son los directores más eficaces. La Barbera era tanto un administrador cotidiano como un ideólogo. Podía exponer una cruzada noble y al minuto siguiente ordenar el papeleo.

En el trabajo se expresaba con ira, y preservaba sus emociones para sus variados dramas personales. Destacaba el espíritu de equipo. Enseñaba a sus inspectores a ponderar a las víctimas de homicidio, sin tener en cuenta qué habían sido en la vida. Era su versión de la expresión de «la hija de alguien» de Tennelle. En

Watts, esta idea era particularmente importante. «Las víctimas inocentes», en el sentido convencional, eran una minoría. A menudo, las víctimas de casos de asesinato en Watts eran combatientes, y el lenguaje cotidiano de Watts reflejaba la sensación de los residentes de vivir en una zona de guerra oculta. El Departamento de Policía de Los Ángeles era un «ejército de ocupación». Los miembros de las bandas se autodenominaban «soldados» y «guerreros». Y sobre Broadway y Manchester se veía una pancarta de protesta con el apodo de la zona: «Pequeño Bagdad», una comparación adecuada con el Irak ocupado.

Como resultado, las víctimas en Watts eran también sospechosas a menudo: en medio de un flujo continuo de reyertas callejeras. El ejecutor de hoy podía ser la víctima de mañana. Un inspector podía tener claro que una víctima había sido un «soldado», incluso uno excepcionalmente malvado. «Los asesinos son malos», decía Monkkonen y en la Sureste lo parecían especialmente. El más malo de ellos orinaba sobre sus víctimas o seguía disparando mientras yacían moribundos y se tapaban las caras con las manos; las palmas agujereadas eran una herida típica de los homicidios. Pero el ritual dictaba que el asesinato de un asesino fuera tratado como el de un niño alcanzado por una bala perdida. «Cuando llegan a mí, todos son ángeles inocentes», diría La Barbera.

Por encima de todo, La Barbera imbuía a sus inspectores la convicción de que prácticamente todos los casos se podían resolver. Según él, los índices siempre bajos de casos resueltos del *ghettoside* se debían a la incompetencia. Era un asunto en el que insistía en casi todas las reuniones del personal y en una decena de conversaciones privadas al día. No se privaba de acosar a sus inspectores: «¡Estos tipos están ahí sentados, fumando hierba, y sin formación escolar! —era un comentario típico—. Vosotros sois gente inteligente. ¡Joder, supongo que podéis deducir lo que ha pasado!».

La Barbera retaba a sus subordinados. Inspiraba lealtad. Skaggs y Barling absorbieron su filosofía. Consideraban que un índice de casos resueltos respetable era un 80 por ciento o más alto. Skaggs, siempre perfeccionista, llevó la idea más lejos. Acuñó un término despectivo para los inspectores que consideraba mediocres. Les llamaba los «40 por ciento».

Generalmente, la mezcla de casos de la Jefatura Sur incluía unos cuantos «autorresueltos»: suicidios, homicidios domésticos sencillos, asesinatos con agentes de policía como testigos, casos en los que los sospechosos eran atrapados cuando escapaban de la escena del crimen y otros. El predominio de los autorresueltos significaba que las agencias policiales tenían que resolver unos pocos casos más para llegar a un índice de casos resueltos natural del 30 al 40 por ciento en los recuentos oficiales. Dado que a menudo los índices de casos resueltos no eran muy superiores a esta cifra en muchas de las zonas más delictivas del condado de Los Ángeles, la opinión de Skaggs sobre el conjunto del sistema era más bien oscura. Nada le molestaba más que los bajos niveles profesionales. Con demasiada frecuencia le parecía que los inspectores «simplemente cubrían el expediente».

Skaggs y Barling se convirtieron en colaboradores en la conspiración de La Barbera. Le ayudaron a tramar pequeños complots. Uno de ellos se basó en los antiguos registros de asesinatos de la Sureste: las carpetas de los casos con los detalles de las investigaciones.

Las normas del Departamento establecían que los registros debían almacenarse en un sótano en alguna parte, incluso si los casos no estaban resueltos. Pero La Barbera no consideraba ningún caso «archivado». Por sus años en la comisaría Sur de Homicidios sabía lo precipitado que había sido el trabajo de los inspectores. Consideraba los casos «no resueltos» como investigaciones incompletas. A veces, solo llevaba unos pocos días de trabajo resolverlos.

También sabía que muchos casos no eran crímenes aislados. En la Sureste, los asesinatos provenían de una densa maraña de conflictos comunitarios. Los asesinatos estaban a menudo ligados con asesinatos anteriores, ataques y discusiones. Los ciclos de venganza a veces duraban años, los hijos se cobraban la muerte de sus progenitores. «*Tooodo* está conectado» era uno de los lemas adoptados por los inspectores de Watts. A veces se repetía varias veces en el mismo día. El testigo de un asesinato podía ser el sospechoso del siguiente, o el hermano o el amante de la víctima previa. Los registros de asesinatos aclaraban estos lazos; La Barbera los quería tener cerca.

Así que La Barbera reclutó a Skaggs, Barling y algunos otros. Recuperaron una caravana roja abandonada en el aparcamiento de la comisaría. La limpiaron e instalaron estanterías de metal de Home Depot. Reunieron con calma todos los antiguos registros de asesinatos de la comisaría, violando las normas del Departamento, e hicieron una biblioteca. Les llevó tres años revisar cada archivo. Al final, las carpetas azules quedaron organizadas por filas: 688 casos que se remontaban a 1978. Los casos resueltos y no resueltos se separaron. Estos últimos se evaluaron según su dificultad y fueron etiquetados apropiadamente. Las estanterías repletas parecían un monumento molesto para el Monstruo. Barling lo apodó la Caravana de las Almas Perdidas.

La Barbera soñaba con resolver todos aquellos casos. Pero estaba ocupado con los nuevos casos y con el desafío de formar una patrulla de homicidios estable en Watts.

Había reclutado y moldeado a unos pocos inspectores buenos, especialmente Skaggs y Barling. Pero las carreras de los policías son breves y La Barbera ya estaba buscando al siguiente John Skaggs casi inmediatamente después de encontrar al primero. Finalmente, en 2005, encontró a un recluta a la altura de sus deseos.

Sam Marullo tenía treinta y cuatro años y era un agente muy sociable de la unidad antibandas de la Sureste, proveniente de una familia italoamericana grande de Rochester, Nueva York. Era un ejemplar de esa especie de polis con trastorno de déficit de atención e hiperactividad que son atraídos por el trabajo en el *ghettoside*. Hijo de un obrero, se había licenciado en el Instituto de Tecnología de Rochester y se apuntó a la Facultad de Derecho de Albany durante dos meses antes de perder el interés.

Marullo era excepcionalmente guapo. Tenía el pelo castaño oscuro, ojos azules de largas pestañas y le sobraba encanto varonil. Era muy hábil para conseguir fuentes de la calle («compinches», como les llamaban los policías), especialmente mujeres.

Tenía sus fallos. Era impaciente y un poco inmaduro y no escuchaba mucho. Pero lo compensaba con un carácter generoso. Trabajaba duro, le importaba la gente a la que vigilaba y sabía reconocer el trabajo de sus compañeros. Además, le gustaba su trabajo con una intensidad que bordeaba el fanatismo. Por lo menos uno de sus matrimonios había sido víctima de su dedicación al trabajo, según sus amigos.

La Barbera vio en Marullo un talento incandescente extraño. Lo reclutó como inspector en formación, igual que Skaggs y Tennelle habían sido antes.

Marullo quería incorporar con él a un amigo: Nathan Kouri, que era entonces un inspector de bandas.

La Barbera tenía sus dudas. Kouri se había afeitado la cabeza prematuramente calva; sus redondos y aturdidos ojos color avellana miraban desde debajo de una frente arrugada como si estuvieran perpetuamente ensimismados. Como suele ocurrir con las amistades entre hombres, Kouri era todo lo contrario de Marullo; estaba felizmente casado, tenía dos niños con necesidades especiales, era introvertido y siempre estaba enfrascado en su trabajo. Le gustaba leer y hacer preguntas a la gente. Le gustaba la ciencia. Devoraba libros de ensayo y periódicos. Pero no le gustaba hablar. La Barbera aceptó formarle por la insistencia de Marullo.

Los mentores son importantes en la formación policial, y especialmente en el trabajo de homicidios del *ghettoside*. Una cualidad tan minusvalorada que había sido relegada principalmente a una tradición oral. Había «escuelas de homicidio» profesionales para los agentes en activo. Pero gran parte del programa era irrelevante para el trabajo en el *ghettoside*. Las clases se centraban en cómo manejar las pruebas materiales, no en seguir el rastro de un testigo con un problema de abuso de sustancias o en proteger a los miembros del jurado amenazados en el aparcamiento del tribunal.

Las organizaciones profesionales eran igualmente inútiles. Skaggs y sus colegas asistían a una conferencia anual organizada por la Asociación de Investigadores de Homicidios de California. Pero el programa rara vez trataba de su trabajo diario. El nombre de un seminario podía ser por ejemplo «Cuando los medios de comunicación nacionales llegan a tu ciudad». Por pura necesidad, los inspectores aprendían sobre la marcha; los más mayores les pasaban su oficio a los más jóvenes.

La Barbera asignó a Skaggs para formar a Marullo. Skaggs no era un profesor por naturaleza. Los inspectores jóvenes que le observaban trabajar quedaban influenciados para siempre, pero era demasiado intolerante ante los errores para resultar atractivo como mentor. No podía rebajar sus estándares ni siquiera con los que estaban empezando. Skaggs percibió también un talento que merecía la pena en este joven agente de bandas.

Skaggs y Marullo conectaron. Al principio, sin embargo, Skaggs tuvo que limitar la sociabilidad de Marullo. Al volver de una entrevista, Marullo se despistaba para ponerse al día con sus amigos de la unidad antibandas. Skaggs le regañaba. En Homicidios, no hay tiempo que perder en cotorreos de oficina. Marullo se reformó y pronto demostró su valía. Era un gran orador. Como Skaggs, abrumaba a la gente con su poder de convicción.

Marullo adoptó el estilo de Skaggs: esa afición por la acción directa, perseguía cada pista inmediatamente, se enfrentaba a todo directamente. Marullo resumía la filosofía de su mentor de la siguiente manera: «Al grano, *al grano*». «A veces solo tienes una oportunidad».

Skaggs y Marullo resolvieron cada uno de sus ocho primeros casos durante aquellos atareados meses de 2005. A finales de aquel mes de agosto, Marullo llevó su primer caso como líder.

Charles Williams tenía veintiséis años, era negro y pobre y no había trabajado nunca. Sus vecinos de los Grape Street Crips le habían permitido llevar una equipación de los Lakers, el color de los Grape Street.

A menudo se espera que los miembros de las bandas «hagan algo». El argot de *ghettoside* menospreciaba a los que no lo hacían: les llamaban «adornos de capot». Pero Williams, aunque era una especie de «adorno de capot», había recibido un pase.

A Williams le gustaba montar en bicicleta por su barrio. Un día, estaba ante el mostrador de una tienda de bicicletas de Watts en el cruce de la calle 112 y la calle Wilmington cuando un asaltante entró en tromba, le disparó de cerca y le dejó tirado sobre un charco de sangre en el suelo. La ropa púrpura de William había provocado el ataque. El sospechoso era de la Fudge Town Mafia, enemigos de los Grape Street. Tomaron a Williams por un combatiente o por lo menos un simpatizante.

Marullo se reunió con la tía de Williams. A ella le preocupaba que la policía no se tomara el caso en serio. Ni siquiera sus vecinos de Grape Street lo hacían. No hubo represalias por el ataque. A nadie le importaba Williams demasiado. A nadie más que a ella, le dijo a Marullo.

Deseoso de demostrar su valía, Marullo se entregó al caso. Consiguió pistas y le engañaron. Un testigo, un miembro de la banda de Fudge Town, dijo que sabía la verdad, pero que no podía contársela: los términos de su libertad condicional le obligaban a permanecer en el barrio y sería demasiado peligroso para él quedar como un chivato. Marullo recurrió a la burocracia de la libertad condicional para que trasladasen al testigo. Después viajó al nuevo hogar del testigo y le convenció para que hiciese una declaración completa. Un segundo testigo era también miembro de la banda. Este joven había sido también un buen estudiante con una doble vida. Una historia sorprendentemente común en el *ghettoside*. Iba en el coche aquel día en el que un grupo de miembros de la banda de Fudge Town Mafia se acercaron a la tienda de bicicletas. Un miembro de la banda más mayor le dio una pistola. «Sal y dispara a ese de los Grape Street», le ordenó.

Pero el joven se echó para atrás horrorizado. El hombre mayor insistió. El joven se negó a salir del coche. Al final, el miembro de la banda más mayor, asqueado, cogió la pistola. Entró en la tienda de bicis donde estaba Williams sin sospechar nada, vestido con su equipación púrpura de los Lakers.

Hicieron falta varias entrevistas para que el joven revelara esta historia. Primero mintió y luego se retractó. Al final, confesó a Marullo que estaba aterrorizado. Tenía miedo al que había disparado, aunque en apariencia habían sido amigos íntimos. La llamada lealtad de las bandas es a menudo así: los hombres siguen la corriente para sobrevivir, igual que las mujeres aguantan a sus maltratadores. Marullo desplegó todo su encanto varonil para concienciar al joven: le convenció para que testificara a pesar de su miedo.

La Barbera estaba exultante. Le puso un apodo a Marullo en el argot de los pandilleros, como les encanta a los polis. Le llamó «el Pequeño Skaggs». La Barbera sintió que estaba a punto de reunir un gran equipo de expertos en homicidios. Un grupo que podía finalmente traer la ley a Los Ángeles Sur.

SEGUNDA PARTE

El caso de Bryant Tennelle

09

Hijo de la ciudad

Se trata de un hecho que todos los padres y madres parecen reconocer: los niños salen diferentes, por más que intentes tratarlos igual. Wally y Yadira Tennelle no eran los primeros progenitores, y seguramente tampoco los últimos, en verse sobrepasados por su hijo menor.

Tanto Didi como Wally hijo habían destacado en la escuela. Didi siempre había sido una gran lectora. Wally hijo mostró al hacerse mayor una repentina inclinación intelectual y se convirtió en un auténtico erudito cuando fue a la Universidad de California, en Irvine. Pero Bryant era retozón, inquieto y parecía incapaz de centrarse en los deberes escolares. En el colegio, se portaba mal. Hacía el payaso y gastaba bromas. Una vez, se coló en una de las oficinas de las monjas con un aerosol de gas fétido..., ese tipo de cosas. No era capaz de recordar lo que su padre o su madre le había dicho cinco minutos antes.

Un psicólogo les dijo que tenía un trastorno de déficit de atención (algo más incapacitante que aquella otra modalidad más leve que, según las sospechas de Didi, aquejaba a toda la familia) y que debían medicarle. Wally Tennelle se resistía: en el trabajo había visto muchos yonquis que de niños habían recibido medicación por trastornos parecidos y no parecía haberles hecho mucho bien. Yadira y él se gastaron miles de dólares en clases particulares para Bryant. Sylvan. Learning Tree.[4] Wally Tennelle hizo una vez recuento de todo y se dio cuenta de que equivalía a lo que se estaban

[4] Tanto Sylvan como Learning Tree son empresas internacionales que ofrecen cursos y apoyo escolar en todo el mundo anglosajón. (*N. de la T.*)

gastando en matrícula y mensualidades del colegio privado. Año tras año, perseveraban, pero los problemas no parecían disminuir. A Bryant le llevaba horas hacer los deberes más sencillos.

Bryant tenía habilidades, pero no eran académicas. Adoraba los animales. Cuidaba a todo tipo de mascotas, sin perder nunca el interés. Mantenía una pecera llena de peces exóticos.

Era bueno con las manos. Wally hijo se maravillaba porque parecía capaz de construir cualquier cosa. Cuando le robaron la bicicleta, empezó a interesarse por los triciclos reclinados. Restauró uno antiguo, le fabricó una caja de altavoces y un portabaterías y sujetó todo con alambres. Diseñaba y confeccionaba ropa. Ganó el concurso de cocina de chili con carne del colegio. Podía retapizar asientos de coche. Se entregó a lo que su hermano mayor consideraba pequeños pasatiempos, tan adorables como extravagantes para un chaval birracial del Sur Central de Los Ángeles.

Por supuesto, cuando Bryant creció, sus intereses se ampliaron a la música rap, la buena ropa y todo eso. Pero en lugar de dejar atrás su mundo de intereses infantiles, simplemente fue evolucionando en ellos a medida que se hacía mayor. Hizo de su cocina un proyecto rentable, elaborando *brownies* y galletas en casa que luego vendía a sus compañeros de clase. Ayudó a su madre en la confección para una fiesta de un disfraz de *El gato*, igualito que el de la película, diseñando y construyendo el sombrero cilíndrico de fieltro. Se aficionó a criar sus propios pollos, y produjo lo que su padre admitía que eran «hermosos gallos», aunque el cacareo no dejaba dormir a la familia y estaba volviendo locos a los vecinos. Se tomó muy a pecho las quejas de su madre sobre sus gustos musicales y la sorprendió con algunos CD de grabación casera que contenían elaboradas mezclas de «viejos éxitos» que sabía que le gustarían. Y, al igual que su padre, era organizado: mucho más que su hermano mayor, a quien Yadira tenía que reprender para que limpiara su habitación.

Pero la escuela siguió siendo una lata: para Bryant y para sus progenitores. Didi y Wally hijo estaban destinados a ir a la universidad. Didi tenía una inteligencia tan despierta para los números que se hizo contable. Wally hijo poseía un don para la palabra escrita: se pasó un semestre en Inglaterra estudiando literatura británica. Pero ¿Bryant? A Wally y a Yadira les bastaba con conseguir que se sacara la secundaria. E incluso un objetivo tan modesto en ocasiones parecía idealista. A pesar del peligro que suponía la continuación de los combates en Afganistán e Irak, Wally Tennelle pensaba secretamente que tal vez Bryant pudiera encontrar su lugar en el Ejército.

Aparte de los estudios, Bryant era muy «buen chico», como decía siempre su padre. Tenía una actitud relajada, a pesar de su necesidad de movimiento constante. Era afable. Nunca guardaba rencor. Su padre y su madre podían enfadarse con él un momento y al momento siguiente ya les había desarmado por completo: su hijo pequeño, tan afectuoso y atento, les seguía a saltitos allá donde fueran, y le gustaba ayudar a su madre en la cocina o a su padre en el jardín, siempre deseoso de hacer amigos.

Lo que más afectaba a su padre era que Bryant lo intentaba una y otra vez, sin rendirse nunca, sin dejar que el fracaso permanente lo amargara. Todos aquellos frustrantes años de esforzarse por ir bien en el colegio, algo para lo que no estaba hecho: años de sufrimiento ante problemas de matemáticas que le apabullaban y con la mirada fija en libros de texto que le resultaban incomprensibles. Año tras año, lo intentó e intentó, con los mismos resultados pésimos, aprobó por los pelos, se fundió el dinero de su padre y de su madre en apoyos compensatorios, se retrasó, se quedó atrás y, aun así, «no se quejó ni una sola vez», se maravillaba su padre. «Quería hacernos felices».

Durante sus años de docencia, el hermano Jim Reiter, del instituto St. Bernard, en Westchester, había descubierto que no era necesariamente la habilidad académica lo que permitía a los estudiantes conquistar a los profesores. Era el carácter: una combinación de esfuerzo sincero, curiosidad y bondad intrínseca. Bryant Tennelle tenía todo eso, a pesar de sus fracasos en lo escolar. «Era el tipo de estudiante por el que harías todo lo que estuviera en tu mano para ayudarle», decía Reiter, quien combinaba su labor docente con la función de capellán voluntario en caso de emergencias para la Jefatura de Policía.

Cuando Reiter se encontró con Bryant en el instituto, se dio cuenta de lo mucho que le costaba centrarse. Para entonces, ya no tenía problemas de conducta. A Reiter le sorprendió su introspección y lo consciente que era de todos los esfuerzos que su padre y su madre habían volcado en él. A pesar de lo frustrantes que le resultaban las tareas escolares, «nunca estallaba», decía Reiter. «Estaba abocado y decidido a hacer que su padre y su madre se enorgullecieran de él».

Reiter, primero como profesor suyo y luego como orientador académico, le animaba. Por fin, después de negarle durante años la posibilidad de participar en deportes por sus estudios, Wally y Yadira habían cedido a las súplicas de Bryant para jugar al fútbol. En su primer año, pudo formar parte del equipo. También hizo teatro, danza (fue uno de los únicos chicos de todo el programa de danza del instituto) y actividades extracurriculares. Reiter sabía que Bryant vendía *brownies* y galletas en el centro para tener algo de dinero en efectivo, en contra de las normas, pero no se daba por enterado.

Tenía que haber alguna manera para que Bryant saliera adelante en un mundo que se había vuelto tan inhóspito para la gente cuya fuerza residía en la destreza manual. Bryant era tan auténtico y tan querido por todos... Sus profesores en el St. Bernard, al igual que su madre, su padre y Didi, estaban siempre a la búsqueda del camino adecuado para él. Reiter y algunos otros habían hablado de orientarle hacia una escuela culinaria.

Para entonces, Bryant se había estilizado y era ya más alto que el pequeño Wally. Con su piel de tono color miel, sus ojos castaños y el pelo brillante, tenía mucho éxito con las chicas, y su humor y el deseo innato de agradar le aseguraban también buenos amigos entre los chicos. No era maduro para su edad, pensaba el pequeño Wally. A Bryant le seguía encantando *La guerra de las galaxias* y sus acorazados de Lego. Aún tenía animales de peluche por toda la habitación. Su favorito era un pollo de peluche, como los que criaba. Su padre seguía pensando en los marines. Pero Bryant no era de la misma opinión. A su abuela le hablaba de su pasión por la ropa y a su madre de su pasión por la mecánica. Hizo un curso para adultos en el instituto de Crenshaw de reparación de interiores de coches y le fue muy bien. Tenía ya edad de conducir.

Conducir le dio a Bryant la libertad de buscarse trabajos por horas. Wally Tennelle pronto reconoció en su hijo menor su propia propensión al trabajo constante. Bryant consiguió un trabajo en un sitio de sándwiches, el Togo's, y después en un Petco y un Jamba Juice. Pronto estaba con dos trabajos, cambiándose a puestos mejores a medida que iban llegando: Quiznos, Marie Callender's, Big Five... Seguía siendo un chaval de instituto y nada más. Pero en estos trabajos por horas, donde la habilidad académica no era lo más valioso (lo que contaba era la energía, la laboriosidad y un deseo de ganar dinero), Bryant estaba en su salsa. Verle trabajar con tanto entusiasmo gratificaba a su padre y a su madre, que aún querían que se sacase la secundaria, pero que estaban encantados de descubrir que por fin destacaba en algo. «Quería ser como yo —decía Wally Tennelle—. Siempre fuera. Siempre trabajando».

El último año, Bryant suspendió Economía. Era una asignatura imprescindible para el título, con lo cual aquello significaba frustrar el sueño de su padre y de su madre de que se sacase la secundaria. Reiter intervino; Yadira y Wally estaban dispuestos a intentarlo todo. Apuntaron a Bryant a unas clases del Centro de Educación Secundaria El Camino para conseguir los créditos. Pero el curso era demasiado difícil para él y exigía leer mucho.

En su foro interno, Wally Tennelle estaba preocupado. Aquellos en la Jefatura de Policía de Los Ángeles que imaginaban que Tennelle era ingenuo por vivir en la 77 se equivocaban. Tennelle conocía las estadísticas; conocía la dinámica de las bandas en su barrio y entendía los riesgos para su hijo mejor que la mayoría de polis. Lo tenía siempre en la cabeza. Pero también sabía lo que mucha gente no sabe: que el riesgo para los jóvenes negros sigue siendo elevado incluso cuando dejan Los Ángeles. El municipio de San Bernardino, por ejemplo, era un destino popular para familias negras que querían proteger a sus hijos del delito. Pero, aunque en la primera mitad de la primera década del siglo XXI, la tasa de muerte por homicidio de los jóvenes negros de San Bernardino era en efecto menor que la de los que vivían en Los Ángeles, seguía siendo por lo menos veinte veces la tasa nacional de los estadounidenses en general y la tasa para adolescentes estaba aumentando a toda velocidad. La información de la que disponía Tennelle era anecdótica, pero comprendía el cuadro general. «¿Cuántas veces he oído: "Me llevé a mi hijo a San Bernardino y fue asesinado?" —decía—. ¿Por qué no defender mi lugar aquí?».

Tennelle había aleccionado a sus dos hijos varones: les había explicado lo fácil que era que te tomaran por otro y verte atrapado en un tiroteo entre bandas. «¿De dónde eres?» eran las últimas palabras escuchadas por muchas víctimas de asesinato de Los Ángeles. Wally Tennelle sabía que si tenías entre quince y veinticinco años y eras negro o hispano, no había ninguna respuesta adecuada. Reprendía a sus hijos por no marcar el paso, les enseñaba maneras de cuidarse. No obstante, Bryant, a diferencia de su hermano mayor, tenía un temperamento intrépido. Tennelle nunca conectó este rasgo de su carácter con su propia personalidad. Pero, al igual que su padre, Bryant se negaba a vivir con ningún temor. Hacía lo que quería, iba a donde quería y era amigable y candoroso con todo el mundo con el que se encontraba. Su padre se quedaba helado de miedo. Se acercaba a comprobar cómo estaba Bryant en sus horas de trabajo, con su Sedán. Una vez se lo encontró andando de noche en la 79 con la avenida Halldale. «Bryant, te quiero en casa en una hora», le dijo. Bryant estaba en casa a la hora dictada. Siempre era así: tan bueno y dispuesto, pero aun así siempre dando motivos de preocupación.

Tennelle no era el único que se preocupaba. Wally hijo tenía la edad suficiente para haber vivido el Sur Central de finales de los Grandes Años como solo podían hacerlo los jóvenes negros. La zona no era tan mala como su fama. Pero cuando tenía cerca de siete años, un día que estaba jugando fuera, presenció un tiroteo manzana abajo. Se fijó en la camisa hawaiana del tirador cuando saltó del coche y le vio disparar contra una casa. Después, hubo fiesta arriba de la calle: un montón de Crips con pañuelos azules que caminaban arriba y abajo. Al pequeño Wally le habían hecho la pregunta del «de dónde eres» muchas veces. Al llegar al instituto, había desarrollado ya una estrategia: «No soy de ninguna parte. No hago ruido». Y seguía caminando. En ocasiones, el mismo pandillero le interceptaba dos días consecutivos. «¿No recuerdas que me acabas de preguntar?», musitaba para sus adentros el pequeño Wally.

No obstante, esta no era su realidad cotidiana. No cabe duda de que las ramblas de su barrio podían ser peligrosas. Y estaba aquel piso de la esquina. Pero el barrio de los Tennelle estaba también lleno de propietarios amables y trabajadores, familias como la suya, y era fácil guardar las distancias con los pañuelos azules.

Mucho más tarde, Wally hijo pensaría en la rápida reducción de la delincuencia a gran escala en Los Ángeles y el efecto sobre su hermano. Wally hijo apenas le sacaba cinco años a Bryant. Pero esos cinco años eran suficientes para haberle colocado en una región del miedo diferente. El pequeño Wally y sus amigos habían crecido en ese breve periodo en el que los pandilleros del Sur Central se atrevían a llevar sus colores abiertamente: los pañuelos azules, rojos y naranjas se les salían de los bolsillos traseros, algo que más tarde pasaría a ser muy poco habitual. Sus amigos y él conocían las reglas. Habían sentido la vulnerabilidad. Habían aprendido los códigos. Instintivamente miraban por encima del hombro, estudiaban los coches que pasaban, siempre atentos por si daban la vuelta o pasaban dos veces. Sabían qué calles evitar y qué ropa no ponerse.

Pero Bryant era hijo de un Los Ángeles más seguro y no se había educado en las calles. Era mucho menos prudente.

Wally hijo veía aquello como una prolongación de su inocencia infantil. A veces, intentaba hablar con Bryant sobre qué colores ponerse. Se daba cuenta de lo despreocupado que iba por ahí, montando en bicicleta mientras escuchaba música. Pero Bryant no le veía el sentido a las reglas. Se fue incluso al mercadillo de Slauson en bicicleta, y le aseguró a su padre que no había ningún problema. El mercadillo de Slauson. Todos los agentes de la 77 habían atendido llamadas allí. Tennelle estaba enfadado (y preocupado). Le pareció verle un cardenal a Bryant y se preguntó si se habría metido en una pelea.

El padre y la madre de Bryant le habían protegido y vigilado tan de cerca que solo conocía a unos pocos niños en el barrio. Pero también eso empezó a cambiar a medida que crecía.

Joshua Henry se había mudado a Crenshaw High. La primera vez que vio a Bryant, pasaba en bicicleta metido en una de sus aventuras empresariales, vendiendo camisetas y *brownies* caseros. Compartía con él el gusto por el baile, la música y la construcción de bicicletas. Trabajaban juntos en las bicicletas y luego se iban por ahí con ellas.

Josh adoraba a Bryant por su talante y su bondad, y movía la cabeza ante lo que consideraba sus modales elitistas y excéntricos: la educación de colegio privado, el pato que mantuvo de mascota hasta muy entrada la adolescencia. Josh no era un pandillero. Pero conocía las calles mucho mejor que Bryant. A los trece años, cuando eran estudiantes del colegio de secundaria de Audubon, Josh y sus amigos atajaron por un callejón y se encontraron de frente a unos hombres armados. Empezaron a correr en cuanto oyeron las ráfagas de disparos y lograron subirse a un autobús que pasaba. Ya en el autobús, Josh se miró y advirtió el agujero en la camiseta. Una bala la había atravesado sin tocarle. Le entraron náuseas: el miedo le cortaba la respiración.

En otra ocasión, ya más mayor, estaba en un coche con un amigo, en la avenida Van Ness. Un grupo de hombres les rodeó e intentó abrir las puertas del coche. Arrancaron a toda velocidad y una bala dio en el coche: Josh volvió a sentir las mismas náuseas. Tenía gracia que, en las películas, los tiroteos parecieran emocionantes, pensó. En la vida real, no lo eran.

Josh consideraba a Bryant «blando como un pañal» y pensaba que estaba loco por pasearse por el barrio con tanta temeridad. También él intentaba transmitirle a Bryant las reglas no escritas. Mantente alejado de la zona oeste, le decía. «Y mantente en guardia, da igual por dónde andes». Cuando Bryant parecía no pillarlo, Josh intentaba darle lecciones. Si, por ejemplo, le veía caminando por la calle («¡Caminando con los ojos en el suelo!», comentaba asombrado después), se le echaba encima con la bici o el coche. «¿Te das cuenta? —le decía—, ¡te acaban de pillar en Babia!». Josh no podía creerse lo ingenuo que era Bryant. «No estaba acostumbrado a ese entorno —decía—. Su padre y su madre le educaron bien».

Sin embargo, Bryant también tenía oportunidad de catar el destino del hombre negro. Josh y él habían tenido un encontronazo con la Jefatura de Policía de Los Ángeles mientras iban en bici durante la Kingdom Day Parade, en el aniversario de Martin

Luther King Jr.[5] Josh se había puesto bocazas. Pero Bryant le había contado al agente que su padre era inspector y había intentado razonar con él, por lo que se mantuvo serio y habló con tranquilidad. A Josh, que le observaba, le impresionaba el autocontrol de su amigo en una situación que a él le sacaba de sus casillas. Era un lado de Bryant que no había visto antes. Al poli aquello no le conmovió. Josh acabó con una multa por obstruir el tránsito en un callejón, que ascendió finalmente a 600 dólares.

Bryant Tennelle había entrado en esa fase de finales de la adolescencia en la que los progenitores ven su poder reducido a las recomendaciones y a la esperanza. Todos los progenitores atraviesan esta etapa; pero no todos se enfrentan a la amenaza letal que se cernía sobre los jóvenes en Los Ángeles Sur.

Aquel otoño, Bryant cumplió dieciocho años. Desde el punto de vista legal, ya era un adulto. Un día, llegó a casa con un pendiente en la oreja. «¿Por qué has hecho eso?», preguntó Yadira. Sabía que su marido se pondría furioso. Al principio, Bryant mantuvo la cabeza girada para que Wally no pudiera verlo. Pero el grito de Wally acabó llegando: «¡¿Qué te has puesto en esa oreja?!», chilló. Pronto Bryant tenía pendientes en ambas orejas.

Empezaron a venir chicas. A la familia no le gustaban todas. Didi, ocho años mayor, asumió la tarea de regañar a Bryant. «¡Levántate esos pantalones!», le espetaba. Bryant los llevaba más sueltos de lo que lo había hecho Wally hijo. Había desarrollado cierto estilo hip-hopero y eso a ella le preocupaba.

A pocos días de Año Nuevo, a Bryant le volvieron a parar. La multa por exceso de velocidad que le pusieron tuvo un efecto decisivo: le retiraron el carné de conducir. Bryant se vio reducido de hecho a la condición de peatón. Seguía yendo al colegio. Por iniciativa propia, había recurrido a Reiter para que le ayudara otra vez después de suspender en El Camino, y estaba ahora intentando

[5] La Kingdom Day Parade es la mayor marcha en memoria de Martin Luther King que se celebra en toda California. Se trata de un desfile que, desde hace tres décadas, en torno al 15 de enero (día de nacimiento del doctor King), recorre las calles del Los Ángeles Sur, homenajeando su legado y el de otros activistas en nombre de la justicia. (*N. de la T.*)

sacarse el título a través de un programa público de educación de adultos. Seguía trabajando, cogiendo el autobús o yendo con su madre, que le acercaba en coche. Pero Bryant se veía ya atrapado en casa, demasiado mayor para seguir bajo el control de sus progenitores, sin alternativas sociales, salvo aquellas que ofrecía el barrio.

Bryant no se había mezclado nunca antes con muchos de los jóvenes del barrio. Su madre y su padre habían controlado cuidadosamente sus actividades. Uno de los detalles asombrosos de la historia de Bryant es que, a pesar de haber vivido toda la vida en la misma casa, tal y como quería su padre, era un extraño para los chavales que vivían en la misma manzana. Wally y Yadira habían limitado sus contactos a los amigos del colegio privado y a los hijos de las familias en las que confiaban. Bryant había estado muy protegido.

Pero ahora se pasaba el día por el barrio, a pie o en bici, e hizo sus primeros contactos con algunos de los jóvenes de la zona. A poca distancia de su casa, había una casa barata de alquiler donde había una familia con conexiones pandilleras. Los más mayores estaban más metidos; un chaval más joven, Christopher Wilson, menos, aunque, a través de sus parientes, se había visto obligado a vincularse a los 8-Trey Gangster Crips. Walter Lee Bridges era un amigo de los Wilson. Junto con Josh Henry y algunos otros jóvenes formaban una camarilla poco definida de lo que Josh más tarde llamaría «socios». Los jóvenes del Sur Central tomaban palabras de la jerga de los polis con tanta facilidad como los polis expropiaban las suyas: el término «socios» aludía a chavales que no eran necesariamente delincuentes o violentos, pero que eran propensos o se veían obligados a tener un trato cordial con la banda. Ninguno de los amigos de Josh estaba en el «núcleo duro» de la banda. Pero todos habían estado en peleas de vez en cuando y algunos habían recibido disparos. Tenían amigos que habían muerto asesinados. Entre ellos regía un código no escrito de protegerse unos a otros si era necesario.

Por lo general, se limitaban a pasar el rato juntos, arreglar sus bicicletas, fumar hierba e intentar averiguar cómo ser guay y conocer chicas. Muchos chicos adolescentes de las zonas residenciales blancas pasaban el tiempo de manera muy parecida. Cuando, más tarde, le preguntaron a Josh por qué Bryant se había aficionado a llevar una gorra de béisbol con la insignia de los Houston Astros (el símbolo encubierto de los vecinos delincuentes de la 8-Trey Hoover), el muchacho reaccionó como si la respuesta fuera una obviedad. Por el mismo motivo por el que todos vestían así: «¡Para conseguir chicas!».

Esa primavera, Bryant, Chris, Walter y Josh empezaron a juntarse con regularidad. Su círculo se acabó ampliando a la novia de Chris y su bonita prima, Arielle Walker, que vivía calle abajo. Arielle tenía ojos negros y un toque de canela rojizo en la tez. Su padre había sido condenado por asesinato y estaba en la cárcel.

Para el grupo, era como si Bryant Tennelle fuera un visitante venido de tierras exóticas. Era asombrosamente ingenuo. Nunca había bebido alcohol, no se peleaba y no sabía nada de bandas. Ni siquiera sabía cómo besar a una chica. Tenía un hogar agradable, una familia formal y, por padre, un poli intimidante que mataba el tiempo fumando puros en la entrada de la casa. Y además de trabajar, Bryant era puntual, algo impensable para cualquiera de los demás. Bryant salía con ellos y luego cortaba el rollo para hacer sus turnos. Los demás le tenían aprecio y le llamaban por el apellido. Pero no sabían qué hacer de él, con sus queridos patos y pollos domesticados y sus maneras sensibles y dulces. No era agresivo. No era ruidoso. Intentaba quitar hierro a los conflictos. Quería que todo el mundo se llevase bien.

Lo último era lo más novedoso de todo. La violencia sin ley lastra a los hombres negros como a nadie. Caminar con una cojera bailonga que sugiera que uno ha sobrevivido a su lote de peleas callejeras, gritar mucho, girar los ojos de un lado a otro con rabia: todas ellas eran conductas aprendidas de los hombres del gueto, artificios que adoptaban como defensa preventiva frente a los ataques. Parecer débil era peligroso. Muchos hombres relataban cómo les habían robado y amenazado desde la infancia, cómo les habían quitado el dinero del almuerzo de camino al colegio, cómo les habían golpeado para hacerse con sus mochilas y zapatos y cómo les habían retado una y otra vez para que se pelearan. A los chicos demasiado pequeños se les atormentaba; a los altos, se les probaba. Era frustrante y sangrante. Muchos hombres negros se quedaban con una versión de la sensación de náusea que la mayoría de varones probablemente tienen en algún momento de su infancia al saber que un abusón les espera a la salida del cole porque quiere pelea. Pero la diferencia para estos hombres era que esa sensación estaba agudizada por el miedo a la muerte, e impregnaba sus vidas de adultos. El estrés ocasionaba una profunda infelicidad. En las calles de la 77, había hombres que hablaban de suicidio. Otros eran fatalistas y se habían resignado. Muchos hombres, en lo más profundo de su ser, no querían pelearse. Intentaban evitarlo, haciéndose los duros para desalentar a los contrincantes. Transmitían, con todos los gestos y poses a su alcance, un mensaje que decía: «No me des por culo». Se trataba de una actuación agotadora para no ser menos. Pero valía la pena a fin de sentirse más seguro.

Josh, Walter y Chris querían que Bryant sacara más callo. Le daban puñetazos juguetones para hacer que se pusiera a golpear y esquivar. Trataron de enseñarle los códigos de la calle. Bryant era demasiado bueno, le habían criado demasiado bien. «Estaba muy lejos de nosotros», decía Chris. Tan por encima, quería decir.

Arielle estaba tan poco familiarizada con las costumbres de clase media que le asombraba el simple hecho de que Bryant se levantara temprano cada mañana. No conocía prácticamente a nadie que hiciera eso. «Nos cambió tanto como grupo —recordaba Arielle—. Nunca habíamos tenido a nadie así cerca». En poco tiempo, ella y Bryant empezaron a salir.

La familia de Bryant estaba menos entusiasmada con su nueva vida social. Didi no tenía paciencia con el nuevo modo de «pasar el rato» de Bryant. Consideraba a Arielle «una buscona barriobajera» y al resto del grupo, unos «despreciables». Estaba preocupada. Bryant era una esponja, comentaba, muy fácilmente influenciable. «Si no pone en orden sus asuntos, volverá locos a mi padre y a mi madre», pensaba. Empezó a buscar trabajo para él, por lo que leía de arriba abajo listas de vacantes municipales con la esperanza de encontrar algo más duradero que el trabajo a tiempo parcial y por horas que Bryant estaba haciendo.

Por su parte, a Wally Tennelle se le habían encendido todas las alarmas. En el trabajo, multiplicó sus desvíos para controlar a Bryant. Tenía el lado policial de su cerebro plenamente implicado. Estudiaba la ropa y los movimientos de su hijo y escrutaba a sus amigos. Bryant era demasiado mayor para que sus progenitores prescribieran de quién debía ser amigo y de quién no.

Aun así, Tennelle vigilaba todo el tiempo. Percibía las vibraciones rudas que emitían Chris Wilson y Walter Lee Bridges. Pero también podía asegurar que no estaban en el «núcleo duro». Les reconocía como esa conocida variante más blanda de «socios». Ambos jóvenes eran inteligentes y simpáticos: eran buenos chicos, de eso no cabía duda. No era su culpa haberse criado donde se habían criado. Tennelle sabía que Bryant se dedicaba a construir bicicletas con ellos. Sabía que esta actividad significaba mucho para él. Cuando le interrogaba, Bryant le aseguraba que lo que le gustaba eran las bicicletas, no meterse en bandas violentas.

Yadira también se preocupaba. Pero nunca supo cuán angustiado estaba su marido por Bryant. Wally Tennelle llegaba a levantarse a las dos de la madrugada para revisar la habitación de Bryant y asegurarse de que estaba en casa. Se retorcía de angustia cada vez que Bryant salía. Merodeaba obsesivamente por los lugares que transitaba Bryant, le atosigaba con preguntas sobre su vida social. Una y otra vez, le daba la misma charla: «Caminas raro, hablas raro y la gente va a pensar que eres un pandillero». A pesar de las tensiones, ambos se mantuvieron unidos y colaboraron en proyectos en torno a la casa.

Bryant se duchaba en el baño de la habitación de sus progenitores, porque el baño principal debía estar limpio para los invitados. Esto brindaba a Wally la ocasión de examinarle a hurtadillas la piel desnuda. Un día, miró de refilón la espalda descubierta de Bryant y vio lo que temía: un nuevo tatuaje. No se trataba de ningún símbolo que reconociera, ni de un nombre de banda o de barrio. Era simplemente un anagrama de la ciudad, el nombre «Los Ángeles» con volutas y alas de ángel. Wally se enfrentó a Bryant. Tuvieron otra escena como cuando el episodio del pendiente. Pero Tennelle tenía que afrontar el hecho de que su hijo menor ya no era un niño. «¿Qué puedo hacer?», se dijo después. La ley no le permitía demandar a Bryant por llevar una ropa diferente o tener otra novia. «Tiene dieciocho años. No le puedo meter entre barrotes. No le puedo sacar a patadas de casa».

Al mismo tiempo, Wally Tennelle era un observador lo bastante astuto de la vida de las bandas como para percibir que su hijo no era como los pandilleros que había estado deteniendo durante toda su vida profesional. Bryant mantenía sus empleos y era evidente que estaba comprometido con ellos. Se levantaba temprano, trabajaba duro y siempre llegaba a la hora. Estaba poniendo mucho empeño en el estudio para conseguir los créditos finales que le permitirían obtener el título de secundaria. Sobre todo, Bryant seguía siendo el «buen chico» que su padre y su madre siempre supieron que era. No había ningún giro nuevo en su actitud. Bryant nunca se mostraba hosco. Siempre era afable, obediente incluso cuando no tenía que serlo, cariñoso con su madre, compartía con su padre diversas actividades de ocio (peces tropicales y gallos de exhibición), aunque las quejas de los vecinos acabaron obligando a la familia a renunciar a las aves. Wally Tennelle sabía que estas no eran las señas de identidad de un delincuente metido en bandas violentas. Y cuando se ponía serio con Bryant, él le devolvía todos los años de educación protectora que había recibido: «¡Papá! —protestaba—, ¡me habéis educado para cosas mejores que eso!».

Todos los adolescentes tienen sus fases. Wally y Yadira esperaban volver a poner a Bryant en vereda en cuanto recuperara su carné de conducir. El 29 de junio era la fecha que estaban esperando. Para la primavera, Bryant había terminado sus clases y, por fin, tenía los créditos para sacarse el título. Aquello fue motivo de celebración para la familia. Wally y Yadira estaban muy orgullosos. Bryant le contó a Arielle lo contento que estaba. Le dijo cuánto tiempo había anhelado complacer a su padre y a su madre.

Yadira acompañó a Bryant a recoger su título. Reiter y otros profesores de Bryant estaban planeando una fiesta. Y había más buenas noticias: con ayuda de Didi, Bryant había logrado un empleo en el área de Parques y Tiempo Libre del Ayuntamiento de Los Ángeles para trabajar con jóvenes.

Didi esperaba que esto se convirtiera en una carrera dentro de la administración pública. Ahora ella estaba de contable en el Aeropuerto Internacional de Los Ángeles, donde trabajaba para el municipio, al igual que su padre. Su tía también era una empleada municipal. Didi había puesto a su familia el apodo de «familia municipal». El trabajo en los parques ofrecería a Bryant una oportunidad de brillar en un nuevo terreno, como referente de otros chavales. Prosperaría, pensó ella.

Era viernes, 11 de mayo, antes del fin de semana en el que se celebraba el Día de la Madre. Bryant iba a empezar su nuevo trabajo el lunes. Parecía apropiado, una especie de regalo para Yadira en el Día de la Madre. Había estado mucho tiempo esperando que todas las piezas se colocaran en su lugar: el título de secundaria, el empleo de verdad. Bryant estaba entusiasmado por poder mostrar a su padre y a su madre que sabía todo el esfuerzo que habían invertido en él; quería demostrarles cuánto lo valoraba.

Le pidió a Arielle que le esperara luego, aquella tarde, porque quería comprarle a Yadira una cesta del Día de la Madre. Ella iba a acercarle con el coche.

El sol aún no se había puesto. A Bryant le sobraba algo de tiempo. Se compró un refresco con Walter y caminó un poco por la calle 18 mientras empujaba la bici.

10

«Es mi hijo»

Wally y Yadira Tennelle no escucharon el pum, pum de los disparos del arma de fuego a poca distancia de donde estaban.

Mientras Walter Lee Bridges huía y Bryant se desplomaba, la pareja estaba en su casa, haciendo lo que siempre hacían las noches de los viernes: pasar el rato, en solitario o en pareja, dedicándose a lo suyo. Yadira se estaba duchando. Wally estaba junto a los coches, en la entrada del garaje, a punto de moverlos.

En el lugar del tiroteo, Arielle Walker cruzó corriendo la intersección hasta llegar junto a los adolescentes que gritaban allí apiñados.

Vio a Bryant en el suelo, rodeado de los paramédicos de la ambulancia. Sus ojos se clavaron en la gorra empapada de sangre.

Pensó en la madre de Bryant. Cogió la gorra y salió a la carrera.

Wally Tennelle había empezado a mover los coches cuando vio a una chica que se le aproximaba llorando. «Otra vez —pensó—. ¿Y ahora qué?». Se preparó para afrontar el último drama de su vecindario.

Arielle dudó un poco al verlo. Buscaba a Yadira. La madre de Bryant siempre le había parecido una persona accesible, amable; todo el vecindario quería a Yadira. Arielle apenas conocía a Wally. Sabía que era policía y eso le intimidaba. No se le había pasado por la cabeza que se encontraría primero con él. Pero él la miró fijamente con sus ojos amables. Después recordaría que las primeras palabras que le dirigió fueron: «Puedo ayudarte. ¿Qué ha ocurrido?».

Y después él bajó la mirada hasta su mano, hasta la gorra cubierta de sangre que llevaba en sus dedos.

Tennelle, con los ojos fijos en la gorra, habló antes de que Arielle tuviera oportunidad de hacerlo.

Reconoció la gorra. «Es mi hijo», dijo.

Ese momento fue toda la notificación que le hizo falta. No había sido durante tantos años inspector de homicidios en vano. En cuanto vio la gorra, en cuanto vio cuánta sangre tenía, supo que había ocurrido algo irreversible.

Tennelle pensó en su mujer, dentro de casa. La llamó. Aún estaba en la ducha. Después metió a Arielle en su coche y arrancó.

Josh alzó la vista y vio cómo el enorme Sedán se acercaba y cómo se abría la puerta. Tennelle se bajó de un salto mientras aún estaba en movimiento, con las ruedas en la cuneta. Echó un vistazo. Bryant estaba sobre el césped rodeado de paramédicos. Los policías estaban acordonando el lugar.

Tennelle se fijó en la posición de su hijo y escudriñó la calle. Más tarde sería capaz de describir la escena empleando el mismo tono y terminología que había usado para cientos de otros escenarios similares. «Víctima abatida. Pies orientados al oeste».

Se dirigió a uno de los policías y le señaló a Arielle. «Hay que tomarle declaración», dijo.

Colocó cuidadosamente la gorra en el suelo, junto a la cabeza de su hijo. Era una prueba y ahí debía quedarse.

Les dijo a los paramédicos que los vería en el hospital. Regresó a su Sedán y se dirigió a enfrentarse con Yadira.

En los alrededores, el hombre con el cortador de azulejos se dio cuenta de que un policía de paisano, con un aire profesional, había llegado en un Sedán. Dio por sentado que era un inspector del Departamento de Policía de Los Ángeles, a quien habrían enviado para investigar. Solo más tarde se enteró de quién era el inspector. No le escuchó decir ni una palabra.

«Creo que han disparado a Bryant».

Así es como Yadira Tennelle recuerda que se lo contó su marido. Ella estaba duchándose mientras él se precipitaba al lugar del crimen. «No, por favor, no», pensó ella. Cuando él regresó, ella le estaba esperando.

Para entonces él ya había visto la gorra empapada en sangre y había visto a su hijo tendido en el suelo con media cabeza volada. Pero Bryant respiraba aún. Para Wally Tennelle, esta misión de contarle a su esposa lo que había ocurrido fue un momento traumático en sí mismo. Se refugió en su sempiterna costumbre de minimizar. Si él hubiera sido otra persona, las palabras que habría escogido podrían haber parecido engañosas. Pero, tratándose de Wally Tennelle, encajaban con su forma comedida y tranquila de tomarse la vida. Años más tarde, la historia de cómo se lo contó a Yadira seguía siendo casi tan dolorosa de relatar como el tiroteo mismo. La peor notificación de su vida: lo horrible que había sido romperle el corazón a Yadira. Así que todo lo que dijo fue que a Bryant le habían disparado en la cabeza y que tenían que ir al hospital. No dijo que Bryant había sido brutalmente desfigurado y que estaba al borde de la muerte.

Didi les acompañó, pero comprendió todavía menos que Yadira el verdadero estado de su hermano. Se convenció a sí misma de que únicamente iban al hospital a informarse. Iban a averiguar qué había pasado, nada más que eso.

«Ahora está en manos de Dios», les dijo Wally cuando estaban en el coche. En algún lugar cercano, un vecino estaba gritando.

En el hospital, la seguridad era muy estricta. Didi se desesperaba. «Maldita burocracia», pensó. Por fin les dejaron entrar y se quedaron de pie junto a la entrada de urgencias. Una enfermera acudió a verlos. Hablaba y hablaba sin parar. Didi no entendió casi nada de lo que decía. Pero hubo una expresión que la dejó paralizada: *materia cerebral*. Didi daba vueltas y vueltas a las palabras «materia cerebral». *¡Dios mío!* Le daba la impresión de que iba a ocurrir algo horrible, pero aún no se había permitido asumir qué sería. Y entonces miró a la cara de su padre.

Los condujeron a una sala de espera. Había tantísimos policías alrededor del hospital que Didi se preguntaba si quedaría alguno patrullando. Sus pensamientos se dirigieron hacia su abuela. Consultó con sus padres y después se fue a velar esa noche en casa de Dera Tennelle.

El hermano de Bryant vivía en Encino. Wally hijo y su esposa, Ivory, se encontraban en el bulevar Sepúlveda, cerca del Skirball

Center cuando Yadira los llamó. Mientras conducía, Wally hijo pudo oír cómo su madre gritaba al oído de su esposa, escuchó lo esencial de lo que había ocurrido y giró en redondo en mitad del ancho bulevar. «Han disparado a Bryant». La adrenalina se expandió por todo su cuerpo a medida que la noticia tomaba forma en su mente; le produjo un impacto casi físico, como la sensación de golpearse contra el asfalto. El hospital California estaba al otro lado de la ciudad. Entre él y su hermano herido se interponían el atasco de la intersección de la autopista 405 y los kilómetros congestionados de la 10. Wally y Ivory pasaron una hora metidos en el coche, consumidos por la angustia, rezando y dándole vueltas a la cabeza. Yadira volvió a llamar un par de veces. Después Didi. Wally cogió una de las llamadas y escuchó a su madre decir la expresión «disparo en la cabeza». Seguro que no lo había entendido bien, pensó después de colgar. Seguramente ella había dicho «disparo en la cadera».

En el hospital, Wally hijo estuvo un cuarto de hora retenido por los guardas de seguridad. No fue algo que le sentara muy bien al recién graduado universitario, al que le dio por pensar si no sería en parte porque era un varón negro y joven. «Solo quiero ver a mi hermano», les suplicó en un momento dado. El guarda de seguridad le explicó que el hospital había tenido problemas con las bandas rivales que intentaban entrar a urgencias «para rematarlos». La explicación se le quedó grabada.

En el interior, las salas estaban llenas de policía. Vio al compañero de su padre, pero tardó un poco en ver a su padre y madre. Después se percató de la presencia de un cirujano en medio de la multitud, que oteaba como si buscara a alguien. El gorro delataba que acababa de salir de la sala de operaciones. Wally notó que su cara estaba tensa. No era una cara que anunciara buenas noticias, pensó.

El hermano Jim, del instituto St. Bernard, también había pillado un atasco. Le habían convocado al hospital en su calidad de capellán del Departamento. Un asesinato en la 77, le habían dicho. Y que la víctima era el hijo de un inspector. Era todo lo que sabía el hermano Jim. La sombra de una idea se deslizó en su mente.

«Seguro que es Bryant», pensó. Pero después se regañó por presuponer cosas. Nervioso y desesperado por el espeso tráfico de la tarde, el hermano Jim rezó durante todo el camino al hospital, la misma oración una y otra vez: «Por favor, que no sea Bryant». Se pasó la salida y tuvo que seguir hasta Western y dar la vuelta allí, y durante ese tiempo siguió rezando: «Por favor, Bryant no».

Cuando llegó al hospital, se repetía que sus temores no tenían fundamento. Estaba haciendo el ridículo. Dijo en recepción que venía por el hijo del inspector. «Oh —le dijeron, sin el menor énfasis—, ¿Tennelle?».

Reiter se encontró a los Tennelle sentados en una salita pequeña y deslucida con otros dos capellanes. A su alrededor había agentes, jefes y varios amigos. Wally y Yadira estaban sentados el uno junto al otro en unas sillas, de cara a la puerta. Reiter observó cómo Wally tenía el brazo sobre los hombros de Yadira. La habitación estaba atestada. Reiter se quedó apartado y se apoyó en una vitrina para no molestar. Observó al padre de Bryant. Wally Tennelle parecía estar ocupándose de todo el mundo. Estaba interpretando el papel de cuidador. ¿Alguien quería agua? ¿Alguien quería sentarse? Reiter estaba estupefacto.

Llegó un médico y se lanzó a algo que, en opinión de Wally hijo, fue una explicación larga y confusa de las heridas de Bryant. «Va a decir: "Lo hemos estabilizado"», seguía pensando el hermano. Esperaba que lo dijera. Después escuchó las palabras «daño cerebral» y «entró en parada cardíaca». Wally no conseguía entender su sentido. En lugar de ello, se quedó mirando al médico a la cara. Era un hombre negro de mediana edad con una tristeza apagada en su mirada. Más tarde, cuando describía cómo había entendido por fin que su hermano había muerto, Wally recordaba la expresión del rostro del médico tanto o más que las palabras que había pronunciado. Yadira lloraba. ¡Quiero a Bryant —gritaba—, ¡quiero a mi hijo!».

Wally hijo miró a su padre. El cabeza de familia de los Tennelle asentía, agradeciendo con calma el informe del médico. «Sí —decía—. Vale».

El médico era Bryan Hubbard, un veterano cirujano de urgencias de los Grandes Años. Hubbard y sus compañeros de profesión eran el equivalente médico de los Tennelle, Gordon y Skaggs del Departamento de Policía de Los Ángeles. Eran perfeccionistas, con una enorme energía, que habían aprendido su oficio en la época de la gran epidemia de homicidios. Cuando descendieron los delitos, ninguno de los cirujanos que vinieron después podían igualar su habilidad. Durante algún tiempo, los militares enviaban a sus médicos para hacer prácticas con ellos. Los inspectores de homicidios de la Jefatura Sur, metafóricamente, eran como unidades MASH.[6] Pero las unidades de urgencia que dirigían estos médicos eran auténticas MASH.

Hubbard era un veterano del centro médico King-Drew, en Willowbrook, cerca de Watts, que había cerrado unos años antes. En la década los noventa, las peleas entre bandas rivales a las puertas de la sala de operaciones habían sido un problema. Los cirujanos casi podían predecir el momento en el que se produciría una nueva llamada de urgencias observando cómo abandonaban la sala de espera los amigos de las víctimas, que corrían para vengarse. Poco después, los cirujanos eran convocados a un nuevo «código amarillo».

Hubbard era capaz de comunicar a los miembros de una familia que un ser querido había muerto y notar que estaban planificando su venganza. «Podía verlo en sus ojos», decía. Un hombre fue más directo: «Estoy harto de lidiar con esto de forma legal —dijo, después de que Hubbard le hubo informado de que su amigo había muerto—. Voy a hacerlo a mi manera». Sus dedos adoptaron la forma de una pistola. «No, por favor, no mientras yo esté de guardia», pensó Hubbard.

En este momento, las cosas estaban más calmadas de lo que habían estado en King-Drew. Pero la naturaleza del trabajo de Hubbard no había cambiado. Cientos de veces había notificado lo mismo que acababa de decir a los Tennelle. Era lo peor de su trabajo. Para cada ocasión, tenía que blindarse. No le habían preparado demasiado para este aspecto de su trabajo. Pero había aprendido a hacerlo viendo lo mal que lo hacían los demás. Sabía que cada palabra que dijera se quedaría grabada en las mentes de sus

[6] La Mobile Army Surgical Hospital (MASH) era la unidad médica móvil del Ejército estadounidense. Se estableció por primera vez en 1945, en la guerra de Corea, y funcionó hasta el año 2006. (*N. de la T.*)

oyentes, pero que, incluso así, ellos encontrarían formas de expulsar la verdad de su conciencia. Trataba de ser lo más directo posible. «Verdades simples y brutales» era la expresión que empleaba para recordárselo. «Ha muerto», intentaba decir directamente, con toda la claridad posible. Los detalles podían esperar.

Pero la gente seguía sin escucharle. O no le comprendían y se quedaban confusos. O se desmayaban y se desplomaban, o lloraban ruidosamente, como lo hizo Yadira. Cuando, más tarde, le dijeron a Hubbard que Wally hijo había entendido que su hermano había muerto más por la expresión de su cara que por sus palabras, este asintió, reconociendo con hastío que muy a menudo era así.

Los Tennelle esperaron para ver el cadáver de Bryant. Los capellanes esperaron con ellos en la abarrotada salita. Finalmente acudió alguien. El cadáver estaba listo.

Los escoltaron a una zona pequeña, delimitada por cortinas. El cuerpo de Bryant estaba cubierto por mantas. Una enfermera retiró la tela lo suficiente como para que pudieran ver la suave piel de su rostro. Yadira se moría por tocarlo, pero el personal médico se negó. Wally hijo se fijó en la costura a lo largo de la frente de su hermano, por donde habían cosido la herida, y tuvo la esperanza de que su madre no la hubiera visto. Apenas podía mirar. Se forzó a posar sus ojos en él durante unos segundos y después los apartó.

Se giró para observar a su padre y madre, preocupado, mientras se preguntaba cómo iban a llevarlo. Al mismo tiempo, en algún rincón de su mente, se observaba a sí mismo y se daba cuenta de que centrarse en ellos era una forma de protegerse. Apenas había vertido unas lágrimas. Después se fijó en su padre. El inspector estaba mirando fijamente la forma inmóvil de su hijo pequeño, estudiando la porción de su cara que quedaba a la vista con una intensa mirada.

Un capellán le aplicó la extremaunción, y encomendó a Dios el alma de Bryant mientras rozaba la frente, las manos y el pecho del chico con su dedo pulgar. Salieron de allí. Una vez fuera del hospital, Reiter se quedó de nuevo estupefacto cuando Wally Tennelle se volvió hacia él y le preguntó si necesitaba que lo llevaran a alguna parte. Había supuesto que Tennelle no había notado apenas su presencia.

En la casa de la abuela de Bryant, Didi velaba junto con Dera y algunos otros parientes. Según todos los relatos, la familia Tennelle había estado sorprendentemente tranquila durante toda esta dura prueba, había esperado pacientemente que el sistema médico hiciera su trabajo, con cada miembro de la familia centrado en los demás. Pero Dera Tennelle no se lo iba a tomar con tanta calma. Cuando recibieron la llamada del hospital, arrojó su andador al otro lado de la sala de estar y se desplomó, gimiendo y revolcándose. Didi y sus primos se abalanzaron a apartar los muebles de su paso. Didi se sorprendió al pensar que en todo aquello había un punto cómico, mientras gateaba por el suelo, con su abuela aullando a su lado. Un segundo después, se maravillaba de las paradojas de la vida, de la forma en la que la naturaleza humana percibe humor incluso en el apogeo de la tragedia.

Wally hijo tuvo una intuición similar: se levantó a la mañana siguiente sorprendido de descubrir que había dormido toda la noche de un tirón. No conocía aún el proceso por el que un estado de conmoción intenso y en suspenso precede al dolor.

Didi Tennelle se equivocaba. En el hospital California no estaban todos los polis de la ciudad. Había también todo un batallón en el lugar del crimen. Chris Barling estaba entre ellos, obteniendo cierta satisfacción en el hecho de que, por una vez, había llegado allí antes que Sal La Barbera.

Barling habló con Greg de la Rosa, obtuvo algunas declaraciones de los testigos y se dirigió al hospital California para localizar a Arielle. Allí se abrió camino entre el gentío de policías y se las apañó de alguna forma para encontrarla. Arielle tenía los ojos rojos de llorar y su discurso era incoherente. Barling se la llevó a la comisaría de policía para entrevistarla allí. Antes de salir del hospital, entre la multitud, vio fugazmente a Tennelle, a quien no conocía, y a su esposa. Por costumbre, Barling interpretó el lenguaje corporal de Tennelle, como siempre hacen los policías: Tennelle estaba haciendo esfuerzos para ser fuerte, pensó Barling.

Pero su postura le delataba. Sus ojos tenían una expresión de completa desolación.

David Garrido, el equivalente de Sal La Barbera, a cargo de la unidad de homicidios de la división Suroeste, se encontraba también en el lugar del delito, que ya estaba plagado de jefazos, entre ellos el teniente Lyle Prideaux, de la unidad de Robos y Homicidios; Charlie Beck, el futuro director del Departamento de Policía de los Ángeles, y otros peces gordos.

El cielo aún resplandecía en el rincón donde acababa de ocultarse el sol, pero la oscuridad había invadido la calle. En las casas brillaban luces amarillas. Las siluetas negras de las esbeltas palmeras y de un eucalipto se recortaban contra un cielo apenas moteado de nubes. Bonitas casas, percibió Garrido. Con el césped cuidado. Una bicicleta volcada en la acera.

A su lado había una pila de ropa. A Garrido no le extrañó. Los paramédicos las habían desgarrado y las habían dejado ahí: pantalones azules, una camiseta blanca, una sudadera negra y un montón de toallas ensangrentadas. La calle estaba llena de coches patrulla. Una farola iluminaba una bolsa roja para los desechos biológicos y una caja blanca que contenía placas numeradas. En la mediana de césped de la calle estaba tirada una gorra de béisbol oscura, de los Houston Astros, con una espesa mancha de sangre en el ribete y un diminuto agujero en la tela, la mitad del tamaño de la punta de un dedo. Garrido se acercó y descubrió algo en el suelo. Una pieza metálica. Se agachó para recogerla. Era una bala pequeña y aplastada.

Pat Gannon, el director de la Jefatura, estaba en un hotel de Chicago arreglándose para asistir a la graduación de uno de sus hijos, en Loyola, cuando su BlackBerry sonó y se enteró de que el hijo de Tennelle había sido asesinado en la 77.

Gannon conocía a Wally Tennelle desde hacía dos décadas y lo consideraba, como todo el mundo, un inspector tranquilo y modesto a quien «solo le interesaba hacer su trabajo y resolver el caso». Para Gannon fue un mazazo. Tennelle, pensó, era probablemente una de las personas más queridas del Departamento. Gannon sabía que tenía que tomar una decisión.

Su teléfono no dejaba de sonar, la gente lo mantenía al tanto y a la vez quería saber qué hacer. La emoción se desbordaba. Algunos inspectores de la unidad de Robos y Homicidios insistían en que ellos debían llevar el caso en lugar de los inspectores de nivel inferior de la unidad. A Gannon le estaban calentando la oreja. Los ánimos se estaban encrespando. Algunos de sus colegas gerifaltes murmuraban sobre «ese fiscal de distrito engreído», un tipo delgaducho que había aparecido por el hospital y se había empeñado en que adjudicaran el caso a la unidad de Robos y Homicidios. Mientras tanto, un inspector supervisor de la 77 llamado Matt Mahoney se estaba adelantando como si el caso perteneciera a su grupo. Estaban acelerando el trabajo de esas primeras horas, con inspectores diseminados por «todo el lado oeste».

Gannon sabía que la unidad de Robos y Homicidios tenía más recursos humanos y era más experta. Pero también sabía que el caso no reunía exactamente los criterios como para elevarlo a esta. Esos criterios eran, según su descripción, «vagos y flexibles» pero, habitualmente, no se estiraban tanto como para incluir tiroteos entre bandas con una única víctima. Cierto era que circunstancias especiales, como por ejemplo una amplia cobertura mediática, podían dar un empujón a un caso y llevarlo a la unidad de Robos y Homicidios. Pero Gannon llevaba trabajando en Los Ángeles el tiempo suficiente como para saber que probablemente no ocurriría eso en el caso Tennelle. Aparte del hecho de que el padre de la víctima trabajara para el Departamento de Policía, no había casi nada que pudiera atraer el interés de los medios de comunicación. Bryant, después de todo, era un varón negro, dieciocho años, había sido asesinado al sur de la calle 10 y llevaba una gorra que lo relacionaba con una banda.

Y también había que tener en cuenta al tribunal. Los abogados de la defensa podrían aprovechar a su favor cualquier trato especial que se le diera al caso, pensó Gannon. De manera más concreta, estaba deseando aislar la investigación de las turbulencias emocionales que se producirían entre los colegas de trabajo de Tennelle. Y también serviría para otro fin que a Gannon le interesaba en aquel momento: los gerifaltes habían decidido recientemente fundir las tres secciones de brigadas de homicidios de la Jefatura Sur en una única unidad, para remontarse así a los viejos tiempos de homicidios de la Jefatura Sur. Si se lograra resolver, el caso Tennelle sería un espaldarazo para su nueva disposición administrativa, que iba a tener uno de esos nuevos apelativos burocráticos y sosos que ponía el Departamento de Policía de Los Ángeles: grupo de Homicidios de Bandas.

En algún momento, Gannon habló con Tennelle, pero no recordaba que Tennelle le hubiera dado ninguna opinión sobre la cuestión de quién debía llevar el caso. Tennelle lo recordaba de otra forma. Se esforzó en mostrarse de acuerdo con que la investigación estuviera a cargo de la unidad. A él también le preocupaba que asignar el caso a sus colegas de la unidad de Robos y Homicidios pudiera contaminarlo. «Yo quería que el caso fuera limpio», dijo. Pero, ante todo, Wally Tennelle era aún de corazón un hombre del *ghettoside* y quería que el caso lo investigaran los inspectores de homicidios habituales, los de la comisaría de policía de la Jefatura Sur.

Todos aquellos años en Newton le habían enseñado lo importante que era mantener un estrecho contacto con la calle. Sabía que la asignación departamental de los inspectores del Departamento de Policía de Los Ángeles no dependía de su auténtica destreza. Sabía lo limitada que podía ser la unidad de Robos y Homicidios, los pocos casos que llevaban los inspectores, lo exclusivo de estos. «Nuestros jefazos nos dicen: Sois los mejores —decía con su franqueza habitual—. Pero yo puedo nombrar a un puñado de inspectores de allí que son mucho más espabilados que los de aquí».

No despreciaba a sus compañeros de la unidad de Robos y Homicidios. Los respetaba. Pero había aprendido a ver el mundo de una manera peculiar. Había trabajado durante los «Grandes Años». Había visto al Monstruo. Y sabía lo difícil que podía ser resolver un tiroteo callejero. En opinión de Tennelle, los inspectores de la unidad de Robos y Homicidios no tenían la misma experiencia con las bandas que sus equivalentes en el *ghettoside*. Estaban demasiado alejados de todo eso y no tenían que trabajar con la misma rapidez e intensidad. Tennelle se incluía a sí mismo en esta valoración. «Probablemente no estoy tan en forma como cuando estaba en Newton», decía. Así que, cuando Gannon tomó su decisión, Tennelle se alegró en privado, aunque sus colegas de la unidad de Robos y Homicidios se enfadaran. El caso iría a la Jefatura Sur. Era lo mejor, pensó Tennelle. Allí, «lo entenderían mejor».

John Skaggs se perdió toda la tragedia del asesinato de Tennelle. Estaba fuera de la ciudad con su familia, en uno de los fines de semana que empleaba en recorrer el desierto y acampar con la autocaravana en las austeras tierras amarillas del desierto de Mojave, cerca de Ridgecrest. Estaba contemplando cómo se ponía el sol sobre las planicies angulares de ese árido paisaje, una hermosa vista, cuando Chris Barling lo llamó por el móvil.

Estaban a punto de cenar. El cielo estallaba de color. Skaggs estaba relajado y disfrutando. Barling le dijo que acababa de venir del lugar de un asesinato y que la víctima era el hijo de Wally Tennelle, de la unidad de Robos y Homicidios.

Skaggs solo hizo una pregunta: ¿quién iba a asumir el caso? Barling dijo que estaba seguro de que sería la 77, quizá Armando Bernal.

En la mente de Skaggs se alumbró un pensamiento secreto, que brillaba tanto como el horizonte ante sus ojos. «Deberían asignarnos ese caso. Barling y yo podríamos resolverlo».

Pero para Skaggs fue solo un pensamiento pasajero. El asesinato de Bryant Tennelle era solo una nota más en el coro de asesinatos que se produjo aquel verano en el barrio sur.

11

El asesinato de Dovon Harris

Tres días después de la muerte de Bryant Tennelle, Carl Pickering hijo, de veintiséis años, entraba en un Chevrolet aparcado frente a la licorería Vertels en la esquina de la manzana en la que vivía Barbara Pritchett, en la división Sureste. Un asaltante se le acercó a pie y le disparó una bala en el pecho. Al percatarse de que estaba muerto, una chica se precipitó gritando a la calle en frente de Vertels. Los coches que pasaban la esquivaban y seguían su camino.

El siguiente en morir fue Wilbert Mahone, de dieciocho años. Esa misma noche estaba en la calle, en Compton, junto a la casa de un pariente, cuando pasó por allí una pareja de tiradores en un coche a toda pastilla. Ya herido, consiguió entrar en la casa. Murió cogido de la mano de su hermano, de dieciséis años. Los padres de Mahone se habían mudado desde Compton a Georgia cuando él era pequeño porque «teníamos hijos y no queríamos que los mataran». Wilbert había vuelto para solicitar un trabajo.

Cuatro días más tarde, después de que los vecinos informaran de que habían escuchado disparos, la policía encontró a Christopher Davenport, de treinta y seis años, muerto en una acera de San Pedro. Al día siguiente, inspectores de paisano pertenecientes al grupo de Narcóticos del Departamento de Policía de Los Ángeles mataron a Ronald Ball, de sesenta años, en la división Newton. Los agentes y sus colegas habían retenido a un grupo de hombres a los que habían visto traficando. Ball huyó de ellos y se escondió bajo un coche. Cuando el agente intentó sacarlo a tirones de ahí, vio que Ball tenía un arma; el agente lo disparó.

Wayne McKinney, veinticuatro años, murió una semana más tarde, el 25 de mayo, por los disparos de un hombre o de un adolescente desde la acera, mientras estaba sentado en un coche con un amigo. Tres días después, un agente del Departamento de Policía de Los Ángeles disparó y mató a Jamar Witherspoon, de dieciocho años, en la esquina de la calle 89 con Main. Los agentes respondían a un aviso de tiroteo; según la policía, Witherspoon estaba armado con una pistola, saltó una valla y corrió directamente hacia otro agente, que lo disparó.

Al día siguiente, encontraron muerto a Carnell Ardoine, de diecinueve años, en un callejón cerca de la calle 81 y el bulevar Avalon, con un disparo en la boca. Marcus Peters, también de diecinueve años, murió al día siguiente en Long Beach, tiroteado por alguien que se le acercó a pie. Robert Lee, sesenta y un años, sucumbió a las heridas que le produjo un apuñalamiento que ocurrió en la división Newton, un poco después de la muerte de Peters. Stanley Daniels, de treinta y un años, discutió con alguien entre la calle 39 y la avenida Oeste. Lo dispararon en el pecho. Nadie llamó a la policía. No obstante, por casualidad, los agentes del Departamento de Policía de Los Ángeles que patrullaban la zona encontraron a Daniels desangrándose en la calle. Murió el 2 de junio.

Irvin Carter, un varón discapacitado de unos sesenta años, murió al día siguiente, degollado por un hombre que se paseaba armado con un cuchillo por East Rancho Domínguez. Y al día siguiente, Keith Hardy, de treinta y seis años, murió en el hospital St. Francis, después de recibir múltiples disparos en Compton. Christopher Rice, veintidós años, también tiroteado en Compton, fue trasladado asimismo a St. Francis. Murió cuatro días después que Hardy. Rodney Love, quince años, fue disparado y asesinado en la calle en la división de la calle 77, a una manzana de distancia del lugar donde, al día siguiente, el 10 de junio, dispararon a Bryant Tennelle. Su madre salió corriendo y solo tuvo tiempo de ver cómo moría su único hijo mientras ella marcaba repetidamente el 911, que comunicaba.

Tres días más tarde, los agentes de policía del Departamento de Policía de Los Ángeles alegaron que Detrick Ford, de veinte años, los había atacado con un cuchillo en Watts, en la misma calle en la que vivía Barbara Pritchett, un poco más al este. Los agentes dispararon y lo mataron. Dion Miles, diecinueve años, murió ese mismo día por los disparos de un agresor en la cercana Willowbrook. Miles era un estudiante de Bellas Artes en Cal State Northridge, en San Fernando Valley, y no tenía vinculación con las bandas. Se había bajado de un autobús en un vecindario que no conocía e, inadvertidamente, vestía de rojo en territorio Crip.

Aquella primavera, Skaggs y sus compañeros estaban más ocupados que nunca con la porción de estos homicidios que le correspondía a Watts, así como con otros que implicaban a víctimas hispanas. Skaggs consideraba a Marullo, a todos los efectos, como su compañero, aunque técnicamente seguía en prácticas y no ostentaba el rango de inspector. Marullo había cumplido las expectativas que se habían puesto en él. Era apasionado, eficaz e incansable. Todo el mundo estaba de acuerdo en que era el mejor aprendiz joven que había tenido la unidad. Skaggs y él llevaban ese año una tasa de resolución de casos del 100 por cien. Iban resolviendo uno tras otro.

Sin embargo, se avecinaba un cambio. La Sureste pronto se incorporaría a la unidad de Homicidios de la Jefatura Sur, recientemente formada. Skaggs había solicitado un ascenso a D-3, como inspector supervisor. Como de costumbre, estaba moviendo los hilos para encontrar la manera de ascender de rango, pero aun así seguir trabajando en Homicidios dentro de la Jefatura Sur.

Barling había aceptado un trabajo temporal como supervisor fuera de Homicidios, en la división de la calle 77. Ya era un fastidio perder a Barling; La Barbera no quería ni pensar en el día que se fuera Skaggs. Pero el rendimiento profesional de Marullo compensaba ese miedo.

Skaggs solo se arrepentía de una cosa. Tenía la sensación de que no se había ocupado del colega de Marullo, Nathan Kouri, al que también le habían asignado en prácticas. La cantidad de tiempo que Marullo y él se pasaban ahora en los tribunales apenas le dejaba tiempo para trabajar con Kouri, un antiguo agente de la unidad antibandas, procedente de Downey, tranquilo y con apellido libanés, a quien Marullo había recomendado con entusiasmo.

Ni La Barbera ni Skaggs habían conseguido captar cuáles eran las cualidades de Kouri. Kouri era simpático, caía bien y poseía una seriedad tranquilizadora. Había sido *Police Explorer*[7] en su adolescencia y no bebía. Decía cosas como «¡Que me aspen!» u «¡Ostras!», pero era un orador pésimo. Farfullaba las palabras. Nadie era capaz de entender en qué estaba trabajando, o seguir el hilo de sus explicaciones. Evitaba los corrillos de la oficina. En su oficio había que hablar, pero Kouri parecía estar más cómodo escuchando. Abrumaba a los compañeros y a los confidentes con preguntas y solo esporádicamente intervenía con una única palabra: «¡Interes-tresante!».

Aquella primavera, Skaggs se había propuesto una vez más centrarse en Kouri. Su plan era llevar, al menos, un caso de cabo a rabo con Kouri como compañero, y dejar a Marullo en segundo plano. Pero no hubo nuevas llamadas y las vistas ante el tribunal seguían entrometiéndose. Kouri seguía trabajando en fragmentos de casos. Skaggs sabía que eso no tenía comparación con encargarse de uno por completo. Para aprender de verdad, hay que acompañar un caso, desde el principio hasta el final, y después seguir todo su proceso judicial. Hay que repasar todo el caso en la cabeza mientras se trabaja en la calle. A Skaggs le empezaba a preocupar que Kouri perdiera comba.

Y entonces llegó la tarde del viernes 14 de junio, el día de graduación en el instituto Centennial, en Compton.

Barbara Pritchett estaba exultante. Llevaba mucho tiempo esperando este día. Su segundo hijo, Dwaina, ya en el último curso, iba a obtener el título.

Los hijos de Barbara Pritchett eran su vida. Ella era la tercera de diez hermanos; su madre había tenido su primer hijo a los catorce años. La madre había tenido dificultades y a Pritchett la había criado su abuela, que se trasladó a California desde Natchitoches, Luisiana. Cuando creció, Pritchett se ocupó ella misma de criar a sus hermanos pequeños. Educó a cuatro de ellos, junto con sus propios hijos. Entre los que aún vivían con ella, estaba el más pequeño de sus hermanos, Carlos, que era unos años menor que su hijo Dovon, el pequeño.

[7] Programa de formación profesional de agentes de seguridad.

Su apartamento era una de las pocas viviendas subvencionadas de cuatro dormitorios. Con tantos niños que cuidar, Pritchett se aferraba a él como a su propia vida. Cuando Pritchett era más joven, su abuela le había ayudado a sacar adelante su extenso hogar. Últimamente, su hijo mayor y su hija trabajaban, ambos por horas. Pritchett trabajaba como cuidadora a domicilio.

La familia estaba muy unida. Juntos conseguían llegar a fin de mes. El carácter hogareño, cálido y calmado de Pritchett la había convertido en la piedra angular de todo su clan. Hermanas mayores, primos y amigos de toda la vida, a quienes ella llamaba «primos», entraban y salían constantemente de su cuarto de estar, el centro de la vida social y de las reuniones festivas. Pritchett se pasaba cuatro días preparando un gran banquete de Acción de Gracias para dos docenas de personas, y cocinaba pavo ahumado en lugar de panceta.

Pritchett medía el éxito en su vida en la medida en que conseguía que todas las personas a su cargo terminaran los estudios y se mantuvieran lejos de las bandas. Dovon, de quince años, estudiaba también en el Centennial. Aunque estaba aún en cuarto de secundaria, le habían dejado salir antes por ser festivo.

Estaba frente al instituto, a punto de coger el autobús, cuando estalló una pelea.

El instituto Centennial daba servicio a estudiantes de Compton, Willowbrook y Watts. Algunas de las bandas más mortíferas del condado de Los Ángeles se cruzaban en sus pasillos. Las peleas dentro y cerca del instituto eran habituales. Esta comenzó con una riña entre algunas chicas. Los chavales empezaron a increparse unos a otros mientras se desparramaban alrededor y tomaban partido por unas y otras. Un par de chicos gritaron el nombre de una banda con acento amenazador: «¡Bounty Hunters!». Esto se interpretó como un desafío hacia una banda rival, Westside Piru, otra banda sanguinaria. La policía despejó el campus, esperando así que no pasara nada más.

Después de que se les obligara a salir, los chicos se quedaron remoloneando en grupillos. Las discusiones brotaban, los chicos y las chicas se insultaban unos a otros; había una atmósfera amenazante.

Dovon quiso marcharse de allí. Junto con un grupo de otros estudiantes, entre los que estaban un par de chicos «afiliados» a la banda Bounty Hunters, cerca de su casa, se subió a un autobús Metro en dirección norte.

Para entonces, la noticia de la pelea se había propagado, gracias a las chicas que llamaban a sus protectores varones. A Derrick Washington, el hermano de dieciséis años de una de las chicas implicadas en la pelea, le había llegado la noticia de que su hermana estaba metida en líos. Se metió en un Yukon de un salto, junto con un miembro mayor de la banda Piru llamado Jason Keaton. Tenían una pistola. La pareja llegó en el coche al instituto justo a tiempo para ver cómo el grupo de Dovon se subía al autobús de la Metro en dirección norte. Los persiguieron. Cuando Dovon y sus amigos se bajaron en las afueras de Nickerson Gardens, en Watts, territorio de los Bounty Hunters, el Yukon aceleró. Derrick disparó. Todos se dispersaron. Dovon se desplomó.

Skaggs llegó allí cuando la ambulancia ya se había marchado. Kouri no estaba con él. Estaba fuera de la ciudad, ocupado en otro caso, y se suponía que regresaba esa misma noche. Skaggs observó la escena del crimen, por si acaso.

Como de costumbre, no había mucho que observar. No había nadie. Solo una calle vacía y un par de polvorientas zapatillas de deporte negras tiradas sobre el asfalto.

En el hospital de Harbor-UCLA, Barbara Pritchett encontró a su hijo menor enganchado a un respirador, con la cara quemada por la pólvora y su cuerpo hinchado de líquidos. A Dovon lo habían disparado en la cabeza. Su cerebro estaba destrozado. Ya no despertaría más. Pero siguió enchufado al soporte vital. Barbara acarició su piel, aún caliente, y esperó. El padre de Dovon, Duane Harris, tenía que coger un avión para llegar.

El tiempo que la víctima sigue con vida después de que se le haya declarado la muerte cerebral depende de diversos factores. En los casos en los que se van a donar los órganos, pueden tardarse horas o días en organizar el trasplante. Y, a veces, los miembros de una familia no están aún preparados para aceptar la muerte. En el caso de Dovon, transcurrieron dos días. Mientras estuvo en el hospital, Barbara llevaba con orgullo la cuenta de los miembros del claustro del instituto Centennial que habían acudido a visitarle. Las visitas eran un reconocimiento a sus esfuerzos por educar bien a sus hijos. Dovon tenía trastorno de déficit de atención y algunas dificultades con el trabajo académico, pero no estaba implicado en bandas u otros delitos. Era una persona afectuosa y siempre amable, como lo era toda la familia de Barbara. Algunos de sus profesores llegaron y se marcharon llorando. Casi todos los visitantes le preguntaban a Barbara si había salido algo en la prensa. Era un tema doloroso. No había salido nada en la televisión, nada en los periódicos. Barbara mantenía el tipo. No pasa nada, les decía a los visitantes. Todos sabían lo importante que había sido la vida de Dovon, incluso aunque el resto del mundo pareciera no darse por enterado.

Pero Pritchett estaba angustiada. Sospechaba que la raza de su hijo y las circunstancias del delito lo estigmatizaban de alguna manera a ojos de las autoridades. La falta de cobertura mediática subrayaba esa posibilidad. Dovon era, después de todo, un chico negro de Watts, uno más del montón. ¿Pensaría la policía que era un miembro más de una banda? ¿Se tomarían el caso en serio? Barbara, como la mayoría de los residentes de Watts, desconfiaba bastante del Departamento de Policía de Los Ángeles.

Se sentó a esperar junto al cuerpo inerte de Dovon.

Bastante tiempo después, un inspector blanco muy alto, de ojos azules, se presentó en el hospital. Pritchett salió a recibirlo. Se propuso mirarle fijamente a los ojos. «Quiero que lo conozca —le dijo—. Quiero que vea su cara».

Llevó a John Skaggs junto a la cama de Dovon. El cuerpo de Dovon seguía caliente, en sus pulmones entraba aún el aire, gracias al respirador. Barbara tenía la esperanza de que el espectáculo eliminara la indiferencia que ella presuponía que sentía Skaggs. Tal vez la presencia física de Dovon convenciera a Skaggs de que él no era un chiquillo negro del montón «acribillado como si no fuera nadie», como diría ella más tarde.

Skaggs, con su amabilidad habitual, complació el deseo de Pritchett. Pero no estaba especialmente conmovido. Había estado junto a muchas camas de hospital, había visto muchos cuerpos entumecidos e hinchados. Lo que Pritchett no sabía era cuántos cientos de veces había escuchado él otras versiones del mismo lamento: «Es solo otro negro muerto». Ni tampoco sabía que, para entonces, esa frase era para Skaggs como un grito de batalla.

Puede que el mundo en general no considerara esos asesinatos como acontecimientos a escala mundial. Pero, para los inspectores de la división Sureste, se merecían cada gramo de energía que pudiera reunir el estado. Para entonces, Skaggs se identificaba totalmente con esa idea.

Marullo y él ya estaban trabajando con el motor al límite. Kouri pronto se uniría a ellos. Skaggs quería que adoptara un papel protagonista en este caso en cuanto aterrizara su avión.

El 17 de junio, los médicos ya habían explicado el proceso de donación de órganos a la poco receptiva familia de Barbara. Duane Harris, el padre de Dovon, no podía aceptarlo. No lo entendía: si se podían donar órganos, ¿por qué entonces Dovon no recibía algunos y se curaba?, preguntaba. Ofrecía el suyo: «¡Cojan mi cerebro! —suplicaba—. ¡Cojan mi vida!». Los médicos tuvieron que explicarle que eso no era posible.

Ese último día, Duane Harris condujo la camilla de Dovon por un largo pasillo hasta llegar a una puerta doble. Cuando esta se abrió automáticamente, Duane Harris se detuvo y la camilla rodó sin su ayuda. Él se quedó en el pasillo mientras se cerraban las puertas, pugnando por obtener una última imagen de su hijo.

En pocos días, Skaggs y Kouri habían seguido el rastro del tiroteo que había matado a Dovon hasta el instituto Centennial. Habían identificado a los actores y habían convocado a los testigos.

Un momento de la investigación destacaba sobre el resto. Skaggs entrevistó a Angela Washington, la hermana adolescente del sospechoso Derrick Washington, de dieciséis años. Skaggs se había enterado, por otros testigos, de que Derrick había confesado el delito a Angela cuando llegó a casa. Resultó que Derrick conocía a Dovon, incluso sabía su mote, Pu-pu. Los abogados defensores de Derrick argumentarían después que Derrick se había quedado horrorizado cuando se enteró de que había matado a Dovon. Skaggs se dio pronto cuenta de lo valiosa que era Angela para el caso. Pero, cuando él y Kouri se sentaron con ella, en la gélida habitación de interrogatorios de la comisaría de la Sureste, con sus paredes blancas y la mesa de chapado barato, ella negó que su hermano le hubiera confesado nada.

Angela, bajita, gruesa y con la misma mandíbula retraída que Derrick, hablaba rápido y era impulsiva y colérica. Estaba resuelta a proteger a su hermano. Sí, les dijo, por supuesto que había escuchado rumores ese día. Todo el mundo en el vecindario estaba diciendo que su hermano había disparado a Pu-pu. Pero «él me miró fijamente a los ojos y me dijo que no había sido él», insistía.

Skaggs la dejó divagar. Adoptó una postura relajada, como si el interrogatorio no fuera más que un pequeño trámite desagradable. Finalmente la interrumpió, hablando muy despacio y en voz muy baja. No dijo mucho. Pero lo declamó de manera calmada, casi solemne. Sus palabras se enfrentaron a la cháchara de Angela como soldados en formación.

«Tú y yo —dijo—, vamos a ser serios y sinceros».

Serios y sinceros. No quedó muy claro si fueron sus modales o sus palabras los que provocaron el cambio repentino en Angela. Tal vez fuera la expresión de su rostro o la dimensión de alivio moral que contenía su afirmación. En cualquier caso, la entrevista cambió abruptamente. Con la palabra «sinceros» flotando en el aire, la chica dejó caer la cabeza entre sus manos. Pasaron algunos segundos en silencio. Cuando levantó la cara, sus mejillas estaban húmedas de lágrimas.

«Nos dijo que no dijéramos nada», empezó. Y después se derrumbó.

12

No hay nada peor

Aquello era lo más extraño de todo.

A lo largo de todos sus años como policía, Wally Tennelle había participado en esas tranquilas conversaciones entre polis: ¿qué harías si te ocurriera a ti?, ¿Si tu peor pesadilla se hiciera realidad, si algún delincuente violara a tu esposa, asesinara a tu hijo? Cuando los policías hablaban entre sí, se centraban en la ira y en la venganza. ¿Esperarías a que se hiciera justicia en un tribunal? «Lo haría yo mismo», se aseguraban los policías, unos a otros.

Pero, ahora que había ocurrido, Tennelle descubrió algo que le dejó pasmado: por mucho que rebuscara en lo más profundo de su alma, no encontraba ira. Y no sentía en absoluto ningún deseo de venganza.

En lugar de ello, solo había dolor. Un dolor del que no se podía escapar. Las lágrimas lo acorralaban varias veces al día. Yadira y él conservaron el cuarto de Bryant exactamente como él lo había dejado: las construcciones de Lego en su sitio. Los juguetes de *La guerra de las galaxias*. El disfraz de Halloween de *El gato*. Encontraron alivio en su religión y en sus conversaciones; la muerte de Bryant se convirtió en «la voluntad de Dios». Este esquema simplificaba la tarea que tenían por delante. Después de todo, la voluntad de Dios era algo que había que aceptar. Y, si no podían aceptarlo, lo mejor que podían hacer era soportarlo.

Así que se dispusieron a soportarlo.

Didi volvió al trabajo. Estaba embarazada, intentaba criar a un niño pequeño y su matrimonio se estaba rompiendo. Meses más tarde admitiría que, en realidad, no tuvo tiempo para enfrentarse a la muerte de su hermano. Era algo que acechaba en el borde de sus pensamientos y que ella mantenía a raya. Estaba enfadada con Bryant, enfadada por lo que consideraba su rebeldía en los últimos años, que era lo que le había puesto en peligro. En ocasiones se permitía pensar en los asesinos, fueran quienes fueran. ¿Por qué lo habían hecho? ¿En qué estaban pensando? No podía evitar sopesar el caso en sus dimensiones históricas y raciales. ¿Qué sentido tenía que la lucha por los derechos civiles hubiera traído a las personas negras aquí, solo para hundirse después hasta la cintura en sangre? «Después de lo que hicieron nuestros ancestros —pensaba, en una discusión silenciosa con los delincuentes—, ¿y vosotros vais por ahí, matándoos los unos a los otros?».

Yadira se centró en el lugar donde estaba enterrado Bryant, el panteón del cementerio Holy Cross. Lo visitaba con frecuencia. Lloraba sin contención y hablaba a menudo con su marido acerca de su dolor. Descubrió a un predicador televisivo que le gustaba y cuyas enseñanzas trataba de aplicar en su vida diaria. Le ayudó a mantener a raya la amargura.

Era muy severa consigo misma y vigilaba su tendencia a la autocompasión. Cuando se descubría pensando que era la única que sufría en este mundo, se esforzaba por contrarrestar esa idea. «Los demás también sufren», se recordaba a sí misma.

A diferencia de tantas parejas a quienes la experiencia del dolor les aleja, Wally y Yadira se unieron más. Decidieron que no permitirían que el asesinato de su hijo les ensombreciera el alma.

Yadira hablaba con pasión de esta decisión que habían tomado. «Decidimos —decía, cerrando el puño—, que no nos deprimiríamos. Que no estaríamos furiosos». Pero Yadira no podía evitar preguntarse qué habían hecho ellos para merecer algo así. Pensaba constantemente en Bryant. Revivía toda su vida a través de sus recuerdos, revivía sus conversaciones con él. Le inquietaba no haberle dicho que le quería con la suficiente frecuencia. Pero después recuperaba la compostura: por supuesto que Bryant lo sabía.

Cuando ella volvió a trabajar, se dio cuenta de lo difícil que le resultaba a la gente saber qué decir. Le daba la sensación de que se esperaba que ella se derrumbara. Pero ella no sabía cómo derrumbarse.

Sabía que era extraño: ella parecía la misma persona, a pesar del enorme fragmento de sí misma que había perdido. Actuaba como siempre. Iba a trabajar, saludaba a la gente, volvía a casa. En el exterior, todo era normal, excepto por algún llanto sofocado en el trabajo. En casa, merodeaba hasta el dormitorio de Bryant, entraba, salía, veía todo en su sitio, tal y como estaba el día que murió. Puso una foto suya en un relicario y la llevaba colgada del cuello continuamente. Colgó una placa en la pared del salón: «Si el amor pudiera haberte salvado —decía—, habrías vivido para siempre».

Para Wally Tennelle, la orden de soportarlo encajaba con facilidad dentro del monólogo interior que había moldeado toda su vida. Se decía: hay que ser fuerte y seguir adelante. Seguir el camino siempre. Para Tennelle no había problema en la vida para el que esta respuesta no fuera suficiente.

Los jefes de Tennelle le animaban a que se tomara todo el tiempo libre que necesitara. Pero él no le veía ningún sentido a eso. El trabajo era lo que le mantendría lúcido. Así que, después de pasar tres días en casa, regresó. Necesitaba estar allí. Colocó una foto de Bryant en el salpicadero de su Sedán y volvió a sumergirse en sus casos.

Para sus compañeros no era tan sencillo. La presencia herida de Tennelle en la oficina les producía lo que solo puede describirse como un ataque agudo de compasión. ¿Qué podían hacer ellos? La situación exigía piedad, en el sentido antiguo, sin ese estigma condescendiente que tiene ahora la palabra. En la mitología, una piedad así podía hacer que las piedras lloraran. Pero, bajo las normas de etiqueta de trabajo de Robos y Homicidios en 2007, la única expresión permisible de piedad era inadecuada: repeticiones masculladas de la frase «Cuánto lo siento...» y erráticas ofertas de ayuda que eran ignoradas, como bien sabían aquellos que las ofrecían.

Era un estado de cosas imposible. Tennelle era tan suave e impenetrable, tan decidido y profesional y, aun así, estaba sumido en una angustia tan evidente, que sus amigos no podían ni actuar con normalidad ni tratar de llegar hasta él sin sentir que, en cierto modo, lo estaban machacando.

La muerte ya era algo bastante grave. La muerte de un niño era algo insoportable. Pero ¿y el asesinato de un niño? No hay nada peor. La respuesta de los inspectores de policía no difería de la de los vecinos de los Los Ángeles Sur. El asesinato de un ser humano, en cualquier parte, es como una piedra que se arroja a un estanque. De ella emanan olas de amargura, que rompen sobre un círculo cada vez más amplio de amigos, compañeros y conocidos, y que finalmente rozan a aquellos que están más lejos del punto de impacto: amigos de amigos, antiguos compañeros de clase. Todos, en alguna medida, estaban asqueados por estas sucias noticias; un asesinato, algo tan horrible, tan increíble, que ningún grado de separación es lo bastante grande como para neutralizar su veneno.

Algunos compañeros de Tennelle tenían hijos más o menos de la edad de Bryant. Se habían enfrentado al duelo posterior a un homicidio durante toda su carrera. Sabían lo que suponía. Finalmente, Tennelle tuvo que recurrir a Lyle Prideaux, su jefe: «No puedo soportar que me aborde nadie más —le dijo—. Solo necesito poder trabajar». Discretamente se corrió la voz y lo dejaron en paz.

Pero eso no quiere decir que lo olvidaran. Es posible que la actitud estoica y reprimida que adoptaba el duelo de Tennelle produjera una transferencia de emociones. Los inspectores de policía de la 77 murmuraban con amargura. El personal de la unidad de Robos y Homicidios opinaba que ellos podrían haberlo resuelto. Tennelle, por supuesto, se guardaba muy mucho de expresar su opinión. Nadie en la unidad de Robos y Homicidios sabía que él había querido en secreto que el caso se adjudicara al *ghettoside*.

Pasó el tiempo. Aún con su dolor a cuestas, Wally hijo, como sus padres, dejaba pasar semanas sin pensar ni una sola vez en los asesinos de su hermano. Estaba buscando trabajo, intentando sacar partido a su licenciatura en la UC de Irvine.

Y entonces, un día, se dio cuenta de que los asesinos ocupaban sus pensamientos. Se sorprendió preguntándose quiénes serían, qué aspecto tendrían. Si estarían arrepentidos. Si él podría perdonarlos en caso de que así fuera.

Se obsesionó con la cuestión de si se resolvería el caso. Recordó que su padre le decía que las primeras cuarenta y ocho horas eran decisivas a la hora de conseguir que la gente hablara. Era lo mismo que decían en la tele. Cuando ya había pasado un mes, empezó a sentir una preocupación corrosiva. Se imaginaba, con espanto, que su vida seguía y que nunca sabría lo que le ocurrió a su hermano. Desarrolló la costumbre de rezar antes de dormir. Noche tras noche, cerraba los ojos mientras repetía una simple letanía: «Por favor, resuelve el caso».

El caso se le había adjudicado a Armando Bernal, uno de los inspectores más experimentados de la 77. Bernal había comenzado su carrera en 1981, en la división Hollenbeck, de mayoría hispana, situada en el barrio de Boyle Heights, en el límite este de la ciudad, antes de trasladarse a la 77 y, posteriormente, a la sección de Homicidios de la Jefatura Sur en 1989, donde aprendió que el informe de cada caso debía ser «claro y conciso».

Bernal no se definía como agresivo. Era prudente y cuidadoso. Aspiraba al control. Quería impedir que sus casos se dispersaran en «todas direcciones».

En el apogeo de los Grandes Años, Bernal tuvo las mismas experiencias que el resto: fines de semana de servicio, frustración constante, la indiferencia de los medios de comunicación: una bofetada diaria. Bernal era taciturno. Pero tenía sus admiradores en la 77. Era uno de los inspectores más fogueados de una unidad relativamente inexperta, y se le consideraba una buena baza.

Pero, a partir de una abundancia de pistas tempranas, proporcionadas por testigos oculares bienintencionados, el caso se había estancado rápidamente. Bernal tenía la descripción de un coche negro y la de un tirador joven y de piel oscura, pero también un par de relatos que contradecían esto y muchos rumores callejeros. Había tantas bandas cuyos territorios convergían en esta parte de Los Ángeles que el campo de sospechosos potenciales era inmenso. Era difícil saber a qué rumores dar crédito. Bernal suspendió sus vacaciones y faenó durante los fines de semana para resolver el caso. Su pareja era Rocky Sato, con tanta experiencia como él, y le ayudaron también otros miembros de la unidad. Pero, tras un torrente inicial de entrevistas, Bernal salía con las manos vacías.

Era un patrón al que estaban acostumbrados. Durante años, más de la mitad de los casos de homicidios «de bandas» en la 77 habían naufragado de manera similar: se enfriaban hasta terminar en el almacén. Pat Gannon, el jefe, sufría la situación sin dar señales de ello. Se propuso pedir informes frecuentes sobre el caso Tennelle.

En privado, Gannon admitía que se encontraba en una posición difícil. Su impulso era presionar, pero también sabía que la presión de los superiores podía simplemente complicar aún más las cosas. Era consciente de que había un sentimiento de frustración a punto de estallar. En la unidad de Robos y Homicidios este sentimiento era aún más amargo. Pero, incluso en la Jefatura Sur, donde apenas conocían a Wally Tennelle en persona, el caso era una herida abierta. El nuevo grupo de homicidios de Gannon, unificado en la Jefatura Sur, mantenía reuniones semanales. Una semana tras otra se exponía el caso Tennelle ante todos los inspectores de homicidios de la Jefatura Sur. Una semana tras otra la novedad era que no había novedades: no había más pistas que perseguir.

Kelle Baitx, un antiguo compañero de Tennelle y ahora supervisor de homicidios en la división Newton, estaba empleado en otra jefatura. Solo conocía de tercera mano la angustia que el caso Tennelle despertaba en la Jefatura Sur. Pero Baitx no podía evitar darse cuenta, a medida que pasaban las semanas, de que la esperanza se desvanecía.

Le extrañó. Los asesinos, suponía él, aún vivían cerca de allí. Sería difícil equivocarse si se dijera que vivían en un radio de diez manzanas de la escena del crimen. ¿Y el asesinato del hijo de un policía? Deberían haber saltado todas las alarmas del GIN. A Baitx le extrañaba que en la 77 no se oyeran más rumores. Baitx también había escuchado los murmullos de queja que emanaban de la unidad de Robos y Homicidios. Pero sabía lo difíciles que eran los casos que implicaban a bandas. Se propuso no cuestionar a Bernal.

Baitx conocía lo suficiente a Wally Tennelle como para no sorprenderse de que solo se hubiera tomado tres días libres. Tennelle había sido siempre así: no era tímido, ni altivo, sino únicamente (más tarde Baitx suspiraría profundamente tratando de describirlo) «muy, muy práctico», dijo.

Llamó a Tennelle para ofrecerle consuelo. Pero Wally mantuvo una normalidad sólida como una fortaleza, fintando con destreza. «¿Qué tal, Kelle?», exclamaba Tennelle con un tono alegre y, antes de que Baitx pudiera sonsacarle una sola palabra, lo asaltaba con preguntas, contraatacando el interés solícito de Baitx con un muro blindado de charla risueña. Baitx se encontró hablando de su propia vida, superado por el interés amistoso de Tennelle. Y colgó pensando que Tennelle había conseguido que él se sintiera mejor, no al contrario.

Baitx, desde la distancia, no podía por menos que albergar sentimientos de protección hacia su antiguo compañero. Había algo que le inquietaba: las conversaciones sueltas que escuchaba en el Departamento acerca de la decisión de Tennelle de vivir en la 77. Era como si algunos policías creyeran que, viviendo allí, Tennelle no podía esperar otra cosa. «Me pareció que era asqueroso por su parte decir eso», protestaba Baitx. Se encendía en defensa de Tennelle. «¡Nos podía haber ocurrido a cualquiera de nosotros! —insistía ante sus compañeros—. No creo que la causa fuera el lugar donde vivía».

El hermano Jim Reiter, del instituto St. Bernard, tuvo una experiencia semejante. En su calidad de capellán participó en una ronda en la división 77, poco después de la muerte de Bryant. El asesinato se discutió en la reunión a primera hora y suscitó algunas discusiones. «¿Por qué iba nadie a querer vivir en ese vecindario?», le preguntó un agente al sargento. El sargento estaba de acuerdo. Reiter protestó en silencio. Es un buen barrio, pensó. ¿Por qué tendría que mudarse de allí la familia Tennelle?

Reiter se había educado en una familia germano-irlandesa del noroeste de Chicago. Recordaba que, cuando la población negra llegó al barrio, la gente le proponía a su familia que se mudara. Y recordaba la respuesta de su padre: «Malditas las ganas que tengo de mudarme de este barrio». Reiter sospechaba que el padre de Bryant era el mismo tipo de hombre que su padre y tenía razón. Pero, incluso aunque sus amigos lo defendieran, Wally Tennelle, en su interior, cuestionaba sus propias decisiones. Había ocurrido inmediatamente. Sus ojos se habían llenado de lágrimas un segundo frente al teniente Lyle Prideaux en el hospital California. «La he cagado», le dijo a Prideaux.

Una y otra vez, durante las semanas y los meses posteriores, Wally Tennelle calculaba repetidamente las casi nulas probabilidades que tendría de ser asesinado un niño negro criado en cualquier otro lugar de Norteamérica. Se preguntaba dónde podría haber llevado a Bryant para que estuviera seguro. Repasaba sus decisiones, su obstinación por quedarse en ese barrio, al que consideraba su hogar. Reconsideraba su idea de que los chicos debían tener una casa única en la que pasar toda su infancia.

Tennelle se había quedado en la 77 por razones prácticas, por supuesto, las mismas que ataban a Baitx a El Sereno. Pero había más cosas. Una razón secreta, nunca admitida en voz alta. Era una razón enraizada en un principio, la misma razón que, durante tanto tiempo, le había impulsado a negarse a aceptar la promoción a la unidad de Robos y Homicidios.

Wally Tennelle creía que la gente de Los Ángeles Sur se merecía tener buenos policías. Policías comprometidos. Policías que estuvieran dispuestos a vivir en sus barrios. Mantenía esa creencia tan en secreto que ni siquiera los miembros de su familia entendían por completo su postura. La reveló con reticencias, al cabo de los años, después de que se le presionara repetidamente.

Tennelle confesó entonces que, durante mucho tiempo, le había molestado la manera en la que sus compañeros agentes de la policía se comportaban en las calles del *ghettoside*. Había concluido que, «si vives a sesenta millas de distancia, es fácil perderle el respeto a la gente, despreciarla». Él no había querido ser esa clase de policía. Tennelle era uno de esos escasos agentes que realmente encarnaban la filosofía que aquellos que criticaban al Departamento de Policía de Los Ángeles defendían: había elegido vivir en la ciudad por la que patrullaba, por pura valentía y sentido de la responsabilidad.

«Yo creo —decía a su modo discreto—, en cuidar a la comunidad en la que vivo».

Tennelle era ese tipo de policía ideal por el que la ciudad decía estar clamando. Y ahora su hijo había muerto. Y su caso era un asesinato más sin resolver del *ghettoside*.

13
El encargo

Junio dejó paso a julio. Skaggs consiguió un puesto excepcional de inspector de homicidios D-3 sin tareas de supervisión, en la división Suroeste, en los alrededores de la Universidad del Sur de California, donde trabajaría junto a Rick Gordon. Se estaba preparando para abandonar la división Sureste y trasladarse a la comisaría Suroeste hasta que las oficinas del grupo de Homicidios especializado en pandillas estuvieran listas en la división 77. Las tres unidades de la división iban a agruparse entonces en una gran oficina en el segundo piso del edificio de la comisaría con forma de zigurat que se encuentra en Broadway, cerca de la avenida Florence.

Mientras tanto, los varones negros seguían siendo asesinados al sur de la 10. El ritmo de muertes era moderado en relación a los patrones históricos, pero en las semanas posteriores al asesinato de Dovon Harris, un hombre negro era asesinado en la zona cada tres días, aproximadamente.

Entre los muertos estaba Anthony Jenkins, de cuarenta y seis años.

Jenkins era un drogadicto, un «fumeta» en la jerga de la calle. Fue tiroteado a media tarde en la acera trasera de la Manual Arts High School, en la división de la calle 77, tres días después de que Dovon Harris muriera tiroteado. Jenkins estuvo un buen rato sangrando en el suelo a la vista de todo el mundo. Los niños pasaron a su lado en sus monopatines. Tuvo que pasar un rato largo hasta que un transeúnte llamara al 911. Cuando llegó el inspector Jim Yoshida, de la división de la calle 77, una muchedumbre se agolpaba en torno a la escena. Mientras sus compañeros y él empezaban a investigar, «se reían de nosotros», informó Yoshida más tarde. «Se reían de nuestro afán por investigar».

A Yoshida no le sorprendía, era un agente experimentado de la Jefatura Sur. Pero no se encontraba con muchos ánimos, igual que muchos inspectores de esa jefatura en aquel verano sumido en la noche. Cuando le preguntaron por el caso Jenkins, Yoshida estalló: «¡A nadie le importa un comino! —respondió bruscamente—. ¡A nadie le importa un comino! ¡A nadie le importa una mierda!».

Entonces, entrada la noche del 11 de julio, las cosas cambiaron. El agente de la división Sureste Francis Coughlin estaba patrullando en la zona Bounty Hunter en Nickerson Gardens cuando se topó con un grupo de jóvenes negros que estaban bebiendo alcohol. Coughlin llevaba diez años en la división Sureste y estaba especializado en pandillas, pálido como la bruma marina de mediodía y de pelo escaso, color arena. Procedía del entorno católico irlandés, tradicional de Boston. Por algún motivo, su hablar llano de Boston, como el del jefe William Bratton, no se le había borrado, a pesar de llevar viviendo muchos años en California.

Coughlin era uno de los tipos más finos entre los agentes de la Sureste. No condenaba a amplias franjas de residentes como hacían algunos de sus compañeros. Tenía sensibilidad suficiente para reducir el porcentaje de «cabezas huecas» a cifras de un solo dígito y le gustaba la mayor parte de las personas con las que trataba en la calle. Como todo el mundo en la ciudad amurallada, Coughlin estaba perplejo y enmudecido por el baño de sangre. «Es tan surrealista...», dijo. Para poder creerlo, «hay que verlo».

El lugar en el que Coughlin encontró al grupo que estaba bebiendo estaba en los Nickersons; es decir, en el barrio de viviendas sociales de Nickerson Gardens, cerca del lugar donde Dovon Harris murió tiroteado. El grupo que estaba bebiendo, vio a Coughlin y salió corriendo. Él les persiguió. Uno iba en silla de ruedas. Salió disparado a golpes de rueda fuertes y rápidos. Coughlin dijo que vio cómo el sospechoso en silla de ruedas tiraba una bolsa de marihuana. Esperaba encontrar un arma ilegal. A Coughlin no le preocupaba la marihuana. Para él, y para muchos de sus compañeros, las drogas no eran más que un pretexto para cachear y detener a pandilleros sospechosos de otros delitos violentos aún sin resolver.

Era así como Coughlin desempeñaba su trabajo muchas noches. Coughlin poco podía hacer respecto a los pistoleros de la Sureste que se iban de rositas. Pero podía aplicar la legislación contra las drogas, los mandatos judiciales contra las pandillas y las condiciones de libertad provisional y condicional con relativa facilidad, poniéndose a conducir por la zona y echando «buenas ojeadas»: buenas observaciones, expresión policial que remite al acto de identificar, de un vistazo, un bulto bajo una camisa, un movimiento subrepticio de las manos. Corría especiales riesgos en la identificación de armas: ese era el estándar de oro.

Los métodos de Coughlin no podían dejar de ser percibidos como puro acoso por parte de quienes los padecían. Después de todo, ¿qué importancia podía tener una bolsa de marihuana en un lugar en el que moría tanta gente? Pero el incentivo de Coughlin no era falsear las estadísticas, mejorar la «clasificación» de su brigada o fastidiar a los jóvenes del barrio. Había visto al Monstruo y su conciencia le pedía hacer algo. Así que se sirvió de las facultades de que disponía para compensar la falta de vigor del Estado en respuesta a los asaltos y los asesinatos.

Esta práctica de usar «delitos sustitutorios» en lugar de otros que acarrean investigaciones más difíciles y caras estaba generalizada entre las fuerzas del orden público estadounidenses. El jurista William J. Stuntz la identificó como una tendencia particularmente nociva de las últimas décadas. En California, la justicia por sustitución había transformado la aplicación de las condiciones de libertad provisional y condicional en una especie de sistema judicial oculto, que ahorraba al estado el problema de acumular acusaciones que resultaban caras. De esta suerte, las prisiones estatales, ya atestadas de internos enfermos y viejos, estaban todavía más saturadas de reclusos.

Pero en las salas de la brigada en la comisaría de la Sureste, los polis insistían en que era preciso tomar medidas a la desesperada. Oían el nombre de un pistolero, pero resultaba que no podían «endosarle una acusación» porque ningún testigo iba a declarar en su contra. Así que redactaban una orden de registro por tráfico de estupefacientes o le atrapaban cometiendo el delito. «Podemos encerrarles con mucha mayor facilidad por drogas que por agresión. Nadie va a darnos información sobre una agresión», explicaba Lou Leiker, que ocupaba un puesto de inspector en la Sureste en los primeros años de este siglo XXI. Para ellos, la justicia por sustitución era una postura de principios contra la violencia. Era como una imposición personalizada de la ley marcial.

Ese es el motivo de que Coughlin diera inicio a una persecución implacable de aquel camello de maría en silla de ruedas. Coughlin atrapó y cacheó al hombre. Le encontró un viejo revólver deslustrado.

Hasta Coughlin entendió por qué llevaba esa pistola. Los varones negros que vivían en Watts estaban en peligro constante. Los que vendían drogas corrían aún más peligro. ¿Y los que no podían huir? Casi podría decirse que era cuestión de tiempo que un camello en silla de ruedas fuera objeto de un ataque grave. De hecho, un hombre en silla de ruedas como resultado de un disparo había sido asesinado en los Nickersons, cerca de ese mismo lugar, unos pocos años antes.

En cualquier otro lugar, recibir un disparo no una, sino dos veces, podría parecer una posibilidad sumamente improbable. Pero en el departamento forense, los investigadores médicos estaban acostumbrados a ver viejas cicatrices de bala junto a la herida nueva y letal. Parecía como si aquellos hombres hubieran sido utilizados para prácticas de tiro, tal y como comentó un perito forense. Como si hubieran muerto a cámara lenta. Los primeros disparos les mutilaban o les paralizaban. Los siguientes, meses o años más tarde, terminaban liquidándoles.

Aquel hombre llevaba esa pistola para defenderse. Quería sobrevivir. Sus piernas ya estaban paralizadas por disparos de arma de fuego. Si alguien volvía a atacarle, quería estar preparado.

Coughlin le envió a prisión. Mandó su arma al laboratorio de balística. El análisis rápido y de alta calidad de las armas de fuego era el tipo de investigación científica que resultaba decisivo en la resolución de homicidios callejeros. Pero en el Departamento de Policía de Los Ángeles el laboratorio de peritaje balístico estaba desbordado de trabajo atrasado. Estaba eclipsado por el laboratorio de ADN, que disfrutaba de una mayor atención pública y mediática. Los analistas balísticos a veces tenían que explicar lo que hacían a sus propios compañeros; los periodistas confundían a menudo el análisis de armas de fuego con la ciencia de la balística.

El laboratorio estaba dirigido por Doreen Hudson, que no pertenecía al cuerpo de Policía. La mayor parte de su trabajo, como el de La Barbera, consistía en idear argucias para compensar la falta de recursos. La violencia de negros contra negros al sur de la 10 se acumulaba en la ristra de casos del laboratorio. Los inspectores tenían que esperar semanas hasta recibir los resultados. Hudson hacía lo que podía. Por ejemplo, aceleraba el trabajo en determinados casos basándose en el criterio de los inspectores antes que en las prioridades políticas o burocráticas. Otras batallas las perdía. Los cuerpos policiales continuaron fundiendo armas de fuego incautadas a pesar de la oposición de los laboratorios de peritaje balístico, que aducían que podrían servir de pruebas de cargo. Y aprendió a vivir con el sistema federal de escaneo digital que el Departamento de Policía de Los Ángeles había adoptado seis años antes, a pesar de sus limitaciones.

La base de datos de Información Balística Nacional Integrada (NIBIN, según sus siglas en inglés) clasificaba imágenes digitalizadas de balas y casquillos procedentes de escenas del crimen y armas incautadas. La base de datos disponía de algoritmos de búsqueda. Esto permitía búsquedas rápidas y económicas, que cotejaban la munición empleada en delitos con armas individuales. Pero Hudson sabía que el sistema informático no era tan perspicaz como los humanos experimentados. Se apoyaba en reproducciones digitales simplificadas de las imágenes microscópicas producidas mediante procedimientos estandarizados: un proceso que eliminaba muchos matices y figuras que resultaban reveladores.

Anteriormente, técnicos competentes pegaban con cinta fotos Polaroid de balas y casquillos, y examinaban a simple vista cada microscópico surco o muesca para compararlos con los resultados de las pruebas de tiro realizadas con armas individuales. Este método poco sofisticado no era eficiente, pero daba buenos resultados.

En comparación, el sistema NIBIN de alta tecnología era un instrumento romo, y tenía una limitación particularmente alarmante. Aunque el Departamento de Policía de Los Ángeles y muchos otros cuerpos policiales habían introducido obedientemente en la base de datos, durante años, resultados de pruebas de tiro de cientos de revólveres, corría el verano de 2007 y el sistema aún no había conseguido establecer ninguna correspondencia entre una bala utilizada en un delito en Los Ángeles y un revólver determinado. Ni una sola.

El arma utilizada para matar a Bryant era un revólver. Las pruebas de revólver son más difíciles que otros tipos de análisis de armas de fuego. Se llevan a cabo cotejando las estrías de la bala con las marcas del interior del cañón de la pistola, y no los casquillos de bala con los percutores. Las balas son cilíndricas, y los surcos y rasguños que presentan después de ser disparadas se examinan por encima de una superficie curva. En cambio, las marcas en la parte trasera de un casquillo son relativamente fáciles de leer por un ordenador. De esta suerte, aunque el sistema NIBIN era apto para cotejar casquillos con pistolas semiautomáticas, resultó inservible para cotejar balas con revólveres. Era un área en la que los humanos seguían siendo superiores a las máquinas, pero el laboratorio no estaba dotado del personal necesario para un trabajo pericial y de larga duración como ese.

Una vez más, el sistema de justicia penal parecía estar cumpliendo con su cometido cuando no era así. El sistema NIBIN parecía progresista y tecnológicamente avanzado. Pero en esta importante área —alrededor de un tercio de las armas incautadas por el Departamento de Policía de Los Ángeles eran revólveres— funcionaba por pura inercia.

Hudson conocía a Tennelle desde hacía años y estaba muy apenada. Se dio cuenta de que estaba harta de todo: jóvenes tiroteados, casos sin resolver, sus técnicos viendo entorpecida su labor por culpa de sustitutos baratos y mecánicos de la destreza humana. «Ya no aguanto más todo esto», pensó. Rick Gordon también estaba al corriente del problema del Departamento con los revólveres. Estaba intentando que se adoptara otro enfoque del problema. Así que Hudson tomó una decisión: evitarían el NIBIN. Sus empleados continuarían introduciendo imágenes en la base de datos tal y como se exigía. Pero, a la vez, establecería con discreción su propia base de datos duplicada de ejemplos de pruebas de tiro de revólveres incautados. Este tesoro secreto sería analizado de modo tradicional, con el ojo humano.

El ojo pertenecía al perito policial Daniel Rubin, que tenía formación química y cuyo acento delataba que se había criado en la ciudad de Nueva York. Rubin estudió el fragmento de bala que Garrido encontró en la escena del crimen, junto con otra que había sido recuperada de la cabeza de Bryant por el forense. Lo más probable es que procedieran de una Ruger o una Charter Arms, pensó. Ser capaces de acertar supone años de experiencia para los peritos policiales: adivinar el fabricante de un arma por el aspecto de una bala disparada. Pero Rubin también se había formado en los Grandes Años y conocía todas las sutilezas que terminaban siendo reveladoras. Instaló sistemas para identificar esas marcas de fabricantes y se encargó de establecer una cadena de custodia fiable para las muestras de bala. Cuando llegaron las pruebas de tiro, grabó en cada bala un número de identificación.

Rubin llegó a la conclusión de que las balas normales, bañadas en cobre, de las pruebas de tiro exigidas por el NIBIN producían patrones diferentes de los de las balas con baño discontinuo de aluminio utilizadas para matar a Bryant. Un compañero encontró reservas de esa munición obsoleta en una tienda local. Rubin sabía que ese tipo de munición podría hacerse añicos en la cámara de pruebas de tiro. Para evitarlo, a veces los peritos policiales utilizaban clips para meter masilla en los puntos huecos, pero eso no iba a funcionar con estas balas, pensó Rubin: el baño de aluminio era demasiado frágil. Introdujo un pequeño tornillo en cada bala de prueba para mantenerla intacta: un método que había aprendido de otro analista. Sujetó las balas con un trozo de cámara de rueda de bicicleta en lugar de pinzas para evitar dejar marcas.

Todo suponía un tremendo gasto de tiempo. Rubin no tardaría en dedicarse solo a eso, pues los agentes del Departamento de Policía de Los Ángeles incautaban más de veinte pistolas al día. Los revólveres empezaban a amontonarse. Rubin eliminó uno tras otro. Para entonces, había estudiado muchas veces los fragmentos de bala de Tennelle uno al lado del otro, memorizando la topografía microscópica que buscaba. Finalmente, al decomiso de Coughlin —el revólver número 22— le llegó el turno en la lista de espera. Pero cuando Rubin fue a buscar la ficha, se dio cuenta de que el arma nunca había llegado al laboratorio de análisis pericial; los repartidores parecían haberse olvidado de recogerlo. Volvió a pedirlo y de paso descartó más revólveres.

Rubin había perdido la esperanza. Tendría que estar buscando esa aguja en el pajar el resto de su carrera: grabaría pequeños números y enroscaría pequeños tornillos hasta su último día de trabajo. Se dijo a sí mismo que había cosas peores.

Entonces, el 20 de agosto, recogió otro sobre acolchado. Contenía las balas de prueba de tiro del revólver 22, un viejo Charter Arms Undercover, que finalmente había llegado con el reparto desde el depósito de la Sureste. Rubin se sentó al microscopio de peritaje balístico. Inclinó su luz fluorescente favorita con un ángulo oblicuo y miró. Cuando el primer conjunto de muescas se alineó, Rubin pensó que no le decía nada. Ya había estado cerca otras veces. Rotó las pequeñas treinta y ocho y volvió a mirar, rotó y miró. Luego cerró los ojos, respiró y exhaló.

Un rato después, Rubin se levantó de su silla y se apartó de su puesto de trabajo. Se quedó de pie, con las manos en las caderas, con la mirada perdida en el horizonte. Entonces sacudió la cabeza y volvió al microscopio. Desenfocó las balas del treinta y ocho y empezó de nuevo, rotándolas en dirección contraria esta vez.

Ese mismo día, más tarde, Rubin estaba en la calle, caminando penosamente bajo el calor del sol cerca de LAX. Le habían llamado para que saliera y ayudara a recoger pruebas de un tiroteo en el que se había visto implicado un agente. Hudson también estaba allí. Rubin llevaba más de una hora intentando decirle algo, pero ambos estaban ocupados trabajando en diferentes lugares de la escena. Al final se cruzaron. Rubin le habló apresuradamente.

Hudson escuchaba, frunciendo el ceño. Podría parecer extraño que no se alegrara al saber que el revólver incautado por Coughlin era el arma del asesinato. Pero la caza de un asesino siempre es algo aterrador, mucho más a medida que un caso avanza. Hacer cumplir la ley contra los delincuentes violentos es una de las tareas más peligrosas que puede llevar a cabo un Estado, y para los trabajadores que están en primera línea el peligro es visceral. Skaggs pensaba que algunos de sus compañeros menos eficientes se veían refrenados por un miedo inconsciente. Cada paso adelante hacia una detención aumentaba la presión; no atrapar a un asesino podía hacerte sentir más seguro. Cuando Hudson supo del cotejo de Rubin, no sintió júbilo, sino temor y ansiedad.

Había objeciones al éxito de Rubin. Las armas callejeras pasaban de mano en mano, sobre todo las «sucias». Los especialistas en armas de fuego consideraban que una semana o dos era el intervalo máximo para que se pudiera obtener pistas valiosas a partir de un peritaje balístico. Si pasa más tiempo, el arma habrá pasado por las manos de demasiada gente, lo que hará muy difícil la reconstrucción de la cadena de posesión. En cierto modo, era como si se intentara rastrear el origen de unos billetes falsos. Las armas que se utilizaban en las calles de Los Ángeles Sur eran, casi por regla general, armas ilegales no registradas, conseguidas en el océano revuelto del mercado negro de armas de fuego baratas. Muchas de esas armas eran muy viejas, y tan alejadas del punto de compra que resultaba imposible rastrear su historia. Los investigadores en Los Ángeles Sur se quedaban estupefactos cuando una pistola utilizada en un asesinato resultaba tener un propietario legal; podían pasar años sin que apareciera un arma así. A pesar de una legislación de control de armas relativamente dura en California, el mercado ilegal de armas de la calle ha continuado existiendo durante décadas. Los viejos miembros de pandillas de la década de los sesenta recordaban que compraban las armas exactamente del mismo modo y por aproximadamente los mismos precios que lo hacen sus homólogos cincuenta años después. Se podía comprar muchas armas en la calle ilegalmente por unos cientos de dólares, decía la gente. Las pandillas solían tenerlas en algún escondite.

La coincidencia en el peritaje balístico no significaba que el hombre de la silla de ruedas fuera un sospechoso. Había pasado demasiado tiempo como para pensar que eso fuera probable. Pero significaba que él pertenecía a una cadena de personas que conducía al autor de los disparos. Significaba esperanza. O eso parecía. Pero el hombre en silla de ruedas no ofreció ninguna información útil sobre el arma, y seguían sin aparecer pistas nuevas. El caso volvía a estancarse. Desde el laboratorio de análisis de armas de fuego, Doreen Hudson se encontraba en un estado de incertidumbre, con la esperanza de que los resultados del laboratorio condujeran a una detención rápida. «En caso contrario, tendríamos que aceptarlo —dijo—. Era lo típico: otro homicidio para la Jefatura Sur que nunca sería resuelto».

Por su parte, Tennelle había decidido no preguntar por el caso. Ni siquiera había mirado el número de caso en el ordenador. No quería echar a perder nada, ni quería que los inspectores sintieran ninguna presión. Pero en privado, la euforia que le había embargado al oír que habían identificado la pistola, no tardó en dar paso a la decepción. Decidió seguir con su trabajo. No paraba de pensar en el caso de Bryant.

Skaggs sabía del caso Tennelle por terceras fuentes: había asistido a las sesiones informativas, y observado la angustia que provocaba entre sus compañeros. Skaggs nunca había hablado con Tennelle. Pero le conocía de vista. Un día, se detuvo en los surtidores de gasolina de la división 77 y le vio allí. Era la primera vez que Skaggs veía a Tennelle desde el asesinato de Bryant. Sintió que debía decir algo, pero no pudo armarse de valor. Le falló el arrojo, algo que nunca le había pasado cuando estaba de servicio. Pero esto era algo personal. Habían asesinado al hijo de un poli y el caso seguía abierto. Skaggs se contuvo, sentía vergüenza. Esperó a que Tennelle se alejara en su coche, recordaba con desazón más tarde. «Me sentí mal porque el maldito caso seguía abierto... y ni siquiera fui capaz de acercarme y saludarle».

La vergüenza colectiva probablemente no iba mucho más allá de las filas de los inspectores. Para agentes como De la Rosa, por ejemplo, el hecho de que el hijo de un inspector de la unidad de Robos y Homicidios hubiera sido asesinado en las 80 tenía un interés relativo. Pero para los inspectores de homicidios, para quienes la solución de un caso lo significaba todo —o al menos debería— el caso Tennelle era como tener la solitaria: vaciaba lo poco que quedaba de la moral del *ghettoside*.

Por supuesto, todos entendían el problema. Los sospechosos probablemente pensaban que estaban atacando a un enemigo y se equivocaron, como sucede a menudo. Nadie que les conociera se presentó ante la policía. Todo se encaminaba hacia la misma rutina paralizante. La exasperante historia de siempre: lo que había venido sucediendo al sur de la 10 durante una generación. El asesinato de Bryant Tennelle no era tan distinto de los asesinatos de montones de hombres negros en los alrededores un mes antes de que muriera. Era similar al asesinato de Charles Williams, atacado por llevar el equipamiento deportivo equivocado, y de Dovon Harris, atacado porque estaba con otro grupo de adolescentes a los que su atacante consideró miembros de una pandilla enemiga. No causaba sorpresa que los medios de comunicación apenas informaran de estos casos.

Pero esta vez era uno de los suyos.

La culpabilidad atenazadora afectaba incluso a jóvenes inspectores como Corey Farell, el nuevo compañero de Skaggs en la división Suroeste. Farell nunca había conocido a Tennelle y apenas había pasado a formar parte del nuevo departamento. En las sesiones informativas semanales sobre homicidios, Farell se sentaba detrás, en silencio, a escuchar las deprimentes actualizaciones sobre el caso junto con el resto de los jóvenes inspectores. Pensó en cuán poco confiaba ya en la poli la llamada comunidad negra. «¿Qué vas a pensar cuando no puedes ofrecer justicia ni a uno de los tuyos?», se preguntaba.

El teniente Lyle Prideaux era delgado, con un pelo cobrizo que empezaba a encanecer.

Era una de las pocas personas en las filas de los inspectores de homicidios que sí que vestía el cargo en los días en los que se le exigía llevar el uniforme azul. Los demás le tomaban el pelo por ello. Salvo Skaggs y unos pocos más, muchos inspectores se sentían desaliñados e incómodos en su viejo atuendo azul. Todo en Prideaux, desde su mirada a su sonrisa, era ingenioso e irónico. Los gustos humorísticos del Departamento de Policía de Los Ángeles tiraban más por el lado grosero y la carcajada, y a veces no entendían a Prideaux. Como Skaggs, como Tennelle y como tantos otros, Prideaux podría haber tenido otra carrera si no hubiera sido tan hiperactivo. Su padre era un directivo de United Airlines. Se crio en Rolling Hills Estates, un remoto lugar exclusivo en la península de Palos Verdes, que contaba con una de las tasas de criminalidad más bajas de California.

Pero en un determinado momento de la juventud, ningún trabajo de despacho parecía tan atractivo como «conducir al aire libre en días soleados en un coche de policía», y eso fue lo que hizo: convertirse en un oficial de carrera en el Departamento de Policía de Los Ángeles desde los veintiún años. Cuando mataron a Tennelle, tenía cincuenta y tantos años. En cualquier otro lugar, habría estado en la cumbre de su carrera, escalando puestos directivos. Pero era un policía, así que ya tenía en mente la jubilación. Aunque no tenía una gran experiencia en homicidios, ni credenciales de ningún tipo en la zona del gueto, Prideaux era un director capaz. Había conseguido un puesto en Robos y Homicidios, y era el jefe de Wally Tennelle cuando Bryant fue tiroteado. Estaba con su mujer en Lito's, en Manhattan Beach, de camino a un espectáculo de opereta local, cuando recibió la llamada de Kyle Jackson, el jefe de la unidad. Mientras se dirigía al hospital California, el teléfono ya ardía con discusiones sobre quién debía llevar el caso. En el hospital, se encontró con Jackson y otros jefazos, y luego con Wally Tennelle. Años más tarde, la voz de Prideaux seguía mostrándose tensa cuando recordaba la escena. Tennelle «llegó y pidió perdón por las molestias —dijo Prideaux—. Sacó botellas de agua de una caja de cartón».

Prideaux llevaba vaqueros y jersey. Estaba destrozado, pero Tennelle seguía dirigiéndose a él como «teniente».

La decisión de encargar el caso a la unidad le superaba. Prideaux no estaba involucrado. Pero como todo el mundo en Robos y Homicidios, no dejó de estar atento al paso de las semanas. Seguía sin haber sospechosos. En febrero ya sabía que iba a ser destinado como teniente de inspectores a la nueva brigada de Homicidios de la Jefatura Sur. El caso Tennelle seguía sin resolverse.

Prideaux tenía ideas al respecto. En aquel momento, aunque no se podía hablar en sentido estricto de que el caso fuera lo que el Departamento de Policía de Los Ángeles llamaba técnicamente un caso frío, estaba enfriándose según los baremos del *ghettoside*.

Todas las pistas parecían condenadas al olvido, incluso la del revólver. No había habido una cobertura mediática que mereciera tal nombre. Parecía que solo era un asunto apremiante dentro del Departamento de Policía de Los Ángeles, e incluso en este era solo la preocupación de unos pocos, de inspectores como Skaggs, que se preocupaban por los homicidios en la zona sur. Y de aquellos que habían podido conocer a Wally Tennelle.

Prideaux pensaba que el caso necesitaba un revulsivo. No conocía bien la Jefatura Sur, así que puso en marcha lo que llamaba «un poco de vigilancia sonora». Empezó a preguntar por ahí: ¿quiénes eran buenos?, ¿quiénes podían resolver casos en la Jefatura Sur? «El mensaje que recibimos fue: Skaggs», recordaba Prideaux.

Prideaux tenía un vago recuerdo de ver a John Skaggs cuando era un agente joven, aunque se acordaba mejor de Chris Barling, aquel agente estrafalario que siempre parecía tener quince años, pero no sabía gran cosa de su palmarés en la resolución de casos.

Lo único que sabía era que en aquellas primeras semanas en la Jefatura Sur, seguía oyendo sus nombres. El mejor equipo en la Sureste: Skaggs y Barling. No faltaban comentarios críticos. Skaggs no gustaba a todo el mundo, parecía tener un concepto demasiado elevado de sí mismo. Prideaux se dio cuenta de que tenía una reputación, de que aplastaba toda oposición y que «como Sherman, será capaz de prender fuego al bosque para encontrar lo que está buscando», dijo Prideaux. Y el caso es que Prideaux estaba buscando un Sherman.

Buscó informes entre los mandos policiales, intentando encontrar a alguien que conociera a Skaggs. Todos los que le conocían contaron lo mismo a Prideaux: Skaggs trabaja como una mula. Trabaja los días libres y los fines de semana. Resuelve todos sus casos. Y te costará una fortuna en horas extraordinarias.

Prideaux y Skaggs nunca habían tenido ocasión de llegar a conocerse bien. Skaggs era displicente con Prideaux, al que consideraba otro burócrata del PAB (Edificio Administrativo de la Policía), y satisfecho con esta primera apreciación —como era habitual en Skaggs— nunca la reconsideró. Pero Prideaux tuvo muy buena impresión de Skaggs desde el principio. Skaggs tenía éxito, diría más tarde, porque era organizado y tenaz, tenía una gran memoria y era «brillante y perspicaz». Pero también llamó a Skaggs «un hombre muy duro».

Cuando le preguntaron qué había querido decir, explicó que los buenos inspectores de homicidios eran implacables. Tenían que dar el callo día tras día. Tenían que usar todas las ventajas disponibles para hacer que las personas hablaran. Tenían que interrogar a personas, fastidiarlas, trajinarlas, arruinarles la vida. Prideaux dijo: «Solo una persona dura puede trabajar constantemente en un caso de este tipo. Es agotador. Te deja exhausto». Ser duro, dijo, «es un atributo necesario de todo aquel que quiera ser inspector de homicidios. No quiero sonar pesimista. Pero son más duros que la mayoría». Luego, Prideaux se repitió a sí mismo: «John Skaggs —dijo—, es un hombre muy duro». Prideaux consideraba que Tennelle era otro hombre duro, en el buen sentido del término.

No fue el único que había observado algunas similitudes entre Skaggs y Tennelle: los hábitos meticulosos, la amabilidad exterior unida a una concentración de energía, la discreción sobre su vida privada, una forma nítida de ver la vida, hecha de ángulos y líneas rectas. Ambos hombres estaban hechos de la misma madera.

Ese mismo septiembre, Prideaux llamó a Skaggs y le dijo que quería que se encargara del caso Tennelle. Skaggs, que seguía siendo un surfista californiano, pensó: «Qué puntazo».

Prideaux puso al corriente a Skaggs sobre el caso. Pero también quería que Skaggs supiera algo de Tennelle, que entendiera lo que significaba el caso para los compañeros que sentían aprecio por Tennelle. Quería que Skaggs estuviera al corriente de la tenacidad y la energía de Tennelle, de su honestidad y de sus valores estrictos. En la búsqueda de palabras que definieran a Tennelle, Prideaux solo dio con las más obvias. «Es como tú», le dijo a Skaggs.

Prideaux no se limitó a encargar el caso a Skaggs. Puso a Skaggs como compañero de Armando Bernal, el inspector de la división 77 encargado originalmente del caso, que tenía buenas pistas, pero parecía estancado. Cuando Skaggs supo que tendría que trabajar con Bernal, se negó. Pero Prideaux no le dejó otra opción.

Prideaux defendió la decisión basándose en que, como profesionales, Skaggs y Bernal deberían ser capaces de encontrar el modo de trabajar a gusto juntos. Pero subestimó la entrega apasionada que los inspectores de homicidios imprimen a su trabajo, sobre todo en la Jefatura Sur, donde todo el mundo se sentía algo perseguido, y sobre todo en un caso con tanta carga emocional.

La decisión de Prideaux implicaba que había que decirle a Bernal, el inspector alfa de la 77, que no le quedaba más opción que trabajar con Skaggs, el inspector alfa de la Sureste rival, porque sus jefes pensaban que no era lo bastante bueno. E implicaba decirle a Skaggs que finalmente tenía el caso que tanto ansiaba, pero que no iba a poder llevarlo como quisiera.

Era un lío. A Skaggs no le gustaba Bernal y no se mostraba particularmente amable con él. Bernal era más cauteloso, pero estaba claro que tampoco le gustaba Skaggs.

Según contaba Skaggs, ambos habían tenido alguna pelea al principio de sus carreras. Era una historia elaborada, producto de la memoria enciclopédica de Skaggs. El quid de la cuestión parecía ser que Skaggs había resuelto algunos de los casos de Bernal y a este no le había sentado bien. Bernal se limitaba a decir que sus estilos no casaban.

Prideaux no se equivocaba cuando decía que Skaggs era como Sherman. Nada más conseguir el caso, quiso hacer lo que siempre había hecho: sumergirse en él lo antes posible, hacer todos los interrogatorios necesarios, emplear todas las horas disponibles, eliminar las pistas falsas y pulir las buenas. Quería atacar. A John Skaggs no le importaba quemar algo de terreno. Bernal era mucho más cuidadoso. Era meticuloso en la documentación de todo lo que hacía y se preocupaba en exceso de evitar duplicaciones: «Disparar en todas direcciones», como él decía, para abrir así un montón de pistas falsas.

Bernal consideraba que Skaggs era temerario, que se precipitaba a hacer cosas sin la planificación y la coordinación necesarias; Skaggs, con su odio al papeleo y a la investigación de despacho, pensaba que Bernal era demasiado fiel al procedimiento rutinario: un «inspector que consulta listas de control de tareas».

Quedaba aún otro defecto, particularmente letal, en el maldito plan de Prideaux. Ningún inspector tenía claramente la voz cantante en el caso, en contra de las normas fijas que Skaggs establecía para compartir las investigaciones.

El primer paso de Skaggs fue ojear la ficha del asesinato para comprobar lo que ya se había hecho. Como era de prever, la ficha le provocó fastidio.

Skaggs supo que la 77 andaba detrás de rumores callejeros que decían que una pandilla llamada los Rollin' Sixties estaba implicada en el asesinato. Comprobó que este era el enfoque que se estaba siguiendo, aunque no se estaba haciendo a su manera. En vez de actuar sobre el terreno, tocando todas las puertas sin descanso, hablando con todo aquel que encontraran, parecía que los inspectores estaban esperando que les llegaran las llamadas. Una vez más, estaban violando el código artesano que Barling y él crearon: no hay que sentarse a esperar. Y hay que estar abiertos, sin dejarse seducir por supuestos o teorías misteriosas. «No hay que poner nunca todos los huevos en una cesta», solía decir Skaggs.

La ficha misma no era tan clara como a Skaggs le habría gustado. Estaba «arracimada», pensó. Solo Skaggs sabía con exactitud lo que quería decir con eso, pero tenía que ver con su casi asombrosa capacidad de introducir en sus investigaciones poderosos motores de avance en lugar de meros informes de actuaciones realizadas aquí y allá. Aun cuando Skaggs seguía pistas malas, no se dejaba llevar: estaba eliminando distracciones.

Skaggs reaccionó enérgicamente a la meticulosidad de la planificación y documentación que Bernal hacía de todo. Bernal cerraba citas por teléfono; Skaggs no solía hacerlo. Se desenvolvía por el Sur Central como si fuera una aldea del siglo XII, se limitaba a caminar y a hablar con la gente, confiando en la intuición y en el poder de los encuentros cara a cara. Bernal había anotado cuidadosamente todas las actuaciones. Pero para Skaggs, que consideraba que el trabajo de campo era la única actividad que tenía valor para la investigación, todas esas anotaciones eran un signo de vacilaciones y equivocaciones: pecados, en su opinión.

Bernal, por ejemplo, había anotado llamadas telefónicas que no habían sido devueltas y llamadas a puertas tras las cuales nadie había contestado. Skaggs consideraba que eso no era más que «paja». Él nunca iba a llenar una ficha sobre un asesinato con hechos secundarios. Si Skaggs llamaba a una puerta y nadie respondía, sabía que volvería otra vez, y otra, y otra, hasta que alguien respondiera. Ay de los ocupantes...; no iban a poder librarse del poli con corbata y sin chaqueta. Skaggs solo documentaba en la ficha los interrogatorios que finalmente había llevado a cabo, no las llamadas a puertas que le habían conducido a ello. Para Skaggs, el único objetivo de esas anotaciones consistía en hacer ver que los inspectores estaban muy ocupados trabajando por si alguien echaba un vistazo a lo que estaban haciendo. Había un modo de trabajar, le costaba expresarlo con palabras, pero lo reconocía al verlo, era un modo superficial que cumplía con todos los criterios técnicos sobre cómo tenía que hacerse un trabajo. Resultaba irreprochable en el caso de que cualquier supervisor hiciera una revisión del trabajo, pero carecía de las cualidades esenciales de pasión, determinación y velocidad.

Para él, el trabajo basado en seguir una lista de control de tareas y el trabajo de verdad no eran lo mismo. Uno podía recibir elogios, un cheque y llenar el día de actividades exigentes y aparentemente importantes sin resolver nunca un solo caso. En Los Ángeles Sur, pensaba Skaggs, los asesinatos solo se podían resolver con mucha energía, cuando un inspector estaba motivado por algo más grande que la promesa de una buena «clasificación» o de una promoción. Había una manera formal de hacer el trabajo, y había la manera de la Sureste, que podía resumirse en el credo del viajante de comercio que había aprendido de Sal La Barber: hay que estar siempre vendiendo. Por eso le fastidiaba cuando los inspectores se sentaban ante sus ordenadores o iban a almorzar a restaurantes.

Toda la actitud y la carrera de Skaggs hundía sus raíces en el mismo sentimiento ofendido de injusticia que llevó a Wally Tennelle a rechazar un puesto en Robos y Homicidios una década antes. Creía que las víctimas del Sur Central merecían algo mejor que la apariencia de funcionamiento del sistema judicial. Merecían profesionales capaces de ver toda la realidad y el horror de su destino y que introdujeran en el trabajo una apuesta personal por el éxito y el sentido de una misión en el campo de batalla, no solo una defensa creíble frente a las acusaciones de negligencia. Era preciso seguir y trazar incansablemente el rastro del Monstruo, no limitarse a contenerlo. De manera inconsciente, Skaggs veía en una ficha de un homicidio llena de «paja» otra expresión más de esta política tácita de contención pasiva. No le gustaba un pelo.

Skaggs no lo sabía, pero su irritación llevaba fraguándose siglos. El derecho penal en Estados Unidos siempre había acusado una tendencia a la inercia. Desde los primeros instantes de la nación, su sistema jurídico era fragmentario y tosco. El vigilantismo y las venganzas proliferaban ante el vacío legal. En los siglos XIX y XX, la policía compensaba la debilidad de los tribunales dando palizas a la gente para que aprendieran la lección. Aún en la década de los cincuenta, su trabajo consistía principalmente en agolpar borrachos en camionetas policiales. Pero donde las cosas se pusieron verdaderamente mal fue en el sur del país. En la larga y dolorosa historia de dominación de casta y contrarrevolución acechan todos los factores que se oponen a la formación del monopolio estatal de la violencia.

Antes incluso de la emancipación, la ley en el sur era enclenque. Los propietarios de esclavos querían detentar el poder de disciplinar a los esclavos sin restricciones legales. Después de la guerra civil y la reconstrucción, los exconfederados retomaron su control mediante el asesinato, aterrorizando a las personas negras emancipadas y a sus aliados blancos para volver a someterles. Esto allanó el camino para las atrocidades racistas de la legislación sureña que de algún modo han llegado a conocimiento de los estadounidenses: los tribunales atestados, los incentivos monetarios a las detenciones y las cadenas de prisioneros, abusos tan sistemáticos que, en todo el sur, las personas negras despachaban todo aquel escenario como «el tribunal del hombre blanco».

Los conservadores blancos apoyaban sistemas jurídicos que guardaran las apariencias, pero a pesar de eso pudieron satisfacer sus propósitos racistas: un sistema de «mirar para otro lado» que estaba diseñado expresamente para que se limitara a seguir su propia inercia. Las instituciones jurídicas del sur aparentaban el respeto del debido proceso constitucional, pero el verdadero poder se situaba fuera de la ley. Asesinar impunemente era algo decisivo para el proyecto supremacista blanco. La impunidad era un cliché de la ley, perfilaba un sistema en la sombra. Las instituciones jurídicas del sur eran, por momentos, hipócritas, corruptas, parciales, ineficaces, infectadas de vigilantismo o demasiado débiles para combatirlo. De esta suerte, el sur cultivaba las Furias en todo su oscuro horror. Su cosecha era el faccionalismo, los sistemas informales de disciplina y policía interna, espantosas normas de etiqueta, la intimidación a los testigos, el vigilantismo, los rumores, los incendios provocados, los linchamientos y un sistema casero basado en relaciones que el historiador Mark Schultz ha denominado «personalismo»: toda la terrible profusión de formas de justicia informal.

Para los negros, este sistema significaba que te podían matar. Los blancos podían «disparar sin motivo» a los negros. Pero eso no era todo. Se mataban también entre sí, en los campos de cultivo, en el trabajo, y en las reuniones del sábado por la noche en las que «se producían muchas cuchilladas y asesinatos». Sus tasas de muerte por homicidio eran similares —y a veces más altas— a las que se conocerían décadas después en las ciudades del norte. En Atlanta, en 1920, la tasa fue de 107 muertes por cada 100.000 personas. En Memphis, en 1920, fue de 170. Las personas negras llegaban a lincharse unas a otras, ejerciendo en ocasiones la justicia de la muchedumbre contra sospechosos de asesinato que no habían sido procesados por las autoridades blancas. Las personas blancas «tenían la ley», por citar una frase curiosa que aparece en las fuentes históricas. Las personas negras no la tenían. La ley formal solo les afectaba por motivos de control, no de protección. Los pequeños delitos eran castigados severamente, los grandes consentidos, siempre y cuando las víctimas fueran negras. John Dollard, un investigador de la década de los treinta de Misisipi, argumentaba que las luchas internas de los negros eran el producto de un plan de los blancos, o al menos de un consenso intuitivo. «Es inevitable no plantearse si no era favorable a los fines de la casta blanca el hecho de que hubiera un alto grado de violencia en el grupo negro», escribía. No parece una obviedad que la impunidad de la violencia blanca contra los negros genere asesinatos entre negros. Pero cuando las personas se ven despojadas de protección legal y se ven metidas en aprietos desesperados, es más probable que se enfrenten entre sí. Los escenarios de ausencia de ley son aterradores; si las personas pueden hacerse lo que quieran unas a otras, siempre habrá matones que hagan las peores cosas. Los estadounidenses sienten nostalgia del escenario de la aldea, y sienten aprecio por la idea de comunidad, así que la idea de que los oprimidos no se unan solidariamente no casa bien con nuestros mitos. Pero la comunidad engendra la justicia comunitaria; la aldea da origen a las peleas. La condición de verse agrupados en un mismo saco porque se tiene el mismo color de piel debe ser considerada una de las injusticias que las personas negras tuvieron que sufrir bajo la segregación.

Aparte de esto, las personas blancas se preocuparon de que la solidaridad entre las personas negras quedara reducida a un mínimo. Empleaban a negros como espías, favorecían a «sus negros» por encima de otras personas negras, y los utilizaban como peones en sus batallas mutuas. Para las personas de todos los colores, el sur era un caldero de factores que producía homicidios, un lugar en el que la ley seguía siendo una recompensa disputada en una revolución de bajo nivel e inacabada. Pero las personas negras vivían la ley, tanto en su acción como en su inacción, como una extensión sistemática de la campaña de violencia terrorista que puso fin a la reconstrucción y les despojó de los derechos que les asistían bajo la Constitución. Años después de la guerra civil, las relaciones entre negros y policías estaban teñidas por una mácula de rivalidad sectaria. Los negros de Nashville declaraban que no «¡se dejarían […] detener por ningún maldito policía rebelde!». Las personas negras luchaban contra la policía en batallas callejeras, y, como en la 77 un siglo después, liberaban a amigos de manos de la policía. Más tarde, a medida que se formaron enclaves de segregación en las ciudades del sur (el «Black Bottom» de Nashville, «Darktown» en Alaska), la policía los evitaba. Los agentes «no atravesaban las áreas de mayor incidencia de homicidios de negros, sino que se quedaban en las vías principales». Las comunidades negras pasaron, hasta cierto punto, a hacer de «policía para sí mismas», concluía un historiador.

Esto preparó el gran choque de finales del siglo XX. Una riada de migrantes negros, educados en un sur sin ley, inundó ciudades como Los Ángeles. Trajeron consigo sus altas tasas de homicidios y su tendencia a la autoayuda jurídica. La policía que se encontraron no era como la de su tierra de origen. Los agentes del Departamento de Policía de Los Ángeles disparaban y mataban a muchas personas y daban puñetazos a mansalva. «Trabajé con uno que se quitaba la pistolera y decía: "¿Quieres pelea?"», decía Bernard Parks, el antiguo jefe, al recordar sus días de patrullero en la década de los sesenta. Pero los polis de Los Ángeles eran diferentes en algunos aspectos importantes: eran muchos más y eran mucho más entrometidos. Las nuevas pautas profesionales imponían el despliegue de agentes mediante fórmulas matemáticas basadas en la frecuencia de los delitos. Como había más delitos en los barrios negros, les tocó proporcionalmente más policía. En 1961, por ejemplo, el Departamento de Policía de Los Ángeles gastó cuatro veces más per cápita en la división Newton que en Los Ángeles oeste. Los migrantes negros del sur estaban acostumbrados a que la policía les ignorara. Pero estos polis eran omnipresentes, les acosaban con molestas tácticas «preventivas».

Los resultados fueron explosivos. Watts ardió, y lo mismo pasó con Newark, Detroit y otras ciudades en la década de los sesenta. Con esta poción en ebullición, la nación se empapó de un profundo escepticismo hacia la justicia burocrática que ha llegado hasta nuestros días. La protesta negra contra el exceso de celo de policías y fiscales sigue cultivándose entre los críticos de izquierda de la justicia penal. Pero otro agravio profundo del periodo pasó casi desapercibido: la ineptitud de la respuesta oficial a la violencia entre las personas negras.

En lugar de hacer frente al creciente número de muertes en las ciudades, el sistema judicial giró hacia la permisividad. Se dedicó a rebajar el número de víctimas cuando los homicidios de negros aumentaban. Las penas de prisión por cada delito en Estados Unidos llegaron al mínimo en las décadas de sesenta y setenta, haciendo de este uno de los países más indulgentes. Los tribunales absolvían. Las concesiones de libertad condicional eran generosas. A mediados de la década de los setenta, solo un tercio de los culpables de homicidio con condena firme seguían en la cárcel después de siete años, y las calles hostiles de la Jefatura Sur estaban repletas de asesinos recién liberados. Los reformadores se centraban en los derechos de los acusados, aparentemente ciegos ante los estragos que causaba la escasa aplicación de la ley.

El péndulo osciló del lado contrario. El cambio en la década de los ochenta fue rápido e implacable. Las políticas de mano dura salieron ganando. La población penitenciaria aumentó considerablemente. El cambio incluyó sentencias más apropiadas para la violencia. Pero su impacto se vio empañado por sentencias irracionalmente duras para muchos delitos menores. Los polis empezaron a presentar cargos por «cualquier nimiedad», recordaba el abogado defensor Applebaum. «Y siempre es un delito. Todo es un delito ahora». En 2007, las personas que violaban la libertad condicional que regresaban a prisión por delitos de tipo técnico constituían la categoría más numerosa de los nuevos ingresos en prisión. Pero a pesar de todo ello, las debilidades fundamentales no cambiaron. De hecho, las tasas de resolución de casos de homicidio descendieron.

Toda vez que no es la dureza del castigo, sino su diligencia y su certeza lo que disuade de la comisión del delito, las personas negras seguían teniendo fundados motivos para sentirse desguarnecidas. Los asesinos seguían quedando en libertad, mientras que las nuevas estrategias para conseguir el descenso del número de delitos guardaban algo más que un parecido superficial con el viejo mirar para otro lado del sur. Aun después de la abolición de la discriminación legal, la situación no distaba mucho de la que los migrantes negros habían conocido en el sur. El homicidio no era solo una mala costumbre que las personas negras no podían abandonar. La segregación, el aislamiento económico y el funcionamiento defectuoso de la justicia penal estadounidense volvieron a crear las mismas condiciones.

Para las personas blancas, la justicia era casi igual de ineficaz; las tasas de resolución de casos de homicidio para todos los estadounidenses continuaban a la zaga de las naciones europeas más seguras. Pero lo que podría parecer un grado tolerable de incompetencia para una mayoría blanca relativamente segura y dispersa, se vivía de otra manera en el caso de los migrantes negros procedentes del doliente sur. Las personas blancas tenían mayor probabilidad de tener un empleo, dinero, movilidad: activos que compensan los fallos de la justicia penal, dando a las personas otros medios de obtener independencia y autonomía. No era este el caso de las personas negras que habían huido a los centros industriales en el siglo XX. Durante generaciones, los negros del sur habían padecido las debilidades de la justicia penal como un rasgo central de un sistema que les mantenía oprimidos. Para ellos, la tendencia del Estado a dejar que las personas se mataran sin pagar las consecuencias de sus actos era un aspecto de su beligerancia contra ellos. Los negros eran como un pueblo bajo una ocupación. Sobre todo en los centros pobres urbanos, vivían en enclaves minoritarios y arreglaban sus disputas al margen de la ley. A finales del siglo XX, el sistema de justicia penal ya no era muy corrupto. Muchos policías y fiscales eran honestos y profesionales, y las consecuencias legales eran relativamente independientes del color de la piel. Pero como el alcance del sistema era tan limitado, los resultados eran parecidos a los que producía la justicia-farsa. Aun cuando los procedimientos de enjuiciamiento criminal eran limpios y justos, las investigaciones de crímenes violentos siguieron siendo demasiado ineficaces y deshilachadas como para contrarrestar la magnitud de los asesinatos entre personas negras. Continuaban teniendo motivos fundados para dudar de que la justicia fuera a cubrirles las espaldas y reaccionaban en consecuencia. Era el mundo en el que vivía Skaggs, aunque no lo situaba en este contexto histórico. Lo que veía Skaggs era sencillamente lo siguiente: el sistema parecía estar ocupándose de la cuestión, pero no cumplía su cometido.

Bastaron unas pocas semanas para que las relaciones entre Skaggs y Bernal alcanzaran un punto crítico. Bernal salió de la ciudad por poco tiempo y Skaggs dio con lo que consideraba una «pista basura»: una información de un coche negro que coincidía con la descripción del vehículo utilizado por los asesinos. No consultó el asunto con Bernal. Por el contrario, fue caminando hasta la casa del propietario, llamó a la puerta y comprobó de inmediato que el coche era propiedad de hispanos, no de negros, por lo que dio así por cancelada la pista. Cuando regresó, Bernal estaba molesto. Según su versión, Skaggs había duplicado algo que ya estaba hecho y apenas informó de ello. A decir de Skaggs, Bernal no quería que siguiera pistas solo y cuestionaba sus métodos.

Como quiera que fuese, discutieron acaloradamente.

Tal vez Skaggs hubiera estado esperando en secreto este momento. No perdió el tiempo discutiendo con Bernal. No hizo grandes esfuerzos para resolver sus diferencias. Fue, como siempre, claro y directo. Le dijo a Bernal que iba a ir al despacho de Prideaux para decirle que la colaboración no iba a dar sus frutos e iba a solicitarle un cambio. Bernal intentó calmar la situación y retenerle, pero Skaggs no se iba a dejar convencer. En esto como en todo lo demás, Skaggs intentaba forzar los acontecimientos hacia un desenlace lo más rápido posible.

Y de esta suerte Lyle Prideaux se vio ante la tesitura que desde el principio había tratado de evitar. Allí estaban Skaggs y Bernal, sentados frente a él en su despacho, manifiestamente a punto de la ruptura. Skaggs solicitó que se le dejara trabajar libremente en el caso o que se le apartara del mismo. Prideaux dio un suspiro para sus adentros. Se sentía defraudado por ambos, por haber antepuesto sus problemas de personalidad a la resolución de un caso como este. Pero luego, pensó, no había metido a Skaggs en este caso porque fuera «un tipo callado que fuera a guardarlo todo en secreto». Su propósito era que Skaggs prendiera fuego a los bosques, y él era el único responsable de que estuviera ahí, justo en el medio de un incendio desatado en Santa Ana.

Indicó a Bernal y a Skaggs que abandonaran su despacho y meditó su próxima jugada.

Prideaux no tuvo que darle muchas vueltas. A su juicio, el caso Tennelle era la prioridad número uno en su nueva jefatura. Era importante para el futuro de la brigada de Homicidios reconstituida, para la reputación del Departamento en Los Ángeles Sur, y porque era una cuestión de principios. Además, era importante por lo que sentía Prideaux ante la situación, en lo más profundo de su ser. Prideaux, como todo el resto del Departamento que conocía a Tennelle, apenas podía hablar de ello sin que se le saltaran las lágrimas. Prideaux se dio cuenta de que este era el momento de ganarse el puesto y los galones.

Y así, un minuto más tarde, cambió el curso del caso Tennelle. Salió de su despacho y le dijo a Skaggs que podía quedarse el caso. Bernal se quedó estupefacto. La decisión era desconcertante y suponía una condena demoledora de su trabajo. Lo peor de todo es que le dolía en lo más hondo que se diera a entender que no lo había dado todo en el caso Tennelle. Bernal no era el trabajador indiferente que suponía Skaggs. Después de todo, también había trabajado en los Grandes Años en el Sur Central de Los Ángeles. También había dedicado su carrera a trabajar en el gueto y tenía un enorme sentido del deber ante los delitos desatendidos en la zona. Conocía un poco a Tennelle y sentía lo mismo que todos ante el asesinato de Bryant; a saber, que era insoportable y que resolver el caso era prioritario.

Y, por encima de todo esto, Bernal tenía un interés personal en el caso que iba más allá de su lealtad hacia Tennelle como compañero. Sus compañeros no sabían que el sobrino de Bernal había sido asesinado en Los Ángeles este, dentro del territorio del jefe de policía del condado de Los Ángeles, un año y medio antes del asesinato de Bryant. El caso estaba sin resolver.

Christian Bernal tenía veintiún años. Tenía previsto dedicarse a la profesión de policía y había presentado una solicitud de ingreso en el Departamento de Policía. Como muchos aspirantes jóvenes a policía, llevaba la cabeza afeitada. El hijo de Bernal estaba con él en el coche aparcado cuando los atacantes llegaron a pie. Fue como en el caso Tennelle. Los primos no eran miembros de pandillas. Tan solo eran jóvenes hispanos que fueron confundidos con miembros de pandillas rivales por el aspecto que tenían. Las descargas de revólver cubrieron a ambos de cristales rotos.

Bernal estaba en casa cuando sonó su teléfono y, al responder, oyó cómo su hijo le gritaba preso de la histeria: «¡Le han disparado, le han disparado, le han disparado!». La hermana de Bernal, madre de Christian, estaba destrozada. En el momento de la muerte de Bryant, toda la familia Bernal seguía sin poder tenerse en pie: Armando Bernal, como Wally Tennelle, solo había vivido hasta entonces el homicidio como agente de policía. Ahora sabía lo distinto que era tener a tu propia familia devastada por el Monstruo.

Rick Gordon tenía un concepto elevado tanto de Skaggs como de Bernal, y creía que ambos hombres habían hecho aportaciones originales al caso. Gordon observaría más tarde que para estar a la altura de las exigencias del entorno en el que se producían los homicidios en Los Ángeles Sur eran necesarios diferentes estilos de investigación. Cada caso era distinto, y cada caso reclamaba un estilo de investigación determinado. El enfoque de Bernal podría no haber sido el más adecuado para el caso Tennelle, dijo Gordon, pero había habido muchos otros casos en los que su combinación de paciencia y meticulosidad había dado sus frutos.

Chris Barling veía las cosas de manera parecida, a pesar de que era el mayor admirador de Skaggs. Bernal era un investigador tenaz que «absorbe antes de actuar», dijo, pero lo cierto es que al final Skaggs era «el inspector preciso en el momento justo».

Tampoco era justo dar a entender que el caso se había marchitado en manos de Bernal. De hecho, había habido grandes avances. En el momento en que Prideaux le entregó oficialmente el caso, los principales testigos oculares, el arma, la descripción del coche y los rumores callejeros más importantes ya habían sido clasificados, lo que dio a Skaggs lo bastante para continuar. Skaggs no heredó un caso imposible, sino estancado. Y no cabía duda de que Bernal se había dedicado plenamente al caso y había aplicado al mismo una comprensión que hundía sus raíces en el dolor por el asesinato de su sobrino, del mismo modo que Wally Tennelle encauzaba entonces su propio dolor en sus casos en la unidad de Robos y Homicidios.

Por último, y es algo que honra a Bernal, teniendo en cuenta las circunstancias, al final supo manejar el fiasco con cierta elegancia: se tragó su enfado, volvió al trabajo bajo las órdenes del mismo teniente que había arrancado de sus manos el que era su caso más importante y se entregó de lleno al resto de sus obligaciones con una profesionalidad a prueba de bomba.

Mientras tanto, Skaggs se puso manos a la obra.

14

Todo el mundo sabe

Para algunos de sus detractores en la jefatura, John Skaggs ya tenía el compañero que necesitaba. Circulaban a sus espaldas rumores sarcásticos sobre el nuevo equipo de inspectores compuesto por «Skaggs y su Ego».

Pero Prideaux hizo que Skaggs eligiera a un segundo de carne y hueso para trabajar con él en el caso. A Skaggs le habría gustado que fuera Barling, pero no era realista, porque Barling tenía ahora el nivel D-3. Así que Skaggs designó al joven que había sido su compañero en su breve estancia en la Suroeste, Corey Farell.

Muy en su línea, también hizo todo lo necesario para poder salir y hablar con gente tanto como fuera posible. Así que un día en el que Farell estaba muy ocupado con otra cosa, buscó por la oficina a ver qué otro agente estaba disponible. Como líder indiscutible del caso, por fin podía moverse como quería y no tenía la intención de dejar que nada lo retuviera.

Resultó que Rick Gordon estaba cerca. Así, el 1 de octubre, cinco meses después de la muerte de Bryant, Skaggs (necesitado de un compañero temporal) designó a Rick Gordon y le pidió que le acompañara. Y así fue como los dos hombres (posiblemente los mejores inspectores del gueto que había en aquel momento en la ciudad) salieron en una misión muy particular.

El hombre al que Coughlin había pillado con el revólver formaba parte de ese batallón de hombres negros del Sur Central cuya mitad inferior estaba desplomada sobre una silla de ruedas, apoyada en muletas o embutida en aparatos ortopédicos. Al pasear con el coche por el Sur Central, era habitual ver a estas víctimas: hombres jóvenes que habían recibido un disparo, mezclas discordantes de salud y debilidad, rostros jóvenes y extremidades hechas trizas. Si se les preguntaba qué había pasado, daban la misma respuesta que este hombre daría más tarde ante el tribunal. Dos palabras: «Un tiro».

Aparentaba menos de los veintiocho años que tenía. Ostentaba una boca pequeña y una nariz estrecha y alargada que se ensanchaba en la base; su piel era fina y muy oscura. Un pulcro hilo de barba le enmarcaba la barbilla. La ropa que llevaba era luminosa y estaba planchada: hasta los pantalones, que le caían con un pliegue amplio entre los muslos. Era bueno con su silla de ruedas; se impulsaba con deportividad. Si una silla de ruedas puede pasear, eso es lo que hacía la suya. No había sido lo bastante rápido como para escapar de Francis Coughlin. Pero Coughlin era más veloz que la mayoría de los tíos a pie.

El hombre poseía una tranquila dignidad a pesar de su máscara de pesadumbre y recelo. No parecía desquiciado por los traumas, como sucede con algunos pandilleros cuando pasan los veinticinco. Su manera de hablar era calmada y razonable. Hablaba de salir y decía que quería retomar los estudios. Parecía decirlo de corazón. Algunos de los agentes de la Sureste le conocían personalmente. «Un mafioso —decían, pero añadían enseguida—: No es un mal tipo». Algunos incluso afirmaban que les gustaba. El hombre de silla de ruedas era un prototipo: un tipo normal atrapado de alguna manera en el patetismo de la vida pandillera.

Le habían disparado al volver a casa después de un partido nocturno en su instituto doce años antes. Un coche se acercó y escuchó a alguien gritar: «¡Costa este!»; a continuación, oyó los tiros. Le habían disparado siete veces, pero solo sintió las últimas tres. Más tarde, se sorprendió cuando se enteró de las demás. Yacía atropellado en el suelo cuando una sensación de quemazón empezó a recorrerle el cuerpo. Eso era todo. Una sensación de quemazón. El médico entró en su habitación del centro sanitario King-Dew a la mañana siguiente, después de la cirugía. Tenía la columna vertebral fracturada. No volvería a caminar. Tenía diecisiete años.

Después de que Francis Coughlin atrapara al hombre con el arma, Bernal acudió de inmediato y le «meneó»: le visitó mientras estaba detenido y le preguntó de dónde había sacado el arma. El hombre dijo que se la había comprado a un «fumador» (un adicto al *crack*). El hombre se había mostrado colaborador. Había dado detalles del hombre sin hogar.

Aun así, la información no había sido de gran ayuda. Un tipo sin hogar probablemente no tendría conexiones con las bandas e iba a costar más seguirle la pista. Bernal volvió con Rick Gordon. El hombre repitió su historia. Después de que a Skaggs le asignaran el caso, Bernal y él volvieron juntos una cuarta vez. Misma historia.

Cuando John Skaggs llegó a interrogar al hombre de la silla de ruedas en la cárcel de las Torres Gemelas el 1 de octubre, era la quinta visita que este recibía de investigadores.

Para Skaggs, era evidente que el hombre de la silla de ruedas mentía; evidente que había que volver a interrogarlo, una y otra vez si hacía falta. A ojos de Skaggs, no era más que un punto en el que apoyarse: una palanca oxidada que cedería con la persistencia adecuada. El tipo de persistencia que era su especialidad. ¿Por qué estaba Skaggs tan seguro? No podía decirlo. La falta de honradez del hombre le resultaba tan clara que no merecía explicación. Aquello formaba parte de la perspectiva adaptada del artesano: Skaggs detectaba las mentiras de la misma manera en que un buen constructor advierte que una viga está desnivelada.

Gordon y Skaggs se sentaron con él en una pequeña sala de interrogatorios en la cárcel de las Torres Gemelas.

El hombre de la silla de ruedas ya conocía a Gordon, así que Skaggs dejó que Gordon se encargara de hablar, siguiendo la vieja regla de la Sureste, por la que guía uno solo. Gordon inició la conversación con un tono de familiaridad, como si estuviera retomando un hilo que acababan de dejar. Al igual que Skaggs, Gordon llevaba los interrogatorios cual citas de negocios. Tenía un estilo apagado y pesaroso, como si lamentara los problemas que estaba ocasionando.

El hombre de la silla de ruedas explicó una vez más su historia del adicto al *crack* que le vendió el arma: «El tipo tenía una barba blanca. Era flaco. Rondaba los cuarenta». Cuando Gordon le presionó para que diera más detalles sobre su pelo, el hombre se quedó pensativo, como si se estuviera esforzando para ser preciso: «Más bien gris. Cortito», le dijo a Gordon.

Gordon aumentó la presión sin cambiar el tono. Para entonces, el hombre ya había adivinado sin duda que le habían pillado con un arma muy pero que muy, llena de mierda. Los inspectores de homicidios no te visitan cinco veces por un simple asesinato de bandas.

Gordon sugirió que al hombre le podrían acusar de un delito grave. «No me gustaría ver que un tipo como tú acaba con sus huesos en la trena», dijo Gordon. «¡Estamos juntos en esto!», replicó enseguida el hombre.

La voz de Gordon se mantuvo amable. Pero era apremiante. «Queremos tu cooperación, al cien por cien, y tengo la sensación de que la tenemos, pero...».

El hombre estaba callado. «¿En qué estás pensando?», preguntó Gordon. Silencio. Gordon bajó la voz, le llamó por su nombre de pila. «Como te he dicho antes, puedes borrar todo lo que nos has dicho —afirmó—. Si no es la verdad, preferiría no malgastar mi tiempo».

Los inspectores de homicidios mienten a los sospechosos de manera rutinaria y legal. Pero Gordon tenía una táctica aún más astuta. Empezó a contarle al hombre la verdad. Su tono estaba libre de florituras, como si estuviera hablando con un compañero. «No sabes lo ocupados que estamos —le dijo—. Estoy trabajando en más asesinatos de los que puedas imaginar. Si no es la verdad, preferiría seguir pistas buenas. No me voy a mosquear contigo si todo es un invento. Estoy buscando la verdad y punto».

Gordon decía exactamente lo que pensaba en realidad. Tenía muchos casos y era cierto que no quería perder el tiempo.

Skaggs callaba. Al fin, el hombre volvió a insistir en que le había comprado el arma a «un vagabundo con pinta de fumador». Añadió el detalle de que los dos habían hablado de intercambiarse una cadena de música.

Los inspectores no estaban llegando a ninguna parte. Gordon era tenaz pero no severo. Seguía haciendo la misma pregunta de cinco maneras diferentes. Al final, aparentemente resignado, empezó a irse por las ramas y cayó en una cháchara intrascendente.

Los inspectores estaban a punto de marcharse. Preguntaron por la familia del hombre. Preguntaron por sus hijos. El hombre les contó que acababa de tener un hijo, un «bebé». Su tono se relajó. «No soy de los que van a la cárcel —manifestó—. Solo quiero salir de aquí, recomenzar mi vida, retomar los estudios». Los inspectores le comprendían. La conversación fluía. Finalmente, Gordon y Skaggs hicieron ademán de marcharse. Gordon lanzó una última pregunta.

«¿Algo más? —preguntó Gordon—. ¿Puedes ayudarnos de alguna manera?». Gordon estaba intentando darle al hombre la oportunidad de dejar caer una pista. Las pistas eran habituales en este tipo de interrogatorios. Las personas que tenían miedo a testificar trataban de ayudar a los inspectores de forma indirecta. En ocasiones, les dejaban mensajes anónimos, notas garabateadas metidas bajo los limpiaparabrisas de sus Sedán.

Pero el hombre de la silla de ruedas no dijo nada. Abrió de par en par la cortina y deslumbró de repente a los presentes. Su tono cambió. Había sonado despreocupado. Ahora su voz era sombría.

«Bueno, os lo digo sin rodeos, agentes —manifestó—. La verdad es que le pillé el arma a ese cabrón».

Los inspectores se quedaron congelados, a la espera. Entonces el hombre soltó la pista que Skaggs sabía desde el principio que tenía. «Le llaman el Descerebrado», dijo.

Gordon y Skaggs salieron con el caso totalmente cambiado. El hombre de la silla de ruedas no le había comprado el arma a un fumador. Había pagado cincuenta dólares a un pandillero misterioso con ojos avellana y pelo rizado llamado Descerebrado un día en el campus del Southwest College.

Les contó que el Descerebrado pertenecía a una banda llamada los 111 Blocc Crips, un subgrupo de los Rollin' Hundreds Blocc Crips. Por un momento, los dos inspectores se quedaron perplejos. A pesar de todos los años que habían pasado en la Jefatura Sur, ni Gordon ni Skaggs reconocían el nombre de aquella banda. Las bandas eran tan hiperlocales que los Rollin' Hundreds, ubicados a pocos minutos en coche de la 77, bajo la circunscripción de la Policía Regional, podían perfectamente venir de otro país. El Descerebrado tenía una lágrima bajo el ojo, dijo el hombre, y la letra B tatuada en el brazo.

El Descerebrado se juntaba con una chica, dijo el hombre. Una chica. Ambos inspectores se pusieron doblemente en alerta. ¿Quién era? ¿Una sin hogar o algo parecido?, preguntaron. No, dijo el hombre: «No era ese tipo de chica. No se metía en drogas, ni en bandas».

¿Una buena chica?, preguntaron. «Sí», dijo el hombre.

Cuando acabó, Gordon le preguntó por qué no se había sincerado con ellos antes. Dio la respuesta que Gordon había escuchado cientos de veces: «Tengo familia ahí fuera... No quiero que me vuelen la cabeza; que disparen a mi mami y a los niños».

Le dijeron que su nombre no aparecería en ningún lado. Le mintieron.

En la cabeza de Skaggs, una idea empezaba a cobrar forma.

Un testigo interrogado en el lugar del asesinato la noche de la muerte de Bryant había mencionado el rumor de que una banda llamada Rollin' algo estaba implicada en el suceso. En varios nombres de bandas de Los Ángeles se utilizaba la palabra «Rollin'», como, por ejemplo, en los Rollin' Sixties, ubicados en el norte. Pero ahora Skaggs volvió a recordar aquel detalle. Lo unió a un fogonazo de la memoria: un nuevo grafiti que Skaggs había localizado poco después de que mataran a Bryant. Nathan Kouri y él lo habían visto mientras pasaban con el coche cerca de la escena del crimen: la palabra «Bloccs» garabateada en una pared.

Skaggs estaba buscando una alternativa a la teoría de los Rollin' Sixties, que, a su parecer, había monopolizado demasiados esfuerzos investigadores sin dar ningún fruto. Aquí tenían ahora dos pistas que apuntaban hacia los Rollin' Hundreds Blocc Crips.

Aquello era muy propio de la manera de trabajar de Skaggs. Su enorme memoria se metía desde el primer minuto en el caso, archivando cada detalle: un comentario aislado, una firma grafitera grabada sobre una ventana. Para otra persona, este tipo de impresiones fortuitas no tenían ningún sentido aparente. Pero Skaggs sabía que, bajo la superficie, se formaría un patrón. Este era otro de los motivos por los que prefería el trabajo de campo y hacía tanto hincapié en el contacto cara a cara. Volver a la escena del crimen, visitar de nuevo los hogares de las familias desconsoladas, camelar a personas que se encontraba por la calle eran todas actividades que a otro inspector le parecerían una pérdida de tiempo. Pero, para Skaggs, cada momento sobre el terreno era una ocasión para cargar la memoria de más granitos de información. Sabía que, a la larga, un grano del enorme montón de arena resultaría ser un diamante. A veces, volvía a la escena del crimen, aparcaba el Sedán y se limitaba a esperar, con las ventanas bajadas. Llamaba a cualquiera que pasara por ahí, «¿cómo andas?», y se ponía a charlar.

Ahora se acordó de que, en uno de los muchos interrogatorios de la segunda ronda que se hizo con testigos del caso, alguien había mencionado una pelea en el barrio no mucho después del asesinato. Chris Wilson y un hermano suyo, un pandillero que se había negado a hablar con la policía, habían visto supuestamente a dos adolescentes desconocidos en su calle y les había parecido reconocer a los asesinos de Bryant. Resulta revelador que no llamaran a la policía. Salieron tras ellos, les encararon y les retaron a una pelea: justicia callejera por el asesinato del hijo de un agente de policía a quien consideraban su amigo.

Se decía que uno de ellos era miembro de los Rollin' 90 al que los hermanos habían dado una paliza. Este Rollin' 90 le había bajado los pantalones al hermano mayor: la humillación sexual constituía, junto con las amenazas y la violencia leve, un mecanismo para transmitir mensajes relativamente frecuente en el entorno pandillero. Skaggs sabía lo imprecisa que podía ser la red de información del gueto, pero este incidente podía ayudar a apuntar a otros hechos. En este caso, estaba claro que algunos de los pandilleros del barrio de Bryant creían que el ataque había venido de socios de los Rollin' 90 y, a su vez, los 90 estaban aliados con los vecinos Rollin' Hundreds Blocc Crips.

Desde su conversación con el hombre de la silla de ruedas, el recuerdo de este rumor había cobrado nuevo significado.

Una búsqueda autorizada en la base de datos permitió localizar, por sus motes dentro de la banda, a los dos pandilleros de los

90 con los que se habían peleado los hermanos. Resultó que el joven peleón de los Rollin' 90 tenía dieciséis años. Había violado la libertad condicional que tenía. Se pidió a los agentes de la unidad antibandas que estuvieran pendientes.

Pasó una semana. Entonces, Skaggs recibió una llamada: el chaval de dieciséis años en libertad condicional que se había pegado con los vecinos de Bryant estaba detenido. Le había traído un agente de la unidad antibandas que le había reconocido en el parque Jesse Owens. El joven era hijo de un fontanero de Hot Springs, Arkansas, que había llegado a Los Ángeles hacía tres décadas, durante la gran oleada migratoria, y se había quedado porque la ciudad era bonita. A la familia del fontanero le había ido bien en general. Un hijo trabajaba para la Agencia Metropolitana de Transporte y el otro para el servicio postal UPS. Pero el menor era diferente.

El padre llevaba varios años bregando con sus problemas cuando se produjo el caso Tennelle. Al igual que muchos progenitores negros de Los Ángeles, sentía el peligro acechando desde todos los frentes. Al igual que Wally Tennelle, tenía miedo de que una banda reclutara al chico. Pero el padre también tenía sus reticencias hacia los cuerpos de policía y le preocupaba la seguridad de su hijo a manos de la policía. Creía que muchos agentes de policía se comportaban mal y se la tenían jurada a los jóvenes negros. Había mandado a su hijo al otro lado de la ciudad, para que fuera al instituto en Beverly Hills. Pero el hijo guardaba en su taquilla la pistola de aire comprimido de un amigo y le pillaron, contaba su padre.

El instituto expulsó temporalmente al chico y un tribunal de menores le puso en libertad vigilada. Una vez que entró en el sistema de la justicia penal, las cosas empezaron a ir cuesta abajo. Acabó infringiendo la libertad vigilada e ingresando en un reformatorio de menores. Cuando salió, parecía haber adoptado una nueva imagen, al estilo pandillero. Poco después, su propio padre le entregó a un agente de libertad vigilada. Fue un paso extremo. Pero el padre esperaba que un tiempo en la cárcel le enderezaría. En lugar de ello, salió más duro que nunca.

El hijo tenía la tez morena, color avellana, mejillas planas y una barbilla angulosa. Parecía un poco mayor de lo que era y tenía un porte esbelto. Aquella noche de martes, cuando Skaggs fue a la 77 a encontrarse con él, no tenía nada de la fanfarronería que cabría esperar de un Rollin' 90 Crip curtido. Tenía los ojos llenos de lágrimas.

Hasta aquel momento, Skaggs había pensado que este joven en libertad condicional podría ser el asesino. Pero una vez que le hubo estudiado, cambió de opinión. Cuando mencionó el cruce en el que habían disparado a Bryant, el joven en libertad condicional contestó de inmediato: ¿tenía todo aquello que ver con el asesinato del «hijo del policía»? Skaggs empezó preguntándole por qué estaba llorando. «Mi padre, tío», dijo. Iba a perderse el cumpleaños de su padre otra vez: había estado encerrado en todos y cada uno de los cumpleaños de su padre desde que tenía catorce años y se moría por poder estar en este.

Aunque su forma de hablar estaba salpicada de giros barriobajeros (palabras como «piar» y «negrata»), el chico en libertad condicional podía cambiar de registro cuando quería. Skaggs le pidió que hablara claro porque «mi compañero no es el tipo más listo del barrio».

A Skaggs le encantaba chinchar a Farell con cosas así en la sala de interrogatorios. Lo había hecho muchas veces, aprovechándose de la situación del joven inspector: Farell tenía que sentarse en silencio y seguir la regla de «un solo guía».

El chico en libertad condicional demostró ser un lúcido interrogado. Parecía tener buena memoria e incluso mostraba una cierta vena literaria; ofrecía detalles que sugerían que era un agudo observador. Dejó claro que les ayudaría mientras no tuviera que presentarse nunca ante los tribunales: «Decís que mi nombre no va a aparecer en ningún lado. Os creo», dijo.

«Todo el mundo sabe».

Esta fue la frase que el chico en libertad condicional utilizó repetidas veces en la siguiente media hora.

Todo el mundo, dijo (es decir, decenas de personas del entorno pandillero), sabía de la muerte de Bryant. Sabían quién lo hizo y para qué banda. Todo el mundo sabía. Todo el mundo estaba hablando.

Era tal y como había sospechado Kelle Baitx: el relato del joven en libertad condicional sugería que los sospechosos vivían a poca distancia de la escena del crimen y que pertenecían a una red subterránea por la que podía oírse el zumbido de los murmullos sobre el caso. El caso era como muchos otros: un asesinato más público que secreto, un acontecimiento comunitario. No era ningún misterio, salvo para la policía.

El chico en libertad condicional contó que en mayo estaba de viaje en Hot Springs, visitando a su abuela, cuando una chica a la que llamaba Hollywood pio: «Se han picado a un pringao», le dijo. El chico en libertad condicional estaba contento: aquello significaba que habían pegado un tiro a un enemigo de los Hoovers. «¡Toma!, le dije», contó. Pero entonces uno de los colegas del chico en libertad condicional le llamó, alarmado. «Se han picado al hijo de un policía cerca de Normandie y la policía está que trina por aquí, ¡mierda!». El colega le recomendaba no moverse de Arkansas.

El chico en libertad condicional recibió varias llamadas más en el mismo sentido. Todo el mundo estaba hablando de que el «pringao» había resultado ser hijo de un policía y que ahora la pasma estaba peinando el barrio. La gente tenía miedo de que le pillaran en una redada y que «le metieran el marrón». Cuando el joven volvió de Arkansas a principios de septiembre, sus amigos seguían dale que dale. «Mantente alejado de los Bloccs —le advirtieron—. Hicieron picadillo a ese negrata; la policía ha estado por aquí, esto ha estado a tope».

La gente estaba que echaba chispas con el tema. «Ese Nene de los Bloccs es idiota», dijo alguien.

El Nene. El chico en libertad condicional le conocía. «¿Fue el menda? —había contestado el joven—. ¡Qué loco!». Los días siguientes se fue enterando de más y más cosas. «¡Todos los días la peña venga a hablar del tema! —le dijo a Skaggs—. ¡Todo el mundo sabe!».

Habitualmente, los pandilleros acogían con agrado cierta manifestación de interés policial, como prueba de la seriedad de sus ataques. Parte de la jerga pandillera lo expresaba: «precintar» era una expresión utilizada como un sinónimo de «ganarse unos galones». Un pandillero que «lo había precintado» había llevado a cabo con éxito una misión: había matado o lisiado de un tiro a un rival. Dado que la policía solo rodeaba las escenas de tiroteos con cinta amarilla cuando alguien resultaba gravemente herido o muerto, la cinta indicaba que los tiradores no habían fallado, ni se habían amilanado. Era una medalla de honor.

Pero esta vez era diferente. En la mayoría de tiroteos de bandas, la intervención policial no solía ir mucho más allá de «precintar». Sin embargo, con el hijo de un agente muerto, la policía estaba «que trinaba». «Mantente alejado de los Bloccs —decía la gente—. Mantente alejado del Nene».

Aprieta lo suficiente las tuercas y al final la corriente te llevará río abajo. El caso de Skaggs avanzaba ahora a toda velocidad. Tenía dos motes: el Descerebrado y el Nene, ambos miembros de los Blocc Crips. Ya no perdería más tiempo en los Sixties.

Pero el caso seguía de lleno en el terreno de los rumores callejeros, donde se encallaban la mayoría de casos de bandas. «Todo el mundo sabe» era una frase que valía para muchos de los asesinatos sin esclarecer al sur de la 10.

Skaggs le preguntó al chico en libertad condicional el verdadero nombre del Nene. No podía recordarlo. «Su verdadero nombre empieza por D. D-algo... D...», rumió el joven.

«¿Qué pinta tiene?», preguntó Skaggs. «Tez oscura. La cabeza con forma rara», dijo el joven. Dijo que el Nene tenía alrededor de diecisiete años y añadió una de sus florituras literarias: «Manos secas y rugosas». Los inspectores siguieron apretando las tuercas. ¿Y su cabeza? «Tiene forma de óvalo, como un huevo, ¡un huevo cascado!», dijo el chico en libertad condicional. Farell tuvo que contener la risa y el joven también se rio. «Cuando veáis una foto, sabréis a qué me refiero», prometió.

Había más. El chico en libertad condicional se había topado con el Nene en el parque Jesse Owens, en una reunión de la banda. «¿Qué pasa, tío? ¿Disparaste a ese negrata? ¿Disparaste al hijo del agente de policía?», le había dicho delante de todo el mundo.

El Nene estaba *cagao*. La gente estaba cabreada por los problemas que había provocado el caso. El Nene había negado delante del grupo que tuviera nada que ver. Después, llevó al chico en libertad condicional a un lado y le suplicó: «No andes contando esas mierdas». No admitió ni negó su responsabilidad. Dijo que no sabía qué hacer y que estaba asustado. «Tío, voy a ir al talego», había dicho con congoja.

El chico en libertad condicional seguía sin poder recordar su nombre, salvo que la inicial era una D.

Le contó a los inspectores que el Nene no era muy querido: «Hay algo que no le *furula* —dijo—. Es un idiota».

Skaggs empezó a hablar. Pero el chico en libertad condicional le interrumpió. «¡Devin! —exclamó en tono triunfal—. ¡Así se llama: Devin!».

Devin Davis tenía dieciséis años cuando Bryant fue asesinado y estaba cumpliendo condena en un centro de reforma para menores después de que le pillaran con dos armas en menos de un mes. Era fácil de identificar en los archivos policiales. Había estado detenido más de una vez y se le había introducido en la base de datos de la unidad antibandas: una foto, información personal, el nombre que tenía en la banda (el Nene) así como tres o cuatro motes más, y su pertenencia a los Blocc Crips.

Con el Descerebrado, el chico de ojos avellana, no pasaba lo mismo: Skaggs no tenía suficientes detalles para adivinar su verdadera identidad. En sus búsquedas en los archivos, no había encontrado a nadie que encajara con su descripción. Estaba aún buscando cuando recibió una llamada del adjunto de la unidad antibandas que había conocido en la Jefatura de la Policía Regional.

El «contacto» del adjunto sabía con exactitud quién era el Descerebrado. Le identificaba como un Blocc Crip mayor, de tez clara y ojos verdes. Estaba en la cárcel. El contacto sabía incluso en qué celda. Pero no sabía su verdadero nombre.

El caso ahora no solo tenía rumbo, sino impulso. Skaggs y Farell estaban trabajando a toda pastilla. A mediados de noviembre, ejecutaron una orden de registro en la casa de Devin Davis. Skaggs se encontró con su madre. Sandra Davis, amable, religiosa y formal, se mostró muy colaboradora. Tenía otros hijos mayores a los que les había ido bien en la vida, habían cursado sus estudios y trabajaban, le contó a Skaggs. Pero Devin, su hijo menor, tenía TDA. La había vuelto loca con todos sus problemas.

En la habitación de Devin, Skaggs encontró lo que estaba buscando: notas garabateadas que celebraban a los Blocc Crips y en las que aparecía el apodo pandillero del Nene.

Y un hallazgo más: un pequeño trozo de papel blanco con un número de teléfono escrito apresuradamente y un nombre: Descerebrado.

Había ya pruebas que conectaban a los dos Blocc Crips. Pero las referencias al Descerebrado seguían siendo vagas. A estas alturas, Skaggs sabía ya con exactitud qué cama y qué módulo penitenciario le correspondían. Pero continuaba sin poder conseguir de los adjuntos de la Policía Regional que llevaban la cárcel una identificación precisa de este hombre y, al parecer, ellos no podían dar con él.

A Skaggs le llevó dos semanas de discusiones con la burocracia penitenciaria de la Policía Regional averiguar exactamente quién era el Descerebrado y dónde estaba. En determinado momento, amenazó con pasearse él mismo por el módulo: ¿tan difícil era localizar a un pandillero de tez clara y ojos verdes con tatuajes de los Blocc Crips? Por fin, le trajeron a Skaggs un nombre. El interno de tez clara era Wright Lawrence.

Bajo ese nombre, no figuraban antecedentes. Y, en la base de datos de huellas dactilares del estado, el interno aparecía como «Lawrence Wright». A Skaggs aquello le exasperaba (las autoridades no eran siquiera capaces de mantener la coherencia en sus errores), pero no le sorprendía. Dada la abundancia de apodos, motes pandilleros y nombres falsos que utilizaban los delincuentes, su experiencia le decía que no era raro que la gente estuviera registrada en la cárcel con un nombre equivocado. Esto sucedía también con otros registros: con frecuencia las víctimas de homicidio figuraban con varios nombres en las diferentes bases de datos públicas. Con los nombres latinos había un caos: normalmente, los inmigrantes mexicanos tenían uno o dos nombres propios y dos apellidos (el apellido del padre, seguido del de la madre). Pero los formularios de detención mantenían las convenciones inglesas, registrando a todo el mundo como si tuviera un nombre propio, un segundo nombre y un apellido. Por consiguiente, los nombres latinos quedaban trastocados por completo en el proceso de archivo.

Los nombres de la población negra que interactuaba con el sistema enfrentaban a las autoridades a problemas parecidos. Aparte de los motes y alias infinitos, había muchos nombres formales con múltiples variaciones, apóstrofos inusuales y ortografías poco comunes, y era habitual que se deletrearan o se recogieran mal en los registros públicos, incluso en el registro de defunciones. Los agentes dependían de las huellas dactilares y de otros métodos complejos de verificación para controlar quién era quién.

Skaggs volvió a su ordenador y empezó de nuevo. Buscó informes de Blocc Crips de tez clara y hojas de antecedentes que coincidieran con el recluso conocido por el nombre de Wright Lawrence (fechas, direcciones, detenciones) y, cruzando varias bases de datos, llegó al nombre correcto: Derrick Starks.

Llamó a la Jefatura de la Policía Regional para informarles de que tenían registrado a Starks con un nombre equivocado. Meses más tarde, Skaggs revisó el registro para asegurarse de que hubieran corregido el error. No lo habían hecho. Starks siguió apareciendo como el recluso Wright Lawrence durante meses.

Derrick Starks tenía veinticinco años cuando Bryant había sido asesinado, y era un Blocc Crip con la típica hoja de antecedentes de un pandillero, donde figuraban, entre otras cosas, atracos e intentos de robo en casas. Había nacido en Luisiana, donde su familia tenía arraigo. Su madre tenía dieciséis hermanos. Era agente inmobiliaria y dedicaba tiempo voluntario a ayudar a familias que habían perdido a sus hijos por homicidio. Starks tenía un hermano mayor en la universidad. Era el hermano menor problemático. Criado en un barrio cerca del bulevar Century, se había unido a los Blocc Crips a finales de la adolescencia.

Su actual estancia en la cárcel se debía a una condena por conducir un vehículo sin permiso del dueño. Se había estrellado contra un poste de teléfonos el 14 de mayo, tres días después de la muerte de Bryant, y había sido detenido *in situ*. El informe de la detención decía que Starks iba al volante. Cuando se estrelló, iba acompañado: su acompañante era una chica.

El vehículo era una Chevrolet Suburban negra.

Una Suburban, una chica. Este último detalle era una ventaja: Skaggs había deseado que apareciera una chica en el coche. Desde que el hombre de la silla de ruedas había mencionado que el Descerebrado se juntaba con una «buena chica», Skaggs había estado abierto a esta posibilidad. Una chica en el coche de una banda era muy posiblemente una apertura. Era frecuente que fueran a rastras;

si no contra su voluntad, al menos sin tener muchas opciones al respecto. Y las chicas no estaban sometidas a la violencia pandillera implacable que sufrían los chicos (al menos, no los tiroteos) y, por lo tanto, era más fácil exprimirlas.

Skaggs disponía de tiempo. Ambos sospechosos estaban detenidos: Devin Davis en un reformatorio de menores y ahora Derrick Starks. No se iban a marchar a ningún lado.

El informe de la detención había registrado a la chica del coche con el nombre de Jessica Bailey. Era un nombre falso, tal y como había imaginado Skaggs. En el registro de vehículos motorizados, encontró la dirección de una Jennifer Bailey en la zona de los Hundreds Blocs. Jennifer Bailey nunca había sido detenida. Pero Skaggs utilizó su dirección para hacer una búsqueda en bases de datos de delincuentes y dio con otro nombre: Jessica Midkiff.

Jessica Midkiff era la sobrina de Jennifer Bailey. Tenía una extensa hoja de antecedentes por prostitución y un tatuaje en el cuello. Skaggs sacó su foto. Midkiff tenía la tez clara y era muy guapa. El tatuaje que tenía en el cuello era grande y llamativo. Asintió para sí: «Creo que esta es mi Jessica».

Era viernes, 30 de noviembre, alrededor de las tres de la tarde. Skaggs visualizó claramente las horas siguientes. Quería el mejor equipo de vigilancia de la Jefatura de Policía de Los Ángeles detrás de Midkiff de inmediato, mientras revisaba «toneladas de pruebas» en busca de cruces y conexiones. Pero las cosas no salieron exactamente así. Cuando llamó a la oficina central, se negaron en redondo. El equipo de la SIS (Sección de Investigaciones Especiales) del centro de la ciudad estaba demasiado próximo a la unidad de Robos y Homicidios, dijo alguien. Skaggs les maldijo para sus adentros. Llamó al equipo de vigilancia de la Jefatura Sur. Les habían asignado otra tarea. Así que Skaggs se pasó las horas siguientes haciendo llamada tras llamada para conseguir que alguien vigilara y pillara a Jessica Midkiff. Por fin, reasignaron al equipo de la Jefatura Sur para este menester. Siempre era así, pensó.

Todo, todo era más difícil de lo que uno pensaba.

Trabajó hasta tarde aquella noche, luego se fue a casa y esperó.

15

La testigo

El tatuaje en un lado del cuello de Jessica Midkiff era un ángel. Era tan grande que parecía como si se esforzara por rodear su cuello.

Skaggs la conoció por primera vez en una pequeña celda de detenidos en el sótano de la comisaría de la calle 77. Tenía veintidós años y era muy menuda, de piel muy fina, pelo castaño, nariz de muñeca y ojos de color castaño que caían en el rabillo. Su mentón era un poco pronunciado y sus cejas negras, arqueadas y bien definidas. Llevaba un pantalón de chándal y un top minúsculo, poco apropiado para una noche de diciembre. Sus pies estaban desnudos. Suspiraba y sollozaba de miedo.

A primera hora de la mañana, el grupo que vigilaba la casa la había visto salir y meterse en un coche. El equipo siguió al coche y la detuvo en una gasolinera cercana. Skaggs preguntó a Midkiff si sabía por qué estaba allí. «¡No, lo prometo, no lo sé!». Tartamudeó angustiada. Skaggs respondió con su tono pausado, tan relajado como si estuvieran haciendo planes de cena. «De acuerdo —dijo—, tú y yo tenemos que hablar».

Pero Midkiff ya estaba hablando lo más rápido que podía. Tenía «ansiedad», explicó entre resuellos, aludiendo a algún tipo de trastorno. Acababa de salir «del programa». Había intentado «hacer bien las cosas». «No quiero contar mentiras, he sido prostituta durante años y por eso me apunté a la rehabilitación».

Tenía los ojos muy abiertos por el miedo a que la detención significara que tenía que volver a la cárcel. Se esforzó por hacer ver a Skaggs que no estaba negándose a colaborar. «Tuve una orden de arresto de Compton. Y he andado con cuidado». Le espantaba la idea de perder la custodia de su hija pequeña, dijo. «Es algo muy importante para mí. ¡Decidme qué queréis que haga y lo haré!».

Podría decirse que se trataba de una situación idónea. Midkiff, que no paraba de llorar, parecía dispuesta a cooperar plenamente con la investigación. Pero Skaggs no se fiaba. Parecía demasiado dispuesta, demasiado «maja», diría más tarde. No perdía detalle de lo que le decía y le miraba con grandes ojos llorosos, rodeados de negras pestañas. Su primera reacción instintiva fue tomarse sus palabras como un teatro.

Skaggs había pensado que Midkiff podría ser una de las sospechosas, la cómplice que condujo el coche de la huida, y venía preparado para un interrogatorio difícil. Tenía previsto acorralarla, obligarla a delatar algo que la situara en la escena del crimen. Había consultado su larga hoja de antecedentes. No cabía duda de que era una prostituta con experiencia y no era la primera vez que la interrogaba un agente de policía. No le habían faltado ocasiones para pulir su escena de teatro.

La primera vez que entró en la celda le prometió a Midkiff: «Vamos a tener una charla de mucha importancia. Enorme. Grandísima». Ahora, ante su estado cercano al histerismo, tuvo que repensárselo. Le dijo que había ocurrido algo en mayo pasado. «Vamos a sentarnos y a tener una charla tranquila, tú y yo». Pero nada más oír la palabra «mayo», Midkiff empezó inmediatamente a balbucear sobre su exnovio. «¿Cómo se llama?», preguntó Skaggs, al quite.

«Derrick», dijo.

El caso que Skaggs había estado persiguiendo ahora le perseguía a él. Midkiff soltaba todo tipo de detalles y ni siquiera se habían sentado todavía. Estaba claro que Derrick Starks le hacía revivir toda una serie de cuestiones. Hablaba rápido y se lanzaba en todas direcciones. A Skaggs apenas le había dado tiempo a tomar aliento cuando ella ya había expuesto los principales temas de su vida:

Había sufrido abusos y había vivido mal.

Derrick era uno de sus maltratadores.

Ahora estaba intentando cambiar. «Solo intento rehacer mi vida lo mejor que puedo —dijo llorando—. ¡No sé cómo hacerlo, pero lo intento!».

Demasiado bueno para ser cierto. Skaggs no abandonaba sus sospechas. Ordenó a Farell que la subiera a la sala de interrogatorios mientras ordenaba sus notas. En la sala de interrogatorios, empezó empleando su tono más duro.

Skaggs no era rudo o amenazador en los interrogatorios. Nunca levantaba la voz. Pero tenía su manera de presionar, de mostrar impaciencia y determinación. Su actitud indicaba que le gustaba el poder y estaba dispuesto a aplastar toda oposición. Y así era, estuviera o no de servicio. Era una persona de trato fácil pero no dada a los compromisos. Corey Farell se dio cuenta de esto, y pensó que era uno de los rasgos característicos de Skaggs. Algunos agentes sentían que les convenía adoptar una personalidad falsa en el trabajo; Skaggs mostraba más bien su verdadero yo en el trabajo.

Skaggs apretó las tuercas a Midkiff. Se sentó muy cerca de ella, hablando despacio y bajando el timbre de voz. Se puso un poco agresivo. Era un inspector de homicidios, le dijo. Iba a hablarle de «una mierda gorda, muy gorda. ¿Vas a colaborar o vas a enterrarte a ti misma?».

«Voy a colaborar», dijo Midkiff al instante.

Midkiff prometió contarles a los inspectores todo lo que quisieran saber. «Que Dios me castigue si no lo hago», pero «no quiero subir a ningún estrado», añadió.

Antes de que Skaggs empezara su interrogatorio, ya había manifestado sus objeciones a una declaración en los tribunales. Era lo habitual. Sus abuelos tenían una casa en propiedad y no podían permitirse perderla. «Sé que lo eché todo a perder al juntarme con las personas equivocadas, y si tengo que pagar, pagaré, ¡pero no quiero poner en peligro a mi familia por culpa de mi estupidez!», dijo.

Derrick Starks había estado llamándola desde la cárcel. Le había provocado mucha ansiedad. Se derrumbó: «¡Lo único que quiero es romper con esas personas y no consigo librarme de ellas!», dijo llorando.

«Sí que podemos», respondió Skaggs con tranquilidad.

De eso se trataba precisamente: de librarse de gente. Rara vez se expresaba así. Pero una de las principales razones para tener un sistema penal consiste en quitar de en medio a determinadas personas.

Es lo que justifica el inmenso poder que detenta la policía. Si no pones fuera de circulación a los actores violentos, no dejan de avasallar a la gente hasta que alguien les obliga a parar. Cuando se permite que las personas violentas operen con impunidad, se salen con la suya. Juegan con ventaja. Otros tienen que obedecer órdenes.

Por más sentimiento de «comunidad» o activismo que haya, no se puede eclipsar esta dinámica. Se suele afirmar que la solución a los homicidios consiste en que la llamada comunidad «dé la cara». Es una tergiversación dañina. No puede esperarse que personas como Jessica Midkiff hagan frente a unos asesinos. Necesitan seguridad, no una mayor convicción moral. Necesitan una fuerza exterior poderosa que entre de repente y ponga fuera de combate a sus torturadores. Tal es el cometido del sistema de enjuiciamiento criminal. Tal era el cometido de Skaggs, y lo sabía.

Skaggs empezó soltando generalidades y empleó el mismo tono severo. Siempre usaba la misma estrategia. Hablaba con una voz persuasiva aunque estuviera dando rodeos. No paraba de hablar. Y con la otra mitad de su cerebro estudiaba a Midkiff. Intentaba descubrir si estaba mintiendo.

«Nuestro trabajo es sencillo —divagó Skaggs—. Solo tenemos que hacer una cosa: descubrir la verdad. Es algo bastante fácil. Es difícil en el barrio en el que trabajamos, pero no deja de ser una idea sencilla. Han herido a alguien. Han matado a alguien. Descubrimos lo que pasó».

Pasaron cinco minutos. Diez. Skaggs daba vueltas sobre lo mismo. Igual que Rick Gordon, decidió decirle la verdad a Midkiff, a modo de estrategia. «No nos conocemos, así que no sé si estás fingiendo, o si se te dan bien las escenas de llanto».

Entre tanto, Midkiff no paraba de llorar y manifestaba su disposición a colaborar. Skaggs le ofreció agua. Dijo que necesitaba un cigarrillo para tranquilizarse. Le prometió que saldría con ella a fumar. Iban a hablar largo y tendido, muy pronto, dijo. Soltó unas pocas frases imprecisas para explicar lo que estaba pasando.

Para ello, Skaggs parecía tener a su disposición una reserva de tópicos. Nunca utilizaba la palabra «interrogatorio». «Algo que tenemos que poner sobre la mesa», decía. «Algo que tenemos que tratar», que «poner en su sitio».

Midkiff no paraba de interrumpir. Habló de su hija y de Derrick. En el momento en que Skaggs estaba preparado para leerle a Midkiff sus derechos Miranda, su actitud hacia ella había empezado a cambiar. No había dejado de parecerle una posible mentirosa. Pero no advertía los signos habituales. No podía descifrarla. Su tono se suavizó. Dejó de soltar tacos. Le prometió hablarle de algo «grande, grande de verdad», no de «una mierda gorda» como antes. «Mírame a los ojos —dijo—. No hemos tomado aún ninguna decisión sobre lo que haremos contigo esta noche». Le leyó sus derechos, en tono familiar y sencillo, y luego fue directo al grano.

Pero cuando Skaggs pronunció las palabras «tiroteo cerca de la Oeste», Midkiff parecía confusa. No sabía de qué estaban hablando. «¿Oeste?», dijo. Pensaba que Skaggs le iba a preguntar por el episodio en el que Starks estrelló la Chevrolet Suburban de su madre contra un poste y fue detenido, pero eso no había pasado en Western. En aquel incidente, el Suburban se estrelló contra el poste debido a un tiroteo entre vehículos, aunque el informe de la policía no lo reflejaba así. Starks también pidió a Midkiff que mintiera a su favor en la investigación de un robo. Ella tenía en la cabeza todos esos episodios. Estaba confusa. Así que Skagss aclaró la cuestión, centrándose en los acontecimientos del 11 de mayo.

Ella vaciló, con los ojos llenos de lágrimas. «¡No quiero morir! —susurró—. ¡Van a matar a mi familia!».

«Tienes mi promesa de que no dejaré tirada a tu familia», dijo Skaggs.

Los titubeos de Midkiff no duraron mucho. Empezó a decir: «Quería conducir su camioneta, tenía tantas ganas de conducir su puñetera camioneta…». Mientras recordaba, se puso a reír amargamente para sus adentros.

Cuando sonreía, le salían hoyuelos en ambas mejillas.

Había pasado más de media hora de charla dispersa desde que Skaggs y Midkiff se habían visto. Solo ahora empezó a hacer sus preguntas.

El día en que murió Bryant Tennelle, Midkiff había estado en la Suburban con Starks, dijo. Recogieron a dos adolescentes de tez oscura, uno de los cuales fue identificado más tarde por ella como Devin Davis. Al otro no le conocía, nunca llegó a ser identificado.

Condujeron en dirección norte hasta «las 80» y Starks entregó una pistola a uno de los adolescentes. Los chicos salieron de la camioneta y doblaron una esquina. Midkiff oyó disparos. Las puertas del coche se abrieron y la pareja volvió a entrar en ella. Starks tiró de ella, la puso en el asiento de pasajeros y cogió el volante. Se alejaron del lugar. «¡Soy el puto amo, tío!». Devin Davis se puso a fardar. Skaggs quiso saber todos los detalles de la historia. Pero no se dejó llevar por el entusiasmo. La capacidad de desacelerar cuando los acontecimientos alcanzaban su punto álgido era algo que Nathan Kouri admiraba de su mentor. Hacía que sobresaliera como un consumado interrogador, pensó Kouri. «A nosotros los novatos nos gusta entrar a matar», dijo. Pero Skaggs no estaba hecho de esa pasta. Una vez que Midkiff terminó su relato, dijo que iba a haber una pausa. Dejó allí a Midkiff para despachar al grupo de agentes a los que había convocado antes para conseguir una orden de registro. Ya no les necesitaba.

Jessica Midkiff nació en el hospital Queen of Angels de Los Ángeles, pero sus raíces familiares estaban en Texas y Alabama. Era mitad blanca y mitad negra. Su padre fue uno de los pocos blancos pobres que seguían viviendo en el Sur Central a finales de la década de los ochenta. Pero, como la mayoría de las personas de raza mixta en su entorno, Midkiff se consideraba negra.

Sus padres se separaron cuando Jessica era joven, y un padrastro maltratador la violó reiteradamente. Cuando rondaba los once años, ofrecía sexo oral a cambio de pequeñas cantidades de dinero, alimentos y ropa. A los catorce años ya ofrecía sus servicios en coches.

Las prostitutas como Midkiff son, en realidad, como esclavas. Pero tienden a inventarse fantasías sobre sus propias vidas para darse más importancia. Midkiff mencionó a varios chulos que había tenido a lo largo de los años como sus «novios». Algunos eran más chulos que otros. En su mente cabía la posibilidad de que un hombre fuera «una especie de chulo». Tuvo chulos convencionales que la mantenían junto con una cuadra de prostitutas y se quedaban con todas sus ganancias. Tuvo también novios como Derrick Starks, con quien estuvo emparejada, pero que también le pedía que hiciera la calle de vez en cuando.

El padre de su hija, que dejó embarazada a Jessica cuando esta estudiaba en Washington High, había sido uno de los pocos hombres en su vida que no la maltrataba y que no intentó ser su chulo. Pero tras el asesinato de su hermano, entró en una banda y fue a la cárcel, dijo ella. Cuando aún era una adolescente, Midkiff trabajó como prostituta en distintos lugares. Trabajó en Los Ángeles, Riverside, Las Vegas y parte de Arizona. Trabajó en Sunset Boulevard, ofreciendo servicios de diez minutos en coches: sexo oral por 50 dólares. coito por 100. ambos por 150. Trabajó para un jugador profesional de fútbol americano y en fiestas nocturnas subidas de precio, y llegó a ganar 850 dólares por un solo cliente. También hizo la calle Figueroa, el paraje peligroso en el que las prostitutas se venden más baratas. Una no tiene donde caerse muerta y termina trabajando a lo largo del horroroso trecho que se extiende en dirección sur junto a la autovía de Harbor. Años más tarde, solo de pensarlo le venían escalofríos. «Odio Figueroa», decía.

Entre medias, volvía a casa de vez en cuando. Sus abuelos seguían llevando una vida estable y hogareña. Su madre criaba a su pequeña. En un momento dado, se apuntó a la escuela para adultos y se sentía orgullosa de haber sido elegida delegada de clase. Pero los hombres siempre terminaban encontrando a Midkiff. Había habido tantos novios-chulos, tantas palizas, peleas con mujeres y violaciones a punta de pistola, tantas detenciones por delitos menores, que sus años de prostitución eran como un caleidoscopio. Solo ella podía darles una coherencia.

Durmió durante el día y trabajó de noche durante años, lo que hizo de su vida una sucesión confusa de habitaciones de motel compartidas y amistades fugaces e intensas que solían terminar mal. Cuando cumplió los veintiún años, aún no había tenido un empleo, casi no sabía leer y era incapaz de mantener relaciones con una cierta madurez o control. Estaba crispada y padecía constantes ataques de rabia. Solía pelearse con otras mujeres. Y sufría graves episodios de estrés postraumático que desencadenaban ataques de ansiedad. Los recuerdos la asaltaban cuando menos lo esperaba, tan reales como si los viviera de nuevo, tan dolorosos como un parto, decía.

Una noche, presa de la desesperación y de los ataques de ansiedad, bajó del coche de su chulo en el bulevar Lincoln, otro mercado al aire libre para quienes están en la indigencia. Estaba en las últimas. Pidió unas monedas a un tendero para llamar desde una cabina. Sin embargo, el hombre le dio 60 dólares y la llevó en su coche a una gasolinera. Por primera vez recibía ayuda de alguien que no pedía nada a cambio. Llamó a su madre, que la acogió en su casa. Poco después ingresó en el Mary Magdalene Project en el valle de San Fernando, una institución benéfica especializada en el tratamiento de la prostitución como una adicción. A Midkiff le encantó el programa. Pero se peleó con otra mujer y fue expulsada.

Volvió a la casa de su madre en el Sur Central, en el barrio de los Rollin' Hundreds Bloccs. Como de costumbre, atrajo la atención de los hombres. Un día que caminaba a casa de sus padres de vuelta de una manicura en la Oeste e Imperial, se encontró con un pandillero que conocía llamado Puño. Iba con un amigo de tez clara. El amigo era ancho de hombros y tenía el labio superior como un arco de Cupido. Derrick Starks acababa de salir de la cárcel aquel 3 de abril.

Hablaron. Un coche patrulla del *sheriff* local se precipitó, les puso a todos las esposas y les registró. Los agentes dejaron en libertad a Midkiff, pero introdujeron a los dos hombres en el coche policial. La pareja bromeó con los agentes: «¡Nos habéis jodido el plan!».

Derrick Starks volvería para tener su plan con Midkiff tres días después cuando esta caminaba hacia la tienda. Se mostró reacia a darle su número de teléfono. «Pero no puedes emperrarte, porque no sabes qué pensar», le dijo luego a Skaggs. Midkiff estaba acostumbrada a tener aventuras sentimentales que se desencadenaban con un miedo mortal, no le dio vueltas. Poco después, se «colgó» de él.

La historia de Midkiff era típica de las prostitutas del barrio sur; es decir, era sórdida, dramática y monótona. Historias que siempre parecen empezar del mismo modo: con una violación o con abusos en la infancia; y terminar con la espiral descendente de una prostituta madura que acepta servicios cada vez más baratos para sostener su adicción a las drogas. Al final del camino, mujeres de rostro atormentado, sin hogar ni dientes, vagan por las calles, ofreciendo mamadas en los callejones.

Pero en algunos aspectos Midkiff no era como las demás. Skaggs empezaba a advertirlo. Para empezar, no era yonqui. Midkiff era fumadora compulsiva y bebía en exceso. Pero tras observarla durante unas pocas horas, Skaggs creyó confirmar que no tomaba cocaína o metanfetaminas con frecuencia. Parecía despierta, a pesar de su falta de educación formal. «Veo que usted no es mala persona», le dijo a Skaggs en un momento dado. Y tenía una memoria excelente.

Lo que Skaggs no pudo advertir era que, en realidad, Midkiff estaba en una de esas raras encrucijadas vitales. Estaba diciendo la verdad: quería cambiar, pero no sabía cómo hacerlo. No iba a tener un final de cuento. Pero ese interrogatorio fue un punto de inflexión. Todo iba a cambiar para ambos.

«¡Código 4 aquí!».

Skaggs estaba de vuelta en la habitación de la brigada, hablando por el móvil con uno de sus compañeros de oficina durante una pausa; su voz sonaba aliviada. Se guardó el teléfono y observó a los compañeros que estaban por allí. Uno estaba preparando series de reconocimiento de seis fotos para que Jessica identificara a los sospechosos. Otro se disponía a sacar a Jessica para que fumara un cigarro. Prideaux también seguía allí. Se había quedado en un segundo plano, soportando espasmos de ansiedad mientras Skaggs se dirigía a Midkiff. Ahora sabía que no se había equivocado eligiendo a Skaggs para el caso. Se movió alrededor del inspector, esperando para dirigirse a él.

«¡Oye, John! ¿Necesitas algo?», preguntó finalmente Prideaux. Hablaba con una suavidad forzada. Pero su voz tenía un tono respetuoso. Un desconocido que les escuchara pensaría que el jefe era Skaggs y no Prideaux. «¡No, teniente!», le dijo Skaggs. Asegurar la colaboración de Midkiff era un punto de inflexión.

Skaggs sabía que estaba en la recta final del caso.

No suele haber mucha celebración en las brigadas de homicidios. Ni siquiera La Barbera y su equipo, notorios desde hacía tiempo por una irreverencia que rayaba en la falta de compostura, solían chocar las manos o dar muestras de júbilo cuando resolvían los casos. Se permitían bromas y toques de humor negro, y posaban todos los años para una macabra postal navideña de la brigada, inspirada en un homicidio; una falsa escena del crimen con un Papá Noel muerto, por ejemplo. Pero en el día a día, los homicidios seguían siendo tan deprimentes que no daban pie a una excesiva jovialidad entre sus filas. Los inspectores de policía salían de las reuniones con sospechosos, testigos y supervivientes con aspecto serio y agotado por muy bien que hubieran ido los interrogatorios. Los rostros ceñudos acompañaban incluso los triunfos más espectaculares de la investigación. No era afectación, sino una reacción natural a la nube de agonía que emanaba del Monstruo. Nadie podía sentirse bien resolviendo un caso. Al final del día, el relato del asesinato de Bryant Tennelle que facilitó Jessica Midkiff resultaba espeluznante. La muerte de Bryant, hicieran lo que hicieran los inspectores, seguiría siendo nauseabunda e indeciblemente triste para todo el mundo que tuviera que ver con el caso, para siempre. Así que, aunque Prideaux llevaba semanas esperando este momento, al ver salir a Skaggs con cara de éxito después del interrogatorio, solo se permitió dos palabras para expresar sus sentimientos. «Buen trabajo», musitó.

Skaggs bajó automáticamente el volumen de su voz para amoldarse al de Prideaux. «Sí —dijo asintiendo—. Ha funcionado».

Hasta ese momento, Skaggs no había dejado escapar ninguna señal emocional que delatara que el caso había tomado un giro favorable. Pero el considerado respeto de la voz de Prideaux parecía haberle sorprendido con la guardia baja.

Skaggs profirió un pequeño suspiro. Luego repitió sus propias palabras en un susurro, como para calmarse a sí mismo: «Ha funcionado».

Aquella tarde se prolongó unas horas más. Skaggs interrogó a Midkiff en profundidad, luego la condujo en coche hasta la escena del crimen. Buscó la casa de su madre. Se convenció cada vez más de que estaba contando la verdad. Le sorprendió lo bien que recordaba la secuencia de acontecimientos que habían sucedido siete meses antes. La puso a prueba, fingiendo que no conocía algunos detalles para que ella se los proporcionara. Le mintió y le dijo que había un testimonio contradictorio de otro ocupante del vehículo. Quería saber si improvisaba.

Pero ella era inquebrantable. No variaba su relato. Después de su baño de lágrimas y sus ataques de ansiedad del principio, Midkiff se tranquilizó y respondió cada pregunta con un tono triste y directo. Se esforzaba por encontrar los términos precisos y se detenía con frecuencia para recordar. Cuando no podía hacerlo, lo decía y pedía disculpas.

Lo clavó todo. Skaggs no pudo encontrar ningún fallo. Sus descripciones coincidían con todo lo que ya sabían: la dirección y la localización de la Suburban; la descripción del pistolero, su ropa, el tipo de pistola, el número de disparos. Por último, Skaggs intentó acusarla de estar mintiendo. Ella se puso a llorar y dijo: «¡Pero qué dice!», y siguió repitiendo su relato.

Skaggs se había encontrado con muchas personas en su carrera con historias como la de Midkiff. Las prostitutas suelen ser las personas más disfuncionales en el entorno de la calle, sus problemas resultan intratables y sus palabras no merecen el menor crédito. Pero más tarde Skaggs llegaría a afirmar que Jessica Midkiff era la única testigo de un homicidio interrogado por él que contara la misma historia en cada fase de la investigación y del juicio sin cambiar un solo detalle, sin introducir una sola mentira detectable.

Era lo que menos se esperaba. Esta joven prostituta hecha un manojo de nervios, con sus almibarados artificios, su ángel tatuado y sus pies descalzos resultó ser la mejor testigo que había tenido nunca.

Entrada la noche, Skaggs había obtenido de Midkiff una versión detallada de la historia que le había contado a grandes rasgos poco después de su encuentro. Midkiff dijo que Derrick Starks y ella habían pasado la noche anterior al asesinato de Bryant en un motel llamado Desert Inn en el bulevar Century. Ninguno de los dos tenía un apartamento propio. Se quedaban en esos moteles baratos, al menos, cuatro veces por semana, se acostaban tarde y se dejaban llevar a lo que el día siguiente trajera. Esto solía consistir en pasar el rato con los amigos de Starks, los Rollin' Hundreds Blocc Crips. Los miembros «salían a beber y de fiesta; es lo que hacen», le dijo a Skaggs. Jessica quiso conducir aquel día la Suburban negra de Starks. No estaba segura de la hora. Pero sabía que no era por la mañana, no solían levantarse en toda la mañana. Ella conducía cuando Starks recibió una llamada. Le indicó el camino a un punto de la calle 111 para recoger a dos conocidos.

Eran más jóvenes, los dos llevaban sudaderas negras con capucha. Uno estaba callado, «como si le acabaran de liar en el asunto», dijo Midkiff. Al otro le identificó por su foto como Devin Davis. Davis estaba «como una moto..., ansioso», dijo. Pensó que estaba trastornado. Pero no pudo mirarles mucho tiempo. «Derrick no me dejaba mirar a sus amigos mucho tiempo —explicó a Skaggs—. Me podía meter en un lío del tipo "¡¿Qué pasa, que te quieres follar a mis colegas?!"».

En el coche, Davis empezó a mofarse del joven más callado sentado en el asiento trasero. «Tú no eres un verdadero Crip», le dijo con sorna. «¡No eres un hombre de verdad, no estás preparado para hacer ningún trabajo!». Starks ponía una y otra vez la misma canción Crip en el reproductor del coche. Davis le indicó el camino. Bajaron por una calle lateral. Starks bajó el volumen de la música. Davis le dijo que parara el coche. Midkiff sabía que no podía obedecer a otro hombre. Esperó a que Starks repitiera la orden, y entonces aparcó. Davis dijo: «Voy a cerrar un asunto».

Midkiff se volvió y le vio colocarse una pistola en su pretina.

Los adolescentes saltaron del coche. Les vio escurrirse por la calle en dirección este hasta perderse de vista. Se sentó en el asiento delantero con Starks. Creía que solo se trataba de otra de las salidas de Starks. Pensó que iba a conseguir chicas para los dos adolescentes, conseguirles hierba o comprarles alcohol. Pero al ver la pistola, se asustó. «¿En qué lío me has metido?», preguntó. «No te he metido en ningún lío», le respondió bruscamente.

Midkiff le rogó que le dejara volver a casa. Entonces, a través de las ventanas cerradas del coche, oyó: pum..., pum, pum.

Entonces se abrieron las ventanas. Los adolescentes entraron de un salto y Davis gritó: «¡Tira, tira, tira, tira!». Starks la colocó de un tirón en el asiento del copiloto y se puso al volante. Davis estaba «de subidón» y se puso a fanfarronear. «¡Soy un hacha!», dijo. Starks le tapó la boca y subió el volumen de la música. Esa noche volvieron a quedarse en el motel. Unos días más tarde, Midkiff estaba otra vez en la Suburban con Starks cuando unos Hoovers les localizaron. Los Hoovers les persiguieron, buscando venganza. Starks estrelló el coche y fue detenido. Midkiff dio al agente de la Patrulla de Caminos de California (CHP, por sus siglas en inglés) un nombre falso; usó el de su tía.

En su relato, la obediencia de Midkiff a Starks era como la de un robot. Él no confiaba en ella, dijo, y no compartía sus planes con ella. Pero contaba con su obediencia ciega, y para conseguirla le bastaba insinuar la violencia que Midkiff sabía que él era capaz de ejercer. «La mayor parte de lo que decía iba a misa —le dijo Midkiff a Skaggs—. Él es mucho más grande que yo. Una vez me estranguló hasta que casi pierdo el conocimiento... No podía sentarme ahí y decir: "Oye, ¿adónde mierda estamos yendo?". Porque cada vez que me pasaba de lista, cobraba. Me resistía, pero él sigue siendo un hombre y yo una mujer pequeña».

Ella medía 1,55 metros y pesaba 51 kilos. Starks era de una altura normal pero de complexión muy corpulenta; jugaba al fútbol americano. No sabía que se dirigían a un tiroteo. Pero aunque lo hubiera sabido, «no habría preguntado, porque no quería cobrar. Ya sé que suena un poco cobarde. Pero no quiero que me den una paliza».

Afirmaba que no sabía que alguien había muerto a causa del tiroteo. Skaggs la puso a prueba una y otra vez sobre este asunto. Pero, al final, su confusión le convenció.

Había cientos de disparos de bala en Los Ángeles Sur que apenas eran registrados en el mundo exterior. Midkiff no retuvo con particular atención los acontecimientos del 11 de mayo porque pensó que no era más que otro tiroteo de los «habituales», como dijo.

«Sé que hubo disparos», le dijo a Skaggs. Pero «la gente suele disparar mucho sin dar a nadie. Sobre todo los pandilleros».

El hombre en la silla de ruedas le había dicho a Gordon y Skaggs que Midkiff era «una buena chica», lo que no era cierto, en el sentido habitual de la palabra. Pero no era una pandillera. Starks la veía como un «eslabón débil». Hizo callar a Davis porque no quería que ella supiera lo que estaba pasando. No confiaba en ella, le dijo.

Y no le faltaba razón.

Midkiff no tenía ninguna vena asesina. Cuando Skaggs le contó la muerte de Bryant Tennelle, lloró. «Me sentí mal por dentro —dijo—. Está mal. Me imagino a mi madre pensando en mí si me tumbaran. O si tumbaran a mi hija».

Finalmente, Skaggs le pidió que declarara como testigo ante el tribunal. «Ya me da igual todo, hasta yo misma. Lo haré», dijo Midkiff. Empezó a llorar otra vez, preocupada porque su familia podría ser asesinada. «¡Lo harán!», le dijo a Skaggs. Él le dijo que también estaría asustado si estuviera en su piel.

16

El Nene

Devin Davis cumplió diecisiete años en las primeras semanas de 2008. Era un crío de aspecto desgarbado, con la cabeza grande, pómulos salientes y redondos y unos grandes ojos castaños muy redondos. Padecía trastorno por déficit de atención con hiperactividad (TDAH) y era hipertenso, algo poco común en adolescentes, aunque no tan infrecuente en el Sur Central. Le habían dado un balazo unos meses antes y tenía una muñeca lesionada.

Parecía que estaba siempre buscando algo de lo que reírse, con esa inquietud que tienen los adolescentes con miedo a no entender las bromas. Pero Devin no era un chico alegre. Sus ojos tenían una expresión lastimera. Era un chico malhumorado e infeliz.

Cuando el joven en libertad provisional le mencionó por primera vez a Skaggs el mote de Devin, el Nene, Skaggs tuvo la certeza de que Devin era el asesino. Posteriormente, Midkiff, con la foto en las manos, identificó a Devin como el «chico loco» que iba en la parte de atrás de la Suburban, y Skaggs ya tuvo la certeza total. Pensaba ir de cabeza a por él y lanzarse, como siempre, de la forma más directa posible.

El encarcelamiento de Devin le dio tiempo a prepararse. Skaggs quería aprovechar todas las ventajas posibles. El interrogatorio de Devin Davis resultaría el momento más importante de este importantísimo caso; resultaría ser un momento fundamental en toda su carrera profesional.

Skaggs sabía lo que quería de Davis: una confesión completa. En su cabeza, ya se había hecho una idea del caso exclusivamente sobre la base de los relatos del hombre de la silla de ruedas, del joven en libertad provisional y de Midkiff, respaldado todo ello por pruebas confirmatorias. Pero sabía que el caso tendría más fuerza con una confesión.

Skaggs había interrogado a cientos de sospechosos de asesinato, y un número sorprendente había confesado, al menos parcialmente. No se debía enteramente al talento de Skaggs: las confesiones eran algo asombrosamente frecuente en los casos del *Ghettoside*. Sal La Barbera afirmaba que había conseguido algún tipo de confesión en casi todos los casos que había solucionado. No siempre confesaban en el interrogatorio, pero a los jóvenes casi siempre se les escapaba algo en las largas esperas: durante una comida o mientras hacían todo el papeleo de una detención. Era algo bastante excepcional que los sospechosos de casos de bandas se acogieran a su derecho a contar con un abogado.

Skaggs no entendía por qué confesaban los sospechosos. Pero La Barbera, que achacaba motivos sentimentales a todos —incluso a los asesinos— tenía una teoría. Creía que era el peso de la culpa. Sugería que el asesinato tenía una especie de peso existencial; había que tener el corazón muy duro para no amilanarse. Otros inspectores tenían opiniones parecidas. Brent Josephson, un agente del *Ghettoside* de la anterior generación, contaba una historia inolvidable de los años de mayor actividad. Se trataba de un caso de homicidio en un parque de los de «recoger y cargar». A Josephson le habían asignado el caso con los hechos consumados, con las pruebas ya eliminadas y sin testigos. Se hallaba en la escena del crimen, sintiéndose impotente, pensando que no tenía la menor posibilidad de resolver el caso, cuando vio a un esquelético joven hispano a lo lejos. Josephson le llamó, pensando que el chaval podría darle alguna pista. Atónito, el joven agachó la cabeza y se acercó al policía. «Me ha pillado», le dijo a Josephson, y a continuación confesó. Al parecer, la visión de un agente del Departamento de Policía de Los Ángeles que le llamaba desde la otra punta del parque había sido demasiado para él. Había sido como una llamada de Dios.

Pero lo que Skaggs sabía era que, por muy comunes que fueran las confesiones, no se podía contar con conseguirlas sin más. Muchos pandilleros eran especialistas en interrogatorios. Conocían los métodos de la policía, especialmente los más mayores, que tenían cierta ventaja sobre los polis jóvenes a los que reclutaban las divisiones de Los Ángeles Sur. Estos sospechosos eran astutos y tenían su estrategia. Y, como los polis, mentían de maravilla. De manera que, aunque había quienes se negaban a hablar, o salían bajo fianza en medio de la entrevista, la situación más común era un tenso ten con ten en el que los sospechosos les ofrecían cierta información a los inspectores a cambio de información sobre lo que sabía la policía.

Este sistema no era tan irracional como pueda parecer. Sin un abogado presente en el interrogatorio, los pandilleros podían hacerse una idea no solo de lo que pensaba la policía, sino también de lo que pasaba en la calle. Si tus colegas habían cantado, querías saberlo. Si te interesaba delatarles tú antes, también querías saberlo. Los polis eran solo parte del juego. La disposición de los pandilleros sospechosos a dejarse interrogar demostraba, una vez más, que esta gente habitaba en el seno de dos estructuras legales, una formal y otra informal. Tenían que moverse por ambas, y la sala de interrogatorios del Departamento de Policía de Los Ángeles era un lugar en el que podían tantear sus posibilidades, enfrentar a unos contra otros.

Posiblemente, otra de las razones por las que los sospechosos se dejaban interrogar era que les resultaba interesante. Pocas personas se resisten a hablar de algo que les interesa mucho con alguien que comparte ese interés. Por todo eso, los sospechosos hablaban. Los interrogatorios de homicidios en la zona sur en la época de Skaggs no eran ya ese terrorismo bruto del antiguo Departamento de Policía de Los Ángeles, incluso a veces eran cordiales. Pero eran siempre un juego elíptico del ratón y el gato en el que el ratón era tan curioso como el gato. Skaggs esperaba que Devin aceptara hablar un poco. Aunque eso no significaba que fuera a conseguir lo que quería.

La tarde del 14 de enero, Corey Farell y un joven inspector llamado Vince Carreon recogieron a Devin en el Campamento de Detención de Jóvenes Challenger del valle del Antílope, en el norte del condado de Los Ángeles, al pie del desierto de Mojave. Le llevaron por todo el desierto hasta la comisaría de la 77, con las manos esposadas por delante durante todo el viaje.

Cuando llegó, Skaggs lo miró de arriba abajo. Devin llevaba un mono azul y tenía el pelo desaliñado, como los jóvenes que llevan tiempo en la cárcel sin cortarse el pelo.

Era moreno de piel, tal como lo recordaba Midkiff, petulante y nervioso. Farell no le había dicho nada.

Skaggs quería asegurarse cierta ventaja sobre Devin desde el principio. Había ideado un par de artimañas: le hizo pasar junto al escenario del crimen y le sugirió que la policía tenía pruebas que no existían, entre otras, un vídeo ficticio procedente de una cámara de seguridad. El objetivo era simplemente meterle miedo. Y también quería ver cómo reaccionaba. Al provocarle una reacción emocional, Skaggs esperaba hacerse cierta idea de su estado mental y deducir de él su predisposición ante un interrogatorio.

Mientras conducía, Skaggs iba observando al adolescente. Devin parecía algo inmaduro para su edad. Daba la impresión de padecer alguna discapacidad mental o social. «Un poco raro», pensaba Skaggs. Era fácil ver lo que el joven en libertad provisional había sugerido sobre Devin: que le costaba hacer amigos. Si Devin hubiera sido un alumno de secundaria normal de cualquier otra parte, no habría sido más que otro inadaptado. Pero Skaggs pensaba que Devin «era más bien algo violento, no solo algo tonto». Tenía «cierta mirada». Para Skaggs, los sospechosos se dividían en varios tipos. Algunos eran muy violentos, otros menos. Y algunos estaban tan poco acostumbrados a la violencia que les dejaba conmocionados. Skaggs había tratado con sospechosos que empezaban a hablar en cuanto se sentaban, que se inventaban defensas y delataban a sus amigos. Pero la serenidad de Devin sugería que no se iba a venir abajo fácilmente.

Regresaron a la comisaría y subieron por las escaleras de atrás hasta una sala de interrogatorios con el cristal espía instalado al revés. Skaggs le dio un refresco a Devin y le preguntó si quería comer. Devin dijo que no. Eran las dos y media de la tarde.

A lo largo de años de salas de interrogatorios, latas de refrescos, sillas desparejadas y tazas de plástico, Skaggs se había movido con pies de plomo en decenas de entrevistas como esta, había aprendido por repetición. Por lo general, Skaggs blasfemaba relativamente poco y mantenía la calma.

Buscaba sobre todo asegurar a los sospechosos que estaba bien hablar, que si decían la verdad, no iba a pasar nada. A partir de ahí, el resto era pura improvisación. El interrogador tenía que pensar y reaccionar con rapidez. Debía estudiar al sospechoso al tiempo que fingía no hacerlo, y cambiar de táctica según iba cambiando la dinámica del interrogatorio.

A veces Skaggs intentaba acabar con la resistencia de los sospechosos. Otras veces intentaba darles ánimos. Les insultaba de manera sutil: «¿Estás tomando algún medicamento para algún trastorno mental?». Y se apresuraban a defenderse. O les halagaba: «¡Caramba! ¿Todavía estás bien? ¡He oído tu nombre en la calle!». Y se hinchaban como pavos y se ponían fanfarrones. Uno de sus métodos favoritos era hacerse el distraído o fingir que estaba aburrido hasta que se ponían nerviosos porque no pasaba nada.

Skaggs y Farell salieron al pasillo y dejaron a Devin solo en la sala. Skaggs no tenía ni idea de qué iba a hacer. Pero Farell no notaba nada diferente en su comportamiento. Era como si estuviera haciendo algún recado de fin de semana.

Skaggs preparó la grabadora y anotó la fecha y la hora. Regresaron a la sala de interrogatorios y Skaggs se sentó, no frente a Devin, sino en el mismo lado de la mesa, y acercó tanto la silla que casi se rozaban las rodillas. Siempre se sentaba así en los interrogatorios. No le amenazaba a Devin de un forma concreta, pero se metía en su espacio personal. Esta sutil intrusión resultaba desestabilizadora.

Skaggs se puso a hablar y se mostró afable y razonable: «Bien, Devin. Ha llegado la hora de empezar a ocuparnos de todos nuestros asuntos. ¿Te parece?».

Despreocupado. Serio. Con un ligero toque de pesar. Como si fueran amigos que tuvieran que resolver un asunto desagradable.

Devin estaba alerta, en modo defensa. Había adoptado una postura que indicaba desafío, echado hacia atrás en la silla, hosco, enfadado. Skaggs le dijo algo que decía siempre: «Te voy a pedir que hables más alto. Soy un poco duro de oído». Le dijo a Devin que se sentara bien: «Ten un poco de respeto..., un poco de respeto mutuo... Si te sientas bien, sé que me estás prestando atención. ¿Vale?». Esto último con una voz clara y animada.

Devin se removió en la silla y murmuró su conformidad «Sí, señor..., sí, señor», dijo de mala gana. Era el típico intercambio entre un pandillero y un policía, la cortesía fingida, el uso excesivo de títulos de cortesía, y el énfasis en el «respeto». Los barrios eran quizás el único contexto en Estados Unidos, aparte del Ejército, en el que la palabra «señor» se añadía una y otra vez en el lenguaje hablado. Era obvio que Devin había hablado con muchos policías.

Skaggs siguió con el interrogatorio, simplificando en exceso: «Me llamo John Skaggs. Este es mi compañero, Corey Farell. Trabajamos en homicidios. ¿Sabes lo que significa?».

«No», contestó Devin. Skaggs fue directo. «Los investigadores de homicidios investigamos los casos en los que alguien es asesinado», le explicó diligentemente. «No cuando le disparan a alguien. Ni cuando agreden a alguien. Ni cuando roban a alguien. Cuando matan a alguien en la calle, nos llaman, y nos ponemos a trabajar».

Skaggs lanzó su ataque. Se puso a hablar sin rumbo alguno sobre la investigación. Empezaba por el medio, divagaba y luego volvía atrás. Insinuaba que iban a tener una *conversación muy seria*. Pero en lugar de empezar con la conversación, se perdía en cuestiones técnicas. Declaraba su intención de ser totalmente abierto, pero luego divagaba. Prometía que iba a ir al grano, pero luego no lo hacía. Carraspeaba y salpicaba la conversación con apartes: «¿Me sigues?»; «¡Entonces escucha!»; «Ya hablaremos de eso». Pero nunca hablaban de nada. Todos sus gestos e inflexiones le aseguraban a Devin que estaba siendo claro y directo. Pero sus palabras solo contenían divagaciones y confusión.

Era exasperante y eficaz. Esa táctica llevaba años dándole buenos resultados a Skaggs. Habitualmente, Skaggs era una persona que no dejaba las cosas para más tarde, jamás daba rodeos. Pero en los interrogatorios, los rodeos eran su arma preferida.

«Ha salido tu nombre en la investigación de un asesinato —le dijo Skaggs a Devin totalmente serio—. Así de claro». Hizo una pausa para que asimilara el «así de claro» de su afirmación. Pero luego dejaba de ser claro. Divagaba, le insistía machaconamente en la cámara de seguridad y el vídeo ficticio, en la calidad de la imagen.

Y finalmente: «Bueno, esto es lo que pasó. El pasado mes de mayo, ¿vale? ¿Conoces los meses del año? —Devin se mantuvo en silencio. Skaggs continuó—: Como a finales del invierno. El comienzo del buen tiempo...». Y Skaggs repetía el tema del tiempo.

Devin suspiró profundamente. «Unas personas se montaron en un coche...». Skaggs siguió hablando, con el mismo tono que había utilizado para describir ese día soleado de mayo. Pero Devin le interrumpió, rebelándose contra las intrusivas rodillas de Skaggs.

«¿Le importa que mueva las piernas?», le dijo.

Skaggs fue genial. «¡Ponlas donde quieras! ¡Pero no me des patadas!». Devin se movió pesadamente en la silla mientras Skaggs seguía hablando. «Te voy a dar la oportunidad de decir lo que piensas —le dijo—. Pero déjame que hable cinco minutos». Skaggs le señaló con la cabeza el grueso dosier del caso que tenía en la mano. «Hoy quiero hablarte de esto». Volvió a divagar y luego, mientras hablaba muy rápido, casi amistosamente, retomó el tema de la investigación. Lo presentó como si fuera un problema que esperaba que Devin le ayudara a resolver:

«O sea, lo que sé es que una Suburban negra sube por St. Andrews, se baja un tío y matan a alguien, ¿vale? —le dijo—. Y tú estás en ese vídeo. No solo eso, también tengo la Suburban. La Suburban está bajo custodia. Te voy a enseñar fotos de la camioneta. Te lo voy a enseñar todo para que veas que no me lo estoy inventando».

Devin volvió a interrumpirle en este punto y se opuso, por algún motivo, no a la idea de que podía haber cometido un asesinato, sino a la sugerencia de que no confiara en Skaggs. «¡No estoy cabreado con usted! ¡Le estoy escuchando!», le dijo en voz alta, con cierta indignación.

Skaggs continuó en un tono conciliatorio: «Todos conocemos historias de polis que intentan jugar una mala pasada y cosas por el estilo. Yo quiero ser totalmente abierto contigo».

Devin seguía insistiendo en que, como él decía, no estaba cabreado. Skaggs consiguió calmarle y le dijo: «El trato es el siguiente. Y es la única vez, una sola y única vez, que vas a tener la posibilidad de hablar con los dos tíos que han investigado ese asesinato».

«¿Puedo hacerle una pregunta?», dijo Devin.

«¡Por supuesto!», Skaggs parecía francamente animado.

«Esto no va a influir en el tiempo que pase en el campamento, ¿no?».

Llevaba toda la tarde intentando preguntarlo una y otra vez, de formas diferentes. «Es una pregunta ridícula», le dijo Skaggs, mostrándose indignado. Devin puso alguna objeción sin éxito. Skaggs alzó la voz: «¡Déjame hablar!».

«Estamos hablando precisamente de eso —le dijo Skaggs cuando logró que volviera a escucharle—. Estamos hablando de tu futuro. De manera que hablaremos de esa parte de tu futuro cuando toque».

Devin estaba empezando a gimotear. Skaggs le regañó; le dijo que se portara como un hombre. Y a continuación bajó la voz y prometió que pronto abordarían las cuestiones que le preocupaban a Devin. Le insinuó de nuevo que iban a tener una *conversación muy seria.*

«Vamos a ver en qué estás pensando, si vas a ser sincero o no» —le dijo—. O sea, que ya llegaremos a eso».

Skaggs volvió a adoptar su tono suave, serio, e hiló una serie de mentiras bajo la apariencia de pretender ser comunicativo. Le dijo a Devin que unos soplones «le estaban dejando con el culo al aire» y le llamó por su nombre de pandillero, el Nene.

«No soy ningún nene», le dijo Devin con un ligero acento sureño. «Ya hablaremos de eso. Ya hablaremos de eso», dijo Skaggs. Siempre prometía, y nunca cumplía.

Devin estaba empezando a crisparse. «¡Dígamelo!—le rogó—. Dice que va a ser abierto conmigo. Bueno, pues cuéntemelo todo».

«¡Por supuesto!», dijo Skaggs. Animado y amable.

Pero luego volvió a enmarañarlo todo. Mencionó a Starks, y dijo que Starks era una «perra». Devin pensó que Skaggs se refería a una mujer; el argot callejero podía resultar confuso hasta para usuarios experimentados. Skaggs le corrigió. Lo que había querido decir es que Starks había confesado fácilmente. Devin soltó una carcajada.

Skaggs dijo que había encontrado el número de teléfono de Starks en un trozo de papel en el dormitorio de Devin. Devin exigió verlo.

Skaggs le complació mostrando una página del dosier del caso. «Así sabes de qué va», le dijo. Devin miró y cambió de marcha al instante: «Le conozco», dijo. «No voy a mentirle Soy una persona sincera», dijo.

Durante algunos minutos más, Skaggs dejó que Devin viera páginas seleccionadas del dosier del caso con el pretexto de demostrarle lo sincero que era. Le mostró a Devin una carta en la que este declaraba que pertenecía a los Crips del Bloque 113. «Pero me echaron», objetó Devin. Dijo que la banda le había dado una paliza y le había echado. «¡Espera, Devin! —le interrumpió Skaggs—. Estamos hablando. No tienes que dar ninguna explicación».

«De acuerdo, —dijo Devin, que de repente parecía cansado—. «Entonces, después de esto, ¿vuelvo al campamento?».

«Vas a volver al campamento cuando acabemos aquí», dijo Skaggs.

«Y eso es todo», dijo Devin.

«¿Qué quieres decir con "eso es todo"?».

«Que no tengo que preocuparme de volver a oír todo esto nunca más».

«No sé. No hemos acabado de hablar de esto, ¿no?», dijo Skaggs.

Devin lanzó una carcajada afligida. «No estoy intentando cabrearle ni nada parecido».

«No puedes cabrearme», le contestó Skaggs sin darle importancia.

Empezó a sacar cartas que según él había escrito Devin y se refirió a un supuesto análisis grafológico. Las cartas hablaban de matar «Snoovers» un término despectivo para los Hoovers. Al oír la palabra *snoover* [sacamocos], Devin soltó una risa nerviosa.

Skaggs le mostró una carta en la que Devin se refería a sí mismo como el Nene. «¡Uy, perdón!», dijo Skaggs con sarcasmo.

«Yo ya no soy de esa mierda», protestó Devin. Skaggs volvió a mostrarse cortante: «¡Devin!».

«De acuerdo. Me llaman así. Tiene razón». Era la segunda vez que Skaggs le obligaba a Devin a dar marcha atrás. Skaggs hacía ver que estaba indignado. Devin le volvió a preguntar si iba a regresar al campamento. Skaggs le dijo que dejara de hacer preguntas. Devin cogió el dosier del caso y lo trató de mala manera.

«¡Para! ¡Tranquilo, tigre!», le dijo Skaggs, cogiendo el dosier. Le mostró más páginas a Devin. Una foto de la Suburban. Una foto de Midkiff. «¿Quién coño es esta perra?», dijo Devin. Dijo que la entrevista era una «chorrada» y le pidió a Skaggs que hiciera las preguntas de una vez.

Skaggs, tranquilamente, le hizo esperar mientras pasaba páginas del dosier. Fuera, en las calles de la división 77, sonó una sirena.

«Vamos a hablar un poco —dijo Skaggs—. En un segundo vamos a empezar la buena conversación».

«¿Puedo comer? Por favor, tengo hambre», dijo Devin.

«Lo haremos en un minuto», dijo Skaggs.

«Porque ya estoy listo, señor. Es que ya estoy cumpliendo condena...».

Era una situación peligrosa. Lo que Skaggs más temía era que Devin se echara atrás repentinamente y pidiera que le llevaran al campamento. Ya antes había tenido interrogatorios que habían acabado así, con el sospechoso diciendo: «¡No voy a decir una mierda! ¡Que os den!». Skaggs no podía arriesgarse a que pasara eso ahora.

Cambió de tono y se puso serio. «O sea, que aquí, aquí es donde estamos, Devin. Hay unos soplones de los Bloccs y hay otros de los Rollin' 90».

Al oír la palabra «soplones» Devin volvió a prestar atención. Skaggs habló de nuevo de un asesinato, a plena luz del día, de una cámara de vídeo, de testigos.

«¿O sea, que estoy metido en un buen lío?», le interrumpió Devin.

Skaggs le quitó importancia: «Bueno, lo que digo es que tengo unas personas que dicen que disparaste a un chico...».

Habían pasado veinte minutos y esta era la primera vez que Skaggs mencionaba directamente sus sospechas. Introdujo la acusación de asesinato como de pasada.

Devin, que se había pasado la mayor parte de esos veinte minutos pidiéndole a Skaggs que fuera al grano, parecía ahora ansioso por hacerle retroceder. Le cortó a Skaggs, con cierta urgencia en la voz:

«O sea, que estoy metido en un buen lío, ¿no?».

«¡Espera! ¡Tranqui, tigre!», le dijo Skaggs, quitándole importancia. Cuanto más se cargaba el ambiente, más aligeraba el tono.

Pero Devin se agitó. «Me gustaría que me dijera la verdad, señor».

«Todavía no hay ninguna verdad. No hemos acabado de hablar. Cuando acabemos de hablar, te responderé a todo lo que quieras. ¿Vale? ¿Me sigues?». La voz de Skaggs revelaba cierta impaciencia, era paternal, tranquilizadora, indignada. Funcionó. «Sí, señor», dijo Devin.

Skaggs tomó aire y luego repitió su exasperante mantra: «Escúchame. Vamos a hablar un poco».

Rick Gordon también había conseguido pruebas con esta técnica: romper a los sospechosos mediante una táctica sencilla que llamaba *matarles de aburrimiento*. Skaggs regresó a sus divagaciones, afirmando que los soplones habían dicho que Devin había hecho esto y esto otro. Devin se limitaba a negar pequeñas acusaciones por partes. «¡Lo juro por mi madre!», exclamó en cierto momento, y negó así algo con ese juramento. Skaggs aprovechó la ocasión para abrir un debate sobre la madre de Devin sin motivo alguno. Devin picó el anzuelo. Se apartaron del tema principal.

Entonces Skaggs volvió a mencionar a Midkiff. «No va a llevarse ella el marrón por ti», dijo.

«¡Yo no voy a cargar con el marrón por ella!», replicó Devin con pasión.

Skaggs se lanzó sobre él. «¿Qué ha hecho?» dijo rápidamente.

Pero Devin se dio cuenta y reculó. «Mierda, no sé... No voy a cargar con ningún marrón por nadie», murmuró.

Skaggs continuó como si no hubiera pasado nada. Devin protestó: «Es que... me dijo que tenía más cosas que decirme», le dijo. Skaggs le aseguró a Devin que así era. Devin no tenía más que escuchar.

«Pero es que las otras cosas que está diciendo..., hacen que me suba la tensión», dijo Devin.

«Seguro —dijo Skaggs—. A mí me harían morirme de miedo».

Devin estaba de acuerdo. Le estaban haciendo morirse de miedo. «Deberían darte miedo —le dijo Skaggs a un Devin repentinamente silencioso—. Alguien me dijo hace poco que te relacionan con un asesinato».

Devin murmuró algo. Skaggs se lanzó sobre él. «¿Qué?»

«Nada —dijo Devin—. Estoy hablando solo. Estoy pensando en voz alta».

«¡Bien!», Skaggs volvió a mostrarse relajado. Y siguió como si el diálogo interno de Devin no le interesara nada. Siguió dándole la lata con las pruebas, esta vez dejando caer las palabaras «matando al hijo de un poli».

«¿Matando al hijo de un poli?», Devin parecía espantado.

«Sí», dijo Skaggs, que de repente parecía molesto. «No espero que te confieses culpable de nada, Devin», le dijo.

«¡No le estoy mintiendo, señor!. ¡He sido sincero con usted en todo!», gritó Devin. Skaggs no estaba de acuerdo. Discutieron. «¡Ni siquiera has reconocido que te llaman el Nene!», dijo Skaggs.

Devin tenía la voz tensa. Dio marcha atrás y le rogó: «¿Podemos tener la conversación en calma? Tío, es que tío, siento que te estás cabreando, joder».

«¿Por qué iba a cabrearme?», Skaggs volvió a adoptar un tono tranquilo. Devin volvió a pedirle que moviera las piernas. Skaggs se mostró sorprendido. Le preguntó a Devin si sufría «claustrofobia o algo parecido». Devin dijo que sí. «¡De acuerdo! —le dijo Skaggs amistosamente—. Me aparto».

Y reanudó su monólogo divagando, sin dirección alguna. Esta vez le aseguró a Devin: «Vamos a llegar a ciertas cuestiones, pero antes quería que lo tuvieras todo claro». En cierto momento, se atascó con la frase: «Como sabes, conocemos nuestro trabajo...».

«¡Lo sé! ¡Yo le elegiría para un trabajo! ¡De verdad!», le interrumpió Devin.

Skaggs hizo caso omiso a su aprobación y siguió. Devin volvió a cortarle. «De acuerdo, ¿pero va a decirme quién les está dando información sobre mí?», preguntó.

«Si esto va a juicio, lo vas a averiguar sin falta. Pero hoy no te lo voy a decir», dijo Skaggs.

Devin se sobresaltó. ¿Ir a juicio? No iban a juzgarle, ¿no? No le juzgaban a nadie por cosas así, ¿no? Skaggs le dijo que dependía del fiscal del distrito. Solo quedaría todo «bloqueado» cuando acabaran de hablar.

Devin se quedó callado. «¿Qué quieres decir con "bloqueado"?».

Skaggs hablaba lentamente. En ese momento, presentaría todo lo que había averiguado, y el fiscal del distrito decidiría qué hacer. «¿Qué crees que va a hacer el fiscal del distrito con la persona que aparece en el vídeo matando a un crío?».

Devin resopló. «Me voy a pasar allí el resto de mi vida», dijo hablando para sí. Parecía resignado. Pero luego se sublevó: «Pero tengo un hijo en camino».

Llevaban veintiocho minutos en la sala. Devin se echó a llorar. «Tú y yo tenemos que tener una charla seria», le dijo Skaggs.

Pero Devin sollozaba. «Voy a tener un hijo. No voy a ver nacer a mi propio hijo».

Skaggs intentó calmarle. Era una situación muy arriesgada. Estaba empezando a venirse abajo. Pero todavía no se le habían leído sus derechos. «Tú y yo vamos a tener aquí una charla sobre lo que realmente importa», le dijo Skaggs.

«Da igual. Voy a ir a la cárcel de todas formas. Me voy a pasar allí el resto de mi vida. No voy a volver nunca a casa —gemía Devin—. ¡Puta mierda!». Y a continuación la inevitable adenda: «Disculpe la expresión».

Era como el excesivo uso de «señor». Por algún motivo, decir tacos y luego disculparse era un tic común de las bandas.

Skaggs no le dio importancia a las lágrimas de Devin y siguió hablando sobre el caso. Devin le interrumpió.

«Ya he dicho que él me obligó a hacerlo», dijo Devin, deshaciéndose en una cascada de lloriqueos.

La afirmación era atronadora. Pero no era todavía una confesión. «¡Espera!». Skaggs intentó rebobinar la conversación, pero Devin se recuperó y, tras hacer una pausa entre sollozos, dijo: «No me declaro culpable de nada».

Devin dijo que esperaba que los policías le ayudaran. «No estoy aquí ni para perjudicarte ni para ayudarte —le dijo Skaggs—.

Estoy aquí para averiguar la verdad. Por eso necesitamos ir al centro de la cuestión».

Esa frase enloqueció a Devin. «¡Eso es lo que estoy pidiendo! ¡Vaya al grano!». Parecía desesperado.

Skaggs se mostró comprensivo y le prometió que pronto llegarían a las preguntas. Hizo una transición sin cortes: «Para poder hacerte preguntas..., ya te han leído tus derechos antes, ¿verdad?».

Se los habían leído. Este momento les asustaba un poco a los inspectores. La lectura de los derechos rompía el ambiente. Skaggs le habló tranquilamente. Lo convirtió en un juego; le preguntó a Devin si conocía sus derechos lo suficientemente bien como para recitarlos de memoria. Devin lo intentó, pero se quedó a medias. Estaba en su propio mundo, llorando, con la cabeza agachada. «No voy a volver nunca a casa», decía entre llantos.

Skaggs, magnánimo, se ofreció a leerle los derechos, como haciéndole un favor. Al principio Devin escuchaba sollozando, pero luego le interrumpió: «No quiero oírlos, señor. Me va a hacer más daño», dijo.

«Bueno —le dijo Skaggs suavemente, como si se tratara de un asunto desagradable pero inevitable—. Tengo que hacerlo. Déjame que te los lea... Y luego hablamos». Le leyó los derechos Miranda, lenta y claramente, pero se paraba tras cada línea para los «sí, señor» de Devin.

Una pausa. Devin seguía llorando. «Te compadezco, siento el aprieto en que te encuentras», le dijo Skaggs en voz baja.

Sugirió hacer un descanso. Le ofreció a Devin un pañuelo de papel. Dijo que hablarían de otras cosas para que Devin pudiera relajarse. Volvió a mencionar a la madre de Devin. «Tu madre es una señora muy agradable —dijo Skaggs—. Lo siento por tu madre». Era cierto. Skaggs pensaba realmente que Sandra James era una señora muy agradable.

Los grilletes le hacían daño en la muñeca lesionada. Skaggs le ayudó a colocárselos para que no le molestaran tanto. Luego, tras un rodeo, volvió al tema del asesinato y habló de Devin en tercera persona. Dijo, con aire distraído, que la gente se preguntaba por qué lo había hecho Devin. «No parece un tipo tan malo —divagaba Skaggs—. ¿Qué rayos pasó?». Skaggs hojeaba el dosier del caso, y se volvió a referir al caso como «lo que realmente importa». Pero sus esfuerzos por sacarle una respuesta a Devin fracasaron. Devin respondía a todo con un: «Da igual, señor, ya voy a ir a la cárcel». El adolescente hablaba para sí mismo y se lamentaba de que sus amigos le hubieran delatado.

Estaba desplomado sobre la mesa, un muchacho de diecisiete años desesperado, enfermo, lesionado, que sufría de verdad, lloraba lastimosamente y gritaba que quería irse a casa. Frente a la ardiente agonía de Devin, Skaggs no se inmutaba. Jamás perdía la calma, pero sus tácticas eran implacables. Le insistía una y otra vez a Devin. «Quiero saber por qué», le dijo Skaggs.

Devin agachó la cabeza.

Skaggs captó el gesto. Paró, y el tiempo se detuvo. Ahora, pensó.

«Me obligó a hacerlo», dijo Devin, con una voz repentinamente nítida. Y luego añadió algo sobre que había cerrado los ojos.

«De acuerdo —dijo Skaggs en voz baja—. Vamos a hablar de eso. Límpiate un poco».

Pero Devin volvió a controlarse por segunda vez. Y como antes, dio marcha atrás. «Yo no lo hice», dijo. Estaba retractándose de la confesión que acababa de hacer. «Estaba pensando en otra cosa», dijo.

Llevaban cerca de cuarenta y cinco minutos en la sala. Parecía tener próxima una confesión, pero no llegaba. Corey Farell apenas se había movido. Tenía el cuaderno ante sí, pero había tomado muy pocas notas para no hacer nada que interrumpiera el flujo de la conversación. Si Skaggs estaba preocupado, no lo dejaba ver. De hecho, según iba pasando el tiempo, parecía cada vez más tranquilo.

Mientras observaba todo desde un rincón, Farell sentía que el peso de todo el caso iba encajando, las diferentes partes convergían a medida que aumentaba la tensión en la habitación y corrían como arroyos hacia un río. Pero cada vez que Devin se echaba atrás, las corrientes amainaban.

«¡De acuerdo! —le dijo Skaggs con total tranquilidad cuando Devin se retractó de su confesión—. ¡No nos cabreemos!».

Le dio más pañuelos al lloroso adolescente y le enseñó cómo usarlos, como si estuviera hablando a un niño.

Devin estaba volviéndose a poner histérico. Se puso a sollozar otra vez: «Voy a pasar la vida en la cárcel. ¡Tengo diecisiete años y voy a ir a prisión! —dijo—. Me van a pegar. Solo tengo una mano. No puedo hacer nada».

«¡Devin! ¡Devin!». Skaggs hablaba por encima de Devin para intentar que se calmara. Cuando Devin hizo una pausa para respirar, Skaggs empezó a hablar sin sentido con el fin de ganar tiempo.

«Devin, tienes diecisiete años. Yo tengo... ¿Cuántos años crees que tengo?».

«Cuarenta y siete», dijo Devin entre sollozos; casi acierta.

Skaggs fingía estar avergonzado; se reía. «Sí —dijo—. No me gusta reconocerlo, pero...».

Y, de repente, Skaggs se puso serio. Levantó las dos manos. «Entonces, escucha», entonó, y juntó las dos manos con fuerza. *¡Clap!*

El sonido se mantuvo unos momentos en el aire, igual que las palabras de Skaggs a la hermana de Derrick Washington habían estado planeando sobre ellos hasta que la muchacha agachó la cabeza y se echó a llorar. Cuando le preguntaban que explicara esta parte de la entrevista, Skaggs no tenía respuesta. No podía explicar por qué, a los tres cuartos de hora del interrogatorio, de repente había decidido dar palmadas como un profesor de guardería.

Skaggs estaba intentando que Devin se centrara. Pero la palmada fue también un gesto instintivo, un destello de virtuosismo de un hombre para el que tener el control era parte de su naturaleza. Skaggs dio una palmada frente al rostro de Devin como si supiera exactamente qué iba a ocurrir, y a continuación, de manera refleja, dio dos palmadas más para cerrar. Era un recurso tan sencillo y potente —tres palmadas que rompían el silencio en la diminuta sala— que alguien que no conociera el contexto podría haber pensado que Skaggs estaba practicando magia negra, convocando a un espíritu maligno con sus manos.

«Entonces, escucha», dijo Skaggs. *Clap.* «¿Qué pasó ese día?». *Clap. Clap.*

Y Devin se vino abajo.

De repente empezó a hablar a tal velocidad que los inspectores no podían seguirle. Hablaba a trompicones. Les estaba dando todo el caso.

«Me obligó a hacerlo —dijo Devin—. ¡Pim, pam, pum, zas! Dijo que fuéramos ahí. Yo estaba en el coche... Yo llevaba la pipa. Salí del coche, cerré los ojos y me puse a hacerlo, no sé por qué. ¡Tenía miedo! No quería que nadie me tomara por una perra o nada parecido... ¡Solo quería tener amigos! ¡No quería otra cosa! No pensé que había que hacer todo eso».

Se detuvo para coger aire. «De acuerdo —dijo Skaggs dulcemente—. Y de eso es de lo que vamos a hablar».

Llevaba dos décadas sacando confesiones, algunas muy fácilmente, otras no tanto, pero no dejaba de sorprenderse con cada nuevo caso. Había ido al interrogatorio con la esperanza de conseguir que Devin confesara. No lo necesitaba, no necesariamente, pero sabía que eso cerraría el caso como él quería. Y, sin embargo, cuando llegó ese momento, le pareció impresionante, como un cambio en la alineación de los astros. Skaggs no se detuvo a analizar la situación. Dejó a un lado la sorpresa y se lanzó hacia delante con su estilo característico.

Devin lloraba. La tensión estaba al máximo.

Skaggs decidió dar un paso atrás. Era como si la adrenalina fluyera en sentido contrario. Este momento era, sin duda, uno de los más importantes de su vida profesional, pero no mostró prisa alguna. Redujo la marcha.

Hablaba de forma relajada, como si lo que Devin tenía que decir le resultara totalmente indiferente. Adoptó un tono ligero, casi como despreocupado. «Solo necesito algunos detalles antes de seguir —le dijo—. Vamos a hacer un descanso. Meterte algo de comida en el estómago, tomar algo».

«¿Puedo llamar a mi madre?», dijo Devin, gimiendo.

«Sí. Pero no en este momento». Devin seguía llorando.

Skaggs inició el interrogatorio. «¿Dónde te recogieron?».

Una breve pausa y Devin empezó a hablar; la voz le había cambiado. Su tono reflejaba el de Skaggs. Estaba calmado, triste, resignado. «Creo que en la 110», dijo.

Durante los siguientes cuarenta y cinco minutos respondió las preguntas de Skaggs, una tras otra, usando su «sí, señor» cuando Skaggs le reprendía por no hablar claro. Skaggs hablaba despacio y Farell tomaba notas libremente en su cuaderno. La historia fue surgiendo a un ritmo majestuoso, sombrío. Una tarde de mayo. Un revólver de acero azul tan viejo y gastado que parecía gris claro. Skaggs había dejado de divagar. Cada pregunta seguía a la anterior con una lógica nítida, como si estuviera pasando en su cabeza las hojas del dosier del caso. Salieron a la luz detalles horribles, uno tras otro como lo harían más tarde en el juicio, cada uno ligado en la cabeza de Skaggs a una prueba confirmatoria.

A veces se le quebraba la voz a Devin, pero no opuso resistencia. Recorría el camino de su propia destrucción de manera resuelta; una respuesta obediente tras otra, entre sollozos, mientras repetía una y otra vez que sabía que se iba a pasar el resto de la vida en la cárcel. Skaggs consiguió que reconstruyera la cronología en detalle, que describiera cómo Starks y él se habían animado mutuamente, y habían trazado de alguna manera un plan para darles una buena «tunda» a los pandilleros rivales del norte.

Consiguió que relatara cómo Midkiff y Starks le habían recogido, se habían dirigido hacia el norte a las calles 80 y habían aparcado a la vuelta de una esquina. En este punto, la conversación se adentró en los curiosos detalles de la topografía del *Ghettoside*: ese singular edificio legal construido con la confirmación de datos a falta de relatos verídicos de los testigos.

Como muchos testigos se retractaban de sus declaraciones, o declaraban de mala gana, las investigaciones se sustentaban sobre descuidos involuntarios o confesiones hechas a regañadientes. Los casos encajaban cuando había varios descuidos que encajaban entre sí, o que coincidían con pruebas recogidas por puro azar. El resultado no era un relato coherente de un asesinato al estilo de una novela. Era más bien una superestructura de piezas ensambladas, construida con las conexiones que quedaban en pie una vez eliminados todos los errores, las mentiras y los engaños.

Devin dijo que, tal como sospechaba Skaggs, otros pandilleros le habían estado tratando mal por ser una nenaza, y quería probarse a sí mismo. A primera hora del día se había tomado una pastilla de éxtasis pensando que iba a haber una fiesta. «Estaba drogado y le hice caso a un gilipollas», dijo. Parecía que no conocía bien a Midkiff. Creía que era blanca y la llamó «Jennifer». Estaba claro que conocía más a Starks. Admitió reconocer su fotografía, pero se plantó cuando le pidieron que les dijera su nombre de pandillero, probablemente por miedo a que le considerasen un soplón.

Insinuó otro motivo: sugirió que el apodo Descerebrado tenía una intención peyorativa. Devin era bastante sensible a estos insultos, porque a él le habían puesto motes insultantes. «Me ha pasado a mí. Nunca llamo a nadie por ningún apodo», dijo.

Devin dijo que reconoció el barrio por las pintadas de las bandas en los muros y que se puso unos guantes de jardinería mientras conducía porque no quería ensuciarse las manos. Cuando aparcaron, Devin dijo que vio a un tipo caminando por la calle con una gorra de los Hoovers, y que Starks se volvió hacia él y le entregó un revólver del 38. «Toma», le dijo Starks.

Skaggs insistió machaconamente en este punto, y volvió a él una y otra vez. ¿No le dijo Starks nada más? ¿Vamos a cargarnos a alguien? ¿Vamos a solucionar un asunto? ¿Meterle una bala a alguien? ¿Joder a alguien? Skaggs iba desgranando eufemismos. Pero Devin se mostraba categórico. «Nada de eso. Fue algo así como: "Toma". Es todo lo que recuerdo. Dijo: "Toma"».

Devin dijo que cuando vio el arma se le aceleró el corazón. Afirmaba que nunca había pensado disparar a nadie. Creía que iban a pelearse. Se había quedado mirando fijamente el arma en sus manos enguantadas y pensó: «¿Qué...?, ¡mierda!». Pero no quería que nadie pensara que era una nenaza. Lo cogió y se bajó de la Suburban.

¿Sabía a quién le estaba disparando?, le preguntó Skaggs.

«No llegué a verle —dijo Devin—. Lo único que sé es que era negro».

Lo dijo sin más, como si fuera algo obvio. Axiomático incluso. Y es que lo era. Un agresor negro que está intentando matar a un pandillero rival, busca, sobre todo, a otro varón negro. Este era el hecho fundamental de la muerte de Bryant Tennelle. Había otros elementos, el barrio en el que vivía, los amigos con los que salía, la gorra que llevaba esa tarde. Pero a pesar de todo eso, y de toda la retórica sobre malas decisiones, actos sin sentido, comportamientos arriesgados, etc., lo que mató a Bryant fue el único hecho que no podía cambiar: ser negro. Pero es que, además, no era ni siquiera muy negro: era mitad costarricense. Pero no importaba. A los ojos de su asesino, Bryant Tennelle estaba marcado por la historia. Era un hombre negro, un supuesto combatiente, metido contra su voluntad en una existencia deprimente «al margen de la ley», tanto si quería como si no. Ante todo, Bryant era negro. Para Devin Davis, eso significaba que se le podía matar.

Devin dijo que cerró los ojos, disparó y salió corriendo. Dijo que no vio caer a Bryant. Que no pensaba que le hubiera dado, o que si lo había hecho, estaba seguro de que solo le había herido. Dejó claro que esos tiroteos sin muertos eran para él algo rutinario. «Pensé que le había dado a alguien en el brazo o algo así. Ya sabes, como en los tiroteos habituales», dijo.

Devin añadió que después «no se había sentido bien». Le pidió a Starks que le dejara en el parque Jesse Owens. Se fue a nadar. Negó que se hubiera estado jactando de la agresión y dijo que había tenido remordimientos. Durante meses, había estado convencido de que solo había herido al tipo que se encontró caminando por la calle cerca de St. Andrews. Cuando algún tiempo después le dieron a él un tiro en la muñeca en el parque Jesse Owens, estaba convencido de que había sido el mismo pandillero de 8-Trey al que él había disparado, que se estaba vengando. Ya estamos en paz, pensó.

Los intentos de Devin por quitar importancia a su crimen y sus racionalizaciones autoexculpatorias alcanzaron proporciones de locura. Le dijo a Skaggs que no le había apuntado a Bryant, sino que Bryant se había metido en la trayectoria de sus disparos. A veces no estaba nada claro si su negativa era en beneficio de Skaggs o en el suyo propio. Cuando Skaggs le preguntó si sabía que había matado al «hijo de un policía», Devin se hizo el tonto. «¿Que he matado al hijo de un policía? —dijo gimoteando—. No voy a volver a casa».

Pero poco después confesó que se había enterado por el joven en libertad provisional de que Bryant era hijo de un agente de policía. Y se puso a llorar con más ganas, y decía: «Les he quitado a un hijo»; y luego: «Me he jodido toda la vida... No podré recuperarla».

Skaggs siguió con las preguntas en un tono neutral y de manera metódica y eficaz. ¿Cómo se había sentido Devin cuando supo que había matado a alguien? Devin se echó a llorar. «Jamás pensé que había hecho daño a nadie —dijo con voz entrecortada—. Jamás he querido hacer daño a nadie en este mundo. Solo quería ser una persona que se llevara bien con todos. ¡Que cayera bien a todos! ¡Jamás, jamás, jamás, jamás, en toda mi vida, he querido hacer daño a nadie!». Dijo que no le gustaban las armas porque habían matado a tiros a su hermano «y sé cómo estuvo mi madre».

Cuando el interrogatorio estaba llegando a su fin, Devin empezó a preguntar por su madre. «No voy a volver nunca a casa y no voy a volver a ver a mi madre», dijo entre sollozos en cierto momento. Skaggs le pasó un pañuelo. «Eso no te lo puedo decir», le dijo Skaggs.

«¡Tengo miedo! —exclamó Devin poco después y volvió a llorar—. ¡No sé qué hacer!».

«Te entiendo», le dijo Skaggs.

Eran cerca de las cuatro de la tarde cuando Skaggs acabó de acompañar a Devin en el camino hasta su confesión, con alguna vuelta atrás para clarificar ciertos puntos. Al final, Skaggs se centró en los pequeños detalles: si el patio tenía valla y cosas de ese tipo. Devin se descargó enteramente, su voz pastosa mostraba resignación y una especie de resistencia suicida. Skaggs le sacó la confesión gota a gota, y comprobó hasta el mínimo detalle de la misión, casi exactamente como la había presentado Midkiff. El dosier del caso de Skaggs tenía ahora algunas fotografías más rotuladas con las iniciales D.D. en las que se identificaba el escenario del crimen y a Starks.

Finalmente, Skaggs se volvió hacia Devin y le preguntó si quería ver el inexistente vídeo. Devin dijo que no. «Mierda —dijo Devin—. Estoy jodido. Voy a pasar el resto de mi vida en la cárcel».

Y se echó a llorar de nuevo. «No quiero ni hablar de ello, señor. Ya sé cómo es. Veo la tele. Veo *Ley y orden*. Sé lo que pasa. He eliminado a alguien del planeta. Lo he sacado de la tierra. No va a volver. No hay modo de devolverle la vida... No voy a ver jamás a mi hijo. No voy a volver a probar un coño. No voy a ver jamás a mi maldito hijo. No puedo hacer nada. Estoy jodido».

«Vale —dijo Skaggs tranquilamente—. Hemos acabado, Devin». Le ofreció comida.

Y a continuación Skaggs se marchó. Estaba exhausto. Durante noventa minutos había permanecido en un estado de alerta máxima mientras evaluaba, calculaba, hablaba con una parte de su cerebro y procesaba la información con la otra parte al mismo tiempo, y absorbía cada palabra que Devin emitía, cada movimiento, cada parpadeo. Se sentía agotado, como si acabara de correr una maratón. Pero sabía que lo había conseguido. Que el caso estaba aclarado.

Farell sintió el efecto de la tensión mucho después, después de irse a casa. Comparaba esa sensación con sus días de patrullero. Perseguía a sospechosos armados sin pensarlo dos veces. Y solo mucho después se daba cuenta de que podían haberle matado.

Cuando salían del edificio, Devin volvió a echarse a llorar. Quería algo, un refresco. Skaggs se volvió y por un instante la pátina de calma, de impasibilidad, que había mantenido durante dos décadas trabajando en homicidios, desapareció. Farell, sorprendido, captó su mirada; siempre había visto a Skaggs como una persona tranquila y en control total de la situación.

«¡Jódete! —le dijo Skaggs a Devin—. Has matado al hijo de un policía».

Después de Devin Davis, el interrogatorio de Derrick Starks fue todo un anticlímax.

Tuvo lugar dos días después. Skaggs y Farell recogieron a Starks en la cárcel, le pasearon por el escenario del crimen y le interrogaron.

Starks le pareció a Skaggs más curtido y astuto que Devin. Tal como había sugerido Midkiff, era un joven grande, que debía gravitar a su lado como un boxeador de pesos pesados. Medía solo 1,83 metros, pero tenía unos hombros enormes. Su grueso cuello tenía un pliegue en la parte de atrás, y tenía un rostro peculiar, melancólico, como una estatua romana, una boca sensible con labios arqueados, hoyuelos en las mejillas, y una nariz fina y recta. Los ojos se curvaban hacia arriba en los extremos bajo unas cejas arqueadas, la izquierda permanentemente levantada. Era claro de piel, pelo castaño claro y ojos color avellana; si no hubiera sido por el fuerte acento de Luisiana, Starks podría haber pasado fácilmente por hispano.

Starks apenas habló durante el viaje. En la sala de interrogatorios, Skaggs fue el que más habló. Empezó de manera suave e informal. Se trajo una taza de café para él y un refresco de uva para Starks. Empleó su acostumbrada broma de insultar a Farell. Los interrogatorios de Skaggs eran como el tema y las variaciones de una sinfonía. Utilizaba las mismas tácticas una y otra vez, pero las cambiaba sutilmente en cada caso. Esta vez, en lugar de decir que Farell tenía pocas luces, se refirió a sí mismo como tonto y le asignó el mérito de resolver el caso a Farell. Añadió que los casos no solían ser tan fáciles como este.

Skaggs se lanzó a enumerar todas las pruebas existentes contra Starks. Ya tenía la declaración del hombre de la silla de ruedas, el relato de Midkiff, la confesión de Davis y los muchos puntos de confirmación entre todos ellos. También tenía los registros del móvil que mostraban los movimientos de Starks y que le situaban a diecinueve manzanas del escenario del crimen en el momento del asesinato.

Por medio de la Patrulla de Caminos de California había confirmado que Starks era el dueño de la Suburban negra que tenían bajo custodia y que era en la que había estado dando vueltas con Midkiff poco después del asesinato. Skaggs tenía también cartas y registros de llamadas telefónicas interceptadas que Starks había hecho a amigos desde la cárcel; nada de eso equivalía a una confesión, pero dejaba ampliamente claro que estaba muy metido con los Bloccs y que conocía el caso Tennelle.

Le proporcionó información auténtica a Starks, pero entrelazada con algunas mentiras. Por ejemplo, le dijo que la policía había encontrado su ADN en el arma. Era algo que, en aquella época, no ocurría casi nunca en la vida real. Pero sucedía tanto en la televisión que Skaggs había comprobado que resultaba un engaño útil. Quería convencer a Starks de que las pruebas contra él eran insalvables.

Las mentiras no eran más que toques decorativos. Porque Skaggs, en aquel momento, sí tenía mucha información, con la declaración de Starks o sin ella. Y volvió a decir la verdad cuando, más de una hora después de empezado el interrogatorio, le dijo a Starks con dureza: «No importa lo que digas. Quiero decir que no necesito para nada ninguna declaración tuya». Skaggs ya tenía pruebas suficientes para acusarle de asesinato, y el objetivo principal de ese encuentro con Starks era ver si este podía presentar pruebas que le exoneraran. Skaggs dijo más tarde que necesitaba poder decir: «He hecho mi trabajo como policía y como persona, le he dado una oportunidad». Le dejó claro a Starks que se le estaba cerrando la puerta. «Hoy es lo último que tengo que hacer en este caso. Cuando tú y yo nos separemos —Skaggs soltó un silbido—, está acabado. Acabado. Paso al siguiente». Chasqueó los dedos. Y, una vez más, esto también era cierto.

Starks respondía principalmente con silencios, en algún caso de cerca de quince segundos, y con suspiros profundos. Skaggs hacía pausas periódicamente para que hablara. Cuando no lo hacía, revertía a su acostumbrada cháchara divagatoria, buscando algo que le hiciera hablar a Starks. En cierto momento, Skaggs involuntariamente imitó a Wally Tennelle de una forma reveladora: le dijo a Starks que él siempre había podido mirar a los acusados a la cara en el juicio, sin ningún miedo a su ira. «¿Por qué? Porque lo único que hago es ir al juicio y decir lo que pasó». Sus palabras eran casi idénticas a las que usaba Tennelle cuando explicaba por qué no tenía miedo de tropezarse con gente a la que había detenido. Los dos hombres creían profundamente en la rectitud de su profesión. A pesar de todos los engaños que llevaban a cabo en los interrogatorios, veían su trabajo como un simple intento de averiguar la verdad: presentaban los hechos de la mejor manera en que podían determinarlos, se los entregaban a un tribunal y se desentendían de los resultados. En una ocasión, se le pidió a Skaggs que entregara los registros de una investigación a las autoridades de México, que habían extraditado a un sospechoso. Posteriormente, se refirió a este episodio como uno de los peores momentos de su carrera profesional: verse obligado a ceder el control de los hechos que había reunido a un tribunal extranjero al que no entendía y en el que no confiaba. Para Skaggs, el sistema norteamericano era su red de seguridad.

Jamás expresó resentimiento alguno contra la ley Miranda o contra ninguna limitación constitucional al debido proceso legal. Estaba acostumbrado a esas limitaciones y se sentía cómodo sabiendo que, una vez acabado su trabajo, sería revisado laboriosamente por la defensa, el juez y el jurado. «Limítate a decir lo que pasó» era otro de los credos de La Barbera desde que estaba en la antigua brigada de Homicidios de la Sureste. Skaggs y Tennelle creían tan incondicionalmente en esta definición de su papel como agentes de la ley que no entendían cómo nadie podía cabrearse con ellos. Era parte del equipamiento emocional de unos hombres capaces de hacer lo que fuera para coger a los culpables.

Skaggs llegó incluso a ofrecerle una buena defensa a Starks: le sugirió que quedaba la duda de si él sabía lo que Davis iba a hacer. «¿Se bajó del coche y actuó por su cuenta?», le preguntó.

Achacar la intención únicamente a Davis habría sido una estrategia legal potencialmente eficaz para Starks, aunque iba en contra de algunas de las pruebas del caso. Estaba, por ejemplo, el relato de Midkiff de que la empujaron y la quitaron del asiento del conductor para que Starks pudiera conducir durante la huida. Pero Starks no picó el anzuelo. «Estoy confuso. No tengo nada que decir», dijo.

Skaggs lo intentó de varias formas. Le pidió a Starks que le mirara a los ojos: «¿Por qué no miras a los ojos cuando alguien te está hablando?».

«No sé —respondió Starks—. Mi padre también me lo dice». Fue el único intercambio entre ellos ese día que reveló algún detalle personal.

El resto del tiempo Starks se comunicaba con monosílabos o frases cortas. No dio ninguna muestra de debilidad como Skaggs quería. Starks sugirió que no podía esperar que recordase los acontecimientos que mencionaba Skaggs, porque le habían dado una paliza en 2002 y «la memoria no me funciona bien desde entonces». Dijo que la gente mentía sobre él. Y añadió: «Yo no estaba en ninguna parte cerca de la escena del crimen».

Skaggs le instó a Starks a que contara «su versión de la historia» por última vez.

Starks estuvo pensando un rato y luego respondió lentamente:

«Ya le he contado mi versión. No tengo ninguna versión. No estaba allí. Yo no he hecho nada», dijo.

Skaggs exhaló profundamente. Habían acabado.

El 19 de febrero de 2008, el fiscal del distrito de Los Ángeles formuló cargos contra Devin Davis y Derrick Starks por el asesinato de Bryant Tennelle.

Durante todos estos acontecimientos, Skaggs apenas había hablado con Wally Tennelle. Le había hecho una visita bochornosa a la familia Tennelle al comienzo del caso. Todavía tenía a Bernal de compañero. Y también les había acompañado un supervisor de la Jefatura. Skaggs no soportaba trabajar así. En la Sureste, siempre había buscado reuniones tranquilas, íntimas, con las familias de duelo, pero esto parecía una conferencia de enviados diplomáticos, y la conversación fue fría y formal. «¡Fuimos en fila de tres!», dijo después enfadado.

Pero en cierto momento, cuando el caso empezó a aclararse y Skaggs estaba convencido de que iba a resolverse, cogió el teléfono y, por primera vez, habló personalmente con el compañero de la unidad de Robos y Homicidios al que apenas conocía. Le contó a Tennelle lo que había pasado. Tennelle no hizo ninguna pregunta. Skaggs le dijo que estaba pendiente de algunas detenciones.

Luego, como había hecho muchas otras veces, Skaggs se calló y esperó mientras escuchaba a Tennelle llorar al otro extremo de la línea.

17

Duelo

Sam Marullo miró fijamente a Sal La Barbera con incredulidad.

Era el verano de 2008, varios meses después de haber presentado cargos en el caso Tennelle. Todavía quedaba más de un año para el juicio, y la victoria inicial de Skaggs se iba desvaneciendo a gran velocidad.

Marullo iba con una camiseta y vaqueros, sudoroso después de todo un día en una operación de vigilancia. Se encontraba en el nuevo «módulo» de cubículos de inspectores de la Sureste, que ahora formaba parte del Grupo de Homicidios de Bandas Criminales de la Jefatura Sur, la oficina conjunta de inspectores de la Jefatura Sur de Gannon, en la comisaría de la calle 77. En el Departamento de Policía de Los Ángeles, «innovar» significaba a menudo volver a prácticas anteriores, y la nueva estructura organizativa era básicamente una repetición de la antigua unidad de Homicidios de la Jefatura Sur en la que Skaggs había iniciado su carrera profesional.

Marullo estaba de acuerdo con la norma de Skaggs de utilizar todas las horas, incluso las noches. Estaba a punto de marcharse en busca de un testigo cuando La Barbera le detuvo y le dijo que se fuera a casa; no podía dar el visto bueno a las horas extras. La Barbera acaba de enterarse de que su presupuesto de horas extras había sido reducido en un 57 por ciento.

En cualquier mundo con sentido, los inspectores de homicidios habrían sido compensados con salarios fijos como cualquier otro profesional de cuello blanco. Pero en el mundo anacrónico de la policía norteamericana, eran obreros manuales que cobraban por horas, y las normas del sindicato les prohibían hacer trabajo no pagado después de su horario laboral. Por eso, Marullo estaba, de hecho, varado. Parecía otro insulto más. Marullo flaqueaba.

Pat Gannon esperaba que el éxito de Skaggs en el caso Tennelle resultara inspirador para los muchos jóvenes aprendices de su nuevo «grupo» consolidado. Tuvo cierto éxito. Tras las detenciones, uno de los inspectores acuñó una nueva expresión: el «Especial John Skaggs». Se refería a un tipo de investigación determinado: agresivo, implacable y totalmente centrado en el caso.

Pero ya habían surgido nuevos problemas.

En las nuevas oficinas de la comisaría de la calle 77, las ventanas espía de las salas de interrogatorios se habían instalado al revés: los sospechosos podían ver a la policía, pero no al revés; había que cubrir las ventanas. Los teléfonos no funcionaban. No había coches suficientes. Los supervisores estaban almacenando en secreto coches «abandonados». Una de las secretarias había empezado a actuar por su cuenta. Le habían ordenado que racionara el material de oficina, pero en secreto seguía repartiendo bolígrafos y cuadernos.

Gannon había ascendido, y el nuevo jefe del grupo, Kyle Jackson, procedente de la unidad de Robos y Homicidios, no había trabajado nunca como inspector. Su nombramiento había provocado murmullos de consternación. Era el último mando de Jackson antes de su jubilación y tenía fama de quisquilloso. Dijo que creía en el trabajo minucioso. Alto y delgado, con un rostro ovalado y alargado, Jackson se presentó a los inspectores con una charla sobre los prejuicios raciales y de género; bajo la manga de la camisa destellaba una pulsera de oro. Mientras hablaba, se apagó el sol que caía sobre las mesas de la sala de control de turnos y los rostros de los inspectores se fueron volviendo progresivamente más sombríos.

Y entonces llegó la noticia de que John Skaggs se iba. Le habían trasladado para que dirigiera la nueva unidad de Homicidios de una comisaría nueva que se estaba construyendo al norte de la Interestatal 10.

Skaggs no se había encontrado a gusto desde su ascenso al nivel 3 de inspectores. Su plaza en la Suroeste había sido temporal.

A Barling y a él les habían destinado a formar a los nuevos inspectores jóvenes de la calle 77. Pero Skaggs estaba rabiando por volver a investigar. El caso Tennelle había potenciado su visibilidad, y un nuevo teniente ambicioso de la nueva división Olímpica quería que dirigiera él solo una unidad muy pequeña. Skaggs tenía la sensación de que estaba ante una buena oportunidad para poner en práctica un enfoque más práctico en los casos. Sentía, como había sentido Tennelle unos años antes, que estaba quedándose sin opciones buenas en el *Ghettoside*.

Como siempre, su marcha dejaba a la Jefatura Sur sin maestros. «Ese podrido cabrón inútil de Skaggs», le llamó Prideaux en broma a sus espaldas. Se sentía ofendido. Skaggs ni siquiera se había molestado en mencionarle el traslado a Prideaux. Prideaux intentó que Barling se uniera a él en su rencor. Pero Barling, siempre leal a Skaggs, se limitó a devolverle la mirada inexpresivo.

La Barbera seguía al mando de la Sureste, pero ahora trabajaba a las órdenes de Prideaux. Le disgustaba tener que frenar a Sam Marullo, quien, con Kouri como compañero, había seguido haciendo honor a su apodo de Pequeño Skaggs. Pero las limitaciones de horas extras no eran cosa de broma. Una recesión económica había golpeado a un país no preparado a finales de 2008, y los gobiernos locales se habían tambaleado. A La Barbera le preocupaba agotar su asignación semanal y verse luego inundado de nuevos homicidios. Y ahora le decía a Marullo que su entrevista tenía que esperar.

Marullo le miró. Se dio cuenta de que La Barbera iba en serio.

Marullo, como Skaggs y Tennelle, sabía que no debía exteriorizar su enfado. Tenía ese don del buen inspector de mostrarse imperturbable. Pero dejó claro lo que pensaba. Este testigo era clave para resolver el asesinato de un hombre negro de treinta y dos años: sin él, el caso podría no solucionarse nunca. La Barbera se mantuvo firme. «¡Bien!», le dijo Marullo y acabó marchándose.

Más tarde, cuando estaba con Kouri, Marullo mostró toda su furia. ¿En qué estaba pensando el Departamento? ¿Por qué nadie tenía ningún interés? Marullo descubría de nuevo, en 2008, lo que Wally Tennelle, Sal La Barbera y John Skaggs habían descubierto años antes, que el desafío de trabajar en homicidios en el *Ghettoside* era habitar en el puesto avanzado más débil del sistema de justicia penal.

Los recortes de horas extras eran, naturalmente, un recorte en el sueldo de los inspectores de homicidios. Pero eran las dificultades prácticas las que le dolían a Marullo, que podía haber ganado el dinero de las horas extras haciendo otra cosa.

Para los inspectores de homicidios del *Ghettoside*, era esencial poder trabajar en horas poco comunes. Era absurdo suponer que se podía acorralar a los testigos mediante citas telefónicas en horas de oficina. La tarea consistía en emboscar a gente que intentaba evitar a la policía: caer sobre ellos por sorpresa, suplicarles y volverles a suplicar.

A sabiendas de que los inspectores la estaban buscando, una testigo de un caso de la Sureste dejó una nota de despiste a la puerta de su casa: «Volvemos en un momento. Hemos ido a pagar el gas». La nota estuvo días en la puerta, empapándose con la lluvia. Finalmente, los inspectores acamparon a su puerta hasta que abrió y confesó el engaño de mala gana.

Por eso, cuando Prideaux anunció los recortes de horas extras en la reunión semanal, se oyeron todo tipo de exclamaciones. «¡Tenemos setecientos casos abiertos!», protestó Dave Garrido. Chris Barling hizo las cuentas: en función del número de casos actuales, y suponiendo que tuvieran que intervenir en procedimientos judiciales, los inspectores no tendrían más de dieciséis horas para cada caso.

La Barbera, siempre pendiente del ánimo del grupo, había intentado suavizar el golpe quitándole importancia a los recortes. Un día escribió en la pizarra: «Las 10 mejores estrategias de reducción de horas extras: (1) Conducir más deprisa; (2) Llevar zapatillas de deporte», etc. Pero Marullo no se rió.

Skaggs, Barling y La Barbera estaban acostumbrados. Llevaban años luchando contra molinos. Pero Marullo se sentía cada vez más frustrado. Aunque había resuelto muchos casos, los pocos que tenía sin resolver le comían por dentro.

En abril habían asesinado a Nye Daniels, un testigo de John Skaggs de sus primeros años en la Sureste. Le habían dado el caso a Marullo, pero no tenía ninguna pista. Había establecido un vínculo afectivo con la madre de los dos hijos de Daniels, que ahora los estaba criando sola. Tenía las fotos de los niños pegadas al ordenador; sus pequeños rostros le miraban día tras día.

Tal como le había enseñado Skaggs, Marullo daba siempre el número de su móvil personal a las familias de las víctimas, y algunas veces incluso a los padres y madres de los sospechosos. En ese momento llevaba meses recibiendo llamadas de la madre de Henry Henderson, un chaval de dieciocho años que había sido asesinado cerca de la casa de Barbara Pritchett. Pritchett se había asustado al oír los tiros. Se aventuró a salir, pero retrocedió al ver los zapatos vacíos del adolescente. La madre de Henderson llamaba a Marullo borracha y alterada. En junio, el juicio al supuesto asesino de su hijo había concluido sin acuerdo del jurado.

La sede de Compton del Tribunal Superior de Los Ángeles había sido construida en 1978, el mismo año que el Departamento de Policía de Los Ángeles había separado parte de la división de la calle 77 para formar la nueva división Sureste en Watts.

Todos los aspectos lúgubres y kafkianos del sistema de justicia penal del condado se daban en grado máximo en el juzgado de Compton. Una torre blanca y lisa se alzaba en medio de un revoltijo de edificios bajos; era el único edificio alto a la vista.

Los muros exteriores estaban cubiertos de pintadas desvaídas junto a los murales de Thurgood Marshall. Yonquis y vagabundos merodeaban por la plaza. Las colas ante los detectores de metales eran en filas de cuatro. Los ascensores eran lentos y chirriaban; los accesos a las escaleras estaban cerrados con llave porque habían apuñalado a alguien o había pasado algo en ellas. Los juzgados distaban mucho de los elegantes juzgados federales del centro de Los Ángeles; los avisos estaban sujetos con celo y el tablón estaba picado. Casi nada de lo que sucedía en el juzgado de Compton salía en las noticias. Seymour Applebaum, un abogado defensor que estaba a punto de aparecer en la historia de Skaggs, lo llamaba «la obra de arquitectura más insensible jamás construida. Es un castillo de los cruzados, que se alza sobre la llanura de los sarracenos».

John Skaggs se había pasado una buena parte de su carrera profesional dentro del castillo. Ahora, hacía un último viaje a él antes de su traslado a la división Olímpica. Iba al juicio de Derrick Washington, el joven de dieciséis años acusado en el caso de Dovon Harris, el hijo de Barbara Pritchett.

Durante el juicio, Pritchett estuvo sentada detrás de Skaggs, con una camiseta con la foto de Dovon puesta del revés, porque el juez le había dicho que no podía mostrar su imagen en la sala del juicio. No había comido nada desde el día anterior; se apretaba y soltaba las manos, y respiraba profundamente.

El fiscal, Joe Porras, se puso en pie. Pritchett se echó a llorar.

Porras empezó diciendo que la muerte de Dovon era «trágica». Más de lo que la violencia habitual de las bandas nos tiene acostumbrados. Era la retórica normal para ganarse simpatía para la víctima, y Porras sabía que no era exactamente cierto, muchos de los asesinatos a los que nos tenían acostumbrados también eran trágicos, pero la gente no era consciente de que lo eran.

Fuera de la sala, Porras era el tipo de funcionario del *ghettoside* que veía estos matices claramente. Podía hablar con sentimiento de los que llamaba «pandilleros límite» y el trauma que soportaban al ver morir a sus amigos. Pero hoy se trataba de Dovon, y Porras quería centrarse totalmente en él.

Mostró una foto del escenario del crimen, con los zapatos negros de Dovon en primer plano. Pritchett apretó su mano contra la boca.

En el estrado, la hermana de Derrick Washington negó conocer a John Skaggs. Los fiscales la acusaron de perjurio. Se agitaba en la silla mientras pasaban el vídeo, y luego bostezó. Tres días después, Pritchett salió como un rayo de la sala. «Culpable, culpable, culpable» era lo único que oía. El caso fue un Especial John Skaggs. El jurado apenas tardó una hora en decidir el fallo.

Cuando Skaggs se estaba preparando para marcharse de la Jefatura Sur, empezaron a llegar multitud de nuevos crímenes. Una noche de ese mes de julio, a Marullo y a su compañero, Nathan Kouri, les llamaron a un homicidio en una calle llamada bulevar Laconia Oeste, en la «franja» de la Sureste. Un agente de uniforme que hacía guardia les dio el informe más breve posible. «Es un tipo negro», les dijo.

En realidad eran dos. A Raymond Requeña, veinticuatro años, alias Tigger, lo habían encontrado muerto en la calle unos empleados del servicio de salud. Requeña, originario de Belice e identificado como hispano en algunos informes oficiales y como negro en otros, tenía un montón de detenciones, desde por llevar un cuchillo al colegio cuando era apenas un adolescente hasta por asalto a mano armada. Pero, últimamente, en los ficheros de la policía estaba registrado como empleado de almacén en paro con pensión de incapacidad.

A varias manzanas de distancia, en la Imperial con la 120, la policía había acordonado un Dodge Neon aparcado, que tenía una pegatina de la Organización de la Juventud de la Policía de California; el lema era: «Polis ayudando a los jóvenes». Habían roto el cristal trasero a tiros. En el interior, había una mochila de Campanilla con salpicaduras de sangre en el asiento de atrás. La policía o el personal sanitario habían retirado una silla de niño. Estaba ahora en la acera, cerca de la rueda trasera del Neon, con restos de masa encefálica.

En el asiento de atrás del coche había estado Daniel Johnson, quince años. Iba con otros dos jóvenes de su edad y una madre y sus dos hijos pequeños. Una bala le había dado al coche. Daniel se había desplomado sobre el hombro del amigo que estaba a su lado, sangrando de una herida mortal, al mismo tiempo que Raymond Requeña moría a unas manzanas de allí, en Laconia.

Los crímenes se produjeron después de que una discusión entre dos mujeres se elevara de tono y llevara a un enfrentamiento entre dos jóvenes, ambos con conexiones con las bandas. El joven mayor le dio un puñetazo al más pequeño. El más pequeño se fue y regresó con su madre y su padrastro y un grupo de amigos en varios coches.

Los progenitores explicaron luego que lo que querían era que los dos jóvenes se pelearan con las manos para zanjar la disputa. Parece una respuesta estúpida. Pero en la Sureste, no eran inusuales los casos de los padres y madres que acompañaban a sus hijos personalmente para darle a alguien su merecido. Al fomentar las llamadas peleas limpias, se protegían contra homicidios: los progenitores procuraban intentar que a sus hijos no les etiquetaran de nenazas porque aumentaba el riesgo de que fueran tiroteados..

Los resultados eran predecibles. La caravana subió por la calle. «Llegaron en masa», tal como lo expresó luego un testigo. Los pandilleros locales gritaron: «¡Salid del barrio!». Los intrusos les contestaron a gritos. Más gritos. Y luego disparos.

Incluso La Barbera, cuando fue informado de los detalles, pensó que se trataba de la típica misión de «despejar la zona de un duelo». Pero Marullo y Kouri se mostraron implacables. Trabajaron toda la noche, el día siguiente y el posterior, entrevistando a testigos asustados. Una vez analizados los acontecimientos y después de hablar con unos supervivientes traumatizados, llegaron a la conclusión de que el tiroteo había sido algo desproporcionado en relación a la amenaza. El séquito del chico más joven no llevaba armas visibles. Les habían gritado que solo querían una pelea con las manos. El conductor del coche en el que iba Daniel Johnson había huido para evitar la violencia. Daniel ni siquiera se bajó del coche. Las madres de ambas víctimas estaban devastadas. A Marullo este caso le afectó bastante.

El principal testigo del episodio era una madre de dos niños de rostro triste, de cerca de cuarenta años, que era también una pequeña traficante de marihuana. Los que dispararon eran vecinos suyos y antiguos amigos. Les conocía bien. A las pocas horas de los asesinatos, había recibido una llamada amenazadora, y se había refugiado en un motel aterrorizada. Les dijo a los inspectores que no iba a declarar. Tenía familiares ancianos en el barrio. «Me van a matar», dijo. Temblaba; las extremidades le temblaban como si tuviera frío.

«Por favor —le dijo Marullo, rebajándose a suplicarle cándidamente—. Tiene que ayudarnos. Es la única que puede hacerlo». Finalmente, Marullo y Kouri la convencieron de la importancia de declarar. Y luego convencieron a los fiscales para que presentaran acusaciones de asesinato contra cinco miembros de la banda de Raymond.

Fue una resolución impresionante de un caso que, a pesar de tratarse de un doble homicidio con un menor como una de las víctimas, no tuvo la menor cobertura informativa. Pero cuando acabó todo, Marullo estaba agotado y deprimido. A la traficante de marihuana la estaban amenazando continuamente. Acabaron reubicándola varias veces. A los jóvenes amigos de Daniel Johnson les aterrorizaba declarar. El padre y la madre estaban furiosos con la policía, convencidos de que no les iban a proteger.

La Barbera redobló sus esfuerzos por infundir confianza a Marullo y al resto de la brigada. Organizó las típicas actividades para levantar la moral: barbacoas, salir a tomar copas juntos. También preparó un desayuno con una especialista en motivación en la Academia de Policía del parque Elysian.

La encargada de la charla era una mujer pelirroja con un traje de chaqueta suelto y pendientes de perlas. La tarjeta profesional de Shannell McMillan decía: «Búsqueda de objetivos, formación individual y de equipo». Esgrimía un rotulador e iba pasando hojas en un caballete, mientras leía en voz alta frases como: «En un entorno de equipo, nuestra fuerza son los valores». Los inspectores se removían nerviosos en un espacio estrecho, se empujaban entre ellos, soltaban risitas y se servían tazas de café.

McMillan les dijo que las personas se dividían en cuatro tipos de personalidades: Viento, Fuego, Aire y Tierra. A los Vientos les gustaba ser el centro de atención y les gustaba hablar. A los Fuegos les gustaban los resultados y el riesgo. Los Aguas eran sensibles y diplomáticos. Los Tierras eran constantes, tranquilos y minuciosos. «No hay Tierras en la cárcel», les dijo McMillan.

Los inspectores empezaron a entusiasmarse con la actividad, sobre todo después de que sirvieran el desayuno. Se reían y gritaban las respuestas a las preguntas de McMillan. Sonaban los cubiertos. Se pasaban los condimentos: kétchup para los inspectores de la costa este y del Medio Oeste, salsa picante Tapatío para los de California. Marullo, un hombre kétchup, estaba en modo fiesta, gastando bromas y riéndose en voz alta. Solo Nathan Kouri estaba silencioso.

McMillan les hizo un test de personalidad. A pesar de la cursilería New Age, la actividad parecía producir resultados válidos. Todos los inspectores encajaban en alguna de las categorías y nadie puso objeciones a los resultados. Marullo estaba totalmente decidido a ser Fuego. A Skaggs, que no estaba presente, se le clasificó *in absentia* como Fuego; estaban todos de acuerdo.

McMillan explicó que los Fuegos funcionan mejor cuando se les empareja con Tierras o Aguas, porque equilibran sus defectos.

Los inspectores asentían con la cabeza, y comentaban que era por eso por lo que Skaggs y Barling, a quien todo el mundo consideraba Agua, habían trabajo tan bien juntos. Nathan Kouri era Tierra. La Barbera, como cabía esperar, era la única persona del grupo cuyo tipo de personalidad no estaba definida.

En medio de la sesión, Kouri tiró una jarra de café. Lo limpió frenéticamente con servilletas; el cuello se le puso rojo, lo que hizo las delicias de todos sus compañeros. «¿Qué ha pasado, Nate? Vamos a analizarlo», gritaban sus compañeros. Kouri no pudo evitar hacerles el juego. Se puso a darles una explicación excesivamente técnica de cómo se había producido el derrame: que el café salía muy despacio y había intentado ajustar la tapa, etc., etc., a la vez que se ponía rojo y se limpiaba mientras sus amigos se reían.

Kouri siguió a la sombra de Marullo. Su estilo metódico equilibraba la abrasadora energía de su compañero. Pero en el fondo, Kouri no se consideraba igual de hábil. Le preocupaba carecer de los dones necesarios. Skaggs se ganaba a la gente con su confianza, y Marullo con su encanto. Pero Kouri no tenía ni confianza ni encanto. Sus pensamientos no seguían un hilo. Iban de un lado a otro como las agujas de una impresora, fijándose en los detalles. Tampoco tenía intuición. No captaba la forma de ser de las personas ni el ambiente de los casos como lo hacían Skaggs y Marullo, ni preveía las reacciones de la gente.

Kouri se hacía frecuentes reproches en su trabajo. En las entrevistas se olvidaba preguntas y luego tenía que volver atrás. Había llegado a la conclusión de que era «una especie de pensador lento», justo lo contrario de su mentor, Skaggs. Tomó la decisión, en secreto, de compensar esos defectos.

Pensaba que tendría que trabajar más, que tendría que aprender todo lo que pudiera de la manera más rápida posible.

18

Cuidando a los testigos

Skaggs pensaba que había muchas posibilidades de que un jurado considerase culpable tanto a Derrick Starks como a Devin Davis. Pero no era totalmente seguro. Por entonces, los porcentajes de condenas por delitos mayores eran más altos que en la década de los setenta, cuando el padre de Skaggs había sido inspector y menos de la mitad de las detenciones por delitos mayores acababan en condena. El porcentaje de condenas había aumentado al mismo tiempo que había ido disminuyendo el porcentaje de delitos resueltos, de manera que, bien fuese porque los fiscales no conseguían condenas o bien porque la policía no conseguía sustanciar las acusaciones, el resultado neto era el mismo. El sistema seguía fallando en los resultados contra los asesinos. Ahora las probabilidades de que los casos se vinieran abajo en otros puntos más avanzados del proceso eran mayores, aunque eso no alteraba el resultado final.

Skaggs tenía confianza. Pero Phil Stirling, el ayudante del fiscal del distrito al que se le había asignado el caso, estaba preocupado.

Stirling era el «arrogante fiscal del distrito» del hospital de California. Era delgado, con cierto parecido a Ichabod Crane.[8] Nariz aguileña, los dientes ligeramente desalineados y una mata de pelo oscuro y liso. Tenía los ojos caídos y amoratados, como si estuviera permanentemente cansado. Su estructura física era como el armazón de una cometa de madera: se curvaba y quebraba con el movimiento de sus miembros. Las chaquetas siempre le colgaban de un lado y los cuellos de las camisas le bailaban, en parte

[8] Uno de los personajes principales de *La leyenda de Sleepy Hollow* (*N. de la T.*)

por lo delgado que era, aunque sobre todo porque jamás se estaba quieto.

La unidad de Stirling se encargaba de los delitos contra agentes de policía, área en la que Wally Tennelle se había especializado como investigador, y Stirling conocía a Tennelle de casos anteriores. Stirling tenía fama de áspero. Pero lo que le salvaba era su capacidad de reírse de sí mismo, sabía que era un tipo esquelético, que no se estaba quieto y que podía resultar irritante, y lo aceptaba con aparente humildad.

Su compañero en la acusación era un joven fiscal llamado John Colello, fuerte, con el pelo al cero, mentón pequeño y ojos azules demasiado juntos. Colello era organizado y eficaz. Skaggs veía con buenos ojos esta colaboración. Colello y Stirling eran Fuego y Agua, y le recordaban a Barling y a él. Estaban siempre de acuerdo en quién debía dirigir las investigaciones, aunque también lo debatían todo sin enfrentamientos.

Stirling llevaba la voz cantante en el caso Tennelle y le preocupaba mucho el caso contra Derrick Starks. Starks no había confesado. Él no había disparado el arma. Ni siquiera había presenciado el asesinato. El caso contra él se basaba principalmente en la declaración de Midkiff y en el hecho de que la confesión de Davis y las declaraciones de otros testigos coincidían en muchos detalles. Pero Midkiff tenía motivos para mentir. Tenía un largo historial delictivo. No le iba a resultar fácil ganarse la confianza de un jurado.

Al comienzo de las investigaciones, un comité de la Fiscalía había decidido no pedir la pena de muerte. Los motivos, aunque no se hicieran públicos, se podían adivinar fácilmente. Davis, el que había apretado el gatillo, era menor. A Starks, a quien por ser mayor de edad sí se le podía aplicar la pena de muerte, se le relacionaba con el asesinato por una cuestión de intencionalidad, una conexión un tanto precaria. Y no llegó a bajarse del coche.

A pesar de su confianza, Skaggs sabía que había mucho trabajo por delante en el caso Tennelle, y se sumergió de pleno en los preparativos del juicio.

Su primer problema era Jessica Midkiff. Desde el momento en que Midkiff dijo que estaba dispuesta a hablar en el sótano de la comisaría de la calle 77, estaba claro que no podría regresar jamás a casa de sus abuelos. Pero era una marginada incapaz de desenvolverse fuera del mundo del gueto. Era incapaz de mantener un empleo. Se pasaba levantada toda la noche y dormía por la mañana. Y de vez en cuando cogía unas borracheras tremendas. Con su enorme tatuaje y su coquetería, atraía a hombres poco respetables dondequiera que fuera.

El inspector consiguió fondos para pagarle la estancia en un hotel durante varias semanas. Al principio, Midkiff parecía asentada. Vino a verla su hija de cinco años y dejó que se bañara en la piscina, todo un regalo excepcional para la niña. Pero al cabo de seis semanas, Skaggs recibió una llamada del director del hotel, en la que se quejaba de que Midkiff se había liado con alguien y que hacían el amor de forma escandalosa. Skaggs tuvo que buscar otro motel. Aunque al poco tiempo, el director del nuevo hotel le llamó diciendo que quería echarla.

Skaggs sabía que necesitaba una solución a largo plazo. Los pinchazos telefónicos de la policía en la cárcel habían detectado amenazas contra ella. Tenía que alejarla de Los Ángeles Sur y llevarla a un piso. Pero las normas de reubicación de testigos presuponían que los testigos, tras su reubicación, podían ganarse la vida por su cuenta. Midkiff no tenía fuente de ingresos alguna. Estaba siempre al borde de la prostitución, y su vuelta a esa actividad habría sido demoledora para el caso Tennelle y desastrosa para ella. Skaggs la necesitaba en un sitio seguro, sobria y viva.

Y por eso, se fue implicando en sus problemas.

Estos parecían no tener fin: dinero, novios maltratadores, problemas familiares, su tendencia a recaer en relaciones inadecuadas con gente de la peor calaña. El padre de su hija, que estaba en la cárcel, estaba intentando conseguir la custodia de la niña, que se encontraba estable y feliz con la madre de Midkiff y sobresalía en el colegio.

Skaggs no le dijo nada a Jessica, pero estaba muy preocupado por ella. Si regresaba a su antiguo ambiente, podían asesinarla. Starks podía dar la orden de que mataran a Jessica desde la cárcel.

Por ello, la vigiló estrechamente. La visitaba regularmente y la acompañaba a comer siempre que podía. Fiel a su singular forma de ser, siempre correcto, Skaggs se quedaba asombrado ante las costumbres licenciosas de Midkiff. Se acostaba a las seis de la mañana y estaba durmiendo hasta la tarde, y «luego se pasaba catorce horas sin hacer nada». Skaggs se quedaba maravillado, a pesar de llevar años trabajando con gente que pasaba el tiempo de esa manera.

Parecía que Jessica solo era capaz de conseguir un tipo de trabajo: trabajos temporales haciendo bailes de regazo o *striptease*. Skaggs se quedaba atónito ante la forma que tenía de asegurarle que tenía en mente algún proyecto nuevo, cosas que no parecían cristalizar nunca, como sacarse el Certificado de Educación General (GED) y conseguir un empleo fuera del mundillo del sexo. En cierta ocasión en que la acompañó a ver a su hija, Jessica le pasó un batido que Skaggs acababa de comprarle antes de bajarse del coche. Le explicó toda seria que no quería que su hija lo viera porque estaba intentando que la niña no comiera cosas con azúcar. A Skaggs le pareció absurdo. No se dio cuenta de algo que era obvio, que Jessica quería impresionarle mostrándose responsable.

Ella hacía lo que él quería sin cuestionarlo. Resultaba inquietante: Skaggs reconocía en esa actitud la misma feroz lealtad y obediencia que había visto en las prostitutas hacia sus chulos en la calle. Por algún mecanismo de transferencia, su testigo en el caso de homicidio le estaba tratando a él como si fuera su chulo. Intentó sacar el mayor partido de esa situación por el bien del caso y por el propio bienestar de la testigo, y para ello la dirigió poco a poco hacía trabajos que no supusieran tener que desnudarse y la mantuvo alejada del alcohol y de las malas influencias que seguían desfilando por su vida. Y utilizó su obediencia para mantenerla a salvo, aunque ella era lo suficientemente sensata como para no correr demasiados riesgos. Jamás regresó a su barrio.

Skaggs estaba empezando a conocerla mejor. Jessica le llamaba al móvil cuando tenía algún problema, algo que sucedía con bastante frecuencia. Incluso Theresa Skaggs llegó a reconocer la voz de Jessica por teléfono, porque su marido se veía obligado a menudo a responder sus llamadas en el coche cuando estaba fuera de servicio.

Skaggs se dio cuenta de que Jessica estaba totalmente sola. Su madre fue a verla tan solo en una ocasión. Y por entonces apenas veía a su hija. Ese febrero, por su cumpleaños, no recibió ni una sola llamada ni visita alguna. Durante años había estado viviendo siempre rodeada de gente variopinta, en habitaciones de moteles con otras tres o cuatro prostitutas, o en casas compartidas, y había pasado incontables días en el ambiente relajado de las calles del Sur Central. Su vida había parecido cualquier cosa menos solitaria. Pero ahora, a solo unos kilómetros de su antiguo barrio, era una náufraga. Skaggs acabó cediendo a su ruego de regresar a vivir con su madre una temporada porque el piso no estaba cerca de lo que podía considerarse zona de peligro.

En junio, el teléfono de Skaggs sonó a las dos de la madrugada. Era Jessica. Estaba en la calle, en una esquina de la 42 y la avenida Central en la división Newton, el corazón del viejo Sur Central en el que Wally Tennelle había aprendido su oficio. Había estado bebiendo con un tipo, y la cita había terminado con una paliza. Le había quitado el bolso y la había abandonado sin dinero en medio de la noche en una esquina de un barrio peligroso. Skaggs se disponía a ir a buscarla personalmente cuando volvió a sonar el teléfono. El tipo había regresado, se había mostrado amable y le había pedido que le perdonara. La misma historia de siempre. Skaggs colgó el teléfono, sabiendo que no tardaría mucho en llegar la próxima crisis.

Ese verano, una mañana de cielo nublado, Skaggs salió de casa para hacerle una de sus muchas visitas. Quería comprobar el estado de su testigo, preocupado por una nueva noticia de Jessica de que la habían despedido de su último empleo de *striptease* por pelearse. Skaggs llevaba tiempo advirtiéndola sobre su fuerte temperamento, pero ella no captaba el mensaje.

La madre de Jessica quería que se fuera de su casa. El último novio que había tenido se había presentado borracho y había montado un escándalo. La madre de Jessica se alarmó. Tenía que criar a dos niñas, la de Jessica y su hija pequeña, que tenían casi la misma edad. Y la madre, según Skaggs, sabía el riesgo que representaba Jessica. Si Jessica o sus novios causaban algún escándalo que pudiera suponer el desalojo de la familia del piso de

1.200 dólares al mes, las consecuencias serían desastrosas. Convivían cinco personas con cierta comodidad y seguridad. La madre de Jessica no tenía mucho dinero y tendría grandes dificultades para encontrar un alojamiento parecido.

Ese día, Skaggs estaba también preocupado por otra cuestión: faltaba ya poco para la audiencia preliminar. No sabía la fecha exacta, porque estaba cambiando continuamente, pero sabía que estaba próxima. Desde la primera entrevista, apenas había hablado con Jessica de este paso, y le restaba importancia a propósito para no alarmarla. Pero había llegado el momento de empezar a prepararla para que declarase con mucha delicadeza.

Skaggs se detuvo en un barrio lleno de buganvillas en flor y rosas adamascadas y se acercó a una puerta. Oyó el ladrido de un perro pequeño tras la puerta de tela metálica exterior e intentó mirar al interior al tiempo que gritaba: «¡Hola!». Oía a Jessica moverse dentro de la casa. Cuando respondió, tenía la voz ronca; era obvio que acababa de despertarse.

«¿Te acabas de levantar? —le preguntó incrédulo desde el otro lado de la puerta—. ¿Qué hay de nuestra cita de las once?».

Decidió esperar a que Jessica se vistiera y regresó al coche: «¡Veintidós años y durmiendo a las once y cuarto! ¡Increíble!».

Jessica apareció al cabo de un rato, tan menuda como siempre, con una chaqueta de cremallera con capucha de piel sintética; llevaba unas uñas largas color damasco y sandalias blancas con abalorios, las puntas del pelo teñidas un tono más claro. Su actitud hacia Skaggs había cambiado desde la primera entrevista. Se ponía contenta al verle, los ojos se le arrugaban de alegría, y la boca se le curvaba hacia abajo y emitía una risita nerviosa cuando la regañaba por dormir hasta tarde. Soportaba su interrogatorio paternal arrugando juguetona la barbilla, respondiendo de buena gana preguntas que claramente se esperaba.

«¿Qué pasa con tu novio?».

«Se ha ido».

«¿De verdad?».

«Sí».

Skaggs conocía los nombres de todos sus familiares y amistades. Le preguntó por todos, uno por uno.

Jessica le trataba como un confidente. A Skaggs le sorprendía siempre la forma en que mezclaba detalles sin importancia de la vida diaria con revelaciones terribles; en ambos casos usaba el mismo tono de intrascendencia. Lo mismo hablaba de una violación que de la manicura. Pasaba con facilidad de un tema a otro: el perro de la familia, el aborto de una amiga, su abuela, la última borrachera y su intención de votar por primera vez a Barack Obama en las próximas elecciones porque estaba en contra de la guerra.

Lo contaba todo con el mismo tono monocorde. Skaggs la reprendía por beber y por apoyar a Obama. Pero aparte de eso, absorbía todas sus historias con su acostumbrada mezcla de humor relajado y cariñosa burla. Solo en una ocasión consiguió romper su serenidad. Él le había preguntado por un amigo común y ella le dijo con indiferencia: «Les dijo algo a los *sheriffs* y le destrozaron a patadas. Ahora está paralítico». Skaggs, con el rostro serio, quitó el aire acondicionado y se quedó callado por unos instantes.

La llevó a un restaurante de tortitas. Le dijo que ahora fumaba menos, pero luego le hizo esperar mientras fumaba antes de entrar al restaurante. Una vez dentro, pidió como si estuviera muerta de hambre. Quería un plato de huevos y queso, pero montó un pequeño alboroto por las cebollas: le dijo al camarero que las quería cortadas muy finas, y luego pidió otro plato de tortitas.

Se pasó todo el desayuno hablando, encogiendo los hombros al reír, mostrando los hoyuelos de las mejillas, moviendo los hombros y estirando el cuello ligeramente. Dijo que seguía intentando sacarse el Certificado de Educación General. Había echado una solicitud en una tienda del barrio. Y ahora estaba pensando en ir a una escuela de camareras. Skaggs la animaba a que anotara sus objetivos: «Escríbelos».

Pero las cosas no eran fáciles para Jessica. No entendía que trabajar en clubes de *striptease* le impedía desarrollar otras destrezas. Se decía a sí misma que era una especie de continuación de su amor por el baile, y le daba legitimidad a este trabajo en su mente al marcarse unos límites absurdamente mojigatos. Por ejemplo, juraba que solo aceptaba trabajos en los que únicamente tuviera que desnudarse parcialmente y le dejaran cubrirse los pechos con unos sujetadores adhesivos. También había dejado de hacer bailes de regazo y evitaba los clubes en los que sabía que las bailarinas hacían otros trabajitos en la parte de atrás. Se consideraba «limpia» y no quería volver a engancharse a la prostitución.

Pero conocía demasiado bien el mundo como para darse cuenta de que jamás había tenido lo que llamaba «un trabajo de verdad, verdad». Se daba cuenta de lo que Skaggs estaba intentando conseguir, pero no tenía la menor idea de cómo lograrlo. Confiaba en él más de lo que él mismo creía y le preocupaba que Skaggs no mantuviera la amistad después de que ella hubiera declarado.

Antes de marcharse, Skaggs le recordó que se acercaba la fecha del juicio. «No te pongas nerviosa hasta que llegue el momento de ponerse nerviosos», le dijo sin darle importancia. Jessica no dijo nada. Le abrazó cortésmente con un brazo; el equivalente a un apretón de manos en el sur de California.

Poco antes del mediodía, en la calle 118 y Avalon, la cabeza calva de Nathan Kouri resplandecía en el implacable sol de agosto. Tenía su acostumbrada mirada de asombro, con el ceño fruncido, la libreta de piel en la mano, de casa en casa para investigar el último asesinato de la unidad. A Marullo, cerca de allí, parecía no afectarle el calor de agosto, relajado, con su traje oscuro y las gafas de sol colocadas en la parte de atrás de la cabeza como estaba de moda. Cerca de ellos, La Barbera estaba procesando personalmente el escenario del crimen para ahorrar horas extras.

Al final de la calle se había arremolinado un pequeño grupo de gente tras la cinta amarilla de la policía. Alguien gritó: «¡La'Mere! ¡Esta vez le han dado a La'Mere!». Era una mujer vestida de amarillo, con un bastón de aluminio y un peine de plástico en la desaliñada cabellera. Era la madre de Ronald Tyson, asesinado hacía cinco años, la misma mujer que vomitó cuando le comunicaron la muerte de su hijo. La víctima había sido amigo suyo. Se trataba de La'Mere Cook, un obrero que trabajaba en plataformas petrolíferas, con seis hijos y sin ninguna relación con las bandas.

Una mujer joven, de piel clara, que llevaba un pañuelo color lavanda, se acercó a la cinta. Dijo que era pariente de La'Mere Cook y que quería estar con el resto de la familia. Llamó a los agentes que custodiaban la cinta, pero la miraron de reojo, se sonrieron y se dieron la vuelta. Ella siguió allí, a pleno sol, rogándoles que la dejaran pasar. Pero no le hicieron ni caso.

Marullo y Kouri se fueron a la comisaría a hacer entrevistas; La Barbera se quedó allí. Fumaba un cigarro tras otro, sudaba mientras empujaba el rodillo de medir a pleno sol, miraba cabreado a los policías de uniforme que estaban sin hacer nada.

Marullo se apresuró a la sala de control de turnos de la Sureste, en la que esperaban varios familiares de Cook. Apoyó las puntas de los dedos en la mesa y se dirigió a ellos. Hablaban todos a la vez. El tío de Cook estaba enfadado por haberle hecho esperar. Lo consideraba falta de interés. «¡Lo voy a hacer a mi manera! —le gritó a Marullo—. ¡Puedo hacer que lo hagan!». El tío había estado en una banda, pero ahora no era más que un hombre gordo, sin dientes, de aspecto ordinario.

No podía decirlo más claro. Un tío de mediana edad estaba alzando la voz en la sala de control de turnos de una comisaría de policía municipal para declarar, ante nada menos que un inspector de homicidios, que pensaba seriamente cometer un asesinato por venganza. El Monstruo no suele ser muy discreto. Marullo intentó calmarle mostrando su encanto juvenil: ojos abiertos, cejas levantadas. «Lo siento, señor. Sé que está molesto...». Al otro lado de la sala, unos policías de uniforme les miraron de reojo y siguieron hablando entre ellos, impasibles.

Finalmente, Marullo se llevó a una de las mujeres. Creía que era la tía de Cook. Pero al acompañarla al piso de abajo vio que se movía lentamente y con dificultad. Se sentó y empezó a mecerse. Era baja y ancha, con el rostro color miel y pequeñas trenzas grises. Dejó una hoja blanca de 20 x 28 centímetros sobre la mesa. Marullo empezó refiriéndose a su sobrino y ella se vino abajo. «Mi hijo, mi hijo. Oh, Jesús, ¡mi único hijo!». Se echó a llorar.

Marullo no se lo esperaba. No había entendido que se trataba de la madre de la víctima. Se recuperó rápidamente, se sentó junto a la mujer y suavizó el tono. Le tocó el hombro muy ligeramente con la mano. «Lo siento —dijo. Y a continuación—: No quiero parecer insensible. Tengo que hacerle algunas preguntas. Queremos encontrar al que lo hizo».

La mujer estaba echada sobre la mesa, respirando con dificultad. Se llamaba Joyce Cook. Marullo le pidió que deletreara su nombre y ella dejó caer la cabeza sobre la mesa, llorosa e incoherente.

Marullo insistió delicadamente en las preguntas mientras se inclinaba hacia ella, asentía con la cabeza e intentaba mantenerla atenta. Le contó lo que sabía. La'Mere acababa de salir a la calle. Los asesinos habían llegado hasta la casa en una furgoneta y un hombre joven o un muchacho se había bajado y había disparado. Se oyeron disparos, luego más disparos. «¡Muchas balas!», dijo Joyce Cook. Había abierto la puerta nada más oír los disparos y había visto cómo asesinaban a su hijo.

Marullo, tenso, jugaba con un bolígrafo en los dedos. «Sé que está sufriendo —le dijo en cierto momento—. Y no puedo ni imaginarme por lo que está pasando».

Cook lloraba. Marullo intentaba que se mantuviera atenta. Pero se derrumbó y estalló. «¡Demasiado tarde! —se lamentó—. ¡Demasiado tarde! ¡Siempre llegáis demasiado tarde!».

Marullo se sintió acusado. Bajó la vista. Un gesto de emoción le surcó el rostro. «Ojalá hubiera estado allí —dijo con la mirada fija en la mesa—. Habría estado si hubiera podido». Joyce Cook no pareció oírle. Estaba totalmente derrumbada sobre la mesa, llorando en silencio.

El papel que había traído resultó ser un croquis. En medio de su drama, tras presenciar el asesinato de su hijo, había tenido la presencia de ánimo para buscar un lápiz y dibujar una escena de lo que había visto. Con líneas temblorosas había dibujado la casa, la furgoneta, a la persona que había hecho los disparos. Era un registro impresionante de un estado de alteración traumático, documentado en tiempo real. Había garabateado sus pensamientos por toda la hoja, casi como si Joyce Cook hubiera estado escribiendo en sueños: «No dejó de disparar hasta que abrí la puerta —había escrito—. Seguía disparando». Y con grandes letras, «La'Mere Cook, mi único hijo».

El dibujo tenía poco valor para la investigación. La policía ya conocía la mayoría de los detalles, y los garabatos de Joyce Cook parecían desvaríos de un loco. Pero el dibujo era el documento conmovedor de un profundo deseo de justicia. Incluso mientras su hijo agonizaba, los pensamientos de Joyce Cook habían estado centrados en la investigación policial. Los policías de la Jefatura Sur estaban siempre acusando a la «comunidad» de no preocuparse lo suficiente por ayudar a la policía a resolver estos crímenes. Pero con más frecuencia eran los policías quienes permanecían sordos a las súplicas que les hacían para que los resolvieran.

A muchos agentes, los residentes negros de estos barrios del *ghettoside* les parecían increíblemente perversos y hostiles, empecinados en no mejorar su situación. Y, esa misma «comunidad» reaccionaba alzándose con rabia y mostrándose altiva. Y sin embargo, bajo todas estas disfunciones, igual que los policías estaban deseando ser los bienhechores que «ayudaban a la gente», la «comunidad» estaba deseando que los policías les prestaran ayuda.

Pero muchos policías eran incapaces de percibirlo. O puede que las implicaciones de hacerlo fueran demasiado dolorosas; al fin y al cabo, Joyce tenía razón. Siempre llegaban demasiado tarde.

El asesinato de Cook sigue sin estar resuelto en el momento de escribir este libro. La unidad tenía muchas y muy buenas pistas, y algunos testigos aterrorizados aunque dispuestos a ayudar. Se había identificado a una banda sospechosa; vivían en el mismo bloque que Barbara Pritchett. Pero cuando Marullo y Kouri se lo pasaron a otros compañeros, el caso quedó en punto muerto.

Una de las testigos era también casualmente testigo en el caso de Henry Henderson, que Marullo estaba intentando hacer avanzar en el juzgado. Los sospechosos del caso Cook la habían visto, y unos días después, saquearon su casa. Se retractó en el estrado durante el juicio de Henderson y desapareció.

Otro testigo se negó en redondo a hablar con los inspectores. Era un joven negro de dieciséis años que vestía de azul y que estaba en la calle cuando aparecieron los asesinos. Los había visto y probablemente era a él a quien buscaban. Pero sabía desenvolverse en la calle y era rápido como una gacela; escapó saltando una valla y dejando tras de sí al desprevenido La'Mere Cook.

El mes de febrero anterior, miembros de una banda habían disparado contra ese mismo joven. La bala le penetró en la tráquea. Fue un caso clásico de «casicidio». El chico estuvo a punto de morir. Tosió sangre, se puso morado y se le hinchó la garganta. Pasó una semana en cuidados intensivos, necesitó tres operaciones y estuvo hospitalizado dos semanas más, fuertemente sedado. Sus familiares se turnaban para cuidarlo. La'Mere Cook también fue a verlo. El joven pasó semanas sin poder hablar. La inflamación hacía que la lengua le saliera de la boca, y le daba un aspecto extraño y espantoso.

Mejoró y se fue a casa. Su madre estaba traumatizada. Se preocupaba día y noche. Como en muchos otros casos de agresiones con armas en la Sureste que no acababan en muerte, el caso quedó sin resolver. Cuando dispararon a Cook, la madre del joven salió corriendo a la calle, pues temía que hubieran vuelto a atacar a su hijo. Pero llegó a tiempo de ver que alguien había dado la vuelta al moribundo Cook. Vio la mirada de sorpresa en sus ojos. Llegaron policías de uniforme y lo primero que vio esta madre era cómo esposaban a su hijo y le preguntaban si era miembro de alguna banda. Cuando mucho después llegaron los inspectores y le pidieron a su hijo que hiciera una declaración sobre lo que había visto, la madre se negó a colaborar. No tenía sentido. Para ella, a la policía no le había importado lo más mínimo que su hijo hubiera pasado semanas en un hospital con la lengua fuera. No pensaba que fueran a resolver el caso de La'Mere Cook, como no habían resuelto el de su hijo. «Si es un joven negro, nunca quieren resolverlo», dijo. Solo parecían interesados en poner en peligro la vida de su hijo. Y sin saberlo la policía, Joyce Cook les había dicho a sus vecinas que no esperaba que pusieran en riesgo la vida de sus hijos por el asesinato de La'Mere. Lo hizo por compasión hacia ellas. Para Cook, era más que suficiente con un hijo muerto en el bloque.

En el funeral de La'Mere Cook, el joven de dieciséis años se apretaba la cara con las manos y lloraba como un niño. Estaba con el resto de personas que cargaron el féretro, adultos y jóvenes negros como él, con el rostro afligido por la pena y el desconcierto.

El pastor cogió el micrófono y les miró. «El demonio os quiere hacer creer que es un honor que muráis por vuestro barrio

—tronó—. El demonio os quiere engañar». El joven levantó la vista y fijó los ojos en el pastor, una mirada de profunda reflexión revelada en su rostro.

Tras el velatorio, algunos amigos de Cook se reunieron para comentar entre ellos. Uno dijo que la policía no resolvería el caso. Para ellos, el asesinato de Cook «no era más que otro negro muerto», dijo.

«Nosotros controlamos a los nuestros —dijo otro—. Los soldados son héroes. ¿Por qué a nosotros nos llaman pandilleros?».

A Joyce Cook no le sorprendió que el asesinato de su hijo quedara sin resolver. Había pasado lo mismo cuando su marido, el padre de La'Mere, fue asesinado en Nueva Orleans, unos años antes.

Cook no dejó que sus familiares levantaran el acostumbrado altar con velas en el lugar en que La'Mere había muerto. Ella era de Nueva Orleans, donde le habían enseñado que las velas liberaban al aire el espíritu errante del asesinado. Cook pensaba que ya había demasiados espíritus de asesinados vagando por el Sur Central, y tenía miedo.

El verano de 2008 vio también, por fin, la audiencia preliminar del caso Tennelle.

Devin Davis había engordado durante los seis meses de cárcel y el pelo era una masa desaliñada que le caía por la nuca. Parecía tan aniñado y tímido como siempre, con su enorme cabeza, la cara cuadrada y la nariz chata. Cuando entró en la sala del juicio, los ojos le bailaban de un lado para otro, buscando a su madre. Derrick Starks no había cambiado mucho: hombros anchos, pelo muy corto, unos ojos despiertos color avellana y ligeros indicios de bigote en la comisura de los labios.

El hombre de la silla de ruedas, de treinta y un años, había sido citado contra su voluntad. Al principio se había negado a acudir al juicio. Stirling tuvo que pasar media hora con él antes de la sesión acallando sus temores por su seguridad y la de su familia. Ahora se encontraba en el estrado, abatido en su silla de ruedas. Mientras Starks, sentado a unos metros de distancia, le contemplaba con una mirada apreciativa, el hombre se retractaba de las declaraciones hechas a Skaggs y Gordon e insistía en que un adicto al *crack* le había proporcionado el arma. Cuando le insistieron, recalcó que la policía le había presionado. Ni por un momento miró a Starks.

Los fiscales le acusaron de perjurio. Cuando la grabación de su propia voz llenó la sala del juicio, en la que acusaba al Descerebrado, el hombre hacía como que estaba leyendo unos documentos que tenía en el regazo. Y luego pareció enfadado. Empezó a mostrarse inquieto y, finalmente, se derrumbó en la silla sin disimulo alguno con la mano en la boca y una mirada de terror en los ojos.

Decir que este hombre, que había estado a punto de morir en un tiroteo, estaba en la cúspide del riesgo estadístico de homicidio, no alcanza a describir lo espantoso de la situación. No era solo que ya tuviera bastante suerte con estar vivo y que ahora se le estuviera desenmascarando como soplón ante dos pandilleros acusados de asesinato. Era además un negro marginado, un proscrito de la sociedad. Ningún periódico iba a detener las máquinas si asesinaban al hombre de la silla de ruedas. Ninguna emisora iba a alterar su programación. Ningún supervisor de la policía le iba a retirar el caso a un inspector veterano y encargárselo a otro si no resolvía su asesinato.

El hombre de la silla de ruedas no necesitaba ningún poder especial para darse cuenta de su situación. Había vivido toda su vida en la división Sureste. Los agentes de policía de esa zona trataban a los hombres como él con mucha más brutalidad que a otra gente; no hacían mucha diferencia en sus cabezas entre un frío asesino y un joven paralítico que vendía marihuana para sacarse un dinero extra. Si alguien volvía a intentar asesinar a este testigo y lo conseguía, sabía que no lo iban a considerar una verdadera «víctima». Pero no por ello las balas habían dejado de destrozarle la columna.

Cuando el juez puso fin a su declaración, salió de la sala a tal velocidad que Skaggs no pudo acompañarle. Skaggs le siguió. El hombre se sentía traicionado. Skaggs y Gordon le habían asegurado que su declaración sería estrictamente anónima. Puede que fuera esto lo que iba pensando Skaggs cuando salió tras él. O puede que Skaggs llevara tanto tiempo trabajando en la Sureste que entendía lo asustado que debía de estar el hombre. «Lo siento. Sabes que lo siento», le dijo en el pasillo. Pero se mostraba vacilante, algo extrañamente atípico en él. Los ojos del hombre mostraban su desesperación. No le respondió. Solo se quedó mirándole fijamente.

El alumno del instituto de Beverly Hills ahora en libertad condicional se mostró igualmente recalcitrante. Negó lo que había declarado ante Skaggs. Negó que hubiera habido ninguna entrevista. Cuando le acusaron de perjurio, dijo que la voz de la grabación no era la suya. El condenado en libertad condicional y Starks se miraron fijamente durante unos segundos mientras aquel salía de la sala. Starks no le quitaba la vista de encima. Cuando pasó a su lado, Starks giró la silla y le siguió con la mirada hasta que llegó a la puerta.

Skaggs instaló a Jessica Midkiff en un motel durante el fin de semana por seguridad. Midkiff estaba muy contenta. Se había traído a su hija. A la niña le encantó la bañera; en casa no tenían. Midkiff dejó que se bañara mientras veía una película en la tele. Cuando esa mañana Skaggs vino a recogerla a las seis y cuarto, le dijo que se había acostado a las seis de la mañana y que solo había podido dormir quince minutos. Skaggs se quedó de piedra. Pensó que se debía a su acostumbrada irresponsabilidad. Pero habían sido los nervios ante la declaración los que le habían impedido dormir.

Llevaba unos vaqueros descoloridos, una blusa floreada de nailon, zapatos de tacón y coleta, con el pelo que le caía por la espalda. Se llevó la cartera de mano al estrado; la sujetaba con una mano mientras prestaba juramento.

Midkiff estaba pálida en el estrado. Starks la observaba atentamente mientras se mecía en la silla y se retorcía como la cola de un gato. Midkiff dirigió la vista hacia él. Había una compleja electricidad entre los dos.

Midkiff empezó a contar su historia con decisión, pero luego titubeó, respirando agitadamente. Se mostraba dubitativa, suspiraba y parecía que estaba flaqueando. «Deme un minuto», le suplicó a Stirling cuando una de sus preguntas la dejó confusa y tartamudeante. Cuando le preguntó si iba conduciendo ella, dijo:

«Creo que sí». No tenía nada que ver con la seguridad que había mostrado en el interrogatorio. Se puso una mano en el pecho y murmuró: «Esto es muy duro para mí».

Skaggs, en su banco, se mostraba agitado y flexionaba los dedos.

Durante las semanas que Skaggs había estado preparándola para declarar, Midkiff había dejado claro que se sentía mal haciendo de soplona, tal como ella lo veía. Al apartarse del barrio, sentía que había «perdido su identidad». Y de repente había caído en la cuenta de que no tenía verdaderos amigos. Se sentía más desesperada que nunca porque Skaggs pudiera abandonarla. Bromeaba, incapaz de abordar el tema directamente. «Creía que habías dicho que íbamos a ser amigos».

Ahora, en el estrado, creyó ver en Starks una «mirada de deseo» y por un momento acarició la idea de que iba a saltar sobre ella. Pero se dio cuenta de que estaba encadenado. Luego vio entre el público a la madre de Starks, Olitha Starks, y captó una mirada de reproche. Estaba tan desconcertada que el juez llamó a consultas a los abogados.

A Midkiff le estuvo picando la nariz durante toda la declaración, y no sabía qué hacer. Uno de los abogados defensores la interrogó y se puso beligerante mientras estiraba el cuello y se reía con desprecio. Y luego se mencionó a su abuela, que había fallecido. Midkiff se descompuso y armó un escándalo. «¡Disculpen!», dijo y Stirling le llevó un pañuelo. Wally Tennelle, que estuvo solo durante toda la audiencia, siguió la escena con rostro sombrío mientras jugueteaba con un trozo de celo pegado a la mesa.

El caso pasó la audiencia preliminar; es decir, el juez decretó que había pruebas suficientes para llevar a juicio a los dos acusados. Pero Midkiff no había aumentado la confianza que Stirling tenía en ella. Quedaban meses para el juicio. Stirling estaba ahora verdaderamente preocupado.

No era el horror lo que quemaba a los inspectores del *ghettoside*, era la frustración. Sam Marullo estaba empezando a hundirse en ella. El día después del entierro de la víctima de la Sureste, La'Mere

Cook, el segundo juicio al acusado de asesinar a Henry Henderson frente a la casa de Pritchett, acabó con otro jurado sin veredicto, a pesar del tenaz trabajo de Marullo.

Marullo supo entonces que era poco probable que fuera a ser ascendido al rango de inspector en reconocimiento por su labor, a pesar de sus muchos éxitos.

Los recortes de las horas extras le estaban afectando. Hacía poco, le habían comunicado que no podía asistir al funeral de una víctima. Skaggs le había enseñado que había que acudir siempre a los funerales. «Tienes toda la carga de las familias que no piensan en otra cosa. Y no puedes hacer todo lo posible —decía—. Intentas desvincularte como válvula de escape..., pero la familia te lo impide».

La Barbera seguía intentando reírse de la situación. Una tarde, a eso de las cuatro y media, sacó un silbato de madera de no se sabe dónde, lo tocó y gritó: «¡Quince minutos!», pero vio que Marullo estaba afectado y reflexionando seriamente sobre su futuro. Preocupado por perder al Pequeño Skaggs, «mi único Fuego», a mediados de septiembre La Barbera convocó una reunión de la brigada para hablar de las restricciones a las horas extras. «Estoy preocupado por cómo te están afectando», le dijo La Barbera a Marullo.

Estaba sentado en una silla baja. Los inspectores se sentaban en las mesas o se apoyaban en las paredes. Quería darles ánimos. Pero alguien señaló que los agentes destinados en Compstat (una unidad informatizada) habían recibido coches para uso personal, a diferencia de los inspectores de homicidios. Marullo intervino. En Homicidios se trabajaba para «restaurar la fe en la comunidad», dijo. Pero como el trabajo estaba tan infravalorado, «es difícil pedir a la gente que dé su vida por el trabajo». Señaló a La Barbera. «¡Mira cómo has acabado tú!».

Se quedaron estupefactos, el silencio roto por risas nerviosas. Marullo se estaba dirigiendo a un oficial superior, y a un amigo. «Me parece imposible que hayas dicho eso», murmuró alguien. Marullo se calló avergonzado.

Pero La Barbera le hizo un gesto. «No, no. Tienes razón. Me ha destrozado la vida». No se podía saber si estaba bromeando.

Marullo se recuperó y siguió machacando. ¿Por qué les costaba tanto conseguir recursos cuando la delincuencia había disminuido y el cuerpo de policía había crecido tanto? ¿Por qué? «No lo entiendo —dijo—. Aquí falla alguien».

Chris Barling se acercó a Marullo. «He pasado por eso, no me malinterpretes. Me he sentido tan frustrado como tú por las limitaciones», le dijo en voz baja. Pero «sigue insistiendo. Sigue luchando». Barling hablaba y hablaba agitando las manos continuamente, y animaba a Marullo a que no tirara la toalla.

Kouri estaba sentado muy cerca. Escuchaba con la mano sobre la boca.

Pero cuando acabó Barling, Marullo tiró la taza vacía a una papelera. «He tomado una decisión meditada», dijo, y se marchó.

Un rato después, La Barbera llegó al despacho de mal humor. «Sammy me ha enviado una carta en la que rompe conmigo», dijo.

Marullo había solicitado un puesto de agente de nivel 3 en la unidad antibandas de la Sureste, un trabajo de uniforme como agente en formación dedicado a la represión de delitos. La Barbera, como siempre, se había tomado la deserción de Marullo personalmente. «Marullo no es Fuego —soltó—. Se cree que es Fuego».

19

Las almas perdidas

Skaggs odiaba tener que hacer varias cosas al mismo tiempo. Otra de sus máximas era «Una cosa a la vez, enfrentarse solo al hoy». Pero no le quedaba más remedio que empezar su nuevo trabajo mientras finalizaba el anterior.

Fueron meses alternando entre diferentes papeles. Seguía preparando el juicio del caso Tennelle mientras montaba su nuevo despacho en la nueva división Olímpica. La nueva comisaría incluiría partes de Koreatown y una sección de la división Rampart del Departamento de Policía de Los Ángeles.

Hacía tiempo, un mercado de drogas al aire libre en el parque MacArthur y una especie de guerra sectaria en el exilio entre migrantes centroamericanos habían convertido Rampart en un sitio salvajemente violento. La delincuencia era aún bastante elevada cuando el Departamento de Policía de Los Ángeles consiguió fondos para abrir allí una comisaría. Pero cuando la comisaría estuvo acabada, los coreanos ricos, tras huir de la caída de las bolsas asiáticas a finales de la década de los noventa, se habían hecho con multitud de terrenos en la zona, y los promotores estaban construyendo nuevos *lofts* que atrajeron a estudiantes y profesionales. Al mismo tiempo, los homicidios se habían reducido drásticamente entre los migrantes de habla hispana que seguían en la zona.

Fue un cambio asombroso. Una de las lecciones que podían extraerse es que la pobreza no engendra necesariamente homicidios. Incluso después de la gentrificación del barrio, cerca del 40 por ciento de los residentes de Rampart seguían estando por debajo del nivel de pobreza. Muchos de estos habitantes pobres eran migrantes ilegales que vivían hacinados en pisos de mala calidad;

el barrio estaba relativamente poblado para lo habitual de Los Ángeles. Y, sin embargo, los residentes negros de Los Ángeles Sur tenían un índice de muertes por homicidio muy superior.

Hay estudios sobre otras zonas que han llegado a las mismas conclusiones. A pesar de la relativa pobreza, los nuevos inmigrantes tienden a tener índices menores de homicidios que los residentes hispanos y sus descendientes nacidos en Estados Unidos. Esto se debe a que los homicidios surgen entre personas que se ven atrapadas y que son económicamente interdependientes, no entre personas con gran movilidad.

Los inmigrantes están básicamente en tránsito. Los de Rampart de la primera década del siglo XXI habían dejado atrás sus vínculos pasados en sus países de origen. Estaban totalmente desarraigados. Sus nuevos barrios no eran como los enclaves comunitarios clandestinos, aislados y altamente interconectados de Los Ángeles Sur. Eran, por el contrario, sitios de paso. Sus habitantes se escaparían pronto del parque MacArthur a Whittier o a La Puente. Los hispanos tenían una ventaja sobre los negros: a pesar de sus altos índices de pobreza, llevaban tiempo disfrutando de más oportunidades en el sector privado que los angelinos negros. El historiador Josh Sides demostró que los empresarios de Los Ángeles llevaban generaciones mostrando una preferencia descarada por la mano de obra hispana por encima de la de los negros. La oferta de mano de obra mexicana fue uno de los primeros puntos de atracción de Los Ángeles, utilizado para llamar a dueños de fábricas. En la década de los veinte, muchos empresarios que contaban con los migrantes mexicanos se negaban a contratar a negros. Los sindicatos de los años treinta se olvidaron de los obreros negros y dirigieron sus campañas a los hispanos. Durante la Segunda Guerra Mundial, a los negros, a diferencia de los hispanos, se les excluyó de los empleos en los astilleros y en los muelles, o bien se les relegó a empleos inferiores. No es que los obreros hispanos no fueran discriminados; lo fueron, pero se les trataba mal en trabajos a los que los negros ni siquiera tenían acceso. En la década de los sesenta se había consolidado cierta preferencia por la mano de obra hispana en las industrias alimentaria y metalúrgica. Posteriormente, los negros, a diferencia de los hispanos, se quedaron fuera del gran desarrollo de la industria aeroespacial en el sur de California. Excluidos por racismo al principio, se vieron luego aislados por la geografía a medida que la industria se iba desplazando a barrios en los que a los blancos y a los hispanos les resultaba más fácil comprar casas. En muchos de los nuevos puntos calientes de las industrias aeroespaciales y de defensa, los negros no podían comprar casas ni alquilarlas; al principio debido a unas cláusulas restrictivas en los contratos inmobiliarios y posteriormente a los esfuerzos en la práctica por mantener ese tipo de cláusulas a pesar de las resoluciones de los tribunales. Los negros quedaron atrapados en una versión soleada de Detroit, y vivieron entre fábricas de automóviles y de neumáticos abandonadas mientras el resto del sur de California. disfrutaba de un segundo *boom* manufacturero, la bonanza aeroespacial de finales del siglo XX. A comienzos del siglo XXI, los negros de Los Ángeles tenían una porción menor del mercado laboral que sus homólogos hispanos a pesar de estar mejor educados. Y seguían viviendo segregados de los blancos, hacinados en sus propios cinturones industriales.

Seguían un patrón nacional. Los negros vivían en ciudades figurativamente amuralladas; los hispanos, no. Los negros llevaban mucho más tiempo segregados de los blancos que los hispanos, y se concentraban más en determinadas zonas. De hecho, los negros llevaban mucho más tiempo hacinados y aislados que cualquier otro grupo racial o étnico de Estados Unidos. El sociólogo Douglas S. Massey dijo que la segregación de los negros había sido constante durante muchas generaciones. A nadie más le había resultado todo tan difícil, ni siquiera a los residentes de las Pequeñas Italias, ni a los inmigrantes polacos o judíos de las ciudades del este del país en el siglo XIX. A los negros les resultaba imposible escapar de la segregación. Los seguía a todas partes, reforzada por una dinámica invisible que hacía que las agencias inmobiliarias no les permitieran alquilar o comprar propiedades en determinadas zonas. En el año 2000, décadas después de que los tribunales hubieran tumbado todas las cláusulas restrictivas, los negros de Los Ángeles seguían sin tener vecinos blancos, igual que en 1970.

La segregación concentraba los efectos de la impunidad. Esto explicaba por qué diferencias relativamente pequeñas en los índices de resolución de homicidios por razas daban unos resultados tan dispares. Los índices de segregación residencial son buenos predictores de homicidios. El homicidio se desarrolla en situaciones de proximidad física, en las interacciones comunitarias, en una economía de trueque y en un sentido compartido de normas privadas. La proximidad física era una de las causas que hacían que los homicidios fueran algo tan fuertemente intrarracial. Uno tenía que estar muy involucrado con sus vecinos para querer matarles. Había que compartir el espacio en un mundo pequeño y aislado.

En cambio, los barrios blancos solitarios y atomizados de la clase media alta de Estados Unidos eran poco dados a los homicidios. Sus habitantes, con gran movilidad, no se relacionaban mucho entre sí. No dependían unos de otros para sobrevivir. Las ocasionales juntas de vecinos de los condominios podían ser algo desagradables, pero por lo general eran lugares con tanta ley —con una expectativa alta de una respuesta legal a cualquier acto de violencia— que impedían que cualquier riña de vecinos se desmandara. Y en caso contrario, por ejemplo, si un estudiante se hartaba de unos compañeros pendencieros, resultaba bastante fácil mudarse a otro sitio.

En la época de Skaggs, a pesar de su pobreza, Rampart tenía un índice de asesinatos semejante a la media de toda la ciudad y a la de divisiones parecidas en las zonas urbanas del valle de San Fernando. La nueva división Olímpica no iba a parecerse a ningún otro de los lugares en los que Skaggs había trabajado en las dos décadas anteriores. No obstante, se estaba preparando con gran interés para la apertura de la nueva comisaría, y se pasaba la mayor parte del tiempo en los nuevos despachos, que estaban aún en construcción.

Sus antiguos compañeros de la Jefatura Sur se burlaban de él llamándole «poli de tráfico». Se referían a su nueva unidad como «Mission o Midwilshire o lo que quiera que sea esa nueva comisaría», un comentario despectivo que hacía alusión al bajo porcentaje de delitos de la zona. Luego le acusaron de haberse llevado productos de mantenimiento, entre los que había enchufes múltiples y latas de un producto antipolvo. Eran artículos muy codiciados en Homicidios, donde estaban racionados los artículos de oficina más básicos. Al ser interrogado por Barling, Skaggs confesó. Admitió haber robado el producto antipolvo.

Finalmente, Skaggs hizo una última visita a la Jefatura Sur en la fiesta de Navidad, y al tener que soportar gritos de «¡Jefatura Oeste!» cuando llegó, se despidió.

En ese momento, ya estaba listo para la apertura de la nueva comisaría. Hizo que le instalaran en su nuevo despacho una gran pizarra blanca, justo como la de La Barbera, para anotar los casos. Hizo que dividieran la pizarra en secciones para que la información estuviera ordenada. En la parte superior escribió en letras rojas el viejo mantra de la Sureste, *Always Be Closing*. Compró una cafetera de primera marca y un ambientador con olor a manzana.

Se hizo con un armario del tamaño de una habitación y lo llenó de estanterías. Skaggs sabía que, a pesar del descenso en el índice de delitos, se encontraba sobre una enorme mancha oscura de homicidios sin resolver de los Grandes Años de Rampart, cuando aparecían cadáveres flotando en el lago del parque MacArthur. Tenía intención de mejorar la Caravana de las Almas Perdidas. Desenterró personalmente los casos sin resolver. Llegaban hasta 1966 y había un total de 453.

Antes de que instalaran luces y suelos en los nuevos despachos, John Skaggs ya había repasado decenas de documentos, y cuando se inauguró la nueva comisaría, había evaluado y ordenado todas las carpetas azules. Las colocó en filas en el nuevo armario, marcadas con etiquetas que decían SUPERCALIENTES, MEDIO CALIENTES y así hasta llegar a SUPERFRÍOS, lo que indicaba lo próximos o distantes que estaban los casos de su resolución.

El trabajo era interesante. Los homicidios eran diferentes de los que él conocía. Por ejemplo, en la década de los ochenta había habido toda una serie de asesinatos de homosexuales, todavía sin resolver. Algunas de las víctimas llevaban vidas secretas bastante promiscuas. Otros eran travestis. Skaggs estaba familiarizado con este tipo de asesinatos. Como los vagabundos, las prostitutas y los delincuentes negros, estas víctimas resultaban muy vulnerables por ser marginados: el Monstruo se ceba con los despreciados. Skaggs estaba decidido a que estas víctimas tuvieran una justicia tardía.

También había asesinatos de pandilleros entre los hispanos. Los inspectores de policía de los Grandes Años, sobrecargados de trabajo, apenas habían investigado algunos de estos casos. Skaggs encontró un caso en el que la policía tardó tres horas en responder a una llamada en la que les alertaban de un tiroteo. Cuando llegaron, se encontraron con un cadáver y ninguna pista.

Pero lo que más le sorprendió a Skaggs fue la cantidad de casos con pistas importantes. Era muy diferente de la Sureste. En muchos casos, vio que la policía había recibido llamadas de testigos, gente que se había presentado voluntariamente para denunciar lo que habían visto. Aunque muchos de los habitantes del barrio habían entrado ilegalmente en el país, parecían más dispuestos a colaborar con la policía que la gente de Watts. En todos los años pasados en la Sureste, a Skaggs jamás le habían dado ninguna pista por teléfono. Estaba asombrado.

Entre tanto, siguió trabajando en el caso Tennelle. Tenía que escuchar grabaciones de la cárcel y localizar testigos. Skaggs se trajo a la nueva comisaría a su antiguo compañero de la Suroeste, Corey Farell, para que le ayudara con esta parte del trabajo.

Farell acababa de tener a su segundo hijo. Le prometió a su esposa que estaría en casa por las noches para ayudar. Esta puso cara de sorpresa. «¿Trabajando para Skaggs? —le preguntó—. No me lo creo».

Solo Skaggs tenía relación con Jessica. Pensaba que ella estaría a salvo mientras se quedara donde estaba. Pero le llamaba y luego desaparecía. Skaggs se desesperaba porque no podía localizarla y se tragaba las preocupaciones. «Seguramente estará con algún amigo imbécil», se decía a sí mismo, pero no dejaba de llamarla.

Si pasaba mucho tiempo desaparecida, perdía un día de trabajo para salir a buscarla. Normalmente aparecía pronto y le contaba que había estado enferma o que había tenido algún problema con el móvil, y luego le decía que no había pagado el alquiler y que no tenía dinero. O que no había comido y no tenía comida. Skaggs, que tenía dos hijos ya adolescentes, tenía la impresión de que le había caído una hija nueva; «una pesadilla de hija».

Yadira Tennelle iba con regularidad al cementerio de la Santa Cruz a cambiar las flores de la tumba de su hijo en el panteón del cementerio en el que estaban depositados sus restos incinerados. Solía ir sola. A veces también iba Wally Tennelle, pero no con la frecuencia de Yadira. Yadira echaba de menos a Bryant. Sentía que el panteón la acercaba a él, aunque al final las visitas la dejaban siempre dolorosamente insatisfecha.

A pesar de ello, todos los viernes tras el trabajo, Yadira dirigía el coche hacia esa colina soleada; desde la cima se veía la parte de la ciudad que se extiende hacia el sur y hacia la bahía. Con su bata turquesa del hospital, medias y zapatos blancos y una cesta de claveles rojos y rosas amarillas en el brazo, atravesaba veloz el aparcamiento; los destellos del sol se reflejaban en los coches aparcados a su alrededor y la brisa del mar movía las palmeras enanas de los setos.

Sin prestar atención alguna a la vista, se desvanecía en las sombras aterciopeladas del gran panteón. Yadira seguía un ritual. Compraba flores en el hospital, las desenvolvía en el panteón y, con ayuda de un bastón, las colocaba junto a la tumba de Bryant, que estaba en un nicho de una de las filas superiores.

Yadira no podía evitar seguir queriendo a Bryant, estar continuamente pensando en él como cualquier madre. Planificaba su futuro, se fijaba en las cosas que le podrían gustar, en oportunidades que le podrían ser útiles, en empleos que le podrían venir bien. Didi era igual. Camino de su trabajo en el aeropuerto de Los Ángeles, se fijaba en los diversos empleados municipales con los que se cruzaba —los equipos de mantenimiento le llamaban la atención— y pensaba en las posibilidades que podría haber para Bryant. Las cuadrillas trabajaban todo el día al aire libre, en labores manuales y activas, con un sueldo decente y diversos beneficios, algo que le iría bien a Bryant, pensaba. No importaba que estuviera muerto: eran los mismos abrazos maternales que lo habían arropado en vida; no podía dejar de preocuparse por él. Yadira Tennelle tenía que obligar a su mente a aceptar la nueva y dura realidad, a aceptar que Bryant ya había vivido su vida, que ahora era «una frase con un punto final», tal como ella decía.

Era un hecho, un hecho sin más. Pero era increíble lo doloroso que podía ser ese hecho. Para Yadira, enfrentarse a ese enorme globo oscilante de dolor que recorría cada instante de su vida requería un esfuerzo enorme. Al principio, no había llorado mucho. El dolor era demasiado grande para el llanto, las lágrimas pertenecían al mundo de la realidad física, pero el asesinato de su hijo había trascendido las coordenadas de su mundo.

Solo después, cuando el hecho cobró forma como una dimensión de su vida diaria, penetró en su carne como una enfermedad. Y lloró y lo sintió en todo el cuerpo. Y le afectó la salud física de formas soportables aunque molestas. Ser «fuertes» era un principio importante para Wally y Yadira Tennelle. Pero Yadira a veces se sentía agredida. La amargura era una tentación que estaba rondándola continuamente; tenía que estar siempre alerta. «¿Por qué enloquecer? Que descanse en paz», se decía a sí misma. Pero otra voz le decía: él no sufría. Ella sí. Los muertos descansaban. Los que se quedaban aquí soportaban todo el sufrimiento... Pero no. A veces Yadira tenía que interrumpir sus pensamientos. No quería ser negativa.

Siguió con su ritual. A la sombra del gran panteón abierto, con el sol de otoño que caía sobre ella, cortó el tallo a los claveles y las rosas con las tijeras del cementerio, puso la bolsa en la cesta y caminó por el suelo de cemento hasta un punto en el que había una placa en lo alto del muro con una foto de Bryant. «En memoria de nuestro querido hijo, "Brownie Boy", 1988-2007».

Yadira alzó la vista hacia la foto, se apoyó en el bastón y lloró.

«¡Cabrones!».

Nathan Kouri siguió adelante sin Marullo. Su nuevo compañero era Tom Eiman, antiguo propietario de un servicio de instalación de puertas y ventanas, que había ingresado en el Departamento de Policía de Los Ángeles en la que era su segunda profesión.

Eiman se había convertido en un eficaz agente de narcóticos encubierto. Era el ciudadano medio perfecto, regordete, mediana edad, con gafas de montura metálica y paciencia para vigilar.

Le había tocado a Kouri preparar el juicio del doble homicidio de Laconia que Marullo había abandonado a mitad de camino.

Acompañado de Eiman, Kouri había parado a una mujer, una de varios testigos reacios, justo cuando se iba a trabajar. Metió la mano por la ventanilla del coche y le dejó una citación en el asiento del acompañante. «¡Cabrones! Me estáis acosando». Rápidamente se formó un corrillo de gente.

Había pasado lo mismo con casi todos los testigos del caso. Dos de las personas implicadas tenían tanto miedo de que los agredieran por colaborar con la policía que empezaron a llevar armas. A uno de ellos, menor de edad, le habían cogido con el arma y ahora se enfrentaba a cargos por llevar armas sin permiso. Una tercer testigo se había tropezado por casualidad con una antigua novia de uno de los acusados; la novia se había tirado a ella y le había dado una paliza por chivata. Un cuarto testigo, también adolescente, se hizo un ovillo en la audiencia preliminar en los juzgados de Compton y se negó a entrar en la sala. Tuvo que ser llevado hasta el estrado por dos agentes, llorando y soltando patadas.

A la afligida madre de Daniel Johnson la amenazaron miembros de la banda del acusado en los pasillos del juzgado. Le dijeron que era mejor para ella que no declarara. Y por último, el novio de otra testigo fue amenazado en la misma sala por un hombre mayor. El hombre utilizó el gráfico lenguaje sexual que usaban las bandas para intimidar: «Soy un puto Crip con sida y doy por culo a las negras como tú». Cuando Eiman quiso hacerle frente, el «puto Crip» reveló que era un mediador especialista en bandas a sueldo del condado. Llamó al móvil de un jefe del Departamento de Policía de Los Ángeles y se quejó de que Eiman le estaba acosando.

Y ahora esta mujer le acusaba a Kouri de conducta indebida por darle una citación judicial. La mujer se dirigió al corrillo: «¡No tengo nada que ver en nada!», gritó.

«Desgraciadamente, sí», le replicó Kouri. La esposaron y la metieron en el coche de la policía.

«¿Podemos hablar?», le suplicó Kouri.

Antes de decidirse a entrar en la policía, Kouri había estudiado enfermería y su comportamiento era como el de una enfermera severa pero de buen corazón. Ante una actitud hostil, reaccionaba como si le hubieran decepcionado; ante una actitud de resistencia, como si se sintiera consternado.

Entregaba las citaciones como si fuera una inyección dolorosa, con energía y comprensión.

Finalmente, consiguió calmar a la mujer. La pusieron en libertad y Kouri la despidió como si no hubiera pasado nada: «¡Cuídate!».

Entre tanto, Marullo había regresado a la comisaría de la Sureste; de nuevo en la unidad de vigilancia de bandas de la Sureste. Llegó a su primera guardia de ese otoño sonriente. Se estiró el uniforme azul, que le quedaba incómodamente estrecho, observando que había encogido misteriosamente; un compañero hizo un gesto de asombro. Sus compañeros, que marcaban músculos en las mangas de su uniforme de clase C, tipo mono, mezclaban proteínas en polvo con agua mineral mientras un sargento comentaba las misiones de esa noche. Por lo general, los agentes de vigilancia de bandas se dedicaban a patrullar el barrio y a detener a gente por delitos «obvios», a tipos con drogas o armas. O, tal como lo expresó Marullo luego, al volante de su «blanco y negro», el coche patrulla, «esa antigua directiva sobre represión de bandas que oyes y que nadie es capaz de definir». En la 98 y Main, los faros del coche iluminaron las piernas de algunos vecinos. Se detuvo. «¿Dónde has estado?», le preguntó uno. Uno de sus compañeros respondió por Marullo. «Es un inspector de homicidios. Ha vuelto». Le miraron con el ceño fruncido. «¿Por qué has vuelto, tío?».

Ese otoño, las noches fueron muy tranquilas. Marullo tuvo una o dos persecuciones. Pero en general se pasaba las horas conduciendo, hablando con sus fuentes de la calle y repasando sus opciones. Cuando llegó noviembre, ya se le había quitado la sonrisa. Una noche, mientras regresaba a la comisaría por calles oscuras, confesó que estaba descontento: «A veces me siento mal, como si no estuviera haciendo nada, ya sabes».

Después de que John Skaggs le devolviera los zapatos de Dovon, Barbara Pritchett los colocó en el centro del altar que había levantado en su salón.

Comenzaba el año 2009, casi dos años después de la muerte de Dovon. Pero el altar había ido creciendo. Los zapatos estaban colocados entre dos osos de peluche y rodeados de otros artículos y globos de la fiesta de cumpleaños de Dovon que la familia había celebrado sin él. En la pared, Pritchett había colgado un mapa de homicidios que había publicado el periódico *Los Angeles Times*.

Pritchett seguía siendo incapaz de hablar de Dovon sin llorar. Pero estaba intentando no perder la cabeza por Carlos, su hermano de trece años, al que estaba criando como a un hijo. Quería asegurarse de que conseguiría el título escolar. Su familia la apoyaba. Hacía poco, sus hijos habían juntado dinero y le habían comprado un sofá y una alfombra nuevos.

Desde la muerte de Dovon, ella había proyectado también sus preocupaciones maternales naturales sobre la policía y los fiscales que habían entrado en su vida a partir de su desgracia. Llamaba mucho a Skaggs, y también a Sam Marullo, a Nathan Kouri y a Joe Porras, a los que había conocido por el caso. Les llamaba «familia».

Pero una mañana de primavera, sobre las cinco y cuarto de la mañana, esta familiaridad con la policía no supuso ninguna diferencia cuando un familiar que estaba alojándose con ella oyó ruidos en la calle. Miró y vio que la policía estaba rodeando la casa.

Eran agentes de la Sureste con una orden de registro. Estaban buscando a otro de los cinco hermanos de Pritchett, acusado de robo. A Pritchett se le ordenó que saliera de casa. No llevaba zapatos y solo tenía puesta una bata.

Entre los que estaban pasando la noche en la casa estaba una cuñada y su hijo de seis meses. La hija de Pritchett salió con el bebé, molesta porque hacía frío. El bebé había estado enfermo y lo sacó sin manta. Intercambió algunas palabras fuertes con un agente, que le ordenó que levantara las manos. ¿No veían que llevaba un niño?

Mientras los agentes pisoteaban por toda la casa, la familia entera estaba en la calle tiritando de frío junto al cubo de la basura.

Resultó ser un error. La orden de búsqueda llevaba el nombre del hermano equivocado. El que buscaban no tenía mucha relación con Pritchett y vivía en otra dirección. La hija de Pritchett estaba furiosa. Pero ella se quedó satisfecha porque no lo habían puesto todo patas arriba. Decidió que no iba a dejar que este episodio afectara la opinión favorable de la policía que tenía entonces.

Un tiempo después, una mujer fue abatida a tiros en la calle. Pritchett salió a ver qué pasaba y vio a Sam Marullo con uniforme azul, que ya no trabajaba de inspector. Por entonces, sabía que Skaggs se había ido de la Jefatura Sur y que Joe Porras se había ido de los juzgados de Compton; «han desertado todos los buenos menos Kouri», pensó Pritchett.

Meses después, mataron a un conocido en Nickerson Gardens. Entre los asistentes al funeral había un joven negro que conocía a Pritchett y que también había conocido a Dovon. El hombre le confesó sus dudas de que fueran a resolver el nuevo caso.

«Necesitamos que vuelva John Skaggs», le dijo a Pritchett. Ella se mostró de acuerdo.

Pero Skaggs estaba en la división Olímpica, aburriéndose.

Se había lanzado con ilusión a su nuevo puesto. Hizo que sus jóvenes inspectores fueran impecablemente vestidos, y puso las reuniones de la brigada a las siete de la mañana para asegurarse de que se levantaran temprano. Les echaba una bronca por cosas tan simples como dejarse un portaclips en la mesa. Pero a pesar de todo, en primavera, la pizarra seguía vacía. No había habido ni un solo homicidio en su nueva circunscripción. Skaggs sufría el habitual malestar del que tiene mucha energía que gastar.

Seguía ocupándose del caso Tennelle. Desde la audiencia preliminar, los dos testigos poco colaboradores, el hombre de la silla de ruedas y el joven en libertad provisional que se había enfrentado a los vecinos de Bryant, habían desaparecido. Farell los estaba buscando.

Además había nuevas pruebas. Las grabaciones de la cárcel habían detectado a Starks reprendiendo a Davis. Starks había declarado que no se dedicaba a matar gente. Pero añadió: «Si tuviera que matar a un policía, mataría a Skaggs, ese cabrón blanco que lleva camisa y corbata sin chaqueta». Skaggs se alegró; era la confirmación de que lo consideraban diferente al resto de policías.

Pero no era probable que un tribunal admitiera esa grabación como prueba.

Stirling, el fiscal, seguía mostrándose inquieto por las posibilidades de conseguir un veredicto de culpabilidad. Skaggs, como muchos otros, no tragaba a Stirling. Pero había decidido apoyarle y por eso hacía lo que él dijera.

Esa primavera, los dos hombres hicieron una visita a la cárcel. Esperaban entrevistar a un preso que tenía otras pruebas. Resultó que el preso no tenía nada que pudiera servir para el juicio. Pero el largo viaje no fue una pérdida de tiempo. Sirvió para que Skaggs y Stirling afianzaran su relación. Stirling iba en el asiento del acompañante y le iba dando las direcciones de manera poco segura. Skaggs conducía y mostraba una seguridad absoluta en el rumbo, a pesar de haber llegado a estar totalmente perdidos.

A Skaggs le gustaba provocar a Stirling. Le molestaban las preocupaciones de Stirling y le tomaba el pelo. Pero Stirling tampoco se quedaba corto a la hora de provocar a Skaggs. Cuando Skaggs se paró a comprar un café con un toque de expreso —le gustaba un sabor de Starbucks llamado «audaz»—, Stirling pidió un *frappuccino* con caramelo y nata montada. «¡Hostia puta!», soltó Skaggs cuando llegó la bebida. Se la pasó a Stirling con un gesto de asco. Stirling sonrió tranquilamente.

Divisaron en el horizonte un revoltijo de edificios carcelarios bajos; los rollos de alambre de púas lanzaban destellos plateados en medio de la neblina. Un guardia les hizo llegar desde una torreta una llave mediante un cubo atado a una cuerda, como en *El Lorax* de Dr. Seuss.[9] No había alta tecnología alguna que hubiera demostrado ser superior a este método.

Salió a recibirlos un oficial de prisiones con un enorme radioteléfono en el pecho y el antebrazo cubierto de tatuajes azules y verdes. Skaggs y Stirling entraron en la cárcel atravesando varios círculos de verjas muy separadas entre sí. Había señales que advertían sobre la alta tensión, con una figura humana atravesada por un rayo.

[9] Libro infantil sobre el medio ambiente. (*N. de la T.*)

Los dos hombres esperaron en un despacho adornado con banderas norteamericanas del tamaño de una colcha. En una pared había toda una serie de fotos de fichas policiales con un cartel de «Atrapados». Los «atrapados», entre los que había muchas mujeres, eran visitas a las que habían pillado intentando pasar drogas. Stirling se puso a charlar con los guardias. Uno le habló de la nueva campaña de la cárcel contra el exhibicionismo: «Han condenado a algunos a entre veinticinco años y perpetua por hacer exhibicionismo con las funcionarias», dijo tan tranquilo. Otro se jactó de tener allí a un importante jefe de la mafia mexicana. Stirling estaba impresionado. Pero al preguntarle, el funcionario reconoció que el capo estaba en realidad en el hospital. «Tiene problemas de riñón. Se está haciendo mayor», dijo.

Skaggs estuvo callado todo el tiempo, tamborileando con los dedos. Los funcionarios de la cárcel se daban mucha importancia. Entraban y salían ataviados con sus monos y gorras de béisbol negras. Parecían orgullosos de su posición social como profesionales de seguridad y se comportaban como si Skaggs fuera uno más de ellos. Hablaban de sus «investigaciones» como si fueran compañeros comentando confidencialmente cuestiones de trabajo. Pero el gesto de Skaggs sugería que no consideraba a los guardias de la cárcel de su mismo calibre.

Stirling, que a menudo hablaba demasiado, adoptó instantáneamente el tono de los guardias. Empezó a soltar información sobre el caso Tennelle. Skaggs dejó de tamborilear con los dedos y apretó el gesto. Era obvio que estaba disgustado.

El preso al que habían venido a ver era un negro ligado a las bandas del Sur Central. Era joven, de aspecto atlético. Era una persona agradable y los ojos denotaban una inteligencia lúcida. Resultaba fácil imaginárselo en otro tipo de vida, en el instituto como un jugador de fútbol americano popular, o en la universidad como un estudiante prometedor. Pero en esta vida, habían disparado contra él y le habían agredido varias veces. Había perdido a amigos asesinados. Había agredido a gente, produciéndoles lesiones, aunque sin matar a nadie. Habían tiroteado la casa de su familia. Un hombre le había dado una paliza, le había roto la cadena de oro y luego se había marchado, advirtiéndole antes: «Podría haberte matado. Y nadie habría dicho nada».

El joven iba a salir pronto en libertad y estaba preocupado. Para los jóvenes negros de California, la cárcel era más segura que la libertad; había más posibilidades de que los mataran en la calle que en la cárcel. Algunos pandilleros consideraban la cárcel como una especie de indulto, un alejamiento temporal del terror de la calle, como el permiso de un soldado en una guerra. El joven les dijo que su «identidad como pandillero» era una táctica de supervivencia. «Hay que jugar ese papel», le dijo a Skaggs. Habló con tristeza de un pandillero al que conocía que había logrado salir de esa vida y había encontrado un trabajo en la construcción lejos de allí. Él estaba enamorado de una mujer y quería hacer eso. Pero no tenía dinero y sabía que con sus antecedentes le iba a resultar difícil conseguir un piso o un trabajo, incluso una tarjeta de crédito. El joven les miró con ojos sombríos, asustados. No quería estar en la cárcel y no quería morir. Quería dejarlo, pero no encontraba la forma de hacerlo.

A Skaggs hacía tiempo que le había sorprendido la cantidad de pandilleros que, como este joven, parecían ser tipos normales. Eran pandilleros a pesar de su normalidad. Habían entrado en una banda con trece o catorce años. Algunos lo habían hecho obligados, otros buscando protección y otros atraídos por las tentaciones de un adolescente: chicas, dinero, aventuras; la posibilidad de meterse en broncas e ir de juerga. Cuando cumplían los veinte, ya estaban hartos de todo. Y se mostraban abatidos, tan asqueados por la violencia como lo estaría cualquier persona en su sano juicio. Lloraban mucho. Para entonces, su lealtad se había desplazado a sus novias y a sus hijos. Pero eran incapaces de quitarse de encima las ataduras de la adolescencia.

En el mundo del gueto, había evidentemente todo un complejo abanico de tipos. Algunos disfrutaban haciendo daño. Otros no. A algunos no les gustaba al principio, pero se brutalizaban y se volvían sádicos. Puede que esa composición fuera diferente en otros grupos de estadounidenses. Puede que algún otro grupo racial o étnico tuviera un porcentaje mayor de tipos *legales* o un menor porcentaje de individuos susceptibles de volverse violentos.

O puede que el corrosivo temor a ser asesinado —que en un informe del Departamento de Justicia en la década de los noventa se había calculado como en una de cada treinta y cinco personas— influyera en otros grupos de hombres de manera diferente.

Pero esto eran sutilezas. Coge a un grupo de adolescentes del barrio más blanco y más seguro de Estados Unidos y sumérgelos en un lugar en el que asesinen a sus amigos y ellos se vean agredidos y amenazados continuamente. Hazles ver que eso no le preocupa a nadie y que los asesinatos se quedan sin resolver. A ver qué sucede.

Cuando Skaggs y Stirling salían por las puertas de la cárcel, sonó la alarma. Un guardia le hizo una señal a Stirling para que mirara hacia una ventana y viera lo que lo había provocado: un gorrión atrapado entre las verjas. El guardia les explicó que los pájaros «explotan» cuando tocan el alambrado de alta tensión. Mueven las alas durante unos instantes y caen muertos.

Stirling se detuvo a ver cómo el gorrión trazaba su último vuelo. Dijo: «Pobre pajarillo», y siguió su camino.

A lo largo de 2009, hubo algunas resoluciones judiciales en el caso Tennelle. Skaggs y Stirling conocieron a los dos abogados defensores nombrados para el caso. Seymour Applebaum, el defensor de Devin, tenía una voz profunda, ideal para dirigirse a un jurado, y podría haber interpretado con credibilidad el papel de Sócrates, con el pelo blanco que caía sobre el cuello de la camisa y la barba blanca. Applebaum hablaba con desdén de la tecnología informática. Escribía en papel, a lápiz y hablaba desde un atril, manteniendo un contacto visual con sus interlocutores, no mirando a una pantalla como hacían muchos fiscales. Ezekiel Perlo, el defensor de Starks, caminaba erecto como el mástil de un barco a pesar de tener casi setenta años. Perlo tenía un rostro gracioso, asimétrico y cojeaba ligeramente. Hacía poco que había estado luchando contra un linfoma. Los dos defensores eran de alto nivel para la media de los defensores públicos. Formaban parte de la Asociación de Defensores Públicos del condado, que prestaban servicio a los acusados de delitos con posible pena de muerte, y les habían nombrado antes de la decisión de la Fiscalía de no pedir esa condena. El juicio estaba señalado para el año 2010.

Según iban pasando los meses, la nueva unidad de Skaggs en la división Olímpica tuvo por fin algunos casos de homicidios, uno justificable cometido por un menor que había golpeado a un asaltante con el monopatín, un joven latino de diecinueve años asesinado a tiros desde un coche y un borracho que había muerto a las dos semanas de recibir un misterioso golpe en la cabeza.

A Skaggs le llamaba la atención lo colaboradora que era la gente de la división Olímpica en comparación con la de la Sureste. «He estado en el lugar de dos tiroteos y los testigos no se han escaqueado. Se han quedado en el lugar del crimen para hablar con la policía», dijo.

Roosevelt Joseph, uno de los veteranos de Homicidios de la 77, tenía la teoría de que la colaboración de los testigos variaba según los índices de delincuencia: «Cuanto más alto es el nivel de homicidios, menor es la colaboración de los testigos», afirmaba. Hay un bucle de retroalimentación entre los índices de asesinatos y el ambiente de miedo; Skaggs lo estaba comprobando ahora de primera mano.

Skaggs seguía irritado. No estaba acostumbrado a tener tiempo libre. Había comenzado a correr por las mañanas, a eso de las tres y media, antes de ir a trabajar. En abril corrió el maratón de Boston para conseguir fondos para una organización benéfica. Los amigos le habían recomendado que empezara lentamente, que se dosificara. Skaggs les hizo caso, aunque iba en contra de todo su instinto. En el kilómetro 34 todavía estaba fresco y acabó en cuatro horas y nueve minutos, con energía de sobra. Pensó que había sido una mala táctica. Había contravenido su propio credo: «Darlo siempre todo».

Le seguía gustando su trabajo y su vida familiar. Pero en ambos se sentía puesto a prueba. Su hijo había cumplido diecisiete años. Skaggs estaba preocupado porque el muchacho tenía cierta tendencia a las «malas decisiones» y le inquietaba que no hubiera encontrado trabajo. Skaggs había trabajado siempre, empezó arrancando malas hierbas cuando tenía doce años. Le daba ultimatos a su hijo, le amenazaba con quitarle el coche. Y finalmente descubrió que cuanto menos decía, mejor. «¡Actitud! —exclamaba Skaggs—. Se cree que lo sabe todo».

Educar a un hijo en el final de la adolescencia es una labor muy delicada. Durante años, gran parte de las investigaciones y de las recomendaciones en el campo de homicidios se habían centrado en la «violencia juvenil». No había ningún programa de organizaciones privadas o del Gobierno que se centrara en hombres adultos víctimas. Pero las estadísticas sugerían que no era la juventud, sino salir de ella lo que aumentaba el riesgo. Los porcentajes de muertes de varones negros alcanzaban su punto más alto entre los dieciocho y los veintidós años de edad, y luego se mantenían relativamente altos hasta los cuarenta.

Los progenitores negros de las víctimas de homicidios solían decir que se sentían criticados. Pero el riesgo de homicidio cae sobre los jóvenes negros en el momento exacto en que se apartan de la autoridad paterna. Es un periodo que despista también a muchos progenitores blancos. Los problemas del hijo de Skaggs eran distintos de los de Bryant. Pero como padre de un chico de diecisiete años, Skaggs entendía «al cien por cien» los problemas de Wally Tennelle.

Pero tenía además a su otra nueva «pesadilla de hija».

Jessica Midkiff seguía necesitando cuidados continuos. Un día, Skaggs fue a verla en relación a algunas medidas sobre su libertad condicional. Salió de casa apresurada, con el pelo mojado, respirando con dificultad y aferrada a su certificado de prueba del sida. Cuando entró en el coche, Skaggs se quitó las gafas de sol y se quedó mirándola un buen rato. «Tienes buen aspecto», le dijo. Ella sonrió radiante. «Procuro acostarme temprano», le dijo.

Seguía bailando y ganaba doscientos dólares por noche. Y seguía fumando. Se quedó dormida en el asiento de atrás. Pero Skaggs se sentía animado. Por una vez, Midkiff había conocido a un hombre al que consideraba buena persona, un vigilante de seguridad de uno de los clubes en los que trabajaba. Y por fin estaba dando los pasos necesarios para sacarse el Certificado de Educación General.

Midkiff se despertó cuando estaban pasando por el campus de la Universidad del Sur de California. Se fijó con interés en las estudiantes; siempre había querido ver un campus universitario.

20

El bando de las víctimas

La Barbera echaba de menos a Marullo. Ese año habían desertado cuatro inspectores de su grupo, todos a puestos que ofrecían más beneficios y menos frustraciones. Volvió a quedarse con demasiados inspectores inexpertos y muy poca gente experta para formarles.

El recorte en las horas extras hacía mucho daño. Y no estaba seguro de Kouri, que parecía siempre incapaz de explicar qué hacía.

Kyle Jackson, el nuevo jefe del grupo, no había caído muy bien al equipo del *ghettoside* al principio. Pero daba señales de ir asumiendo la perspectiva subversiva del grupo. Se esforzaba por conseguir más recursos. Expresaba compasión por lo que describía como «la comunidad desesperadamente indefensa» de la Jefatura Sur.

La Barbera estaba sorprendido, aunque quizás no hubiera debido estarlo. Jackson, que era negro, se había criado en Watts. Su madre había dependido de la asistencia social y él había pasado parte de su infancia en Nickerson Gardens. Su padrastro había construido el muy conocido hotel Luisiana, cuyo cartel adornaba la sala de control de turnos de la Sureste.

Una tarde en que La Barbera no estaba en su despacho, Jackson se plantó ante la mesa de Kouri lamentando la decisión de marcharse de Marullo. Con un gesto teatral les señaló a Kouri. «¿Y tú? ¿Tú quieres quedarte?», le preguntó.

Pillado por sorpresa, Kouri respondió sin pensar. «Si nos dejaran trabajar», se quejó.

Inmediatamente se dio cuenta del error.

Kouri había advertido con cuánta facilidad quedaban en el olvido los casos sin resolver. A veces le parecía que los investigadores tiraban la toalla con demasiada facilidad. Rendirse no era aceptable. Cuando Eiman se quejó de que el mediador de bandas iba a presentar una queja contra él, Kouri le había respondido solemnemente: «No puedes permitir que cosas así te detengan. Te paralizarían».

Kouri alzó la cabeza y le mantuvo la mirada a Jackson. Se dio cuenta de que su jefe le estaba poniendo a prueba. «¡Sí!», se corrigió Kouri con una repentina intensidad. Quería seguir en Homicidios. «Quiero quedarme».

Una tarde de agosto de 2009, extrañamente fresca y nublada, un muchacho vestido al estilo de los viejos pandilleros, con un pañuelo naranja que le colgaba del bolsillo, deambulaba hacia la esquina de Broadway y la calle 89, al otro lado de la Iglesia Celestial de Cristo.

Una figura vestida de negro estaba esperándole. Sacó un arma, la agarró con las dos manos, afianzó las piernas y disparó. El joven intentó salir corriendo, pero dio unos pasos y se cayó hacia delante. Estuvo unos momentos sin moverse y luego alzó la cabeza y la dejó caer. Lloraba. Volvió a levantar la cabeza. Sobre él, el viento movía de un lado a otro unos globos de color amarillo y naranja que anunciaban una tienda del barrio.

Una chica joven se acercó a él y luego se alejó corriendo mientras se cubría el rostro con las manos. Un hombre con un bebé dio un pequeño rodeo para no pisarle y se metió en una tienda.

Al poco llegó una ambulancia, seguida por un coche de policía.

Uno de los policías lanzó una mirada al chico, que todavía se movía en la acera. Se volvió y trazó un perímetro. Su compañero y él colocaron la cinta policial y alejaron a la muchedumbre. Uno de los agentes se detuvo un momento, gritó algo en su radio y luego dispersó a otras personas. El personal sanitario le estaba quitando la ropa y los zapatos al muchacho. Llegaron más agentes. Se limitaron a observar la escena. Ninguno se arrodilló junto al muchacho para hablar con él. Nadie le preguntó quién le había disparado.

Poco después, Nathan Kouri, con sus bolígrafos de colores en el bolsillo de la chaqueta, se plantó en la calle junto a unos pequeños zapatos abandonados. Cerca de él, La Barbera paró con la mano un coche de policía que se acercaba: una pareja de inspectores de la unidad antibandas estaba pasando justamente por el lugar del crimen sin parar. «¡Eh!», les gritó La Barbera, sin dar crédito a sus ojos.

Al otro lado de la cinta amarilla se había reunido un pequeño grupo de gente. «¡¿Van a limpiar la sangre?! —gritó una mujer joven sin dirigirse a nadie en particular, arrugando la nariz—. La dejan siempre en el suelo, y huele».

La víctima era un chico de trece años llamado Da'Quawn Allen. Habían pasado más de dos años desde la muerte de Bryant Tennelle, pero todavía quedaban meses para el juicio. En ese intervalo, habían sido asesinados 545 hombres adultos y jóvenes negros en el condado de Los Ángeles; Da'Quawn hacía el número 546.

Eiman estaba de vacaciones, y a Kouri le habían encomendado formar al nuevo agente de la brigada de la Sureste, un antiguo agente antibandas con un título de Máster en Ciencias Medioambientales llamado Mike Levant. Kouri era todavía algo inexperto. Pero La Barbera no tenía otra opción. El resto de la brigada llevaba todavía menos tiempo en Homicidios.

Kouri y Levant se metieron en el coche. Kouri dejó la carpeta negra en el salpicadero. «Estas últimas noches, Hoover y Main Street se han estado atacando», dijo al teléfono y luego lo desconectó. «Mucho movimiento, colega —le dijo a Levant—. ¡Santo dios!».

Se digirieron al hospital de UCLA-Harbor, donde habían declarado muerto a Da'Quawn. A casi la misma hora había ingresado en urgencias otra víctima de un tiroteo. Kouri pensaba que los dos tiroteos podían estar relacionados. Fue al hospital para entrevistar al superviviente.

Resultó ser una pista falsa. El superviviente era una mujer joven a la que le habían dado un tiro en la pierna en una pelea sin relación alguna con el caso de Kouri, pero que, por casualidad, había tenido lugar a la misma hora, tan solo a unas manzanas de distancia. En la pelea habían estado involucrados la novia de un hombre, su antigua novia, un bate de béisbol y un móvil robado, algo que Skaggs habría resumido con un «¡Valiente drama!». Era el tipo de caso que podría haberse convertido en homicidio si el ángulo de la bala hubiera sido ligeramente diferente.

La mujer le saludó a Kouri cariñosamente desde la cama del hospital. Le recordaba del caso del asesinato de su sobrina. La visita no fue una pérdida de tiempo. Mientras estaban en urgencias —entre pitidos de máquinas y jóvenes doctores con zapatillas New Balance—, un patrullero fornido con patillas se acercó a Kouri y Levant.

El agente John Tumino les estaba buscando. Una testigo había dejado en el suelo una nota con su número de teléfono para la policía que protegía la escena del crimen. Pero los agentes no la habían recogido. Tumino, que había llegado algo más tarde al lugar del crimen, la había encontrado y había localizado a la mujer. Le pasó el número a Kouri. Kouri se quedó mirándole fijamente, asombrado. «¡Gracias! ¡Muchas gracias!», exclamó. Miró para otro lado, riéndose y moviendo la cabeza. Un patrullero dando una pista. Algo tan sencillo. Y tan infrecuente.

Kouri y Levant cogieron el ascensor en urgencias y se bajaron en una sala de paredes color turquesa, decorada con ilustraciones de cigüeñas y pingüinos.

En recepción, una enfermera agitaba la cabeza. «No consiguió llegar con vida», les dijo. Les hizo volver atrás y pasar por la unidad de cuidados intensivos infantil, con los pingüinos y las cigüeñas, a la que Da'Quawn, el chaval de trece años, no había podido llegar con vida.

Encontraron al doctor que había asistido al muchacho, que les dijo la hora de la muerte: las 14:14. Da'Quawn había recibido cinco disparos.

Y luego, al depósito de cadáveres. En recepción, la celadora miraba de un lado a otro, a Kouri y a Levant. «Les compadezco», dijo. Les llevó hasta unas puertas dobles. Levant dijo, bromeando, que no iba a entrar, pero luego entró detrás de Kouri.

El depósito estaba frío, el suelo era de baldosas blancas y grises como el de un vestuario. Alineadas en la pared había cinco enormes puertas de acero inoxidable, cada una con un número en la parte superior. «En la de abajo», dijo la celadora. Kouri cogió un par de guantes de plástico de una caja que había en la pared, abrió una de las puertas y tiró del asa del cajón de abajo.

Una bolsa blanca con cremallera que contenía el bulto de una figura pequeña salió rodando. Kouri rodeó el cajón y se inclinó para abrir la cremallera. Levant dio un paso hacia atrás; sus ojos reflejaban cierto sobresalto.

El cuerpo de Da'Quawn estaba envuelto en una sábana empapada de sangre rosada. Kouri tiró de la sábana y se abrió una esquina. La mascarilla del respirador seguía cubriendo la mitad inferior del rostro, y los tubos estaban enroscados alrededor de su cuerpo inerme. Kouri trabajó rápido; tocó solo la sábana y buscó algún tatuaje. Tiró de un pliegue y la sábana dejó toda la cabeza al descubierto.

En la parte de atrás de la cabeza de Da'Quawn, unos rizos suaves caían sobre su piel morena y se estrechaban en la base del cuello. Kouri tiró de otro pliegue y dejó al descubierto los brazos y el pecho del muchacho, recubiertos de una capa de grasa infantil. Y finalmente las piernas, finas como las de un potrillo. No tenía tatuajes. Levant miraba en silencio. Kouri volvió a colocar la sábana, volvió a meter el cajón y cerró la puerta.

Salieron. El sol se estaba poniendo en el horizonte en medio de una neblina gris; iba desvaneciéndose poco a poco en lugar de apagarse de golpe, haciendo resaltar la silueta de las palmeras. Se palpaba un frío especial en el aire. Hablaron de otros casos. Kouri sacó el tema de una testigo de otro de sus casos. Una mujer llamada Chocolate que se había tropezado con el asesino en la cola de la Seguridad Social. Alabaron a Tumino. «Ese poli es muy bueno», dijo Kouri. Había caído en la costumbre de los inspectores de Homicidios de llamar «polis» a los agentes de uniforme, como si fueran una especie aparte.

Ninguno de los dos mencionó a Da'Quawn. Pero cuando la esposa de Levant le llamó al móvil, le dijo que llegaría tarde y le explicó con palabras delicadas, poco comunes en un policía, que «había fallecido un joven».

Entrevistaron a los testigos, fueron de casa en casa y pasaron vallas metálicas y sofás llenos de pintadas. Un destello de crepúsculo anaranjado recorría los coches aparcados. Levant, sin linterna, llamaba con fuerza a puertas de seguridad blindadas.

Se hizo de noche y regresaron al escenario del crimen. Un manojo de velas arrojaba una luz blanquecina sobre los pies de unas veinte personas, adolescentes aturdidos con las manos embutidas en los bolsillos. Un hombre de pelo gris que se identificó como un mediador especialista en bandas, llevaba un cartel con la foto de Da'Quawn, una tierna foto hecha hacía unos años. Le pidió cinta adhesiva a Kouri. Solo la gente de la Jefatura Sur sabe que la policía lleva cinta adhesiva. Kouri le dio un poco.

Mucho después, en el despacho, Kouri se puso a revisar fotos de pintadas recientes: fanfarronadas en código, declaraciones de dolor y promesas de venganza. «¡Aquí hay una guerra!», exclamó. Sonó el teléfono. Un tiroteo en la división de la calle 77. Habían empezado las represalias por Da'Quawn.

Kouri se llevó a Levant al coche. Estuvieron recorriendo calles no iluminadas bajo el cielo gris: la noche nunca es negra en Los Ángeles. Kouri iba apoyado en la ventanilla, hablando despreocupado con los transeúntes. A un padre que estaba en su patio delantero con sus hijos le gritó: «¿Todo bien?», y el padre sonrió y señaló a sus hijos: «No enredan con bandas ni nada parecido. No les dejo que se metan en nada».

Llamaron a más puertas y Kouri gritaba: «¡Policía!» con la pronunciación natural del *ghettoside*.

Encontraron la casa de Da'Quawn. El salón estaba totalmente desordenado. Un reloj de los Lakers en la pared, la pantalla de una lámpara que se tambaleaba en un estante, ejemplares de la revista *Ebony* por toda la mesa del salón y las bicicletas de los niños en el suelo.

La abuela del muchacho estaba sentada en medio del desorden, desdentada, pelo castaño rizado que enmarcaba un rostro cansado, con un vestido suelto. Estaba sentada con las piernas estiradas y los pies descalzos. Cerca de ella, el hermano pequeño de Da'Quawn, un muchacho de unos nueve años, estaba echado en los brazos de una tía, con lágrimas en el rostro.

Kouri les dio el pésame y les habló del caso. En el techo, un ventilador movía las aspas renqueante. El hermano pequeño seguía llorando en el sofá. No era el llanto de un niño. Era la expresión de una angustia desbordante, incontenible, involuntaria. El muchacho lloraba como si le estuvieran partiendo en trozos. Tenía la mirada perdida.

Mientras Kouri hablaba, Levant no podía apartar la vista del muchacho. Finalmente, la tía lo cogió en sus brazos, lo levantó como si fuera un niño pequeño y lo sacó fuera.

La madre de Da'Quawn estaba en la cárcel, por eso lo había estado cuidando su abuela. Les confesó que había estado preocupada porque Da'Quawn pudiese entrar en una banda. Había hecho lo imposible por «largarse de allí».

Era inusualmente sincera sobre las bandas. Una prima dijo algo. «¡Pero un adulto ha matado a un crío!», le respondió, mirándole con dureza a Kouri. Estaba enfadada. Agentes de uniforme llevaban toda la tarde reteniendo a los jóvenes del bloque, como parte de la respuesta de «saturación» ante el homicidio por parte del Departamento de Policía de Los Ángeles. En ese mismo momento había quince jóvenes detenidos contra un muro en la calle. La prima hacía sonar las llaves y se mostraba cáustica. ¿Iban a buscar a los asesinos, o se iban a limitar a acosar a las víctimas?

Kouri y Levant se despidieron y se fueron. La tía estaba sentada en el portal delantero acunando al hermano. El niño volvió los ojos llenos de lágrimas hacía los inspectores y, como por reflejo, Levant le extendió la mano. Le acarició la cabeza y salió apresurado tras Kouri.

La policía averiguó posteriormente que el asesinato de Da'Quawn Allen había sido parte de un ciclo de represalias, de ojo por ojo. Cuando al cabo de una semana se tranquilizó todo, el espasmo de violencia recíproca les había costado la vida a tres hombres y dos adolescentes negros, y había dejado tres heridos. Había dos bandas involucradas: la pandilla de Main Street en la división Sureste y la banda de Trey Hoover de la división de la calle 77.

Esa misma semana, en la Jefatura Sur hubo otros homicidios y dos tiroteos con agentes. Los inspectores de homicidios estaban tan agobiados de trabajo que tuvieron que asignarle uno de los casos de asesinato a una pareja de recién llegados con solo dos meses de experiencia entre los dos.

El ciclo había comenzado un sábado por la noche en una fiesta en el barrio este. Miembros de las bandas Main Street y Hoovers estaban alternando entre sí. De repente estalló una pelea entre las mujeres. Y unas horas después la discusión se había extendido a la calle. Pasó un coche y se produjo un «pique» entre los ocupantes y algunos peatones. El coche se alejó, pero volvió al poco rato. Hubo disparos. Le dieron en un pie a una joven que iba caminando. Era de Main Street. Comenzaba la guerra.

El domingo a primera hora, unos pandilleros de Main Street les devolvieron el golpe a los de Hoover y dispararon a un coche en el que había una pareja, en las calles 89 y Broadway. No les dieron. Main Street volvió a atacar esa tarde, y entonces acertaron y mataron a Da'Quawn, con su pañuelo naranja, indumentaria típica de los de Hoover.

Esa noche, sospechosos de Hoover respondieron asesinando a Christopher Lattier, de veintiún años, que casualmente iba caminando por la 84 y Main. Lattier era un empleado del distrito escolar sin historial delictivo. No tenía nada que ver en el asunto. Simplemente era un objetivo conveniente porque era joven, negro y varón.

Poco después, sospechosos de Hoover arrojaron un cóctel molotov por la ventana de una casa en su propio barrio. Un miembro de los más mayores de la banda de Main Street había estado viviendo en esa casa con «permiso». Le habían revocado el «permiso».

Nathan Kouri trabajó sin parar toda la noche del sábado y el domingo. Tenía buenas pistas, en parte gracias a «amigos» que le habían proporcionado información a John Skaggs. Kouri tuvo un golpe de suerte. Mientras recorría callejones oscuros en los que se esconden vagabundos con ganchos picahielos, se encontró con un Pontiac de alquiler; lo conducía un hombre que tenía una pensión de invalidez por heridas recibidas en un tiroteo. Un trabajador de la oficina de empleo le había dicho que la pensión de invalidez era «lo mejor que le podía ofrecer». Resultó ser el coche sospechoso, aunque su conductor no lo fuera. El coche había ido pasando de mano en mano.

En medio de todo esto, Kouri recibió una llamada. Un agente de policía le informó de que empleados del Departamento de

Servicios a Niños y Familias (DCFS), del condado iban hacia la casa de la abuela de Da'Quawn para llevarse al resto de niños de la familia a una casa de acogida. El agente dijo que no había habido ninguna denuncia de abusos, solo algunas cuestiones relacionadas con la muerte de Da'Quawn.

«El Departamento de Servicios a Niños y Familias —murmuró Kouri al colgar el teléfono—. ¡Hostias!».

De repente vio la imagen de los asistentes sociales arrancando al sollozante hermano de los brazos de su tía. Kouri se dio la vuelta y, en una calle oscura, logró interceptar al asistente social, un hombre agobiado que llevaba puesto un polo y zapatos de vestir. Kouri se plantó en la acera, se quedó mirando al cielo durante unos momentos, y luego le dijo: «Sé que estás cumpliendo con tu obligación».

El asistente social pensó que sabía lo que Kouri iba a decirle: «Sé que no quieres verte involucrado».

Pero Kouri hizo un movimiento de negación con la cabeza y le corrigió: «No, no —dijo—. Estamos involucrados».

Kouri no lo podía tener más claro. Implicarse era algo central en su trabajo. Era lo que hacía diferente el trabajo de homicidios; esa implicación íntima con la gente, con sus problemas, sus preocupaciones y sus penas.

En la Jefatura, donde los delitos eran todos cuestión de mapas, números y abstracciones —trabajo policial «por números» lo llamaba un inspector—, la aplicación de la ley era esencialmente una cuestión de juicios preconcebidos. Pero en la 89 y Broadway, donde Nathan Kouri desempeñaba su labor, los delitos eran lo que le sucedía a personas de verdad, a gente que ahora eran los suyos, unidos a él por las injusticias que habían padecido a manos de otras personas que habían cometido esas injusticias y ante los que él se mostraba ahora firme. Kouri no era —al contrario que el helicóptero del Departamento de Policía de Los Ángeles— un instrumento de la ley que planeaba a tal altura que los de abajo se veían como un contorno borroso indistinguible, víctimas y culpables mezclados en una masa de negritud de barrios pobres «en peligro». Kouri había aprendido a caminar entre los habitantes de esa «comunidad desesperadamente indefensa» y a mirarlos a la cara, a elegir un bando y apoyarle con todas sus fuerzas. Las ofensas individuales las hacía propias. Su trabajo consistía en anclar la ley en el sufrimiento de seres humanos reales, a bajarla de las alturas e introducirla en las casas de la gente de Watts.

La misión de Nathan Kouri no era confusa, como la de muchos otros policías. Sabía exactamente por qué luchaba, y por quién. Su trabajo era tomar partido, siempre por el mismo bando; siempre, sin reservas. «El bando de las víctimas», había escrito Camus. «En cualquier situación de injusticia, el bando de las víctimas». Y ahora una de las familias de sus víctimas se enfrentaba a una catástrofe. Kouri estaba implicado. Profundamente.

Mientras hablaba el asistente social, Kouri gesticulaba y daba patadas contra la acera. Los coches pasaban a toda velocidad por la avenida.

Al cabo de un rato, Kouri le interrumpió. Le sugirió que enfadar a la familia podía poner en peligro la investigación. «¿Qué es lo más importante, llevarse a dos críos o resolver un asesinato?».

El asistente social, un joven negro, se quedó mirándole a los ojos a Kouri.

«Resolver el asesinato», dijo. El Departamento de Servicios a Niños y Familias dio marcha atrás. Kouri volvió a su trabajo.

A la mañana siguiente en la comisaría, vieron aparecer el rostro de Da'Quawn en la televisión. Le habían considerado digno de aparecer en las noticias por su edad. «La policía dice que la víctima es un pandillero conocido», dijo el presentador. Era algo coherente con la forma en la que los altos jefes del Departamento de Policía de Los Ángeles habían descrito el asesinato. Un capitán había llegado a llamar a Da'Quawn «un pandillero duro».

La Barbera estaba asqueado. Da'Quawn acababa de cumplir trece años y no tenía ni un solo tatuaje. Para un niño como él, formar parte de una banda era como jugar a policías y ladrones. El ridículo pañuelo naranja de Da'Quawn, tan estrafalario y pasado de moda, era como una pistola de pistones y un sombrero de vaquero de juguete.

Kouri cogió el móvil para ponerle al día a Marullo sobre el caso. Era algo normal. A pesar de estar en una unidad antibandas, Marullo llamaba continuamente, pidiendo detalles de cada caso nuevo. La Barbera le echó una mirada poco amistosa a Kouri.

Hacía tiempo que ya no veía a Marullo como a un pequeño Skaggs. «Dile que si quiere trabajar en homicidios, que vuelva aquí —se quejó—. Si quiere estar jugando con números, que se quede allí. Si quiere trabajar en putos homicidios, que venga».

Esa semana, La Barbera estaba bastante molesto con la gente de uniforme. Estaba cabreado por cómo habían manejado el escenario del crimen: no se habían molestado en hablar con el moribundo, habían alejado a sus familiares y luego habían olvidado llevarse el número de teléfono que había dejado una testigo. Le habían prometido registros que jamás se llevaron a cabo. Agentes de antibandas y narcóticos iban de un lado para otro, dándose importancia, pero ocupados en lo que La Barbera denominaba «acoso proactivo» a la gente de la Sureste. Sin embargo, no habían aportado pista alguna. «Odio a los polis —dijo malhumorado—. ¡Odio a los putos polis!».

A última hora del domingo, mucho después de los asesinatos de Da'Quawn Allen y Christopher Lattier, los jefes del Departamento de Policía de Los Ángeles habían decidido montar una respuesta de «saturación» dirigida a objetivos concretos. Pero las unidades elegidas tenían días libres, de manera que tardaron dos días en poner en marcha la operación.

Para entonces, ya había muerto otro hombre negro y habían herido a dos más.

A primera hora de la mañana del martes, en territorio de Main Street, cerca de la calle 82 y Main, Thaddeus Risher, de cuarenta y nueve años, estaba en su coche cuando sospechosos de Hoover le mataron a tiros. Casi a esa misma hora, a dos manzanas de distancia, destrozaban las velas del altar levantado en memoria de Christopher Lattier. Risher era un exconvicto y un «simple buscavidas», según su hija, que le amaba con locura. Pero no tenía nada que ver con esa guerra. Simplemente se hallaba en territorio de Main Street a una mala hora. Esa misma noche, gamberros de Main Street, en venganza, destrozaron las velas del altar callejero de Da'Quawn.

Mientras se producían las represalias, los dirigentes de ambas bandas, que querían sofocar la disputa, convocaron una reunión. Consideraban que matar a un crío de trece años era pasarse, y sabían que se les iba a echar la pasma encima. Pero no llegaron a nada. Los pandilleros más jóvenes no tenían ni idea de la reunión, ni les importaba. Siguieron peleando.

El martes por la tarde, la operación del Departamento de Policía de Los Ángeles estaba en pleno desarrollo. Cada pocos minutos pasaban coches de policía por las doce manzanas cuadradas donde se estaba desarrollando la disputa.

Unos agentes vigilaban la acera donde estaba el altar de Da'Quawn. En un punto cercaron a cuatro jóvenes de veintitantos años que estaban de duelo ante el altar. Los colocaron contra la pared junto a los globos, las velas y los peluches. Cuando les quitaron las esposas, los jóvenes se volvieron para discutir con los agentes. Un agente seguía regañándoles y se mostraba desdeñoso. Otro se mostró más razonable y les dijo a los cuatro jóvenes que tuvieran cuidado, que había habido muchos tiros. Pero parecía que los jóvenes solo oían al policía gruñón.

Un grupo de gente que lo había presenciado todo estaba furioso. ¿Por qué no se dedicaba la policía a coger a los asesinos? «Están matando a la gente, ¿y qué hacen ellos? Molestar a la gente», dijo una mujer. «Tienen las prioridades equivocadas», dijo un hombre. «Tendrían que estar por ahí buscándoles», les gritó una mujer a los agentes cuando se marchaban. Un joven replicó que no creía que lo hicieran. Que la policía no se iba a molestar en resolver el crimen. «Les dedican menos esfuerzos a los pandilleros que al resto —dijo—. Es como si fuéramos ciudadanos de segunda categoría».

Posteriormente, esa misma noche, cuando ya quedaba poca gente ante el altar, se acercó un coche y bajó un joven con ropa oscura que llevaba un AK-47. Abrió fuego mientras movía el fusil de un lado para otro. Una bala le rozó a un hombre y otra le dio a una joven en una pierna. En la noche del martes, ya se habían desplegado en los doce bloques, en lo que los jefes de policía llamaban «la caja», entre cincuenta y setenta y cinco nuevos agentes de otras zonas de la ciudad.

Los jefazos del Departamento de Policía de Los Ángeles utilizaban un vocabulario diferente al de sus subordinados. Hablaban de «victimología», «predisposición negativa» y «acumulación» de recursos, de «respuestas quirúrgicas». Principalmente, significaba desplegar muchos policías para detener y cachear a la gente y buscar a personas que estaban en libertad condicional o en libertad vigilada. La operación trajo a policías de todas partes, desde pelotones de élite de la policía metropolitana a policías de tráfico de la división del puerto, estos últimos nada contentos de haber sido apartados de sus labores habituales.

Los jefes de la Jefatura Sur eran sensibles al impacto de esta embestida y estaban auténticamente preocupados por el número de víctimas. Pero no se les ocurría otra cosa, y en esto como en todo, estaban obligados a atenerse al control civil, a las expectativas públicas de un comportamiento honroso y a responder a la dirección política, lo que significaba que debían atenerse a labores policiales proactivas y a la represión del delito: «No quiero que nos consideren una fuerza invasora —dijo el capitán Thomas MacDonald, de la patrulla de la Sureste—. Pero al fin y al cabo, lo que queremos es detener la guerra».

La Barbera, como muchos otros inspectores de homicidios de la zona sur, era escéptico. En octubre de 2003, un niño de seis años, D'Angelo Beck, fue asesinado por una bala dirigida a otra persona cerca de Avalon y la 87, después de que un coche de policía hubiera pasado por el lugar del asesinato segundos antes. Skaggs, que seguía las acciones de represalia por teléfono desde la división Olímpica, era de la misma opinión que La Barbera. «Si no ven coches patrulla, harán lo que quieran», dijo.

Pero lo que realmente molestaba a La Barbera era que la saturación no incluía a los inspectores. Había novatos de uniforme en todas las esquinas. Pero los componentes de su propia brigada estaban todos agotados y habían superado con creces los límites de horas extras. Nathan Kouri llevaba días viviendo en el coche. La unidad había perdido los coches abandonados que habían ido acumulando y dos inspectores se habían visto obligados a ir de paquete en otros coches para ayudar.

Pero si la saturación al menos produjera pistas, La Barbera la apoyaría. Los jefazos habían prometido grupos especiales. Quedaba siempre la posibilidad de que los registros sacaran a la luz algún arma o algún rumor. «Queréis hablar con la gente —decía

La Barbera—. Utilizad la ley para meteros en los coches y luego hablad. Se lo estoy diciendo continuamente a estos polis: tenéis que ser vendedores. No se puede actuar como la Gestapo».

Pero tras varios días de operación, los inspectores de homicidios no habían recibido ni un solo informe. A pesar de numerosas detenciones y citas para declarar, no tenían ni un solo testigo. Ni un solo rumor. Ni una sola arma. Había siempre esa desconexión entre las denominadas labores policiales proactivas y el trabajo de los inspectores. «Aquí se trata la violencia —decía La Barbera furioso—, como si fuera un delito menor».

Fue a finales de la semana siguiente cuando por fin La Barbera recibió un informe de las detenciones efectuadas por un grupo especial de narcóticos que participaba en la operación. Le echó un vistazo horrorizado.

Se suponía que ese equipo iba a potenciar las investigaciones. Pero en lugar de hacerlo, se habían ido a un aparcamiento en el que vivían algunos adictos al *crack* a plena vista y habían detenido a algunos adictos enfermos, varias mujeres entre ellos, acusados de posesión de drogas por un total de entre veinte y treinta rocas de *crack*. El grupo de La Barbera conocía bien ese aparcamiento; hacía poco habían reclutado allí a un testigo de un homicidio: un vagabundo que se echó a llorar en cuanto intentaron interrogarle. Resultó que habían asesinado a su hija.

Los adictos no participaban en la violencia juvenil; ni siquiera estaban en territorio de ninguna de las dos bandas sospechosas. «Están de coña —murmuró La Barbera mientras leía el informe—. ¡El puto aparcamiento!».

La operación había supuesto cambios en la alerta táctica que obligaba a los inspectores a ponerse el uniforme azul, que a algunos ya no les quedaba bien. Incluso el apacible Rick Gordon se sublevó. Se estaban produciendo asesinatos y «¡el Departamento reacciona poniéndole el uniforme a los inspectores!», exclamó.

A los inspectores no les gustaba parecer agentes de patrulla, ya que reducía la posibilidad de que la gente hablara con ellos. Los uniformes aumentaban la sensación de que el barrio estaba sitiado, y no servían para instalar en él la justicia. El espectáculo de Rick Gordon, uno de los mejores investigadores de la ciudad, obligado a desempeñar el papel de un espantapájaros de azul justo cuando más se necesitaban sus habilidades, era un microcosmos de cómo la policía llevaba un tiempo funcionando en Estados Unidos: preocupada por el control y la prevención, obsesionados con delitos menores de orden público y permisivos cuando se trataba de dar una respuesta a la pérdida de vidas negras.

A pesar del despliegue masivo, el martes siguiente asesinaron a otros dos negros en un doble homicidio relacionado con las represalias de la guerra. Eran Trayvon James, veintinueve años, un pandillero que había intentado dejar esa vida, pero que había vuelto de visita con su familia; y su primo, Robert Lee Nelson hijo, de dieciséis años, un estudiante sin antecedentes.

Para La Barbera, esto significaba que la táctica de saturación no había dado resultado. Los que estaban por encima de él podían argumentar que todo habría sido peor sin la operación. En una reunión sobre control de la delincuencia celebrada tras el doble homicidio, los jefes del policía estuvieron hablando de vehículos «de señuelo» y estadísticas de robos a personas.

El jefe de la Jefatura Sur, Kirk Albanese, alabó la operación: «Hemos puesto fin a ciertas cuestiones que podían haber sido mucho más explosivas». Cuando un supervisor mencionó el éxito de su unidad en la solución de casos atrasados, lo que les permitía a los inspectores dedicar más atención a los nuevos, Albanese le interrumpió con una antigua patraña. «¡Se consigue una respuesta más rápida de los inspectores —dijo—. ¡Pero eso no reduce la delincuencia!».

El Departamento de Policía de Los Ángeles convocó una rueda de prensa para informar sobre el ciclo de asesinatos. Se le pidió a Nathan Kouri que hablara, puesto que su investigación era la más avanzada. Los otros casos estaban en punto muerto. Le dijeron que fuera breve. Kouri estaba abatido. Se sentó en un rincón, esperando que empezara la rueda de prensa, sin prestar atención al comunicado de prensa que alguien le había entregado. Los rayos de sol penetraban por las persianas de la sala comunitaria de la división de la calle 77.

Cuando las cámaras empezaron a grabar, Kouri se escondió detrás de Albanese, un hombre alto. Albanese habló de «violencia sin sentido» y señaló que cuando se envía a la cárcel a un sospechoso «no gana nadie, hay que encontrar otra vía». Cuando le llegó el turno a Kouri, Kyle Jackson tuvo que darle un empujoncito con la mano.

Kouri cambió de color dos veces, parecía que estaba enfermo, y se quedó callado ante el micrófono. Se le notaba el sudor sobre el labio superior. Finalmente, a preguntas de un periodista, habló con voz apenas audible. Atribuyó a otros el mérito de cosas que había hecho él totalmente solo durante días sin dormir y en los que se alimentaba de barritas nutritivas. «Hemos utilizado numerosos recursos de todo el Departamento» —entonó con la vista fija en la pared del fondo—. Unidades de vigilancia, fuerzas especiales de la Agencia de Alcohol, Tabaco y Armas de Fuego y Explosivos. Agentes de control de libertad vigilada. Varios grupos de policía de uniforme».

La Barbera estaba fuera de sí. Kouri había cancelado sus vacaciones para compensar las limitaciones de horas extras. Y ver nada menos que a Kouri, posiblemente el policía más trabajador de la Jefatura Sur, alabar a una «fuerza especial» inútil y principalmente teórica por su propio trabajo, era demasiado para La Barbera. Pero Kouri se sintió aliviado cuando acabó. Quince minutos después, la prensa había recogido las cámaras y Kouri había recuperado su color normal.

Durante la conferencia de prensa, Kouri averiguó que uno de los periodistas, Leo Stallworth, se había criado en Nickerson Gardens. Kouri se quedó un rato con Stallworth después de marcharse el resto, relajado, con las manos cogidas sobre la cabeza, mientras le preguntaba al periodista sobre su experiencia en Nickerson Gardens. «Recuerdo que me peleaba todos los días. Vivía totalmente asustado», le dijo Stallworth a Kouri. Era el principio de la década de los setenta y abundaban las bandas. «O formas parte de ellas o mueres», le dijo Stallworth. Kouri estaba entusiasmado, le encantaba obtener información de buenas fuentes. «¿Cómo conseguiste escapar?», le preguntó. «¡El fútbol, tío!», le dijo Stallworth.

Las cinco víctimas de las represalias de esa semana de agosto representaban un amplio abanico de personalidades. Sus perfiles dejaban al descubierto la falsa idea que la gente tenía de las «víctimas inocentes». Un pandillero de trece años, demasiado joven para tener tatuajes. Un obrero de veintiún años, serio y honrado.

Un buscavidas de cuarenta y nueve años con una antigua condena por robo de bancos que vivía de sus novias. Un pandillero de veintinueve años que estaba intentando escapar de esa vida. Y un primo suyo, de dieciséis años, con toda la vida por delante.

«Todos esos inocentes», dijo una vez Skaggs. En este caso, en un sentido u otro, todos lo eran. Da'Quawn era el único de los cinco al que su asesino podía haber identificado como componente de la banda rival. Los otros, como Bryant Tennelle, solo tuvieron mala suerte.

Pero no había ninguna diferencia en el dolor que habían dejado a su muerte.

La hija de Thaddeus Risher reconocía abiertamente los defectos y adicciones de su padre. «Era un vagabundo profesional», decía. Pero aun así, lloraba cuando hablaba de su asesinato. Veía el cuerpo tirado en el coche. Le caían las lágrimas por las mejillas. Estaba asombrada por el dolor. «¿Se pasa alguna vez?», preguntaba.

En el funeral de Da'Quawn Allen, hombres ataviados con trajes de chaqueta cruzada, gafas de sol y pendientes lloraban en las primeras filas. Alguien mencionó a los pandilleros que habían reclutado a Da'Quawn. Uno se levantó y dijo: «Que él nos admire..., no debe ser así. Tenemos que darles a estos críos una oportunidad para vivir».

Tras el servicio religioso, desfilaron muchos adolescentes ante el féretro abierto de Da'Quawn; besaban el cadáver y movían la cabeza con los ojos inyectados de rabia. Luego se colocaban la gorra y se alejaban airados.

En el doble funeral de Robert Nelson y Trayvon James, un familiar cogió en brazos al hijo de James para que su madre pudiera ver a su marido. La madre lloraba sobre el féretro abierto. El niño, alzado en brazos detrás de ella, miraba fijamente a su padre asesinado. Miraba con ojos abiertos, desconcertado. Finalmente, se lo llevaron. Pero él se giró y siguió mirando fijamente el rostro de su padre.

En el funeral de Christopher Lattier, tomó la palabra un joven negro. «Esto me duele y me asusta. —Divagaba y hablaba rápidamente con la vista fijada en un punto en el espacio—. Tengo miedo de morir».

Fuera, las hogueras habían teñido el cielo de marrón y el olor del humo inundaba la capilla. Se puso en pie otro joven para hablar. «Estoy intentando vivir —dijo—. Al menos hasta cumplir veintiún años. Eso es mucho». Una conmoción recorrió la multitud. Un joven pastor se puso en pie y les dijo a los dos jóvenes que se acercaran. Les puso la mano en el hombro. «Queremos algo mejor para vosotros que llegar a los veintiuno. ¿Entendéis? —Tenía la voz pastosa—. ¡Se puede vivir toda una vida en nuestra comunidad!».

Después, el pastor les pidió a todos los jóvenes presentes que se pusieran en pie. Le dijo a la gente que pusieran las manos sobre ellos y gritó: «¡Protegedlos del mal que se esconde en nuestra comunidad!». «¡Amén, amén!», gritó la gente. Los jóvenes por los que rezaban lloraban como niños.

Hordas de polis patrullaron «la caja» durante aproximadamente una semana. Agentes de la policía metropolitana irrumpieron en una fiesta de los Hoovers, detuvieron a algunas personas y confiscaron varias armas. Sal La Barbera lo consideró el único «golpe bueno» de la operación. Pero no produjo ninguna pista sobre ningún homicidio.

En otoño, su brigada había superado la cuota de horas extras y estaba enviando a inspectores a sus casas para que cogieran días libres no programados. La Barbera estaba de malhumor y se sentía pesimista. Su brigada era demasiado inexperta. Y los recursos seguían siendo escasos. Dos años después de haberse trasladado a los nuevos despachos, los teléfonos seguían sin funcionar. Sus problemas personales aumentaban. Los casos se quedaban sin resolver o se desmoronaban.

El sospechoso del caso de Marullo que había tenido lugar frente a la casa de Barbara Pritchett —el asesinato de Henry Henderson— fue juzgado tres veces sin éxito y el caso fue archivado. El sospechoso volvió al barrio de Pritchett. Barbara había oído rumores de que estaba implicado en nuevos tiroteos.

Pero Pritchett tenía sus propios problemas. A Carlos, su hermano de trece años, le habían «dado un toque» unos hombres del bloque. Pertenecían a la misma banda que los sospechosos del asesinato de La'Mere Cook, que estaba sin resolver. El hermano mayor de Dovon se había enfrentado a esos hombres y les había dicho que dejaran a Carlos en paz. Cuando Pritchett se enteró, se quedó muerta de miedo. ¿Y si mataban al único hijo que le quedaba? Pensaba que se volvería loca. Incluso podría llegar a tomar represalias.

Ese otoño, tras meses de duro trabajo, se declaró nulo el juicio del caso del doble asesinato de Laconia. Fue una sorpresa total. Después de estar reubicándolos constantemente, Kouri y Eiman habían conseguido obligar, persuadir y llevar físicamente al juzgado a todos los aterrorizados testigos de Laconia. Un adolescente se pasó toda la declaración tapándose el rostro con la capucha de la sudadera, pero la traficante de marihuana estuvo impresionante en el estrado, a pesar de sufrir temblores tan fuertes que el dobladillo de la camiseta le golpeaba el pecho.

Pero el jurado dijo que no podían seguir. Cuatro dijeron que los acusados les habían amenazado en la sala y en los pasillos. Otro escribió una nota en la que decía que había visto a un familiar de uno de los acusados en la tienda de alimentación del barrio y que se sentía amenazado.

Por primera vez, Tom Eiman, el compañero de Kouri, todavía nuevo en homicidios, se sintió mal como policía. Sentía que tenía que proteger a la traficante de marihuana. Era una persona a la que podría haber detenido cuando estaba en narcóticos. Y ahora la consideraba una persona valiente.

Ella y otros testigos tendrían que volver a declarar. «Es pedirles demasiado —dijo furioso—. ¿Cómo se puede permitir que haya ese ambiente y se anule el juicio? ¿Cómo dejas a miembros del jurado en los pasillos?».

Para La Barbera, la situación no era mucho mejor que en sus primeros días en la Sureste. Tenía cierta sensación de desintegración: Skaggs, aburrido en la Olímpica; Marullo, aburrido en su destino de uniforme y su gran proyecto totalmente desbaratado. La jubilación estaba cada vez más próxima, pero no dejaba atrás legado alguno.

Tenía un consuelo. Poco después del asesinato de Da'Quawn Allen, La Barbera había visto a Kouri en su mesa, absorto en el expediente del caso. La Barbera había desistido de comunicarse con Kouri, el introvertido compinche de Marullo. Pero en esta ocasión Kouri alzó la vista y le adivinó el pensamiento.

«Ya lo tengo», le dijo.

21

La apertura del juicio

El juicio por el asesinato de Bryant Tennelle se inició un día frío pero soleado.

La decoración del Departamento 105 del Centro de Justicia Penal Clara Shortridge Foltz reflejaba la era moderna de la economía del sector público. Los estridentes tubos fluorescentes del techo arrojaban una luz apagada de color avena sobre la sala y provocaban destellos metálicos en el micrófono del juez. Los resbaladizos cojines azules eran demasiado cortos para cubrir todo el largo de los bancos. Unas manchas oscuras y grasientas que habían dejado jurados agotados ensuciaban la pared de detrás de la tribuna del jurado. En el estrado de los testigos, habían puesto una caja de pañuelos de papel.

En la sala del juicio solo había abogados y policías. Los abogados parecían nerviosos, no importaba los años que llevaran ejerciendo, jamás superaban el nerviosismo del comienzo de un juicio. Stirling iba de un lado a otro de la sala, tropezando con todo, con la chaqueta del traje arrugada y el pelo caído a un lado. Colello iba y venía arriba y abajo, luego se sentó, encorvado. Tenía los ojos enrojecidos y llorosos. La piel pálida y llena de manchas. Había cogido la gripe, y la enfermedad junto con la ansiedad le habían dejado reducido a un manojo de miseria.

Los abogados defensores, Zeke Perlo y Seymour Applebaum, se mostraban más tranquilos. Perlo, que se iba a jubilar después del juicio, poniendo fin a una carrera de cuarenta y seis años, llevaba un estiloso traje a rayas. Applebaum, que no era una persona que pasara por alto tal transgresión, le dio la vuelta a la solapa y dejó al descubierto una etiqueta de Armani. Perlo argumentó con poca convicción: «¡Estaba de rebajas!».

Pero incluso Perlo y Applebaum, que solían disfrutar del ambiente de la sala del juicio, estaban algo apagados en esta ocasión. Applebaum se apretó la corbata más de lo necesario. Perlo tenía una risita nerviosa. Solo Skaggs parecía imperturbable. Llevaba un elegante traje gris y observaba las payasadas de Stirling con desaprobación. Tenía las mejillas quemadas de un fin de semana al sol; los californianos de piel clara se queman una vez al año, el primer fin de semana caluroso de marzo, que les suele pillar desprevenidos después de todo un invierno sin usar crema solar. En su regazo tenía la gran carpeta azul, con diferentes partes marcadas con etiquetas amarillas.

Skaggs tenía fe en Stirling, aunque los dos estaban forjados con elementos diferentes. En cierta ocasión, Skaggs le había descrito a Stirling un pasaje que le encantaba de *Los arrabales de Cannery*, la novela de Steinbeck, en la que Mack y los muchachos, «sanos y curiosamente limpios» según la descripción de Doc, dan la espalda al desfile del 4 de Julio. La escena le resultaba atrayente a Skaggs: la imagen de unos hombres tan inmunes al gusto popular que no se sentían atraídos por el espectáculo. Pero el lirismo de Steinbeck, tan resonante para Skaggs, no lo captaba Stirling, que arrugó el rostro y le hizo unas preguntas tan literales y tan poco inteligentes («Bueno, y entonces, ¿por qué habían ido al desfile?») que Skaggs se enfadó y puso fin a la conversación. «¡No lo entiendes!», le dijo. Skaggs y Stirling tenían formas de pensar muy diferentes. Pero Skaggs respetaba a Stirling y trabajaban bien juntos.

Se abrió una puerta lateral de la sala y los cuatro abogados se quedaron en silencio, tensos y alertas, como si esperaran el disparo de salida. Cuando hicieron entrar a Devin Davis, esposado y vestido con un traje de faena azul, este recorrió la sala con la vista en un inútil intento de encontrar a su madre. El cuerpo le había crecido en proporción a su gran cabeza; ya parecía un hombre. Pero los ojos eran tan infantiles como siempre. A continuación entró Derrick Starks, tensando con sus enormes hombros el mono naranja.

El juez Bob S. Bowers era alto y esbelto, con arrugas profundas a los lados de la boca. Su adusta expresión solo se veía mitigada por ocasionales destellos de humor. Todo el mundo se puso en pie. Se abría la sesión.

Quedaban algunas cuestiones por decidir sin la presencia del jurado. Para que constase en acta, se iba a leer el testimonio de los dos testigos que habían desaparecido: el hombre de la silla de ruedas y el joven en libertad provisional que le había dicho a Skaggs: «Todo el mundo sabe». Pero antes los fiscales tenían que demostrar que habían hecho todo lo posible por encontrarlos. En el Tribunal Superior de Los Ángeles, los testigos desaparecidos eran una parte tan integral de su cultura como el celo y el mobiliario variopinto.

Corey Farell subió al estrado para declarar sobre el hombre de la silla de ruedas. Le interrogó Colello. Stirling estaba a su lado, esperando las declaraciones iniciales con tal nerviosismo que estaba encogido con las manos sobre los ojos. Farell le dijo a Colello que unos inspectores habían seguido la pista del hombre hasta otra ciudad de California, pero que luego la habían perdido. Farell había estado comprobando los registros de defunciones, pero no había encontrado nada que indicara que el hombre había fallecido. Era posible que hubiera conseguido por fin «escapar» y dejar tras de sí su conexión con las bandas, como llevaba tiempo diciendo que quería hacer.

A continuación, Colello le preguntó por el joven en libertad provisional. Farell mencionó las nueve visitas que habían hecho los inspectores a su casa, y las largas discusiones con el padre del muchacho. Pensaban que las relaciones iban bien, pero se produjo un giro inesperado: otro inspector de la calle 77, Refugio Garza, se había puesto en contacto con el padre para intentar encontrar a su hijo. Al parecer, el joven era también testigo en otro caso de homicidio.

La historia era como muchas otras: dos años antes de que asesinaran a Bryant Tennelle, el joven en libertad provisional y sus amigos se habían adentrado en territorio de una banda rival en el barrio este para ver a una chica. Entraron en una tienda de bebidas e intercambiaron algunas palabras con un hombre ligado a los Swans, una banda de los Bloods. La pelea acabó a tiros. La víctima, Marquise Burnett, treinta y cuatro años, hacía años que no formaba parte de ninguna banda; trabajaba en la construcción. El joven en libertad provisional había aceptado declarar contra el pistolero, y le dijo a Garza que ni siquiera sabía que tenía un arma. Pero en cuanto vio que el muchacho iba a tener que declarar no en uno, sino en dos juicios de homicidio, el padre se echó atrás. El joven huyó, y cuanto más le presionaban los inspectores al padre para que les dijera dónde estaba, el padre se mostraba menos colaborador.

Stirling presentó con éxito una moción para que se admitiera la fotografía de Bryant, la que tenía con la chaqueta sobre los hombros. Y a continuación Applebaum consiguió que se eliminara el «lenguaje sexualmente explícito» de las cartas de Starks a Jessica, lo que hizo que Starks se riera por lo bajo y se ruborizara un poco.

Estas proposiciones eran algo rutinario. Pero se perdían en cuestiones secundarias porque Stirling introducía polémicas donde no las había. Se puso en pie varias veces mientras gesticulaba con los brazos y rociaba todos sus comentarios con la expresión «con la venia».

Stirling tenía unos gestos muy peculiares. Juntaba las manos ante sí como formando un marco y las movía de un lado a otro como si estuviera situando en el espacio cada una de sus observaciones. Una vez colocadas, las dejaba cada una en su sitio hasta que, en cierto momento, estaban todas colgando en algún punto ante él. Y luego las reorganizaba para demostrar su argumento. Era como si estuviera llenando unos estantes con cajas invisibles.

Al escucharle, el juez Bowers pasaba de la diversión a la impaciencia, hasta que empezó a hacer muecas y a mirar a Stirling con hostilidad mientras este colocaba sus cajas imaginarias. Finalmente le reprendió por crear confusión y repetir todo innecesariamente. Stirling mostró su total acuerdo, y le repitió a Bowers lo que Bowers le acababa de decir sobre sus repeticiones. Bowers lo fulminó con la mirada. Farell, al fondo de la sala, suprimió una carcajada. Así concluyó la sesión de la mañana.

El juicio empezó en serio por la tarde. A las 13:25, el pasillo de acceso a la sala estaba lleno de gente. Allí estaba Rick Gordon con una docena de inspectores de la unidad de Robos y Homicidios ataviados con los elegantes trajes de esa unidad. Y un visitante sorpresa: la esposa de Skaggs, Theresa. Skaggs le había estado asegurando durante toda la semana que se trataba de un juicio sin importancia. Pero a Theresa no era fácil engañarla. Después de haberle visto dejarse la piel preparando hasta el más mínimo detalle del caso durante el fin de semana, se despidió de él, se vistió elegantemente y lo siguió al juzgado. Era la primera vez que iba a uno de sus juicios. Skaggs estaba muy contento.

Llegaron algunos miembros de la familia Tennelle: la madre de Wally, Dera, con una blusa plisada, que andaba apoyándose en un bastón, y la hermana de Wally. Y luego llegó el mismo Wally Tennelle, rodeado de una aureola en medio de la multitud. Venía sin Yadira. Tennelle vibraba de tensión, con los ojos desbordantes de lágrimas.

Unos meses antes, Tennelle había rechazado cualquier cuestión sobre Bryant con un gesto de la mano; decía que había superado la pena y que había decidido pasar página. Pero la proximidad del juicio le había dejado sin defensas. Llevaba días sin apenas dormir. Estaba ligeramente encorvado, avergonzado por las lágrimas.

Los inspectores de la unidad de Robos y Homicidios se apartaron, pero Skaggs se acercó a Tennelle, le dio un golpe en el hombro a manera de saludo para mostrarle que estaba encantado de verle, y luego se dio la vuelta y se puso a estrechar las manos de todo el que se encontraba. Skaggs se comportó como si no hubiera visto las lágrimas de Tennelle. La experiencia le había enseñado cómo enfrentarse al dolor que produce un homicidio: sus apretones de manos cordiales y toda su forma de comportarse reducían la tensión notablemente.

Nada más abrirse las puertas de la sala del juicio, los inspectores de la unidad de Robos y Homicidios, once en total, ocuparon las dispares sillas del fondo de la sala. Tennelle se serenó. Se dio cacao en los labios y luego se encorvó, y se quedó mirando fijamente al suelo con las manos sobre la boca.

Había dos jurados, uno para cada acusado. A medida que iban entrando los miembros de los jurados, Skaggs les observaba el rostro y se ajustaba la chaqueta. Delante de él, Starks hacía otro tanto.

Perlo se puso las gafas y cambió de lugar en la mesa su botella de Vitamin Water. Colello hacía prácticamente lo mismo en la mesa del fiscal acusador, con otra marca de agua. Stirling daba la impresión de estar jugando a un solitario gigante: ante él tenía seis cuadernos abiertos que cubrían toda la mesa, y que cambiaba continuamente de lugar. Cuando dejó de moverlos, se quedó quieto; parecía ligeramente mareado.

Hasta Skaggs daba señales de presión. Tenía el ceño más fruncido de lo habitual. Estaba totalmente inmóvil.

Después de que el juez le diera instrucciones al jurado, durante un tiempo angustiosamente largo, Stirling se puso en pie. Hizo una pausa y la sala contuvo la respiración. Stirling jugueteaba con la manga de la chaqueta. Colello sonrió nervioso y tomó un sorbo de agua. Y entonces, como si actuaran a la voz de mando, respiraron los dos fiscales y Stirling comenzó a hablar.

Empezó llamando la atención sobre la cara de decepción que había visto en los miembros del jurado cuando resultaron elegidos para el juicio, y les animó a que sacaran el máximo partido de esta experiencia. Y a continuación, inició su exposición; de repente se vio claramente por qué Stirling tenía este puesto. Habían desaparecido los tics nerviosos, los balbuceos tipo el Gordo y el Flaco. Su presentación era organizada y exhaustivamente minuciosa, como si estuviera leyendo el índice de contenidos de un tratado académico. Quizás fuera por esto por lo que Stirling podía reírse de sí mismo con tanta facilidad. Había al menos un aspecto en el que destacaba, y lo sabía.

Le dijo al jurado que necesitaban el «contexto histórico» del crimen. «Todos ustedes han oído hablar de los Crips y los Bloods», les dijo. Les habló de la versión excesivamente simplista de la vida en las bandas de Los Ángeles que mostraban los medios de comunicación y los fiscales. Hablaba de las bandas como si fueran gobiernos rivales, altamente organizadas y empeñadas en enfrentarse en guerras.

Mucha gente pensaba que los llamados Rollin' Hundreds eran una banda relativamente pequeña, sin importancia y mal organizada, cuyos componentes eran miembros consanguíneos de una sola familia. Pero Stirling se refirió a ellos como «un conglomerado de bandas». Apartó una silla con el pie para acercarse al retroproyector y les mostró un mapa con los territorios de las bandas cubiertos de azul. Era Los Ángeles en una versión del juego de mesa llamado Risk. Los Rollin' Hundreds y los 8-Trey Gangsters Crips «son enemigos mortales, se odian», les dijo.

En privado, John Skaggs podría haber pasado sin la legislación de aumento de penas para miembros de bandas y la gimnasia jurídica que requería. Pensaba que si hubiera habido sentencias adecuadas a los crímenes, el sistema no necesitaría leyes antibandas. Él no era ni siquiera un gran partidario de la cadena perpetua. Cuarenta años de cárcel por matar a otro ser humano —sin importar los motivos— y basta. La sentencia no importaba tanto como el hecho de coger al asesino.

Stirling mostraba una diapositiva tras otra como si fuera un profesor de instituto, con el láser del puntero que danzaba en la pantalla. En cierto punto, presentó a la víctima, Bryant Tennelle. «No era alguien que prestara mucha atención a la política de violencia de las bandas», les dijo. Mostró en la pantalla la fotografía de graduación de Bryant. La sonrisa dulce. Los rizos. La chaqueta sobre el hombro. Tennelle, que había estado sentado con la cabeza agachada, alzó la vista y se quedó mirando fijamente la fotografía. Uno de los miembros del jurado reparó en ello y se llevó la mano a la boca.

Stirling pasó a la siguiente diapositiva: pintadas, tatuajes (los tatuajes de brazo de Starks), el nombre Rollin' Hundreds y las manos que formaban las letras B y C de Blocc Crip.

Stirling siguió: «Viernes, 11 de mayo». A su espalda, los zapatos de vestir de Wally Tennelle empezaron a golpear suavemente en el suelo. Stirling cogió una bolsa de papel y sacó de ella una gorra negra descolorida de los Houston Astros, con una ligera mancha rosada. Le dijo al jurado algo que era incorrecto, que Wally Tennelle había sido el primer agente en llegar al escenario del crimen. «Llegaron los auxiliares sanitarios y... —Stirling se detuvo durante un buen rato y tomó un sorbo de agua—, se murió».

El fiscal no le había dicho al jurado cuál de los inspectores de paisano de aspecto triste era el padre de la víctima. Pero algunos ya lo habían adivinado. No le quitaban la vista de encima a

Tennelle. El parecido de Bryant con su padre era más evidente en la sonrisa. Pero el inspector Tennelle no había sonreído. Lo más probable es que hubiera sido el dolor y la ternura que se aferraban a él como si fueran una nube que le rodeaba los que habían alertado a los miembros del jurado.

Stirling hablaba y hablaba, y contaba metódicamente la incautación del arma y su identificación. Derrick le observaba atentamente. De vez en cuando Perlo hacía alguna objeción de tipo formal. Pero en general el juicio se iba desarrollando con total tranquilidad. Stirling acabó su presentación con una amonestación lacónica: «Mantengan, todos ustedes, una actitud abierta».

Zeke Perlo se puso en pie. Habló en voz baja, de forma clara, improvisando, sin apenas consultar sus notas. A diferencia de Stirling, Perlo se comportaba igual ante un jurado que en la calle. Adoptaba un tono moderado, personal, que le transmitía al jurado la idea de que no iba a intentar engañarles. No habló mucho. No necesitaba probar la culpabilidad de nadie sin dudas razonables, como tenía que hacer Stirling. Solo tenía que sacar a la luz los puntos débiles del caso de Stirling. Le dijo al jurado que la defensa iba a admitir gran parte de las pruebas, pero que iba a cuestionar la credibilidad del hombre de la silla de ruedas, que afirmaba haber sido presionado por la policía, y la de Jessica Midkiff. Señaló que ella no se había ofrecido a declarar voluntariamente, y que tenía motivos para estar enfadada con Starks. Mientras su abogado hablaba, Starks permanecía sentado con los brazos cruzados, mirando al jurado. Se puso en pie el juez; la sesión había concluido. Al salir de la sala, un viento frío golpeó a los miembros del jurado.

El segundo día del juicio, el viento había amainado, y las primeras amapolas naranjas de California florecían en las medianas de las carreteras. Apareció la madre de Devin Davis con un traje gris y el cabello suelto; también vino una de sus hermanas con un chándal de microfibra. Davis, con corbata y una camisa blanca algo arrugada, les sonrió desde la mesa del defensor.

Había llegado el momento de que el segundo jurado escuchase las presentaciones iniciales. Durante el juicio, el baile de los dos jurados le complicó mucho todo al agente judicial Dontae Bailey.

En algunas declaraciones estaban presentes los dos jurados, pero en otras partes estaban separados. Cuando estaban los dos jurados en la sala, parte de los bancos del público estaban acordonados con cinta policial para hacer sitio a todos los miembros. Estaban todos muy juntos. Un día, Wally Tennelle estuvo sentado codo con codo con la madre de Starks, Olitha.

Stirling le dio al jurado de Davis el mismo trato que había recibido el jurado de Starks el día anterior.

En esta ocasión, dejó un buen rato en la pantalla la foto de Bryant, sonrisa dulce, la chaqueta sobre el hombro. Wally Tennelle hizo un esfuerzo por apartar la vista, pero no pudo dejar de mirar la foto.

Arielle Walker subió al estrado tan guapa y nerviosa como de costumbre, todo un remolino de extensiones rubias y grandes pendientes. Declaró que había estado saliendo cuatro meses y medio con Bryant. Esta ridícula precisión del tiempo les recordó a todos los que estaban en la sala que estábamos frente a un grupo de adolescentes. Arielle frunció los labios y se echó a llorar cuando Stirling le mostró la foto de graduación de Bryant, y estuvo llorando durante toda la declaración; sorbía y gemía, y se limpiaba la cara teatralmente con un pañuelo de papel mientras sus largas uñas naranjas lanzaban destellos.

La declaración de Arielle daba la sensación de una actuación que, aunque entrelazada con un dolor genuino, estaba tan saturada de egocentrismo adolescente que contradecía cualquier sentimiento. El jurado no parecía conmovido.

A continuación vino el amigo de Bryant, Walter Lee Bridges. Miró a su derecha, hacia Phil Stirling, con sus ojos castaños y el tatuaje del cuello claramente visible. Stirling le pidió que bajara del estrado para señalar dónde se encontraba cuando sonaron los disparos. Walter, con modales de alguien mayor de dieciocho años, cogió el micrófono con la mano y se lo llevó a los labios mecánicamente para responder las preguntas de Stirling.

Stirling iba encontrando su ritmo. Era una masa difusa de movimientos horizontales y, extrañamente, verticales. Preguntaba y señalaba, y se levantaba, se sentaba y se tiraba de la chaqueta. Para entonces, sus movimientos formaban ya parte del ambiente de la sala. En un par de puntos, llegó incluso a arrodillarse en el suelo. Pero como dio la impresión de ser uno más de sus absurdos tics, nadie se inmutó.

El testimonio de Walter en el que describía los disparos era la tercera ocasión en la que se volvía a revivir el asesinato de Bryant en la sala esa tarde. Wally se retorcía las manos.

Luego subió Josh al estrado y describió detalladamente las heridas de Bryant; Wally Tennelle se llevó las manos a la boca. Josh era el cuarto adolescente de los que habían estado en el lugar del crimen que declaraba ese día. Todos hablaban como si siguieran viendo una imagen que flotaba en un punto alejado: la imagen de Bryant, con la cabeza abierta, muriendo sobre el césped ante sus propios ojos. El horror que inundaba sus rostros daba una terrible credibilidad a sus declaraciones. Cuando Josh salía de la sala, Skaggs le puso la mano en el hombro y le felicitó.

La noche anterior al tercer día del juicio, Skaggs tuvo que atender un caso de un homicidio que había sucedido en mitad de la noche. Habían encontrado un coche y, de repente, estaban encontrando muchas pistas. El sospechoso era hijo de un juez del Tribunal Superior.

Pero cuando al día siguiente Skaggs llegó al juzgado con su elegante traje gris, no parecía cansado. Se sentó en el sitio de costumbre, en la primera fila, justo detrás de Starks y Davis. Mientras mascaba chicle, se puso a revisar sus cuadernos negros, llenos de pequeñas anotaciones con tinta negra.

Starks llevaba uno de los dos jerséis que llevó durante los días del juicio. Davis, con corbata, se mostraba nervioso, con el puño en la boca, y se estaba dando cuenta de repente de que el proceso era algo real.

Apareció Tennelle sonriendo y relajado. Su hermano había venido al juicio desde San Diego, y la noche anterior toda la familia había estado cenando en un restaurante del centro que estaba de moda, llamado Palm.

Tennelle no había comido casi nada y seguía quejándose de los precios; su madre y su hermana se burlaban cariñosamente de él.

Entró el juez Bowers y Stirling se puso en pie. «El pueblo llama a Wallace Tennelle», dijo.

Tennelle se puso en pie, una mirada fría, intensa en el rostro; se acercó al estrado de los testigos y se sentó.

Stirling le pidió que deletreara su nombre.

Tennelle empezó a deletrearlo con decisión: «W-a-l-l-a-c-e». Pero luego vaciló. Dijo: «T,-e» y se paró. Pausa. Todos contenían la respiración.

Tennelle volvió a comenzar: «T-e», Pero se le caían las lágrimas y no podía continuar. Los jurados, los abogados; todo el mundo se quedó inmóvil. Pasaban los segundos. Tennelle seguía sentado, con el traje azul oscuro de la unidad de Robos y Homicidios que había elegido para la ocasión, mientras se esforzaba por recobrar la calma. En la tribuna del jurado, apretaban las manos y los labios.

Lloraba. Luego se recuperó, se irguió y volvió a echarse a llorar, librando una batalla atroz consigo mismo ante una sala llena de gente, incapaz de deletrear su apellido. «T-e-n-n-e-l-l-e», arrancó por fin con la voz quebrada, apenas perceptible.

Skaggs, con el rostro impasible, entrelazaba los dedos. El esfuerzo de autocontrol de Tennelle resultaba más atronador que cualquiera de los gestos histriónicos de Arielle. Tras deletrear su nombre, se secó los ojos con un pañuelo y le devolvió la mirada a Stirling con esfuerzo.

«¿Cuántos hijos tiene?».

«Tres —dijo Tennelle—. Bueno —se corrigió—. Ahora dos».

Parecía encogido en la silla. En la tribuna del jurado no se movía nadie.

«¿Tenía un hijo llamado Bryant?».

Tennelle respondió con voz entrecortada: «Sí, sí».

Stirling le preguntó a qué se dedicaba. Tennelle alzó la barbilla.

Y ahora habló con voz clara y fuerte: «Soy inspector de policía de la ciudad de Los Ángeles».

Stirling recordó al testigo los acontecimientos del 11 de mayo. Tennelle respondía con voz cansada, con su rápido acento de Alabama. Pero a medida que el relato se iba acercando al tiroteo y a la imagen de su hijo en el suelo, empezó a mecerse en la silla. Suspiró entre frases y siguió adelante con la declaración: la gorra de béisbol, la sangre... Hablaba, a pesar de la áspera emoción que revelaba su voz, con la precisión de un inspector en ese extraño lenguaje policial de números de calles, detalles insignificantes y direcciones. Contó que había aparcado el coche, se había asegurado de que el testigo no se iba y luego había seguido hacia el este por la 80 para llegar hasta «su chico».

Tennelle lo soportó todo. Luego Stirling le preguntó por qué no se había subido en la ambulancia con Bryant. Entre sollozos, Tennelle le dijo —y esta era la parte que siempre le destrozaba— que fue porque tenía que ir a casa a «decírselo a mi esposa».

Los abogados de la defensa no querían prolongar la declaración. No hicieron preguntas. Tennelle se bajó del estrado tambaleándose.

La mayor parte de los espectadores tenía los ojos llorosos. Stirling, que jamás parecía hacer ningún esfuerzo por ocultar sus sentimientos, se retiró al fondo de la sala para sonarse la nariz.

Pero los jurados no lloraban. Estaban impertérritos, centrados en su labor. A Skaggs jamás le había resultado tan difícil adivinar qué pensaba un jurado.

Proyectaron en la pantalla fotografías del escenario del crimen: palmeras que se reflejaban contra el cielo y sangre en la calle.

En el banco de la defensa, la madre de Davis montó un alboroto por el atuendo de su hijo, e interpeló a Applebaum por algún detalle de su aspecto. Casi todos los días, los ayudantes del *sheriff* traían una percha con una camisa limpia para Devin. Pero irremediablemente, llevaban la percha sin ningún cuidado y la camisa llegaba torcida y arrugada. Su indiferencia le debía de parecer una muestra del más profundo desprecio a Sandra Davis, que iba siempre vestida con total pulcritud.

El quinto día del juicio, apareció en la sala Yadira Tennelle, con un colgante en forma de corazón al cuello.

Yadira permaneció totalmente inmóvil mientras el sonido de la grabación de la voz llorosa de Davis inundaba la sala. «¡No quería hacer daño a nadie! Solo quería que me aceptaran». Davis movía la cabeza con violencia mientras giraba la cinta. Un miembro del jurado se puso la mano en la frente. Yadira se mantenía erguida, con los brazos cruzados y una tristeza en el rostro tan profunda que parecía antigua.

Ese día también le tocó a Skaggs subir al estrado.

La silla parecía demasiado pequeña para sus rodillas y codos, efecto aumentado por la enorme carpeta azul que sostenía en sus manos. Se giró un poco hacia el jurado para que le vieran la cara y fijó en ellos sus ojos azules; usó un puntero y un mapa como si fuera un profesor. Controlaba la situación, tranquilo y simpático. Applebaum solo consiguió sacarle de sus casillas en una ocasión.

Applebaum quería demostrar que Skaggs le había agobiado a Devin Davis, un adolescente vulnerable y desconcertado. A sus preguntas, Skaggs reconoció que a veces les mentía a los sospechosos para sacarles la verdad. Y que trataba de manipularles.

«Es usted un investigador muy persistente, ¿verdad?», le preguntó Applebaum. Skaggs dudó unos instantes, pero se repuso rápidamente. Sonrió ligeramente y su rostro mostró su habitual seguridad en sí mismo. Miró fijamente a Applebaum con convicción. «¡Sí!», dijo.

En el mundo de Skaggs no había sitio para falsa modestia. Era, sin duda alguna, un investigador muy persistente.

22

«Tenemos que rezar por la paz»

«¡Salvación, no venganza!», gritó una voz frente a un edificio de viviendas sociales de Nickerson Gardens.

Dentro, hecho un ovillo sobre un suelo de linóleo beis, yacía el cuerpo de un joven. Estaba medio encogido sobre un costado, casi sobre el estómago, con los ojos cerrados, en una postura cómoda, como de sueño, como la de un niño dormitando. Tenía un brazo estirado en el suelo. Una mano apretaba unos cuantos billetes de cinco y diez dólares; un total de cuarenta y cinco dólares. Tenía el pelo castaño, un poco largo, y la piel morena, y no era ni alto ni bajo, ni delgado ni gordo. Un tipo medio, perfecto, plenamente formado y prototipo de los jóvenes de su edad. Tenía veintinueve años, ese momento en la vida de los hombres en que se ha abandonado plenamente la adolescencia y no se nota la edad. Una laberíntica red de descoloridos tatuajes le cubría la espalda. De la parte de abajo del torso se filtraba una gran cantidad de sangre, tanta que había formado un charco en el linóleo; una sola amplia pincelada en el suelo, producida quizá por los auxiliares sanitarios o por un movimiento del joven, estirando el brazo al morir.

La habitación estaba vacía excepto por una bicicleta Schwinn verde tirada en el suelo, con la tapicería del sillín rota, un refresco en la encimera y un casquillo de bala en el suelo. Era aún temprano. La pálida luz de California se filtraba por la puerta medio abierta y por las rejas de la ventana, y disipaba la suciedad de este apartamento del bloque de viviendas sociales de Nickerson Gardens, con paredes desconchadas color canela y una enorme alarma contra incendios en la pared. La luz había transformado el pequeño apartamento de Paul Revere Williams en una casa de campo luminosa y tranquila; los rayos caían silenciosamente sobre los contornos de la suave piel del joven asesinado, como la manta de un niño. La imagen más triste del mundo.

Nathan Kouri, en un traje oscuro, entraba y salía de la habitación con el cuaderno de cuero negro agarrado al pecho, una intensa arruga como una pequeña «v» en la frente. Estaba procesando el escenario del crimen. Los gritos de «¡Salvación!» procedían de un pequeño grupo de gente en la calle. Una mujer que llevaba botas de cuero vuelto predicaba: «¡Tenemos que rezar por la paz!».

A Michael Scott le habían disparado en el apartamento 88 del edificio de viviendas de la 115 y la avenida Success a primera hora de la mañana del 13 de marzo de 2010. Había encontrado su cuerpo la mujer a la que él llamaba su esposa. El sol estaba empezando a despuntar tras la neblina nocturna cuando se fue formando un corrillo de gente para seguir las investigaciones de la policía.

La gente se agrupaba en corrillos entre los geranios. Ráfagas de humo de marihuana flotaban en el ambiente y la voz de la predicadora se elevaba entre los murmullos y los aleteos de las palomas en los cables. Patrulleros y agentes antibandas de la Sureste contenían a esta multitud emotiva de ojos atormentados: aturdidos muchachos de once años con pendientes, desconsoladas muchachas de quince años con móviles Rococo...

Los familiares de Scott estaban fuera del apartamento, sentados en unas sillas blancas de plástico. Su afligida madre estaba en zapatillas, encorvada, con un pack de botellas de agua a los pies. Tenía los ojos cerrados. La cabeza estaba inclinada hacia arriba y el pecho le palpitaba. A un lado, un hombre estaba sentado en la acera con la cabeza en las manos, sollozando agitado.

Apareció una mujer junto a la madre y la abrazó: era Barbara Pritchett. La madre era una querida amiga suya. Barbara se pasó toda la mañana a su lado, acariciándole el pelo y observando a los policías.

Nate Kouri se había escabullido. Tenía el boli en el bolsillo y la chaqueta torcida sobre la pistola. Estaba profundamente concentrado y hacía malabarismos con demasiadas cosas al mismo tiempo: carteles de plástico amarillos, cuadernos, sobres de papel manila, bolsas de plástico. Finalmente se acercó a hablar con la madre de Scott. Pritchett le vio.

Le abrazó allí mismo, delante de todos los vecinos del bloque de viviendas sociales. Sabía que la gente de su barrio podía mirarla con recelo por abrazar a un policía. Pero no le importaba. «¡Nathan! —gritó—. ¿Llevas tú esto?».

Veintiocho policías de uniforme formaron un piquete de protección para poder trasladar el cuerpo de Scott a la furgoneta del forense. Los «amigos» de la policía situados entre la multitud les habían prometido que iban a impedir que la gente se llevara el cuerpo, un riesgo frecuente. Algunos agentes estaban molestos por el trato que se le estaba dando a la gente de Nickerson. «Habría que hacer que se retiraran hasta la 114», protestó uno, mirando de reojo a los corrillos de adolescentes.

La furgoneta del forense tenía los letreros azules alzados y las luces naranjas destellaban. Salió una camilla con el cuerpo en una bolsa azul. Al verla, un sentimiento de emoción recorrió a la multitud. Alguien gritó y algunas personas se echaron hacia delante. Los «amigos» de la policía les gritaban: «¡Mantened la calma!». Cuando el cuerpo de su hijo pasó a su lado, la madre dio un grito y se desmayó. «¡No, no, no! ¡Mikey, oh, Mike!», suspiró. Dejó caer la cabeza apenada, mientras los policías, que observaban de lejos, apretaban los labios; sus rostros dejaban ver las señales del sufrimiento que se estaba desplegando ante ellos.

Scott había estado en una banda. Sus antecedentes penales ocupaban casi veinte páginas. Su asesinato estaba relacionado con el tráfico de drogas o con alguna cuestión interna de la banda. Pero, como siempre, había algo más. Scott había estado a punto de dejar esa vida. Se había enamorado de una chica. Habían huido a Bakersfield, donde él había conseguido un buen trabajo en un taller de moldeado de cristal, y durante un tiempo había estado ganando treinta dólares por hora de trabajo. Pero luego llegó la recesión. Perdió el trabajo. Su pareja tuvo que volverse a Los Ángeles. Estaban mudándose al apartamento cuando le mataron.

Scott tenía amigos y parientes que estaban en la misma banda. Cuando Kouri y un inspector llamado Gerry Pantoja entrevistaron a uno de ellos tras el asesinato, les dijo abiertamente lo que pensaba. «Esto lo soluciono yo... Voy a matarle yo mismo», les dijo. El hombre se mostraba compungido.

«No lo hagas —le aconsejó Kouri discretamente—. No les vais a pillar».

A estas alturas, Kouri ya controlaba los escenarios de los crímenes con mano segura. Siempre había insistido en que jamás llegaría a hacerlo de la forma tan natural en que lo hacía su tutor, John Skaggs. Por eso había decidido compensar sus posibles carencias trabajando más que nadie.

Al final fue su capacidad de trabajo la que se convirtió en su propia marca de genio. Por su firmeza, atención y empeño, Kouri había encontrado en sí mismo su propia versión de la implacabilidad de Skaggs.

A Kouri no le preocupaba tanto no saber hablar con la gente. Había descubierto que podía ser eficaz simplemente intentando razonar con la gente sin afectación, de la manera en que le resultaba más natural, tropezando con las palabras si hacía falta. No era muy fluido, pero era sincero, no resultaba hostil y la gente confiaba en él.

Y lo que era más importante: el compromiso de Kouri con su profesión se había ido profundizando con cada caso. La clave de su éxito era su respuesta emocional al trabajo de homicidios. Se mostraba lo suficientemente abierto y sensible como para entender la miseria de las personas afectadas por sus casos. Su dolor y su miedo le ayudaron a cambiar la idea que tenía de su trabajo.

Como Skaggs, y como el padre de Skaggs antes que él, Kouri había descubierto que nada es igual después de trabajar en homicidios. Era incapaz de comprometerse con la misma convicción en cualquier otro tipo de trabajo policial. Las investigaciones de homicidios le habían abierto los ojos. Hasta entonces no había entendido la profundidad del dolor y del agravio que había en Watts, no había entendido nunca el dolor que cada asesinato desataba. En todos sus años de uniforme «no lo vi jamás. Pero luego entrevistas a la gente y es otro mundo», dijo.

Sus casos habían cambiado sus lealtades. Había acabado simpatizando con las mismas personas hacia las que había estado dirigiendo los más duros reproches cuando vestía el uniforme azul. Timadores, camellos, prostitutas, gente que se saltaba la condicional, se habían convertido ahora en sus testigos, en miembros de su sufrida familia; todos unidos con él contra el Monstruo. «No me importa quiénes son. Les afecta», dijo.

Kouri no compartía ya las opiniones de algunos de sus compañeros uniformados, que repetían los clichés de siempre e insistían en que la gente de Watts carecía de «valores» y no sentía aprecio por la vida. «Hasta que no se vive eso, no se puede comprender bien».

Lejos de las afirmaciones de sus jefes de que el trabajo de los inspectores era «reactivo», o de que una respuesta más rápida no reducía la delincuencia, Kouri estaba convencido de que para solucionar los casos de homicidios del *ghettoside* valía la pena pagar cualquier precio.

Creía sinceramente que responder era mejor que prevenir. Era algo más fiel al espíritu de la ley, y a la larga, más eficaz. Esta creencia, más que nada, convirtió en extraordinario a un investigador normal. Poco antes, ese mismo año, había concluido el caso Laconia. Habían pasado más de dieciocho meses desde los asesinatos. Tras la anulación del primer juicio, hubo otro juicio. Todos los testigos tuvieron que volver a pasar por el calvario de las declaraciones. Esta vez fueron condenados los cuatro acusados.

Como de costumbre, al final de los juicios las únicas personas que siguen en la sala son los progenitores. La madre de uno de los acusados salió corriendo de la sala antes de la lectura de los veredictos; solo ver el sobre en manos del juez fue demasiado para ella. Cuando el juez dijo «culpable», la madre de Raymond Requeña, una de las víctimas, dejó caer la cabeza y se tapó los ojos.

Pero el precio había sido alto. Uno de los testigos era un prometedor estudiante de secundaria. Tras dos juicios, varias amenazas y reubicaciones, dejó los estudios. La traficante de marihuana acabó viviendo lejos del barrio, donde no tenía medios de vida y le dieron por lo menos dos palizas. Tras un incidente, Kouri fue a verla y la encontró con una hilera de puntos en la frente. La reubicaron lejos de su familia y clientes, y durante años después del juicio siguió pidiendo ayuda a Kouri con varios problemas personales.

Cuando, tiempo después, le preguntaron por qué había aceptado colaborar en el caso, soportando amenazas y palizas por el bien de la justicia en los tribunales, respondió brevemente: «Confío en Nate».

Kouri acabó pasando el caso de Michael Scott a Pantoja, quien lo resolvió, y así consiguió que el asesino fuera condenado.

Sin saberlo los inspectores, Barbara Prichett se pasó muchas horas discutiendo con amigos y conocidos y rogándoles mientras se investigaba el caso. Querían vengarse. Pritchett les rogó que no lo hicieran. No pensaban que la policía fuera a resolver el crimen. Dadle una oportunidad a los polis, les respondió Pritchett. Una y otra vez, invocaba el nombre de Nathan Kouri, al que había abrazado en el lugar del crimen. Pritchett les aseguraba a sus amigos que Kouri era uno de los buenos. No había necesidad de vengarse; podían confiar en él. Ya no decía que hacía falta que regresara John Skaggs.

Esa primavera, en los días finales del caso Tennelle, La Barbera tuvo que reconocer por fin que Kouri era el aprendiz con talento que llevaba tanto esperando encontrar. Lo había sido en todo momento, el Pequeño Skaggs, la personificación de la firmeza frente a la indiferencia de la sociedad. Kouri era ahora aquello de lo que Seymour Applebaum había acusado a John Skaggs de ser: «Un investigador muy persistente». En el mundo de Skaggs, no había mejor cumplido.

El cambio de horario para ahorrar luz se produjo durante la segunda semana del juicio, de manera que la jornada laboral acababa ahora en tardes soleadas. Perlo y Skaggs tenían entonces la gripe que había tenido inicialmente John Colello. Se había ido extendiendo por toda la sala del juicio. Perlo decía en broma que su tos le iba a granjear la simpatía del jurado.

Llegó el turno de Jessica. Stirling no había tenido nunca la fe en ella que tenía Skaggs. Para él, seguía siendo una prostituta, una persona de la calle y, al fin y al cabo, la conductora del coche de un asesino. Midkiff le ofrecía a la defensa múltiples posibilidades para desacreditarla. Incluso sus continuas reubicaciones podían presentarse en el juicio como favores de la Fiscalía.

Stirling temía también que el caso se viera perjudicado si Midkiff se ponía de mal humor o irritable al ser interrogada por la defensa. La teoría de la Fiscalía de que Starks había dirigido el asesinato dependía totalmente de su declaración. Los registros de llamadas del móvil, la Suburban y los muchos puntos de coincidencia entre los testimonios de Midkiff y Davis aportaban una buena serie de pruebas confirmatorias. Pero si Midkiff no declaraba bien, el caso se vería muy debilitado.

Stirling había dedicado gran parte del trabajo de preparación del juicio a Jessica; le había hecho preguntas y había dejado que leyera su anterior declaración. Colello y él habían estado reunidos con ella hasta tarde la noche anterior. Pero Stirling seguía estando nervioso. La actuación de Jessica en la audiencia preliminar no le había tranquilizado, y ahora le preocupaba que la situación de alta presión del juicio la desestabilizara.

Skaggs parecía también atípicamente inquieto. Luego lo atribuiría a los efectos de la gripe. Pero también era cierto que gran parte de su trabajo en el caso dependía de la actuación de Midkiff.

Pero esta Jessica Midkiff no era la misma jovencita aniñada y fumadora empedernida de dos años antes. Ahora tenía veinticinco, veía a su hija con regularidad y estaba a diez puntos de aprobar el examen del Certificado de Educación General; solo tenía que mejorar la nota de Matemáticas. Su atractivo nuevo novio era amable y decente. Trabajaba. Era un milagro, teniendo en cuenta cómo había estado Jessica no hacía tanto.

Pero lo que más le impresionaba a Skaggs no eran sus avances educativos, ni la sobriedad, ni el novio, sino el hecho de que Jessica había empezado a ir a un gimnasio. Estaba aprendiendo *kickboxing*. Esto encajaba con la idea de vida sana de Skaggs.

Jessica entró en la sala toda vestida de negro, mangas largas, tacones altos y una cruz de oro al cuello. Se había quitado los mechones teñidos. Tenía sus rizos morenos recogidos en una trenza que le caía por la espalda. La trenza, más las cejas depiladas, contrastaban fuertemente con su piel color vainilla. En el estrado suspiró, alzando los hombros y encogiéndolos. Y a continuación se acercó al micrófono, con el rostro serio y triste. Esta vez, no hubo ocasión para sentirse importunada por la carga de energía sexual que la había desconcertado en la audiencia preliminar; no miró a Starks. Stirling empezó el interrogatorio.

Jessica respondió las preguntas de Stirling una tras otra. No cayó en el dramatismo de su anterior aparición, ni en las lágrimas ni en el mal humor. Por el contrario, con seriedad y el ceño ligeramente fruncido, Jessica fue relatando laboriosamente su historia. Se detenía de vez en cuando a mirar el techo o gesticulaba con la boca para intentar recordar detalles difusos, y cuando era incapaz de recordar algo, lo reconocía abiertamente. Lenta, metódicamente, Stirling le fue sacando todos los detalles que Skaggs le había extraído en la comisaría de la calle 77 hacía ya tiempo, en la noche en que estalló el caso Tennelle. Con el mismo tono metódico de Stirling, relató su historia, la antítesis de la chica en libertad condicional que pasaba de los llantos al coqueteo y a la que Skaggs conoció por primera vez en una celda de la cárcel en diciembre de 2007. Al fondo de la sala, Olitha Starks escuchaba con un gesto torcido de indignación. A su lado, la hermana de Starks observaba a Midkiff con una mirada de abierta hostilidad. Midkiff no les devolvía la mirada.

Skaggs se agarraba las manos o jugueteaba con un bolígrafo. En cierta ocasión, Jessica levantó la cabeza para mirar un punto en el mapa, y el jurado pudo ver claramente el tatuaje del cuello. A medida que avanzaba la declaración daba la sensación de tener frío, y se hundía en la silla y encogía los hombros. Pero no falló en ninguna respuesta.

Puede que resultara un poco afectada (se mostró innecesariamente delicada cuando Skaggs le preguntó si había tenido relaciones «íntimas» con Starks), pero aparte de eso, Stirling no podía haber pedido mejor testigo. Se sentó, preparado para lo que venía a continuación.

Pero ni Applebaum ni Perlo atacaron a Midkiff. La interrogaron de forma superficial y cuidadosa. Perlo quería demostrar que Midkiff conocía también al primo del hombre de la silla de ruedas, Bobby Ray Johnson, de veintiséis años, y apodado «Gutta». Los investigadores creían que había sido asesinado a puñaladas por uno de sus propios compañeros de los Bloccs en 2008. El plan de Perlo era intentar cargarle el asesinato a Johnson cuando el juicio estuviera más avanzado.

Applebaum consiguió sacarle a Midkiff algo de su antigua agresividad cuando le preguntó por qué se había escondido de la policía al principio. «¿No quería que la detuvieran?», le preguntó. «No —respondió Midkiff—. ¿Quién va a querer que le detengan?». Pero el interrogatorio que temía Stirling no se produjo nunca. Los buenos abogados defensores saben que si un testigo dice la verdad, atacarlo solo puede perjudicarles. Midkiff se bajó del estrado sin haber perdido ni un gramo de serenidad. Cuando al salir de la sala pasó por el banco de Tennelle, este le dijo «gracias» en voz baja.

En el que se suponía que era el último día de declaraciones, hubo un terremoto. Un temblor de intensidad 4,4 localizado en Pico Rivera despertó a la gente de la región a las cuatro y media de la mañana.

John Skaggs, naturalmente, ya estaba despierto a esa hora. Más desconcertada se sintió Arielle Walker, que por entonces le estaba protestando a Skaggs por los coches con cristales ahumados aparcados frente a su casa desde que ella había prestado declaración. Estaba convencida de que se trataba de una amenaza. Pero Skaggs no lo tenía tan claro.

La mitad del jurado tosía y estornudaba. Pero el programa previsto de testigos no suponía alivio alguno: un investigador de la oficina del forense y Rubin, el especialista en armas. Hubo una declaración adormecedora sobre «la inclinación de la boca del arma» y «núcleos de plomo». También prestó declaración el agente de la patrulla estatal que detuvo a Starks en la Suburban. Y luego declaró el «especialista en bandas», el inspector de la oficina del *sheriff* Daniel Leon, de la comisaría de Lennox, pelo rapado y un traje beis claro, con un maletín cogido del asa.

Leon habló con seguridad del imperecedero odio de las bandas entre sí y del descaro de sus tatuajes faciales como si estuviera describiendo a una tribu exótica. Dijo que vivían para «trapichear con drogas». El testimonio de Leon tenía que respaldar las acusaciones del departamento de vigilancia de bandas en el caso de la acusación. Pero cuando Stirling le mostró a Leon una pintada de una flecha que apuntaba hacia abajo, quizá el código más universal de las bandas de Los Ángeles para indicar que «este es nuestro territorio», Leon no sabía qué significaba. Skaggs se sintió afligido.

Y posteriormente Leon fue de nuevo incapaz de reconocer una pintada con las iniciales «S.C.». Stirling tuvo que decirle lo obvio: «Sur Central».

Una jornada de permiso estatal por los recortes presupuestarios retrasó un día las conclusiones del juicio. La defensa sentía que los muros se iban cerrando. Un taciturno Zeke Perlo resumió así la segunda semana: la Fiscalía «estaba probando su caso abrumadoramente».

Pero Phil Stirling seguía nervioso. El problema central, demostrar la culpabilidad de Starks, aún se les escapaba. Todo, incluyendo la declaración de Stirling, había salido de la mejor manera posible para la acusación. Pero era imposible saber cómo lo veía el jurado. A Skaggs, igual que a Stirling, le desconcertaban los rostros impasibles de los miembros del jurado. Si pensaban que Jessica estaba más implicada de lo que admitió, o que Davis había tomado la iniciativa de matar por su cuenta, el caso contra Starks podía verse seriamente debilitado. El largo y caluroso día de permiso caía en miércoles y prolongó el suspense.

El jueves, cuando se reanudó el juicio, Devin Davis se negaba a salir de la celda. Estaba abatido. Había cinco ayudantes del *sheriff* en la celda para evitar que se comportara mal.

Entonces Perlo se puso en pie y soltó una bomba.

«La defensa llama a Derrick Starks».

Perlo había pasado el día y la noche anterior rogando a su cliente que no subiera al estrado. Perlo tenía un plan. No se trataba de desmantelar el caso de la acusación —había estudiado el informe de Skaggs página por página sin detectar ningún agujero—, sino de construir una alternativa creíble del asesinato, suficiente para sembrar la duda y la confusión en la mente del jurado. Si se ponía en duda el testimonio de Jessica, había muchas otras posibilidades de hacer confluir el coche, el arma y Bryant Tennelle sin la intervención de Derrick Starks. Principalmente, intentaba demostrar que Bobby Ray Johnson, el primo del hombre de la silla de ruedas, había tenido acceso a todos esos elementos. No quería que saliera a la luz ningún hecho que fuera incompatible con la teoría alternativa, algo muy posible si Starks caía en manos de la acusación.

Veía otro peligro, que la declaración de Starks abriera una vía para que pudieran declararse admisibles pruebas que el juez había rechazado. No tenía muchas esperanzas, pero al menos tenía una defensa, algo que alegar, aunque el testimonio de Starks podía destruirlo.

Pero nada de lo que decía parecía importar. Starks, que veía cómo la acusación iba tomando forma ante sus ojos, había decidido que su abogado era un incompetente. Y ahora se acercó al estrado, se colocó en la silla hasta sentirse cómodo y respiró profundamente. Perlo hizo lo que pudo para ocultar su consternación al jurado mientras le interrogaba.

Starks se había ido dejando una perilla durante el juicio, bien recortada y con un pequeño saliente que recorría la parte central del mentón. Llevaba una camisa color canela, una corbata marrón y una ligera sonrisa de autosuficiencia. El bigote se le agarraba a las comisuras de los labios, y el cuello de la camisa no estaba totalmente liso. Tenía profundas sombras alrededor de los ojos. Desde donde se sentaba el jurado, el pequeño tatuaje de debajo del ojo parecía un lunar. Se le endulzó el rostro por un instante cuando fijó la vista en su madre.

«¿Es usted miembro de los Blocc Crips?», le preguntó Perlo.

«Sí», dijo Starks. Así comenzó el interrogatorio.

Starks intentó adoptar la táctica de «no soy un ángel, pero yo no le maté». Dijo que él era todo lo que afirmaban los especialistas en bandas, pero que el día del asesinato estaba en Carolina del Norte. Se había ido una semana antes de la muerte de Bryant y se había enterado del asesinato a su vuelta. Había ido al este a ayudarle a una prima a hacer una mudanza. Dijo que vivía cerca de Charleston, que estaba embarazada y que necesitaba su camioneta. Y que no iba en la Suburban cuando Jessica tuvo el accidente. Había acudido corriendo a ver qué había pasado y le habían detenido.

Perlo hacía pausas entre las preguntas, inexpresivo. Starks se mecía ligeramente en la silla al responder. En el descanso de mediodía, Starks se alejó del estrado con paso oscilante.

Tras la pausa, Devin Davis volvió con paso lento a la sala. Llevaba la camisa por fuera y bromeaba con el agente judicial Hardy y con Applebaum. Perlo reanudó el interrogatorio, y Starks dio la versión del caso que Perlo esperaba construir laboriosamente: Johnson le había vendido el arma a su primo. Y en el momento del asesinato, Johnson iba con Jessica. Starks seguía meciéndose ligeramente, como si interiormente estuviera oyendo música. Parecía relajado y movía la cabeza hacia delante y hacia atrás entre preguntas, mirando cada cierto tiempo al reloj. Perlo concluyó e hizo un saludo con la cabeza.

Phil Stirling se puso en pie. Arrugó un trozo de papel que tenía en la mano y lo tiró con gesto triunfal.

Y a continuación se lanzó sobre su presa.

Valía todo. Sacó a relucir el reciente historial delictivo de Starks: robo, intento de robo con allanamiento de morada, y luego arremetió contra su historia. Le obligó a Starks a relatar todos los detalles del viaje a Carolina del Norte: lo que había hecho cada día, lo que había comido, con quién se había alojado. Starks se iba poniendo tenso. Apretaba los labios entre respuestas, y dejó de moverse en la silla.

Stirling había calculado las distancias y los tiempos de conducción. Le preguntó a Starks cuánta gasolina cabía en su depósito. Le obligó a insistir en que había ido todo el camino hasta Baton Rouge a 130 kilómetros por hora, sin apenas parar en Luisiana, y que se había mantenido despierto con bebidas energéticas y pastillas de cafeína, antes de dirigirse a Carolina del Norte. Stirling le preguntó a cuántas personas había visto en el trayecto. Starks se acordaba de algunos familiares, pero dijo que no se acordaba de otros.

La situación reforzaba los puntos fuertes de Stirling. Apenas consultó sus notas. No se molestó en señalar que Charleston está en Carolina del Sur, que nadie podía conducir a esa velocidad y que era de esperar que una persona que se enfrenta a la pena de muerte intentase al menos confirmar su coartada. Pero en su caso era innecesario.

Starks dijo que un primo le había llevado en la última parte del viaje, de Luisiana a Carolina del Norte. Stirling le pinchaba. Starks dijo que no recordaba el coche en el que habían ido. Mencionó a otro pasajero. Stirling le presionó y dijo que no recordaba cómo se llamaba. «Lleva dos años y medio en la cárcel. ¿Ha hecho algún intento por averiguar el nombre de esa persona?», le preguntó Stirling.

Al final del interrogatorio, Starks había afirmado que se había alojado en casas en lugares que no recordaba, habitadas por personas cuyo nombre desconocía. Era incapaz de decir con quién había compartido coche porque «estuve bastante borracho durante todo el viaje», bebiendo Courvoisier y fumando marihuana. Y había dicho que no recordaba si era de día o de noche cuando comenzó el viaje.

Starks estaba rígido, pero le miraba a Stirling directamente a la cara. En cierta ocasión, entre respuestas, se pasó la mano por la frente en un gesto de cansancio. Perlo, con un dedo en los labios y mientras agitaba una pierna, sufría en silencio viendo cómo su cliente se destruía a sí mismo.

Davis, que seguía los acontecimientos desde la mesa de la defensa, parecía relajado y alegre, como si ya hubiera aceptado su suerte. Skaggs salió de la sala para atender una llamada y regresó sonriendo, incapaz de reprimir la sonrisa. La sala se llenó de fiscales de distrito. Pasaba algo.

Pero antes, Stirling le hizo repasar a Starks todo el material grabado en la cárcel que hasta entonces se había mantenido fuera del juicio. Ahora pudo presentar los reproches a Davis en la cárcel en los que le decía: «Deberías haberte callado» y «tu perra estaba cantando», en referencia a Midkiff. «Me refería a otra persona», dijo Starks, aunque con voz tenue.

Finalmente, Stirling presentó la amenaza de Starks a Skaggs hecha en la grabación de la cárcel. Mostró la transcripción y le pidió a Starks que confirmara que había dicho: «Si tuviera que matar a un policía, mataría a Skaggs, ese cabrón blanco que lleva camisa y corbata sin chaqueta».

«No me acuerdo», dijo Starks. Olitha Starks se pasó toda la declaración mirando al techo con una tenue sonrisa en el rostro.

El jurado de Starks mostró por fin una ligera emoción: impaciencia ante las respuestas de Starks. Perlo se dio cuenta. El desastre de la defensa era prácticamente seguro.

Stirling volvió a retomar la coartada de Starks, le hizo repetir que había estado fuera de la ciudad la noche antes del asesinato, mientras que Midkiff había dicho que se habían alojado en el Desert Inn.

Y a continuación, sin alboroto, Stirling colocó un pedazo de papel azul en el retroproyector.

Era rectangular con rayas horizontales, como los antiguos recibos de moteles. Llevaba el logotipo del Desert Inn, y el nombre del hotel en letra retro con una palmera. Y la fecha 10-5-07. Y también en el recibo estaba impreso el nombre D. Starks, un número de carné de conducir y una firma.

Los jurados lo miraron atentamente. Stirling señaló el recibo y le hizo reconocer a Starks que era su número de carné de conducir y, a regañadientes, añadió: «Parece mi firma».

«No hay más preguntas», dijo Stirling, y se sentó.

Cuando se levantó la sesión, John Colello no podía contenerse. «¡Ya está!», gritó mientras se ponía de pie y se giraba hacia los otros fiscales que estaban al fondo de la sala. Stirling le dio a John Skaggs uno de sus extraños abrazos. «Lo podía haber hecho un niño de siete años —le dijo—. ¡Este juicio lo podía haber llevado un niño de siete años!».

El recibo del motel fue la contribución definitiva de Skaggs al caso. Alertado por la declaración de Starks, había enviado a Matt Gares, uno de sus jóvenes inspectores de la Olímpica, al Desert Inn durante la pausa de mediodía. Gares había ido a la otra punta de la ciudad en busca del recibo. Skaggs no le había dado ninguna instrucción especial, excepto la acostumbrada: «Haz lo que haga falta».

Y Gares lo hizo. Tuvo que buscar entre decenas de pequeños y frágiles recibos almacenados en la parte de atrás de la oficina del motel.

Los administradores juntaban los recibos por días en pequeños fajos. Pero cuando Gares miró, no había ningún fajo del 10 de mayo de 2007.

De manera que revisó los recibos del día siguiente, y luego los del día siguiente y así. Sin suerte. Entonces dio marcha atrás. Era como cuando Skaggs volvía a llamar a una puerta una y otra vez. Sigue, no te pares hasta que abran la puerta. Y finalmente, Gares se resignó a buscar al azar caja tras caja.

Y por fin encontró los recibos perdidos. Los habían archivado por error con los del 27 de mayo. Gares extrajo el que estaba buscando: el pequeño resguardo azul con el nombre de «D. Starks».

El tribunal se reunió ese viernes, 17 de marzo, un día fresco y nublado. Stirling llevaba una camisa amarilla brillante, que parecía el adorno de un vestido de madrina de boda, y Colello se había recuperado por fin de la gripe. Por primera vez desde el comienzo del juicio, los dos hombres parecían relajados. Durante la declaración de Starks, Devin Davis había estado todo el rato dándole codazos a Applebaum para que le confirmara sus sospechas de que Starks lo estaba haciendo fatal: «Mal, ¿no?». Ahora, también él parecía relajado, feliz de que hubiera acabado todo. Incluso Starks parecía menos rígido que de costumbre y sonreía a su familia en la sala como aliviado.

Llamaron a Skaggs para que confirmara que era él el «blanco cabrón que lleva camisa y corbata sin chaqueta» que había mencionado Starks. Dijo que sí, que así era como solía vestir en el trabajo. Dijo que a veces llevaba chaqueta: para asistir a los juicios y en los escenarios de los crímenes. Tenía el rostro serio: para Skaggs el código de vestuario de homicidios era algo serio.

A las 10:45 de la mañana tan solo quedaban las conclusiones finales. Yadira Tennelle estaba agotada.

Las conclusiones finales duraron dos días, ya que se hizo una presentación separada para cada uno de los jurados. John Colello cerró el caso de la acusación contra Davis. Tenía un toque de color en cuello y mejillas, lo que aumentaba la emoción de su presentación. Recalcaba machaconamente ante el jurado, una vez más, cada uno de los elementos del imponente caso de la acusación. Resultó un poco patético y cayó en muchos de los clichés típicos de los fiscales. Sacó un arma imaginaria y gritó: «¡Pum, pum, pum!» para simular los movimientos de Davis.

Applebaum se levantó, se atusó la barba y se apoyó en su querido atril. Comenzó a hablar. Con las manos en los bolsillos, hacía sonar las monedas o las llaves del bolsillo mientras hablaba. Trataba de hacer frente a los sentimientos del caso, reconocía la carga emocional que suponía defender a Devin Davis en las presentes tristes circunstancias e intentaba diestramente neutralizar el momento más conmovedor del juicio. «Es duro —dijo—. John Colello estaba a punto de llorar. Casi todos nosotros estábamos a punto de llorar. ¡Incluso yo! No hay nada peor que ver a todo un curtido inspector de la unidad de Robos y Homicidios en una sala con las lágrimas cayéndole por la cara». Pero les rogó a los miembros del jurado que se mostraran impasibles.

Defendió el asesinato en segundo grado, sobre la base de intencionalidad. La intención de Starks había sido matar, pero Davis, les dijo Applebaum, no tuvo ni idea del lío en el que se había metido hasta el último momento. Siguió insistiendo en todos aquellos puntos en los que podía hacerlo. No había muchos: que Midkiff había declarado bajo el control de Starks, que no hubo nada en el tiroteo que sugiriera que Davis tuviera una intención o un objetivo claro, y que gran parte de las pruebas sugerían que estaba totalmente drogado, aterrorizado por Starks y actuando bajo presión.

Applebaum mencionó que, durante la confesión, Davis «tenía mocos en la nariz» y lloraba, llamando a su madre. Esa imagen les recordó de manera efectiva a los jurados la edad de Davis. Applebaum uso la implacabilidad de John Skaggs en su contra. «Como se trata del hijo de un policía, no se detienen en nada», dijo. Y finalmente, Applebaum atacó el tedioso uso de diapositivas por parte de Stirling, algo con lo que iba a estar de acuerdo la mayoría del público, porque los jurados habían soportado durante dos semanas interminables una implacable tortura de *powerpoints* de mano de la acusación. «No necesito mostrarles ni una sola diapositiva —dijo Applebaum con desdén—. Lo que quiero es hablarles del caso».

Pero a pesar de todas sus habilidades, el argumento más eficaz de Applebaum estaba sentado en la mesa de la defensa. Los jurados habían estado viendo cómo Devin Davis, gordo, con ojos grandes, con la cabeza afeitada, se agitaba inquieto, protestaba, bostezaba o sonreía durante todo el juicio. La acusación estaba intentando presentarlo como «astuto, sofisticado», dijo Applebaum. Mientras este hablaba, Davis estaba reclinado en la silla, con las piernas estiradas, los pies asomando por debajo de la mesa de la defensa como un estudiante aburrido. Applebaum le señaló en un par de ocasiones. «Si es tan astuto, ¿por qué se ha hecho los tatuajes después de entrar en la cárcel?». Lo más probable, dijo Applebaum, es que lo hiciera para sobrevivir.

La implicación tácita era obvia: sugerir que Davis era un criminal calculador, capaz de un asesinato premeditado de primer grado era algo ridículo; no había más que ver al crío.

La refutación de Phil Stirling era tan repetitiva —volvió a repetir la pantomima de los disparos: «¡Pum, pum, pum!»— que el juez le reprendió por redundante.

Todo esto no era más que palabrería. John Skaggs tenía cosas que hacer. Obligado a pasarse las larguísimas conclusiones finales sentado sin moverse era para él el peor castigo imaginable. Según iba avanzando el largo día en el juzgado, Skaggs había ido pasando de irritado a furioso sin mover ninguna parte del cuerpo, excepto la boca, cada vez más apretada. Perder el tiempo parecía afectarle incluso la circulación: estaba pálido.

A la mañana siguiente fueron las conclusiones finales del jurado de Starks. Stirling se puso en pie, con la voz deshilachada y ronca. Se ajustó la chaqueta, movió la silla y empezó diciendo que iba a procurar no ser repetitivo y luego, tras repetir una vez más el caso de la acusación, centró la atención en lo que llamaba «el momento Perry Mason», en el que el recibo de D. Starks fue proyectado en la pantalla.

A continuación salió Zeke Perlo para presentar las conclusiones finales del último juicio de su carrera profesional en circunstancias que solo podían describirse como una derrota aplastante de la defensa. Había estado atípicamente callado toda la mañana. Es posible que el jurado se hiciera una idea de su problema, porque estuvieron especialmente atentos. Como Applebaum, Perlo se mostró relajado, maduro, cercano. Con un bolígrafo en una mano y las gafas en la otra, gesticulaba de manera natural. Empezó su intento por controlar los daños diciendo: «No espero que se crean la declaración de Derrick Starks, pero no tomen ninguna decisión basándose en ella».

Argumentó que el jurado tenía que evaluar que elementos de la montaña de pruebas que les habían presentado tenían realmente que ver con la presencia de Starks en el lugar del crimen. Les dijo que ese punto crítico era flojo. El hombre de la silla de ruedas tenía motivos para mentir. Midkiff no era la persona inocente que fingía ser. ¿Fue cómplice? Fue examinando meticulosamente las declaraciones de los testigos presenciales y señaló las inconsistencias. Applebaum, que había llegado tarde, parecía simpatizar con Perlo. Estaba sacando el mejor partido posible de las circunstancias.

Al concluir, salió de la sala y así puso final a cuarenta y seis años de carrera profesional como abogado.

Durante todo el juicio, la principal preocupación de los fiscales había sido el caso contra Starks. Pero finalmente, el caso contra Starks acabó antes que el caso contra Davis. El jurado necesitó solo dos días de deliberaciones. Con el jurado de Davis todavía reunido, el de Starks regresó a la sala un jueves a las 15:25 con su fallo.

La tarde estaba húmeda y fresca. Wally Tennelle tenía un día de formación. Acudió cuando le avisaron ataviado con una camisa hawaiana. Fue el único miembro de la familia que acudió a escuchar el veredicto. También se presentaron dieciséis inspectores de la unidad de Robos y Homicidios. «Me pregunto quién estará patrullando por las calles de Los Ángeles», murmuró Perlo al ver el despliegue de trajes de paisano que se arremolinaron en la sala.

Sus compañeros habían acudido a darle apoyo, pero Wally Tennelle se mantuvo aparte. Se sentó a un lado, con un muro invisible a su alrededor y un brazo sobre el respaldo del banco en una postura informal que contradecía la tensión de su rostro. Cuando el juez reanudó la sesión, todos los fiscales estaban juntos, rojos de emoción, y Colello tenía un puño en la boca. Skaggs no estaba presente, pero Farell sí. Skaggs, por principio, no iba jamás a escuchar los fallos; no era parte de su trabajo. Hacerlo era perder el tiempo.

Entró el jurado en la sala. Cuando el juez Bowers empezó a leer, Tennelle hizo un esfuerzo por alzar la vista.

«Culpable —dijo Bowers—. Asesinato en primer grado...».

Starks se quedó con la mirada fija en el horizonte. Se le hinchó el tórax con una fuerte inspiración seguida de un suspiro. Tennelle tragó saliva. Tenía los ojos rojos. Parecía agotado, triste y vacío, y se esforzaba por mantenerse erguido. Se les preguntó a los miembros del jurado uno a uno; todos tenían una expresión de profunda gravedad. Nadie mostraba alivio ni triunfo. Ni uno solo dirigió la vista hacia Wally Tennelle.

Olitha Starks no llegó al juzgado a tiempo para escuchar el fallo. Llegó a las puertas del juzgado con su marido justo cuando los demás se habían ido. Cuando le dijeron que habían declarado culpable a su hijo, asintió con la cabeza, con el rostro lleno de resignación e indignación.

Corey Farell le envió un mensaje al móvil a John Skaggs para informarle del fallo que no había querido presenciar. El móvil de Farell sonó inmediatamente con una respuesta indiferente. Al más puro estilo de Skaggs, una sola palabra: «Lindo».

El jurado de Davis regresó a la mañana siguiente. En esta ocasión, la sala estaba vacía excepto por una bandada de fiscales, amigos de Stirling y Colello. Wally Tennelle no se presentó. Davis observaba intensamente el sobre mientras iba por la sala del jurado al juez en manos del agente judicial. Cuando se anunció el veredicto de culpabilidad, se llevó la mano a la boca, alzó la cabeza y se quedó mirando al techo mientras fueron leyendo la larga lista de hechos probados. Cuando se levantó la sesión, Davis se quedó sentado, moviendo la cabeza de un lado a otro.

Corey Farell no asistió a la lectura del fallo porque le habían convocado temprano para su nuevo trabajo en la división Foothill, en el valle de San Fernando. Su nueva comisaría había tenido dos homicidios en una semana; las víctimas eran un hombre latino y una joven negra. Los casos eran problemáticos: ningún testigo quería colaborar. Pero Farell siguió el proceso por teléfono y le informó a Skaggs del veredicto de culpabilidad. Esta vez, su mensaje recibió una respuesta aún más lacónica del poli de la corbata sin chaqueta: «OK».

23

Los ausentes

Los jurados afirmaron estar cansados y emocionalmente agotados. A varios les aterrorizaba la posible venganza. Mientras esperaban a que vinieran a buscarles para llevarles a la sala del juicio, uno de los miembros reconoció que le temblaban las manos. A pesar de su aspecto de estoicismo, varios dijeron que por dentro habían estado agitados y reprimiendo las lágrimas.

A algunos los abogadores defensores les parecieron muy competentes, a otros completamente pasivos. Algunos se preguntaban por qué la defensa no había atacado a Midkiff de manera más agresiva. Unos cuantos pensaban que las expresiones abiertas de emoción de los fiscales durante el juicio habían sido exageradas. Dos dijeron que lo habían sentido mucho por Zeke Perlo.

Varios pensaban también que el interrogatorio de Starks por parte de Stirling y las conclusiones finales de la acusación habían sido excesivas: no hacía falta insistir en la personalidad engañosa de Starks. Igualmente, el dramatismo del recibo del hotel había sido impresionante, aunque al parecer no decisivo. La referencia a un «momento Perry Mason» había concitado un debate acalorado entre el jurado cuando resultó que uno de los miembros más jóvenes no sabía quién era Perry Mason.

Entre el jurado del caso Davis había habido más desacuerdo y debates más prolongados. Analizaron las pruebas físicas muy detenidamente y llegaron a la conclusión de que Davis no disparó al azar. Todos dijeron que se habían tomado sus obligaciones con seriedad. «No lo voy a olvidar nunca», dijo uno.

Los abogados de la defensa, al darse cuenta de que los jurados eran casi todos blancos, habían especulado con que no se iban a sentir identificados con las circunstancias del caso. Pero un jurado al menos no estaba tan alejado del mundo del gueto como pensaban. Se trataba del presidente del jurado del caso Davis, cuarenta y cuatro años, blanco con el pelo rubio y ojos azules, que trabajaba como gerente de alto nivel de una cadena local de restaurantes de comida rápida. Su trabajo le llevaba con frecuencia a Compton y a otros barrios al sur de la Interestatal 10. Vivía en un barrio residencial de las afueras, pero se había criado en unas viviendas militares en Washington D.C. y había ido a colegios que recibían alumnos de los barrios negros de la ciudad. Había participado en unas cuantas peleas callejeras. De adolescente, había aprendido las reglas de los barrios negros del centro de la ciudad: había aprendido que cuando había que pelear en un lugar sin ley, «si te acobardas, te acobardas para siempre», explicó.

Sobre el caso Tennelle, resultó ser más perspicaz que algunos de los policías profesionales que habían estado desfilando por la sala. Sabía que Midkiff había sido prostituta. Sospechaba, sin que hubiera salido a relucir en ningún momento en el juicio, que Starks había sido su chulo. Le llamaban la atención los compañeros del jurado que no podían entender por qué Bryant llevaba lo que llamaban la «estúpida gorra». «¡Es para sentirse seguro en su ambiente!», dijo.

En cuanto a Bryant, el presidente del jurado parecía entender el lugar que había ocupado el joven entre sus amigos. Cuando le dijeron que los amigos de Bryant se habían divertido golpeándole, asintió con la cabeza, pues sabía muy bien a qué se referían. Comentó que tenían que enseñarle a pelear para arriesgarse a salir con él. Un amigo considerado débil podía poner en peligro tu respeto y tu estatus, y con ello tu seguridad.

Como muchos angelinos, el presidente del jurado sabía que los homicidios entre negros al sur de la Interestatal 10 era algo muy arraigado. Le había llamado la atención la decisión de Tennelle de vivir en la división de la calle 77, «intentaba hacer el bien, intentaba ser un modelo positivo para otros», y era consciente de que el asesinato no había recibido mucha atención pública. Le molestaba.

«Existe la idea de que se trata de negros contra negros, y de que si soy blanco, no me afecta —dijo el jurado blanco. Se le encendieron los ojos de rabia—. Bueno, créetelo, te afecta».

La historia de las vidas de estos dos especialistas del *ghettoside* —Tennelle y Skaggs—, que convergían en la muerte de un hijo, parecía merecer un final dramático. Pero en realidad, el juicio de Derrick Starks y Devin Davis no tuvo ni siquiera suspense. El caso que había estado sin resolver durante tanto tiempo resultó tener la fortaleza de un castillo de arena en la playa. Cuando las últimas oleadas de la perseverancia de Skaggs pasaron por encima, la defensa se derrumbó.

Durante años, los políticos de derecha y de izquierda habían hecho creer a la gente que la «violencia de las bandas» era una especie de enfermedad social implacable, que surgía de una crisis moral profundamente enraizada o de algún tipo de complicada patología familiar, económica o cultural.

Pero el juicio del caso Tennelle sugería una idea diferente: que en realidad no era tan difícil introducir la autoridad legal en el caos de la violencia extralegal entre los jóvenes del Sur Central, y que el monopolio estatal de la violencia podía restablecerse con relativa facilidad.

Pero había que estar dispuesto a pagar el precio, a hacer el esfuerzo. Había que ser muy persistente.

No es solo que el caso Tennelle fuera resoluble. Es que era algo tan fácilmente desmenuzable, que se quedaba al final tan espectacularmente al descubierto que, como dijo Stirling, lo podría haber llevado a juicio hasta un niño de siete años. Mucha gente se había enterado de lo que habían hecho Derrick Starks y Devin Davis. Los rumores habían circulado libremente. Los mismos sospechosos habían hablado del caso. No se habían esforzado mucho por ocultar su rastro. Se habían hecho acompañar por una joven y habían supuesto que iba a obedecer las normas y reglas del *ghettoside* y guardar su secreto. Habían dado por sentado que la agresión se consideraría una más de las muchas a las que apenas se presta atención, otra pelea en el Sur Central de las que apenas se investigan; en definitiva, un caso típico de un asunto de bandas, hasta que se enteraron de que habían matado al hijo de un policía. El caso tenía fácil solución una vez que se aplicaba la presión necesaria. En manos de Skaggs, los asesinatos se elevaban desde el punto de vista de la ley a lo que eran en realidad: atrocidades por las que había que responder en cada ocasión.

El mundo no mostraba interés. El público, sus superiores y una gran parte de las clases pensantes del país miraban solo de reojo la batalla a la que Skaggs había dedicado su vida. Pero a Skaggs no le importaba; le daba la espalda al desfile.

Si el sistema legal hubiera operado de manera diferente, si, por ejemplo, se le hubiera dado a las vidas de los negros un profundo valor (en cuanto a la respuesta de las autoridades legales), es imposible imaginar que miles de jóvenes hubieran muerto en las calles de Los Ángeles durante la vida profesional de Skaggs, si sus asesinos hubieran previsto que se les iba a aplicar el Especial John Skaggs en todos los casos.

Si todos los asesinatos y todas las agresiones graves contra un negro en la calle se investigaran con el vigor incesante y la determinación de Skaggs —investigados como si su propio hijo fuera la víctima o si como sociedad no pudiéramos tolerar perder a esas personas—, las condiciones habrían sido diferentes. Si durante años el sistema hubiera producido los altos índices de solución de casos que Skaggs consideraba posibles; si no se actuara pensando en el total, aceptando el 40 por ciento, la violencia podría haber sido menos rutinaria. Las víctimas no habrían sido tan anónimas, y puede que Bryant Tennelle no hubiera muerto de la forma tan vulgar y casi invisible en la que murió.

El caso Tennelle los representaba a todos. Sí, sin duda. A veces, como decían los inspectores, los casos eran lo que eran, unos cuantos casquillos por el suelo y ningún testigo voluntario. Pero el caso Tennelle sugería fuertemente que se podían resolver muchos más de estos asesinatos de lo que sugerían los desalentadores porcentajes de casos solucionados, tanto agresiones como homicidios, y que el Monstruo que Skaggs se había pasado persiguiendo toda su vida profesional podía ser derrotado.

Era algo diabólico, como había dicho el pastor. El Monstruo surgía de lo más miserable y lo más despiadado de la naturaleza humana. Pero la oscura franja de sufrimiento que había afectado a generaciones de negros estadounidenses era una sombra en la pared, una forma ampliada a un tamaño muy superior al de su causa de origen por la negativa a ver el problema de los homicidios entre negros como lo que era: un problema de sufrimiento humano causado por la ausencia del monopolio de la violencia por parte del Estado.

Las fuentes del Monstruo no eran una maldad general de las poblaciones que sufrían. Era un aparato legal frágil que llevaba mucho tiempo sin situar los agravios a los negros y las pérdidas de vidas negras en el corazón de su respuesta al movilizar la ley, primero en el sur y luego en las ciudades segregadas. No se resolvían los casos y, año tras año, se iban acumulando las agresiones. Los negros eran tiroteados y asesinados y nadie pagaba por ello, como tampoco a nadie parecía preocuparle mucho.

El abogado defensor de Starks, Ezekiel Perlo, no había oído hablar nunca de John Skaggs antes del caso Tennelle. El último día de su carrera como abogado salió de la sala del juicio derrotado en todos los frentes por la enorme cantidad de pruebas que habían reunido en contra de su cliente. Pensó que debían de haber elegido a Skaggs especialmente de entre la élite de la unidad de Robos y Homicidios para resolver este caso.

Luego, cuando Perlo averiguó que no había sido así, que Skaggs era un simple inspector de distrito que se había pasado toda su vida profesional en las procelosas aguas de Watts y al que ni siquiera conocía el teniente de homicidios de la comisaría central, se quedó totalmente asombrado. Si el Departamento de Policía tenía algo de sentido común, Skaggs «debería estar formando a gente», dijo.

Y a continuación, de forma totalmente espontánea, Perlo hizo el comentario que constituye el punto central de este relato:

«Si todos los casos se investigaran como el de Tennelle —comentó—, no habría casos sin resolver».

Starks y Davis fueron condenados los dos a cadena perpetua sin posibilidad de libertad condicional.

Cuando se le concedió el privilegio que se otorga a las familias de las víctimas de hablar ante el tribunal, Yadira Tennelle habló cuando se le leyó la sentencia a Devin Davis.

Le pidió que la mirara.

Y luego le perdonó.

Pero la imagen más representativa de todo esto no fue la de Yadira sola frente a Davis, sino la de Wally Tennelle llorando solo tras la lectura del fallo del caso Starks. Se produjo después de que sus compañeros de paisano se fueran de la sala y lo dejaran solo. Tennelle se quedó atrás a propósito, felicitó a los dos fiscales con su habitual cortesía y luego se quedó un poco más hasta que la sala quedó casi vacía y los pasillos en silencio. Con el juzgado despejado, Tennelle se dirigió a los lentos y renqueantes ascensores, bajó a la planta baja y con paso enérgico salió al frío y a la humedad de la tarde.

Soplaba el viento en el centro de Los Ángeles y una neblina nocturna estaba empezando a acercarse al suelo. Se estaba haciendo tarde y pequeños grupos de oficinistas empezaban a salir de los edificios y a dispersarse camino de sus casas.

Mientras caminaba por la calle Spring desde el Centro Clara Shortridge Foltz, con el fresco aire de primavera, Tennelle se esforzaba por volver a la normalidad. Había desaparecido de su rostro toda señal de llanto. Excepto por ligeras muestras de esa mirada de angustia, los «ojos de homicidio» de todos los afligidos, se mostraba tan natural como siempre; un profesional que cumplía con su deber. Regresó a la sesión de formación sobre antiterrorismo de la que había salido, una de las muchas obligaciones de su trabajo como «inspector de policía de la ciudad de Los Ángeles».

Esa ciudad, mecida esa noche por un viento húmedo, estaba incompleta. Le faltaba un hijo, porque Bryant Tennelle era un hijo natural de esa ciudad como ningún otro, un joven que personalizaba las mejores cualidades de la ciudad: su belleza, su espíritu práctico, emprendedor, su generosidad relajada, su fantasía artística, hijo de una familia de funcionarios municipales, mitad negro, mitad latino, con el nombre de Los Ángeles tatuado en la espalda. Bryant Tennelle no habría tenido ningún problema si hubiera superado la dura etapa de adolescencia en la que le pilló la muerte. Había en él demasiado bien, tenía en su naturaleza toda la fuerza pura de honradez de la familia Tennelle para que otro desenlace fuera posible. Esa noche debería haber estado moviéndose en la oscuridad del anochecer, moviéndose por alguna parte, viviendo su vida. El que no fuera así era algo vergonzoso.

Mientras Wally Tennelle desaparecía en una ciudad sin Bryant, las nubes y el viento errático parecían angustiados. Parecían respaldar la opinión de Joyce Cook de que no debería haber más velas en las calles de Los Ángeles; ya había demasiados espíritus de los asesinados vagando por sus calles. Tennelle regresó a su trabajo para servir a una ciudad que no se merecía a alguien como él, una ciudad que seguía adelante indiferente, sin darse cuenta apenas de todos los ausentes.

E incluso aunque en el futuro se asimilen algunas de las lecciones de la muerte de Bryant y se aprenda algo del Especial John Skaggs aplicado a ese caso, esas personas seguirán todavía ausentes. Las pérdidas seguirán siendo incalculables. Seguiremos siendo menos de los que podíamos haber sido.

«Todos esos inocentes», se había lamentado Skaggs. Muchos, era cierto. Bryant Tennelle asesinado, y tantos otros. Habían caído demasiados hombres negros.

EPÍLOGO

Tras dos cambios de cárcel y un periodo en régimen de aislamiento, Derrick Starks acabó un tiempo en la prisión estatal de Pelican Bay, cerca de la frontera con Oregón, un lugar tan remoto que hasta su madre se pasaba meses sin verle. La prisión se alza junto a una desolada laguna costera azotada por el viento, llamada lago Earl, a unos 18 kilómetros al noreste de la pequeña Crescent City. Para cualquiera que estuviera acostumbrado a Los Ángeles, es un lugar frío. Starks se pasaba días solo en la celda, mirando a una pared de cemento. De la base de la pared salían dientes de león amarillos. Esas flores le fascinaban a Starks. Se cerraban por la noche y se abrían por la mañana, y durante el día giraban la cara hacia el sol. ¿Cómo lo hacían? Le vino una respuesta: «¡Están vivas!». Su voz estaba cargada de asombro. Starks se pasaba la mayor parte del tiempo solo en la celda, sin compañeros, porque se le consideraba peligroso. Había estado involucrado en diversas peleas en la cárcel. Decía que le gustaba estar solo en la celda, que le gustaba estar en reclusión solitaria porque era mejor que la alternativa. Sus compañeros le causaban estrés. De acuerdo con la política de esa prisión, se le mantenía en la misma zona que a otros antiguos miembros de los Blocc Crips, entre ellos hombres a los que había conocido en su barrio. Pero no le gustaba. Las peleas entre miembros de la misma banda eran potencialmente más violentas que la rivalidad entre gente de bandas diferentes. Temía más a las primeras.

Con frecuencia, deseaba estar muerto. Aunque luego, cuando contemplaba el cielo gris del noroeste sobre el patio de la cárcel, añadía que también había deseado a veces estar muerto cuando estaba libre; la vida en las calles había sido también una especie de cárcel. Tantos barrios a los que no había podido ir con seguridad, y sin forma de escapar de sus relaciones con las bandas. Le encantaba la casa ancestral de su familia cerca de Baton Rouge. Era un lugar tranquilo, lejos de toda violencia callejera, pero su gente de allí no le aceptaba. Le consideraban demasiado violento, muy «pandillero», como él decía. Y regresó a Los Ángeles.

Starks reconocía abiertamente que había mentido en el estrado. Dijo que lo había hecho por desesperación. Insistía en su inocencia. Decía que el asesinato lo había cometido Devin Davis junto con Bobby Ray Johnson, «Gutta», el primo del hombre de la silla de ruedas, y que Jessica Midkiff también estaba con ellos, y que después sus amigos se habían unido para acusarle falsamente. Dijo que en ese momento estaba en el barrio, con amigos, pero que no recordaba qué estaba haciendo. Dijo que estaba decidido a salir de la cárcel, como fuera. Lo dijo varias veces. «Saldré». Dijo haber sentido compasión por Tennelle en el juicio, aunque le costaba recordar su nombre. «¿Wallace?», preguntó.

Starks estaba furioso con Skaggs. Pero no parecía guardarle ningún rencor a Phil Stirling, el fiscal que le había enviado a la cárcel. Reconoció que había acabado por gustarle Stirling.

Devin Davis tuvo más suerte. Acabó cumpliendo la perpetua en la prisión estatal de California, condado de Los Ángeles, en Lancaster, la cárcel más próxima a la ciudad de Los Ángeles. Eligió la detención preventiva en la cárcel para cortar sus lazos con las bandas (situación que también Starks elegiría más tarde), y describía su entorno como tranquilo y seguro. Davis se hizo musulmán y parecía más sano en la cárcel que durante el juicio. Había perdido peso y estaba en los 72 kilos. No se quejaba de la cárcel y tenía aspecto de estar bien cuidado, enérgico y relajado. Dijo que tomaba medicación de forma regular para sus diferentes enfermedades, entre otras, trastorno bipolar. De vez en cuando se quedaba con la mirada perdida y se movía nervioso y hablaba atropelladamente. Cara a cara, Davis parecía más agitado e imprevisible que Starks, y mucho menos coherente.

Davis habló de las peleas entre bandas en las que había participado antes de entrar en la cárcel. Defendía su papel. «Tenemos que mantener el orden nosotros mismos», explicó. Cuando se le sugirió que los pandilleros no suelen resultar muy buenos defensores del orden público, se rio y se mostró de acuerdo. «Sí, las bandas disparan a todo el mundo —dijo—. Si eres negro».

Davis también negó haber participado en el asesinato, aunque dio una versión diferente de la de Starks. Dijo que había ido en el coche con Starks, Midkiff y Bobby Ray Johnson, pero que él desconocía sus planes y que no llegó a bajarse del coche. En un punto, su relato casaba con el de Starks: al igual que Starks, él afirmaba que Johnson había sido la cuarta persona que iba en el coche y que Johnson había sido el verdadero asesino. En lo demás, sus dos relatos se parecían en poco. Davis dijo que había confesado ante Skaggs a propósito. Dijo que había aceptado cargar con la culpa por Johnson y que creyó que, por ser menor, la pena sería pequeña. Pero a pesar de toda su insistencia en su inocencia, Davis dijo que no pensaba hacer nada para conseguir que lo pusieran en libertad. Dijo que no sabía lo que haría si salía de la cárcel. Que no sabía cómo iba a sobrevivir. «Está bien», repitió cuando le presionaron. Mencionó a los Tennelle. «Ellos han perdido una vida. Yo he perdido la mía. Por eso está bien», dijo.

Skaggs sigue trabajando en el Departamento de Policía de Los Ángeles como inspector de homicidios, y se reúne de vez en cuando para comer con Jessica Midkiff, que trabaja a jornada completa y sigue acercándose a sus objetivos; ha dejado atrás su pasado. Frustrado con su exilio a la división Olímpica, Skaggs hizo algún intento por volver a la Jefatura Sur tras la conclusión del caso Tennelle. Pero antes de conseguirlo, se enfadó bastante con lo que consideró una estructura administrativa deficiente en su nueva jefatura. Le parecía muy defectuosa, mucho menos eficiente de lo que debería ser y perjudicial para las mejores prácticas de investigación.

Sin pararse a considerar las consecuencias, Skaggs le presentó un informe fulminante a su jefe en el que criticaba la organización existente y argumentaba que, dado el escaso número de casos, las investigaciones de homicidios de la Jefatura Oeste deberían centralizarse. Detallaba cómo podría operar tal unidad centralizada. Argumentaba que, entre otras ventajas, el cambio aseguraría que los inspectores jóvenes tuvieran un número adecuado de casos. Así aprenderían mejor. En la Jefatura Sur jamás habían tenido problemas con el número de casos, pero en la Jefatura Oeste los inspectores se pasaban meses sin avisos.

Al jefe le gustó el informe. Y antes de que Skaggs supiera qué pasaba, se encontró con que le pedían que dirigiera una nueva brigada de homicidios centralizada en la Jefatura Oeste, que siguiera las directrices sugeridas por él mismo. Skaggs se dio cuenta tarde de que no podía volverse atrás. Sigue en la Jefatura Oeste. Ahora está aún más en el foco de atención. Pero dice que el ritmo es lento. Echa de menos el barrio sur. Pero ya le queda poco para jubilarse y no es muy probable que vuelva allí.

Cuando el hermano pequeño de Barbara Pritchett estaba a punto de graduarse, Barbara anhelaba con impaciencia vivir con la libertad de no tener que cuidar a nadie, por primera vez desde que era muy joven. Pero entonces murió una de sus hermanas por complicaciones en el parto y el bebé sobrevivió. Pritchett se lo llevó a casa, lo alimentó y lo cuidó. Ahora lo está criando, y está repitiendo todo con otro niño con casi cincuenta años. Sigue llorando por Dovon cada vez que la llamo. Sigue viviendo en Watts. Hace poco mataron a un sobrino suyo.

Sam Marullo decidió finalmente que ya no soportaba ser agente antibandas. Se quitó el uniforme azul, lo cambió por una corbata y regresó a Homicidios. Está destinado de nuevo en la brigada de Homicidios de la Jefatura Sur y ha vuelto a convertirse en uno de sus agentes más eficaces. Siguen sin concederle el rango de inspector. Se ha vuelto a casar.

Nathan Kouri trabaja en la misma unidad, todavía con Tom Eiman de compañero. Pritchett hizo una descripción de él que es la que mejor encaja con su situación actual. «Nate —dijo—, es siempre Nate». A Eiman y a él se les considera el mejor equipo de la zona sur. Su jefe es Rick Gordon. Después de que Sal La Barbera cambiara de puesto de trabajo en el grupo de homicidios, mientras trabajaba a las órdenes del teniente y preparaba la jubilación, Gordon ocupó su puesto al mando de la brigada de Homicidios de la Sureste.

Wally Tennelle sigue trabajando en la unidad de Robos y Homicidios y resolviendo casos de manera regular. Los Tennelle tienen ahora cuatro nietos. Siguen viviendo en la misma casa en la que se crio Bryant.

Los motivos del asesinato de Bryant siguen sin estar claros. Skaggs cree que es posible que Starks y Davis tuvieran como objetivo a amigos de Bryant de su bloque, y que Davis le disparara a Bryant por error o por no tener a nadie más contra quien hacerlo. Skaggs decía que los detalles del caso sugerían un antagonismo personal, no una simple rivalidad entre bandas. Dijo que era bastante significativo que tanto en el relato de Davis como en el de Midkiff, el recital de direcciones de Starks pareciera indicar que estaba buscando un punto conocido, una calle determinada. Si Skaggs tiene razón, significa que, como en tantos otros casos de asesinatos entre bandas, este guardaba relación con una discusión, puede que con alguna pelea anterior. Y también significa que Skaggs tendría razón en otra cuestión: que la gorra de Bryant no tenía nada que ver. Que Davis le disparó por el lugar en el que estaba.

Resulta difícil hacerse una idea mejor del caso a través de los relatos divergentes de Starks y Davis. No obstante, Starks dio una versión que, aunque no verificable, y construida principalmente para subrayar el papel menor que él se atribuía, tiene aires de autenticidad.

Dijo que Bobby Ray Johnson, aunque querido por algunas personas, a veces era un borracho asqueroso. Antes del asesinato, Johnson, borracho, había golpeado a un compañero de la banda de los Bloccs mayor y muy respetado. Algunos poderosos miembros de la banda estaban tramando matarle en venganza. Starks decía que Johnson necesitaba probar su lealtad. Este, afirmaba, había sido el trasfondo de la agresión. Cuando le preguntaron si estos acontecimientos fueron la causa del asesinato de Johnson meses después, Starks dijo que no con la cabeza. Eso había sido algo separado, esa pelea había sido por una mujer. En cuanto a quién de su propia banda cometió el asesinato de Bobby Ray Johnson, todavía sin resolver, Starks hizo una mueca. «¡Lo sabe todo el mundo! ¡Todo el mundo lo sabe!», dijo.

En el momento de escribir este libro, los homicidios en el condado de Los Ángeles han caído a niveles que hubieran sido inimaginables para Skaggs a principios de este siglo, cuando llegó a la Sureste. En el 2010, el año del juicio de Starks y Davis, los índices de muertes por homicidio de varones negros entre las edades de veinte y veinticuatro años habían caído a 158 por cada 100.000 habitantes, menos de la mitad de la cifra de los momentos álgidos de los Grandes Años, si bien esta cifra es todavía veinte o treinta veces superior a la de la media nacional. Y desde entonces los asesinatos han descendido aún más. En la ciudad de Los Ángeles, el descenso ha sido espectacular. En 2011 hubo 297 homicidios. En 2013, 251, un descenso impresionante. Pero las cifras tenían una tendencia similar a la de años anteriores: las comisarías de tres zonas de elevada delincuencia —Suroeste, Sureste y la 77— sumaban 109 homicidios o el 43 por ciento del total de la ciudad. Casi todas las víctimas de las tres circunscripciones eran hombres, y más de tres cuartas partes de ellos, negros (el doble de la proporción de negros en la población de la zona) y el 84 por ciento de los crímenes con sospechosos conocidos eran intrarraciales. Además, el descenso les había permitido a las unidades de investigación del Departamento de Policía de Los Ángeles respirar un poco, archivar mejor e investigar los casos antiguos sin resolver, y les permitió resolver un mayor número de los nuevos. La carga de trabajo está disminuyendo. Los inspectores tienen más tiempo y los porcentajes de resolución de casos están aumentando. Ya no se necesita la caravana instalada en la parte de atrás de la comisaría de la Sureste: por fin el Departamento de Policía de Los Ángeles ha introducido todos esos casos en bases de datos informatizadas.

Algunos factores neutrales, algunos positivos y, al menos, uno negativo han contribuido a impulsar la reducción del número de crímenes. En el caso de la ciudad de Los Ángeles está claro que el cambio demográfico ha sido un factor importante de cambio. La población negra de la ciudad está desapareciendo a un ritmo fuerte: hubo una época en la que los angelinos negros constituían cerca de la quinta parte de la población de la ciudad, mientras que en el censo de 2010 no llegaban al 8 por ciento. El número ha ido descendiendo regularmente todos los años a medida que los residentes negros de la ciudad se han ido repartiendo por otras ciudades fuera de los límites de Los Ángeles. En cierta medida, sus altos índices de homicidios se desplazan con ellos. Pero el cambio ha coincidido también —por fin—con un relajamiento espectacular de la hipersegregación residencial que estableció las condiciones para los elevadísimos índices de crímenes en los barrios del centro de las ciudades. Cuando los negros empezaron por fin a integrarse en comunidades más móviles y mixtas, el Monstruo inició su retirada.

Puede que ese cambio haya venido propiciado en parte por un acontecimiento relacionado: el aumento de las ayudas públicas a los negros pobres, especialmente a los hombres, principalmente por los subsidios por incapacidad laboral de la Seguridad Social a gente que no ha trabajado nunca. Y uno de los motivos es la reforma carcelaria. La Ley Federal de Segunda Oportunidad de 2005 supuso un nuevo esfuerzo por conceder ingresos de seguridad complementarios a las personas que habían estado en la cárcel a su salida de la misma. Son muchos los antiguos presos que reúnen las condiciones para recibir esta ayuda, ya que una tercera parte de la población reclusa del Estado está diagnosticada con algún tipo de enfermedad mental. Como hemos visto, la autonomía reduce los homicidios. La autonomía económica es como la autonomía legal. Ayuda a desintegrar los enclaves homicidas al reducir la interdependencia y las situaciones de conflicto. Los muchos hombres negros indigentes que ahora declaran «tener una pensión de discapacidad» —muchos de ellos con trastornos mentales: trastornos por déficit de atención o trastorno bipolar— suponen un chorreo de ingresos sin precedente para una población que anteriormente había padecido una marginalización económica casi total. Un cheque de 800 dólares al mes para un exconvicto negro en paro supone una gran diferencia en su vida. Ahora ven de manera diferente los riesgos y los beneficios de diversos delitos. El seguro sanitario para estos mismos hombres negros gracias a la nueva Ley de Cuidado de Salud Asequible puede cambiar aún más la situación. Otro factor reductor del índice de crímenes es un poco sombrío: el gran número de negros presos. La prisión reduce los índices de homicidios porque hace que los varones negros estén seguros, con menos posibilidades de resultar víctimas en la cárcel que fuera de ella. El índice de presos per cápita de California se multiplicó por cinco entre los años 1972 y 2000. Las muertes por homicidio entre esta población reclusa, principalmente negra y latina, de decenas de miles pasan a solo un puñado por año. Pero no hace falta decir que se trata de un sistema espeluznante —y caro— de combatir el problema. Puede que otros factores cuenten también: la venta de drogas por teléfono móvil, el abuso de medicinas legales, los juegos de ordenador que hacen que los adolescentes se queden más en casa y la mejora en el comportamiento de la policía (el antiguo jefe Bernard Parks posee gran parte del mérito por este último punto en Los Ángeles).

En general, la gente se siente mucho más segura en Estados Unidos de lo que se sentía antes; algo muy positivo. Pero cualquiera que siga el rastro de los casos de homicidio en el condado de Los Ángeles y en cualquier otra parte no puede dejar de tropezarse con algo obvio: los hombres negros siguen estando castigados desproporcionadamente. Solucionar este problema merece todo tipo de esfuerzos. La gente puede estar en desacuerdo con las soluciones, especialmente el equilibrio entre medidas preventivas y reactivas, pero no debería haber desacuerdo sobre la urgencia de solucionar el problema.

Los estudios sobre la problemática del homicidio perdieron a sus dos principales profetas intelectuales en el curso de los acontecimientos descritos en este libro: William J. Stuntz y Eric Monkkonen. Ambos académicos creían que la comprensión de la violencia debe surgir del estudio de la estructura de la ley y del funcionamiento de las instituciones legales formales. Los dos murieron jóvenes, de cáncer. Les toca a otros hacer el considerable trabajo necesario para detener la plaga. Stuntz murió en 2011. Su sucinto sumario del problema sigue siendo válido: «Los barrios pobres y negros siguen sin ver el tipo de actuación policial y de castigo al delincuente que más eficaz resulta, y demasiado del tipo de actuación policial que más daño hace». Monkkonen, catedrático de la Universidad de California en Los Ángeles, murió en 2006. No vivió para ver el reciente y espectacular descenso en el número de homicidios en Los Ángeles. Pero dejó las siguientes líneas para el futuro: «El reto del siglo XXI —escribió—, es seguir luchando para conseguir índices menores, aunque parezca que esté sucediendo de manera automática».

«Los buenos policías no se concentran en el asesino... sino en la víctima».

Joël Dicker